本书为国家社科基金项目"当代中国公正话语体系构建研究"（项目号：13CZZ002）最终成果

公正话语问题研究

亓光 著

On Justice Discourse

中国社会科学出版社

图书在版编目(CIP)数据

公正话语问题研究 / 亓光著. —北京：中国社会科学出版社, 2020.11
ISBN 978-7-5203-7365-4

Ⅰ.①公… Ⅱ.①亓… Ⅲ.①公正—研究—中国 Ⅳ.①D081

中国版本图书馆 CIP 数据核字（2020）第 187037 号

出 版 人	赵剑英
责任编辑	周晓慧
责任校对	刘 念
责任印制	戴 宽

出　　版	中国社会科学出版社
社　　址	北京鼓楼西大街甲 158 号
邮　　编	100720
网　　址	http://www.csspw.cn
发 行 部	010-84083685
门 市 部	010-84029450
经　　销	新华书店及其他书店
印　　刷	北京明恒达印务有限公司
装　　订	廊坊市广阳区广增装订厂
版　　次	2020 年 11 月第 1 版
印　　次	2020 年 11 月第 1 次印刷
开　　本	710×1000　1/16
印　　张	29.25
插　　页	2
字　　数	451 千字
定　　价	168.00 元

凡购买中国社会科学出版社图书，如有质量问题请与本社营销中心联系调换
电话：010-84083683
版权所有　侵权必究

目 录

绪　论 …………………………………………………………（1）

第一章　何谓话语：来源、一般特征与义界 ………………（34）
　第一节　话语概念的来源 ……………………………………（35）
　　一　"话语"的哲学来源 ……………………………………（37）
　　二　"话语"的语言学来源 …………………………………（43）
　　三　"话语"的政治（学）来源 ……………………………（48）
　第二节　话语概念的特征 ……………………………………（53）
　　一　从话语的语言本质而言，它体现了人的实践本质 ……（53）
　　二　从话语的认识功能而言，它表达人的思想观念 ………（55）
　　三　从话语的社会属性讲，话语影响人的政治判断 ………（57）
　第三节　话语概念的义界 ……………………………………（59）

第二章　话语的政治哲学之维 ………………………………（67）
　第一节　面向政治话语的话语理论：发展阶段与主要观点 …（68）
　　一　话语理论发展的主要阶段及其政治关怀 ………………（69）
　　二　话语理论的政治逻辑 ……………………………………（72）
　第二节　话语理论的政治逻辑 ………………………………（83）
　　一　话语理论对政治科学的影响 ……………………………（83）
　　二　话语理论对政治哲学的影响 ……………………………（85）
　　三　话语与政治的交互关系 …………………………………（94）
　第三节　政治话语分析的出场 ………………………………（103）
　　一　政治话语分析的主要学说 ………………………………（104）

二　政治话语分析的问题域 …………………………………… （108）
　　三　政治话语分析的理论路径 ………………………………… （113）
　　四　政治话语分析的方法途径 ………………………………… （117）

第三章　公正话语的理论范式：发现而非创制 ……………………… （123）
　第一节　学科历史中的公正话语要素 …………………………… （128）
　　一　公正概念的话语性 ………………………………………… （129）
　　二　学科话语转换中的公正话语 ……………………………… （132）
　　三　公正作为严格话语分析的政治概念 ……………………… （137）
　第二节　公正话语思维的出场 …………………………………… （143）
　　一　"公正定义问题"：公正话语思维的核心观照 ………… （144）
　　二　公正概念的解释性论证：公正话语思维的雏形 ……… （148）
　　三　公正话语的特殊性：公正话语思维的显现 …………… （152）
　第三节　被发现的公正话语 ……………………………………… （156）
　　一　目的：真正揭示公正话语的特殊性 …………………… （157）
　　二　方式：公正话语是被"发现"的 ……………………… （162）
　　三　实践性建构：不同于公正理论的公正话语 …………… （171）

第四章　公正话语的西方谱系及其体系化 …………………………… （190）
　第一节　西方公正话语的古典谱系：面向政治德性及其
　　　　　教育 ……………………………………………………… （191）
　　一　古典政治德性的回归：必要性与可能性 ……………… （192）
　　二　古典政治德性的内容：政治正义的基础 ……………… （198）
　　三　古典政治德性的养成：政治性教育的出场 …………… （201）
　第二节　西方公正话语的近现代谱系：面向自由主义的
　　　　　政治使命及其超越 ……………………………………… （208）
　　一　自由主义公正话语的结构内容 ………………………… （208）
　　二　自由主义公正话语的主题 ……………………………… （217）
　　三　自由主义公正话语的实现危机 ………………………… （232）
　第三节　西方公正话语的当代谱系：面向西方中心的
　　　　　"转型公正"及其批判 ………………………………… （248）

一　西方公正话语的当代内容："转型公正"的
理论出场 …………………………………………… (249)
二　转型公正话语的基本要义：在人的公正与全球
公正之上 …………………………………………… (255)
三　人的公正与全球公正的真实属性：帝国化的
现代趋向 …………………………………………… (259)
四　帝国化现代趋向的实践本意：全面的等级化 ……… (266)

第五章　马克思主义的公正话语：基础、论争与体系 …… (272)
第一节　何种语境：马克思主义公正话语的基础论析 ……… (277)
一　面向马克思主义公正话语的语境论 ………………… (277)
二　急剧变动中的规律性历史语境 ……………………… (281)
三　始终如一的"情感性"阶级语境 …………………… (290)
第二节　超越"有"或"无"：关于马克思主义公正话语的
基本论争 …………………………………………… (305)
一　"马克思有无公正理论"的三种话语解释模式 ……… (307)
二　面向公正的高阶解释 ………………………………… (313)
三　对一般性辩护的扬弃 ………………………………… (318)
四　转向政治话语性的诠释思维 ………………………… (322)
第三节　马克思主义公正话语的伟大飞跃 ………………… (326)
一　真正的反思：对马克思主义公正话语的基本厘析 …… (327)
二　科学的澄清：马克思主义公正话语的历史省思 ……… (333)
三　历史的超越：马克思主义公正话语的"科学—革命"
要义 ………………………………………………… (345)

第六章　当代中国的公正话语：话语体系构建的基础与探索 … (370)
第一节　探寻公正话语的中国之维 ………………………… (371)
一　任务：面向回归的意义 ……………………………… (372)
二　素材：坚守公正的名义 ……………………………… (379)
三　面向：止于政治的终归 ……………………………… (390)
四　基础：政治关系的调整 ……………………………… (399)

第二节 当代中国公正话语的基础构建问题 …………………（413）
  一 当代中国公正话语的核心尺度 ……………………………（414）
  二 当代中国公正话语的根本性诉求 …………………………（421）
  三 当代中国公正话语的基础性要素 …………………………（426）
第三节 当代中国公正话语的体系化探索 …………………………（432）
  一 公正为道：把促进社会公平正义作为核心价值 …………（433）
  二 公正为纲：治国要道根本在于公平正直 …………………（438）
  三 公正为感：让人民群众体验到公平正义 …………………（443）

参考文献 ……………………………………………………………（449）

绪　　论

> 无论如何，语言是最切近于人之本质的。处处可见语言。所以用不着奇怪，一旦人有所运思地寻求于存在之物，他便立刻遇到语言，从而着眼于由语言所显示出来的东西的决定性方面来规定语言。
>
> ……探讨语言意味着：恰恰不是把语言，而是把我们，带到语言之本质的位置那里，也即：聚集入大道之中。①
>
> ——海德格尔《在通向语言的途中》

话语是一种关于"概念世界"通过语言化的观念构建而产生的现象世界的解释。简言之，话语就是理论化的思想。这是一个西方哲学特别是语言哲学的基本范畴。20世纪以来，特别是政治哲学进入诠释学转型之后，话语作为一种重要的政治理论成为当代政治解释的主要领域之一，形形色色的理论观点汗牛充栋。特别是近30年来，话语理论从语言学的政治理论走向了政治学的话语分析，充分展示了其哲学属性与治术功能的有机统一。党的十八大以来，中国特色社会主义哲学社会科学话语体系的新命题为当代中国的哲学社会科学指明了发展方向。在学术研究中，建设中国特色社会主义哲学社会科学话语体系至少应具备三个基本条件，即科学的话语体系观、客观的话语解释论和有效的话语分析法。分析当代中国的哲学社会科学话语体系的构建问题，应该以兼顾尊重话语理论自身和批判狭隘的话语解释为前提，在具体实践所产生、形

---

① [德]海德格尔：《在通向语言的途中》，孙周兴译，商务印书馆2013年版，第1、2页。

成、发展的核心理论、关键概念和重大议题下，对具体话语体系中的话语理论、话语解释框架、话语体系的建构史及其批判（尤为重要的是马克思主义批判）以及它在当代中国的形态（或者说"中国话语"）进行较为系统的分析和阐释。

本书将以"公正"这一贯穿政治理论古今发展的关键概念为中心，从话语理论的一般性解析入手，在话语解释和话语分析的诠释性框架的基础上，指出公正话语体系的构建应该围绕"公正话语问题"而不是"公正概念问题"展开，应与传统的公正概念分析框架与既成理论模式相区别，超越主观主义和传统主义，对公正话语的历史谱系、马克思主义的公正话语以及当代中国社会中的公正话语（中国特色社会主义的公正话语及其体系建构）等重点问题进行理论与实践、思辨与历史的整体考量，以体现政治理论研究的真正特色。

一 研究公正话语问题的缘由

习近平总书记指出："理论思维的起点决定着理论创新的结果。理论创新只能从问题开始。从某种意义上说，理论创新的过程就是发现问题、筛选问题、研究问题、解决问题的过程。"[①] 在这里，问题的概念化、范畴化、理论化程度是决定理论思维是否合理的首要条件。易言之，在公正话语的研究中，首先应弄清楚公正话语是一个怎样的理论问题，继而应考虑如何真正实现公正话语的概念化、范畴化和理论化。特别是以"当代中国"加以限定时，尤其应该认清这种限定不应抹去公正话语的概念化、范畴化和理论化的先决性。正因为如此，我们认为研究公正话语至少应表现出以下几种基本诉求。

（一）公正话语问题是政治哲学话语转向中的现实问题

对"公正话语问题"这个论题的研究志趣并非要在当今已然纷繁复杂、光怪陆离、令人迷惑的公正或正义理论的研究版图上硬生生地辟出一片"新地界"，而是要对公正与话语（语言）、公正话语的历史类型、公正话语的具体领域及抽象概念层次，以及公正话语体系与公正理论和相关实践进行一次整体性考量。我们认为，理解"公正"至少需要从

---

① 《习近平谈治国理政》（第2卷），外文出版社2017年版，第342页。

两个层次着手。第一个层次是形成理解"公正"的概念解释框架，第二个层次是对理解"公正"的概念解释框架进行政治话语分析。只有这样，才能跳出"概念与解释"的循环论证，从更加宏观的角度认识"公正"概念是如何通过专家的解释而成为具体的理论的，又是如何从纷繁复杂的理论里凝练出某些共性或准则，进而从对这些共性和准则的批判与重析中发现主题性的话语要素，最终站在话语分析的层次上解释公正概念、理解公正理论、形成并传播公正话语。

正是基于这样一种整体性策略，对公正话语的研究就必须有一个理解公正的理论准备。我们认为，这属于政治诠释学视域下的理解公正问题。[1] 公正概念之所以不能充分满足这一整体性策略，是因为它只是一个本质存疑概念，即人们所提出的在一定程度上存在分歧的假设与理念有可能就是在用十分不同的方式描述同一个概念。这种界定仍较抽象，但如果具体到公正概念所体现出来的本质存疑概念的特征，就昭然若揭了。

> 首先，它大抵须是有评价性意义的，即其指向或归结于某种有价值的结果。其次，这种结果必须具有一种内在复杂的特点，其价值的全部原因都归因为它作为一个整体而存在。再次，任何对这种价值性的解释因而必须包括涉及那些分别与其多元化部分或特性相关的因素，不过前提是任何一个可能对立的类型在其总体价值性上都不存在荒谬或矛盾之处，第一个此种类型将其组成部分或者特点看得很重要，第二个则将它们放到次要的位置上，以此类推。因此，公认的结果是其具有本初性多元化的描述性。最后，由于环境不断变化，公认的结果必须具有接受相应程度修正的特性，而且这种特性不能提前预设或预知。[2]

作为本质存疑概念，正是为了规避其给公正所带来的"语言牢

---

[1] 这一问题的研究系笔者博士论文研究阶段的思考。具体分析请参见拙著《政治诠释学视域中的公正问题研究》，人民出版社2016年版。

[2] W. B. Gallie, *Essentially Contested Concepts*, *Proceedings of the Aristotelian Society*, New Series, Vol. 56 (1955–1956), pp. 171–172.

笼",才有提出公正话语的可能与必要。因此,我们并不是随意地提出"公正话语",而是主张"在政治诠释学的视域下,公正的话语分析是理解公正的未来图景,其将展现公正的要素、标准是如何在特定的语境中衔接而成为特定的节点,并分析在不可能实现的完备性中公正是如何以话语空指的形式影响社会意识的"①。为此,公正话语研究将不再是对于公正这一本质存疑概念进行简单、直观的事实(历史)描述、概念分析与理论抽象,而是要依靠"察知法"揭示公正话语的知识谱系,进而形成一种概念性认识。按照这个研究原则,围绕"公正与话语(言语)"这个中心问题进行诠释,在公正话语及其体系构建的一般性进程的考察中,并具体到中国实际,得出关于中国特色的公正话语的充分认知。因此,公正的话语问题绝不是"公正"和"话语"两种现象的机械组合,而是在"公正话语"概念框架下的政治诠释。

一般而言,概念、范畴和表述,尤其是新概念、新范畴和新表述,构成非语言学的"话语研究"的基本内容。马克思认为:"语言是一种实践的,既为别人存在因而也为我自身存在的、现实的意识。"② 这种作为感谢意识的语言,不仅仅是声音和语词的综合,而是一种有意识的实践活动。这种实践活动既不是人的意识的内在性的外在化表达,也不能局限在与人的思维活动的载体或工具的同比中。在这里,这种语言现象,更准确地说,就是话语行为,是人们从自己的生活实际与经验中不断总结、抽象出来的,又以特殊而专门的理论形式(概念、范畴和表述)加以概括和表达,它能开放性地揭示与解释思想、意识、观念等立足于社会存在的实践活动,并以话语体系的形式构建并不断开展出一个"具有持续性的时代意义的存在秩序"。正是基于此,海德格尔才认为,一切思维都被限制在语言之中,它既是一种限制也是一种可能性。在现时代,"话语"能够成为不同学科共同关注的命题,并成为学术话语体系提出、凝练和构建的基础。从学术研究的一般规律性角度看,此种命题具有丰富的内涵,它表明"话语问题"是哲学社会科学研究不断成

---

① 亓光:《政治诠释学视域中的公正问题研究》,人民出版社2016年版,第271页。
② 《马克思恩格斯选集》(第1卷),人民出版社2012年版,第161页。

熟后必然要面对的时代课题，是任何一种理论体系自我发展和成熟的内在要求，是进行多维度、跨学科沟通的有效途径。

在很大程度上，"话语"本身就是一个严肃的"理论命题"。以此推论，研究"公正话语"不仅是公正研究的一种必然选择，也是拓展当代公正理论的一种有效视角（horizon），是辩证地思考和看待公正的历史实践、理论演进与实践模式的合理思维。当然，碎片化的话语分析还难以满足这些要求，因而需要对"话语体系"进行阐释与建构。对于公正的话语问题而言，无论建构的是政治话语体系还是学术话语体系，从理论特质角度看，这种话语体系的构建对评断公正的理论与实践而言都是一种"反思式的理论自觉"。这种理论自觉一方面是批判性的，另一方面则是建设性的。特别是在寻求建构当代中国公正话语体系的过程中，这种理论自觉具有更为重要的意义：它有助于我们摆脱在公正理论上的"学徒状态"，从而形成一种以"自我意识""自我论证"与"完全的自律性"为特征的"自我—授权"的理论自信、话语自信和文化自信。

（二）公正话语问题是"政治与语言"关系论中的关键问题

公正话语问题不仅是提升我国公正研究理论自信的有效途径，而且对政治理论具有崭新的意义。研究"公正话语问题"，其先决条件是要理解"公正与话语"的关系。而要理解"公正与话语"的关系，则要明辨"政治与语言"的关系。政治与语言具有天然的"联姻"关系，布洛赫等人援引布卢姆菲尔德（L. Bloomfield）的观点指出："每一个社群都是靠语言活动组织起来的。人们所说的话语使我们最直接地观察到社群的一切活动，这些话语在社群的每一个活动都起一定的作用。要研究一个人类集团，我们必须了解它的言语。"[①] 由此观之，无论公正是一种价值诉求、理想状态抑或是历史进步的表现形式，只要它存在于政治社会甚或人类社会中，那么它必然是特定历史条件下某种政治制度安排、政治评价行为与政治价值设计通过语言系统描写后的结果；而话语理论无论何等复杂，它都要解决"政治言说"（或公共言说）问题，即

[①] [美] B. 布洛赫、G. L. 特雷杰：《语言分析纲要》，赵世开译，商务印书馆2012年版，第4页。

在公共领域中谁在说、怎么说、说什么以及说给谁听的问题。因此，要弄清"公正与话语"的关系，务必先弄清"政治与语言"的关系。众所周知，亚里士多德对"政治"有一个著名的判断——"城邦出于自然的演化，而人类自然是趋向于城邦生活的动物（人类在本性上，也正是一个政治动物）。"① 但是，究竟是什么要素判定或者是将人类从动物中区分出来而使其成为"政治动物"的呢？对此，亚里士多德有过精确的论述：

> 人类为什么比蜂类或其他群居动物所结合的团体达到更高的政治组织，原因也是明显的。照我们的理论，自然不造无用的事物；而在各种动物中，独有人类具备言语的机能。声音可以表白悲欢，一般动物都具有发声的功能：它们凭这种机能可将各自的哀乐互相传达。至于一事物的是否有利或有害，以及事物的是否合乎正义或不合正义，这就得凭借言语来为之说明。人类所不同于其他动物的特性就在于他对善恶和是否合乎正义以及其他类似观念的辨认[这些都由言语为之互相传达]，而家庭和城邦的结合正是这类义理的结合。②

由此可见，言语（语言的活动）决定了政治的存在，话语（言语的系统表达）决定了人的政治性。那么，在这种"政治与话语"的关系视域中，公正与话语的关系既与此一脉相承，又体现出了新的面向。一方面，"公正与话语"的关系之所以与"政治与话语"的关系是一脉相承的，是因为作为政治现象的公正与作为话语对象的公正之间具有一致性，即无论从话语对象的层面上对公正的理解如何不同、理解公正的维度（制度、体制、机制、理念等）如何多元化，践行公正（exercises of justice）归根结底是一种"政治方法"。所谓政治方法，就是政治主体如何与政治（政治生活）发生使其能够产生自我认同和合法性尊重的稳定关系的方式与办法。这是一种基础性的政治技艺。在西方古典政

---

① ［古希腊］亚里士多德：《政治学》，吴寿彭译，商务印书馆2009年版，第7页。
② 同上书，第8页。

治哲学中，技艺与"真理"不但是一致的，而且处于同等重要的地位。只是近代以降，技艺与"真理"才产生了二分，彼此才有了优先性的区别。随着经验主义的兴起与滥觞，特别是实用主义的哲学地位不断提升，技艺与"真理"的优先性之分逐渐得以消弭，在精神与社会的普遍价值意义上，二者开始重新融合。对于理解公正而言，如果忽视了这一发展趋势，那么无疑就落后于理论实践的发展状态。更进一步讲，如果仅仅囿于"西方公正理论"的概念思辨之中，就无法跳出近代以来自由主义为公正所设定的"必然前提"，那么就很有可能出现以落后的公正话语拖拽进步的理论诉求和实践状态的现象。更有甚者，也会危及当代中国公正问题的理论阐释与实践考量，阻碍中国特色的公正话语的形成与传播。

另一方面，公正与话语的关系之所以表现出了"政治与话语"关系的新面向，主要体现在公正与民主的关系上。在当代西方政治理论中，"民意"成为"政治意志"和"共同福利的标尺"，而民主自然也就成了所有制度中不是最好却仍是最优选择的制度安排。因此，民主与公正的关系要么是"真理与好处"的关系，要么是"真理与技艺"的关系。所谓"真理与好处"的关系，即"民主的公正"，认为公正是民主产生的附加性好处。20世纪是"民主奇迹的世纪"，这使得人们认为民主是无所不能的，民主创造着人们在政治社会生活甚至全部生活中的所需之物。因此，民主与其他价值（期望）的关系越发紧密，越发成为"价值的价值"，而远远超出追求自身优质化的内在使命，并随之变得越发模糊，甚至导致"劣质民主"的频现。在很大程度上，"民主的公正"即公正是民主的衍生品与民主能够制造更多的善和正义的幻想是造成这一现实的罪魁祸首。与此同时，"真理与技艺"的关系，即"公正的民主化"，认为社会公正是民主的有机组成部分，是实现民主的治理方式。即便忽略"经济正义"与"生产性正义"，也可以发现，公正虽然是利益在民主争议过程中实现均衡的准则、方法与结果，但是民主的过程从本质上讲就是任一参与主体都要将自身对争议论题的意见普遍化，而公正的前提则是价值观的异质性，因此，在"对于非经济问题的偏好多样混杂的社会中，民主进程完全不能产生相当大的再分配，这也就是说，它将不会趋向于产生平等的条件"①。由此可见，民主与公正是两种相对独立的"实践真理"——明智判断，并不是真理与技艺的关系。

那么，重新认识"民主与公正"的关系，就必须将公正话语从民主话语的依附状态里解放出来，以公正话语为中心，审视它们的关系。不但是民主的正义性需要公正话语的评价，而且决定了民主是否具有合法性的权威范式也植根于公正话语之中。有的学者指出："不管采取一般观念中的哪一种诠释，也不论采用专家研究中的哪一个指标，各位使用者或争议者于不知不觉中，皆在同意'民主政治'这一重要概念具有一个'共同核心'……就是政治参与——公民政治参与！"② 而公民政治参与能否支撑现代民主，其关键在于公民话语（特别是政治话语）的存在模式是否合理，而公正是衡量此种合理性的中心问题之一。从苏格拉底师徒所不屑的"诡辩术"到西塞罗的"演讲术"，再到洛克的"普通谈话"，及至熊彼特的"合理争论"与哈贝马斯的"沟通话语"，人（公民）介入（参与）民主政治的方式始终与"言语（话语）"纠缠不清，而公正话语正是因这一过程而保持了相对的独立性，因此才具有历史与社会的双重批判性，成为政治生活领域中一个"作为他者的自身"式的话语现象。正因为如此，只有充分研究"公正话语"，才能破解"民主的公正"的谜团，科学地对待"公正话语与民主话语"的关系，从而在"政治与语言"的概念框架中找到公正话语的合理位置。

（三）公正话语问题是介入政治话语分析领域的前沿问题

一般而言，话语问题不同于概念分析与理论解释的关键，就在于"话语"的独特性。本书所指的概念和理论是狭义的，即理性思考的结论与理性认识的阶段（产物）。③ 换言之，概念和理论虽然来源于现实，

---

① ［美］伊恩·夏皮罗、卡西利亚·海克考登：《民主的价值》，刘厚金译，中央编译出版社2015年版，第78页。
② 郭秋永：《当代三大民主理论》，新星出版社2006年版，第10页。
③ 从广义上讲，公正话语问题当然是关于公正的概念问题，其论证也是关于公正的一种理论。但是，广义上的公正概念与公正理论没有实际的指向，也就缺乏具体价值，任何关于公正的言说都可以划入此类。我们是从学理角度出发进行的严肃的学术研究，因此批判的对象是狭义层面的公正概念分析与公正理论解释。

植根于实践,但它们仍然是在文本与行动二分基础上的理性思辨的产物,是实践的抽象及反身检验的再抽象的结果。毛泽东在《实践论》中指出:"社会实践的继续,使人们在实践中引起感觉和印象的东西反复了多次,于是在人们的脑子里生起了一个认识过程中的突变(即飞跃),产生了概念";而"认识的真正任务在于经过感觉而到达于思维,到达于逐步了解客观事物的内部矛盾,了解它的规律性,了解这一过程和那一过程间的内部联系,即到达于论理的认识"①。与此不同的是,话语被称为语言的事件,即相对于概念与理论的语言现象性,它具有建立在文本与行动之上的"可读性特征"。具体而言,这包括以下四个方面:

> (第一),话语只作为与时间有关的而且当前的话语而存在。……(第二),在话语中,句子通过主体性和个人性的各种指示界定它的言说者。……说话主体的主观意向和他的话语含义互相包含,这样,理解言说者想要说的东西与理解他的话语想要说的东西就是一样的。……(第三),话语指涉世界,指涉着某个世界。……口头话语里指涉是直接的。……(而)理解一个文本,同时就是弄清楚我们自己的处境,或者,如果我们愿意的话,在关于我们处境的谓词中添加各种含义。正是这些含义从我们的周围世界创造了一个世界。正是这种从周围世界向世界维度的扩展使得我们可以谈论由文本打开的指涉对象。……(第四),只有话语,而非语言系统,才能面向某人。……话语,在其面向的普遍性中,显现为话语。当话语摆脱了事件的暂时性特征、作者所受的限制和直接指涉的狭隘时,它也摆脱了面对面的局限。它不再有可见的听众。陌生而不可见的读者变成了话语的平等接受者。②

综上所述,话语分析实质上就是一种话语的诠释学。时间、主

---

① 《毛泽东选集》(第1卷),人民出版社1991年版,第285、286页。
② [法]保罗·利科:《从文本到行动》,夏小燕译,华东师范大学出版社2015年版,第201—207页。

体、处境和范围构成了话语分析的情境意义，也约定了话语模式的多元化。对于一个词语的话语分析，第一步当然是要将其作为话语来看待，进而分析它的话语现象，例如话语的历史现象。但这仅仅是第一步，即便存在一定的普遍话语特征，不同的话语模式还会依据情境特征——群体标准决定的情境意义——而创造出多种意义。所以，话语模式既可能为多种话语所共同构成，也可能仅仅属于一种话语。因此，我们需要指出的是，本书是从政治话语这一话语模式出发观察和思考公正话语的。而构成政治话语模式的"图像群"或者不同主体群的认知"理论"是复杂的，即由多种具体的话语所共有。正因为如此，政治话语模式在话语分析中是极具挑战性的研究领域。例如，在西方国家中，评价政治家就是一种典型的政治话语模式，它表现出了高度的复杂性：

> 对政治家如何表现、行动、交流和评价的（美国政治与金钱之间的联系的信念所激发的模式）话语模式（实际上是一组相关联的模式）被美国很多其他人所共享，无论我们是不是同一话语中的成员，即便不是被所有的美国人所共享。由于我们具有共同的话语，甚至某些话语（比如学者、专业人士或工薪阶层）的成员可以或多或少分享我的模式的一些细节。①

在了解了话语特征、话语模式的复杂性后，我们不难发现，这是一个范围很大的研究领域，而且亟待充实，因此需要大量的具体研究加以支撑。因此，对公正话语问题的研究就是这样一种具体化的研究论题。

一方面，这是澄清公正话语问题的必然需要。当前，公正话语（又如民主话语等）已经屡见不鲜了，但是，却鲜有真正立足于话语理论与话语分析的论辩范式观察和思考公正话语问题的成果。如果公正话语仅仅是公正与话语的形式结合，是一种泛化的随机搭配，那么就失去了公正话语的存在意义，其研究无非也就更进一步而已。本书

---

① ［美］詹姆斯·保罗·吉：《话语分析导论：理论与方法》，杨炳均译，重庆大学出版社2011年版，第97页。

对公正话语的诠释不是泛化的，而是限定于政治生活领域里的，或是基于政治论辩需要而做出的话语回应，即对公正话语进行政治话语分析。

另一方面，在澄清公正话语问题的基础上，本书还有益于政治话语分析的完善与发展。对于政治学研究而言，政治话语分析（Political Discourse Analysis，PDA）是一个新兴的交叉性研究领域。因此，"在区分政治话语和其他种类话语，又或是在其他话语议程、对象集合、理论范畴和分析方法等方面，这一研究领域还没有给出十分清楚的划分界限"①。而这些相关的区分标准在很大程度上决定了政治话语分析发展的走向。正因为政治话语及其模式的复杂性，政治话语分析的逻辑性和独立性才显得愈发重要。一般而言，实现这一目标，需要与对政治本性的理解②相一致。对此，西方学者发现："只有通过承认对抗意义上的'政治性'，我们才能够提出民主政治的中心问题。……这一中心问题并不是如何在竞争性利益的妥协上进行协商，也不是如何达成没有排斥性的'理性的'共识。无论自由主义理论家想要我们相信什么，民主政治的特征都不是克服'我们/他们'之对立，而是这种对立得以确立的不同方式。……以一种与承认多元主义相容的方式来吸取'我们/他们'之对立。"③ 在这个意义上，我们可以认为，政治本性可以被概括为"分歧—均衡"。人们往往将分歧无法解决的政治生活（如剥削、压迫、社会分化、政治动荡等的持续存在且难以改善的状况）称为"非正义"的，而将相对均衡即政治秩序相对稳定（如经济社会发展，政治决策制定，社会行动与民意代表相对进步，民主、有序和充分的状况）看作"正义"的。由此可见，完备合理地理解"公正话语"，能够

---

① Isabela Fairclough, Norman Fairclough, *Political Discourse Analysis*, Routledge, 2012, p. 17.

② 需要特别指出的是，与政治的本质不同，政治的本性是基于"政治"的自身需要而表现的基本特征。政治的本质当然是阶级性，但是机械地将"阶级性"运用于理解一切政治现象就犯了"教条主义"的错误。理解政治的本性，就是为了更好地在把握政治本质的前提下实现"最优良的政治生活"。

③ ［英］尚塔尔·墨菲：《论政治的本性》，周凡译，江苏人民出版社2016年版，第11页。

建立起有效的公正话语分析①，对于深刻地把握政治本性的情境意义进而从总体上完善政治话语分析具有直接的助益。

（四）公正话语问题是把握马克思（主义）公正观的重要问题

近年来，关于马克思（主义）公正观的研究成果蔚为大观。这一研究领域可以算是当代马克思主义理论研究的重大课题。马克思有没有系统化、理论化的正义观？如果有，马克思何时提出了正义观？具有哪些内容？如果没有，马克思是如何分析资本主义社会中的"不公正现象"的？对人类社会的公正前景又有何种考虑？在此基础上，马克思主义与公正理论之间是什么关系？马克思主义需要一种公正观吗？社会主义国家践行社会公平正义的思想渊源何在？怎样看待中国特色社会主义公正观才是科学的？如何阐释中国特色社会主义公正观？等等。这些问题的提出和解释体现了马克思主义公正观研究既是一个常言常新的命题，又是一个难言难新的论题。

对马克思主义公正观研究最根本也是最初就发生分歧之处，在于"马克思有没有一个公正理论"。在很大程度上，关于马克思主义公正观研究的其他问题皆由此而出。对此，目前主要存在三种解释（而不是观点）：

解释一："伍德—塔克命题"说。这一解释的代表人物首推伍德、塔克和胡萨米，其实质是英美马克思主义学者关于"马克思有没有一个公正理论"中的具体问题"马克思是否批判资本主义为不正义"的争论。伍德和塔克等人指出，马克思未从正义的角度批判资本主义，进而提出两个衍生性命题：（1）在资本主义里，马克思并不将资本主义剥削看作非正义的；（2）在资本主义后，共产主义社会将是超越正义的。

---

① 政治话语分析往往被认为是批判视角的政治话语的分析，这就意味着从政治话语视角聚焦政治权力的交替与争论。在西方马克思主义思潮中，法兰克福学派特别重视"政治话语""话语政治"，而公正话语（其批判对象则是"不公正""非正义"）也是他们较早或比较集中思考的一大问题。正如赫鲁贝克所言："非正义的批判观念问题，主要通过着眼于社会批判理论的三个基本要素（批判、阐释和规范性）来关注非正义问题。首先，它澄清了批判的社会批评具有内在性的必要。其次，它关注了上述三个要素间的关系，并强调了这种分析对批判的社会理论所带来的结果。他表明，只有在三个要素相互建构关系的链接中才能勾勒出非正义／正义的批判概念。"（参见 M. 赫鲁贝克《"非正义"的批判概念》，《世界哲学》2015 年第 1 期）

这种解释招致胡萨米等人的激烈批判,他们将"伍德—塔克命题"中的"衍生论题(1)"的判定上升为前提性判定,指出马克思认为资本主义是不正义的,进而推理得出(1′)马克思存在一般的正义标准,(2′)在资本主义后,仍然存在共产主义的道德观念与社会规范,无产阶级的正义观将支撑共产主义的正义原则;在此基础上,胡萨米将前提性判定与他的衍生性命题(2′)进行一致性处理,即马克思之所以认为资本主义是不正义的,就是因为他是以共产主义的正义原则批判了资本主义。由此可见,"伍德—塔克命题"经过胡萨米等人的批判已然成为如何判定马克思是否拥有自己的公正观问题,而他们争论的要点也在潜移默化中被泛化了。正如有学者所言,"伍德和胡萨米的争论是他们试图以正义的视角考察马克思对资本批判这一事实的结果"①,而不是以马克思主义的立场、观点和方法考察公正。当前,中国的相关研究大多以此为起点,虽然持不同意见者不在少数,但却将这一命题过分提升为"不可绕过之问题",这种处理值得商榷。至少,如果我们回归到马克思本人的看法上,并认为这才是探求马克思是否拥有一种公正理论的合理初衷的话,那么"伍德—塔克命题"的初衷是否符合这一标准呢?换言之,伍德、塔克、胡萨米以及一大批进入这一争论里的英美马克思主义学者是在"回到马克思"的立场上对这一问题加以解释的吗?虽然"出发点"并不会遮蔽沿途风景的美好,但是忘记了出发点,也就难以准确地找到真正的目的地了。

解释二,"关键或核心概念"说。解释二的核心判断是认为"公正"作为一个重要和本质性的概念,马克思必然会对其进行论述的。在这个解释进路下,主要有两种形式。其一,认为公正概念虽然是一个本质存疑的政治概念,但是无论何种关于公正概念的分析或界定,必定具有一些共同的概念要素,而马克思通过其特有的思想框架,对这些概念要素进行了批判、阐释或重构。即便他未曾明确界定公正,也设定了可以指导后人理解公正概念的基于唯物史观的概念要素的规定性判定。例如,有学者认为:"我们遇到的仅仅是:谁之正义?何之正义?何为正义?什么样的生活才是合乎正义的生活?这样对于人类思想史上的正义

---

① 蒋志红、黄其洪:《马克思批判正义观研究》,人民出版社2016年版,第4页。

思想和正义理论著作，就可以简单地从以下几个方面进行确立：少数几种人性模型、自然状态的设计、正义原则、善的生活。只有这样，我们才能彰显马克思在正义问题上的革命性探索。"① 其二，认为社会公平正义即公正已经写入了中共中央相关决议的文件之中，成为全面深化改革的两大基本方向之一，并作为基本价值观被纳入社会主义核心价值体系里，那么"公正"已然成为中国特色社会主义理论体系的重要与本质性概念，它的理论渊源必然是马克思主义。这种观点概括而言就是马克思必然存在公正理论，只是关于它在马克思主义理论体系中的合法地位、概念解释和实现路径的理论思考需要不断深化和拓展。② 自然而然，持这种观点的学者就会认为："如果从社会主义正义观的理论渊源——马克思主义正义观的诞生算起，至今已有160多年了，从俄国十月革命使社会主义正义观实现从理论到现实的飞跃至今也有90余年了，而中国共产党在中国为实现社会正义所进行的奋斗则经历了差不多相同漫长的历史时期。"③

　　解释三，"马克思政治理论语境"说。④ 解释三的直接依据是马克思本人的文字，即马克思在其文本中所陈述的公正认识（批判）及其相关理念的观点，这建立在马克思的总体语境与不同时期的政治理论的规定性标准的基础上。持这种观点的人大多认为，"正义"（公正）术语的马克思主义解释并不重要甚至根本就不存在，真正重要的是马克思主义解释（或批判）"正义"的指向是什么，而要了解这种指向就必须弄清楚他在使用这个或与此相关的术语时的语境。正是在这个意义上，有学者指出："马克思本人并不是任何意义上的'正义'的推动者。在驳斥了正义的传统概念的权利核心之后，马克思没有试图提出正义概念更适合共产主义的新意义。实际上，他很少使用笼统意

---

　　① 邓晓臻：《马克思的正义思想探究》，中国社会科学出版社2015年版，第4页。
　　② 例如，有学者就指出："公平正义问题今天比以往任何时候都显得更加重要。但是，公平正义不应该只是一个口号，而是应该提出更加具体的制度设计和实施方案。按照马克思的基本思路提出一种马克思主义的分配正义理论……"（参见李惠斌《一种马克思主义的分配正义理论是否可能?》，李惠斌、李义天：《马克思与正义理论》，中国人民大学出版社2010年版，前言第14页）
　　③ 朱大鹏：《社会主义正义观研究》，中国社会科学出版社2014年版，第168页。
　　④ 笔者基本赞同第三种解释模式，认为可以在此基础上进一步细化公正话语问题的研究。

上的道德术语。马克思认为,道德语言是非人性化的。"① 换言之,任何以"公正"的理由来谴责或批判公正语言,都将流于表面。如果以经济正义即分配正义和交换正义为例,研究它的衰落与复兴的历史周期,就会发现经济正义(公正)并不是一个历史范畴,而是一个历史语境范畴。而这正是马克思正义观所意在凸显的"语境"的重要性。无论文献学能否考证出马克思曾经希望对公正概念的部分内容进行保留与否,马克思的公正观以及公正批判都不会建立在"经济正义"的理论框架内,因此理解马克思(主义)的公正观必须时刻注意相关的"话语界限"。虽然在这一理论框架以外并不一定会得到马克思(主义)公正观的真谛,但置身其内则全无可能。那么,解释三是从什么视角阐释马克思主义正义观的呢?对此,虽然还没有完整的答案,但麦克弗森曾经的论述却具有一定的启发意义:"在可预期的前景中,经济正义的概念要么就此走向消亡,要么将在一个新世界中发生转型,变成一个超越单纯的经济正义概念范畴的人类自我实现的概念,而这就使我们不得不回到马克思主义对主要体现为分配正义原则的经济正义概念的批判性解读上来,从一个超越性的维度重新审视经济正义的历史、现实与未来了。"②

事实上,无论哪种解释模式,对"马克思有没有一个公正理论"的回答,最终都要归于两种不同的态度。正是在这里,更为特殊的问题或现象出现了,在两种不同态度的自我证明中,往往会出现理论判定与结果的背反,如认为马克思主义是内在地批判公正观的理论判定,却经常出现以不同理论命题(比如共同富裕)替代公正概念而并无实质性差异的现象;而持不同态度的学者在其各自的论证中却采纳相同的经典文本,运用相似甚至一致的理论路径进行分析,从而马克思有无公正理论变成了"马克思公正理论的解释者决定马克思有无公正理论"的困境;有时,还会出现"批判与建构"的矛盾问题,即在分析马克思(主义)公正观时得出了批判性结论(这里除了在批评阶段、

---

① [美]塞缪尔·弗莱施哈克尔:《分配正义简史》,吴万伟译,译林出版社2010年版,第140页。
② [加]C. B. 麦克弗森:《经济正义的兴起与衰落》,亓光译,《高校马克思主义理论研究》2016年第3期。

阐释阶段外，在规范性论证阶段得出的也是批判性公正观的结论），但在面向现实的不公正现象以及批判性公正观无法"当下、彻底"地解决造成不公正现象的问题时（本质性分析并不能取代价值性评价和原则性设计），却又收缩甚至"背叛"了原初的批判性观点而采取积极建构"公正价值、公正制度、公正行为标准"等重要因素的"公正意识形态"。

当然，笔者并不赞同解释一、解释二的模式，解释三尚未得到完善。之所以认同和采取解释三的模式，除了因为语境观的认识更符合马克思本人对于一般性论题的思想发展轨迹这一根本理由之外，还有一定的前期研究成果作为"反思依据"的支撑。正是基于这两个方面，可以初步发现，公正话语问题的提出与研究能够主要从三个方面补益"解释三模式"，进而对推动马克思主义公正观的研究具有积极意义。

第一，通过公正话语的研究，可以深化对于公正概念的认识，这是研究和理解马克思主义公正观的前提。马克思主义公正观存在文本内与文本外两种不同层面。文本内解决的是马克思主义公正观的主要观点问题，这是一个解释过程；而文本外处理的则是如何看待马克思主义公正观的问题，这是一个评价过程。事实上，文本外层面建立在文本内层面之上，但却通过评价性分析反作用于文本内层面。在现实中，马克思主义公正理论存在与否实际上是一个文本外层面的研究论题，但却超越了文本内层面而"似乎"成为主要论题。造成这一现象的原因，在很大程度上是因为公正概念是一个本质存疑的概念，而这种概念的历史解释往往为后世之人的公正观建构提供了奠基作用，这种作用特别体现在它将提供一种历史解释的概念框架上，在这个框架中有符号、语源、术语习惯以及概念要素，它们共同构成了关于公正概念理解的"先见"。在科学研究中，先见是中性的，但是在广义的"意识形态性"理论研究中，先见就容易成为一种规定性理解甚至是"真理性前提"。在对公正概念的解释中，将公正等同于分配公正，将总体公正看作特殊公正的综合，将经济公正、政治公正、社会公正看作并列平等的关系，等等；这些均是上述意义下的"先见"。在研究马克思主义公正观时，避免陷入这样的"先见"虽然不是解决问题的实质任务，但却是切入实质任务的首要之务。例如，密尔的公正观①被认为是关于功利主义乃至近代以来自由主义公正观的核心解释，而大量研究证明密尔产生这种公正观的基础，即关于公正的词源考察，是建立在极大的谬误基础上的——要么是断章取义，要么是信口开河，要么是无中生有，要么是自说自话……很难想象对公正概念的此种解释在日后竟然成为经典诠释而影响了许多学者、国家甚至时代关于公正的认知。而在对公正话语研究视角特别是公正概念的话语分析中，公正话语提供的是一种基于"历史文本"的综合诠释，其目的不是总结或者必须概括出若干公正概念的核心范畴、基本原则与概念要素，而是解释关于公正多元化理解的历史真义，即一种公正观是在何种语境下产生、形成并传播的，特别是流行与主要的公正观是如何在"日常话语—政治话语—学术话语"的复杂结构中建立话语优势的。这就是公正话语发现公正概念与公正理论的实践性之处，是发现马克思主义公正观超越性维度的必然可能性（即理解公正话语可能却并不必然会发

---

① 密尔在《功利主义》第五章中对"正义（公正）"进行了阐释，他明确指出其解释来源于他对公正的语源学发掘。但是，当该书第一版出版后，却备受责难，为此他在第二版中进行了修改。我国《功利主义》一书的翻译主要源自第一版，因此缺乏第二版的修正与两个版本的比较，而且存在一定的误译。故而，有必要在此重新译出。需要说明的是，在下面的引文中，尖括号标注了第二版增加的内容，方括号标注了第二版删除的内容。

根据正义（Just）一词的语源学，我们在大多数语言中，尽管不是在所有的语言中，都可以［明确地］看到，正义与［法律之条令］〈要么与制定法，要么在大多数情况下与法律的原初形态——权威性习俗〉存在本初性关联。拉丁语的"Justum"是"Jussum"的一种形式，意指"已被命令的"。〈"Jus"一词，语出同源〉。"Δίκαιον"［直接］来源于"δίκη"，〈这个词最主要的意思，至少在古希腊时代是〉依据法律的诉讼（a suit at law）。〈事实上，其原本仅仅是指做事情的模式或方式，但是其早早地就意指规定的方式；即被认可权威显示出的强制性，这种权威包括家长式的、法律的或政治的〉。"Recht"来源于"right"与"righteous"，其与法律同义。〈事实上，"Recht"最初的含义并不指向法律，而是指向符合自然法则的正直（physical straightness）；正如错误（wrong）及其拉丁文同义词意思本是扭曲的（twist or tortuous）；由此可见，right最初并不意味着法律，不过反过来，法律意味着right。然而，这或许表明这样一个事实，尽管大量的不是法律所要求的"recht"与"droit"对于道德上的正直与诚实（rectitude）而言是同样必要的，但，将"recht"与"droit"的意义严格限定于制定法中的做法就如同从完全相反的路径引申出的词义一样将"recht"与"droit"作为道德观念的最初特征的显著性［忽略了］〉。正义之庭、正义之治（administration of justice）就是法庭与法律之治。法语中的 La justice 是为了司法而创设出来的术语。［人们曾经不无道理地将一个错误，即认为语词的最初含义必定也是其现在的含义，归咎于图克先生（Horne Tooke），但我并不想犯同一个错误。要证明一个语词现在表示的是什么观念，语源学所能提供的证据十分无力，但语源学却很有力地证明了这一观念是如何出现的］。我认为，毫无疑问的是，构成正义观念的原初要素与法律是相一致的。直到基督教诞生之前，这一原初要素构成了希伯来人的全部观念。

（参见 J. S. Mill, *Utilitarianism*, ch. 5; in *Essays on Ethics, Religion and Society*, *Collected Works of John Stuat Mill*, ed. F. E. L. Priestley and J. M. Robson, Toronto: University of Toronto Press; London: Routledge & Kegan Paul, 1969, pp. 244 – 5.）

现马克思主义公正观的超越性维度，但如果不研究公正话语，则必然毫无可能性，即便会从某些片段与侧面得到与这一维度相吻合的结论）。

第二，通过公正话语的研究，能够揭示公正作为本质存疑概念的解释困境以及作为解释性概念的理论多样化，避免马克思主义公正观研究沦为一种关于公正概念的一般性辩护或陷入以公正论证公正观甚至以自由主义的公正论证马克思主义公正观的无力的循环论证中。马克思主义公正观并非只是关于"公正"的概念解释。因此，研究马克思主义公正观既不能只注重文本内容中的公正描述，也不能因为公正是一个本质存疑概念而任意"拼接"形成一种公正观。马克思主义公正观研究引入公正话语，会将相对模糊的研究对象限定在具体的语境中，使得马克思的公正理解能够由术语一致性进而可能发现马克思（主义）公正观的根本逻辑。在现实中，对于特定主体，公正概念始终是特殊的与多元的。那么，通过对公正话语问题的思考，使得人们在认识公正概念和理论方面可能会出现一个较大的转变。一方面，以公正话语的相对总体性扬弃公正概念的绝对特殊性。虽然公正话语看似前提条件和理论预设较多，但事实上它具有相对稳定的概念分析框架；而公正概念的不同解释则分别具有决定性，且这种决定性会影响和推动某种静态因素（应得、利益、资源、能力），加速产生关于公正概念的解释性分歧。作为最早系统地研究近代政治生活的自由主义政治思想家，霍布斯发现概念是特殊性思考的抽象结果，认为话语对理解人与社会的政治性才更为重要。他区分"injustice"与"iniquity"[①]的理

---

① 佩迪特曾经较为系统地研究了霍布斯的语言、心智与政治问题，在《语词的创造》一书中他指出，霍布斯"并没有否认主权者对于臣民的行为方式可能违反自然法。但这种对于自然法的违反，并不包含对于任何契约条款的违反，也不包含在任何独立意义上的不正义的行为；正如我们将看到的，主权者是定义何为正义何为不正义的那个人，也正是主权者制定了法律，确认什么样的行为违反或不违反已订立的契约。通过使用'不公正'（iniquity），以此表示对于自然法的违反。霍布斯写道：'具有主权的人的行为可能带来不公正，但确切地说，这不是不正义，也不算是一种伤害'。'在人类制定的法律中，可能发现不公正的行为，却不存在不正义的行为'"（参见［爱尔兰］菲利普·佩迪特《语词的创造》，于明译，北京大学出版社2010年版，第163—164页）。这段话看似为君主制"狡辩"，但其基础却是霍布斯发现"公正（不公正）"是一种人言人殊的概念解释，而人类社会不能在这种概念解释中存续，因为这些解释分歧是无法弥合的，因此需要一种超越这些解释分歧的"权威性解释"，这就是"正义（不正义）话语"，而这种话语的基础不是关于何为公正（抑或正义）的概念解释，而是这种权威如何确认并获得合法性的判定。可见，公正话语（即霍布斯的正义话语）是一种超越公正概念的内在解释，是在话语情境选择基础上的总体性判定。

论前提就是语词的发明使得人们在自己的概念解释中产生了相互争斗并且无法达成任何有效的、规范化的自我治理模式；而语词的发明在概念的分歧解释之上提供了一种话语的权威性，这种权威性的由来是"契约"。如果不能理解霍布斯关于"秩序话语结构中的国家"——公正的权威话语，就无法全面把握他的契约论、政治秩序与现代国家思想。① 另一方面，以政治话语分析为主要工具，将公正的话语分析方法取代公正话语的类型化思维，能够更好地分析马克思主义公正观的理论命题与实践经验之间的关系，破解自由主义公正理论所带来的"幻象"。公正不是等待被发现的政治价值，它不存在大一统的终极形态。公正是不断被解释而通过人的多种判断创造出来的政治价值。因此，既不能将公正观寄托于过往的解释也不能用现今的判断来矫正过往的公正观，而是需要在特定情境下以政治话语分析方式进行"匹配"。正是在这里，德沃金的看法值得重视，他认为：

> 我们之所以使用相同的概念，是因为我们拥有共同的社会实践和经验，而这些概念正是在这些社会实践和经验中产生的。我们都用这些概念来表述价值，但是对这些价值是什么以及它们应该如何表达，我们有意见分歧，有的时候分歧还相当尖锐。之所以有意见分歧，是因为我们对共同的实践有着大相径庭的解释：关于实践的核心特征或范式特征，哪些价值是最好的诠释，我们有不同的理论主张。这一结构使得我们关于自由、平等和其他价值的概念分歧是真正的分歧。它也使得这种概念分歧成为一种价值分歧而不是事实分歧或者关于辞典含义或标准含义的分歧。这就意味着要为某些特定的政治价值观辩护比如平等或自由辩护，必须援用其本身之外的价值：用自由论证自由观，只能是一种无力的循环论证。……
>
> 我们需要一种更一般的解释理论，用以阐明何时以及为何目的追溯主要责任，关于法律、诗歌或一个时代的最好的解释就是在那

---

① 在霍布斯那里，话语与公正即权威相关，体现了其对古典时代思想渊源的认同；而今，话语问题已经与权威的确立相距甚远，公正话语也就失去了其重要性。取而代之的是民主话语。我们将在另一部著作中研究民主话语。

种场合最好地实现了这些责任的解释。①

第三，通过公正话语的研究，能够更客观地发现马克思主义公正观研究中的研究思维、研究路径与方法上的局限性，从而为破解公正的"普洛透斯之面"提供祛魅式的理论设问。对于这一点，既十分现实，又特别抽象。研究思维、研究路径与研究方法决定了研究成果的内容与特点，它存在于每一个理论的逻辑中心，却未必会在所有研究中被轻而易举地发现。假如我们对于当前公正概念解释和公正理论分析的若干判断②具有合理性，那么可以认为，这些缺陷也存在于马克思主义公正观的研究中。对此，我们在以上两点中已分别提及了。在此需要强调的是，这些缺陷一旦形成"理论的惯性"，往往就会自觉地排斥其他思维、路径和方法的介入，甚至改造"改造者"，而由于这种惯性是一种知识体系，其本身也具有话语能够创造认同的作用，那么，"理论的惯性"易于成为一种话语情境。因此，我们的任务并不是要彻底否定既有的"思维、路径与方法"，而是要解构它们，继而再引入新方案。在这个意义上，通过公正话语的研究，虽然无法解决"普洛透斯之面"，但能够让每一张面孔都变得更加清晰可辨，这对于夯实马克思主义公正观的基础、凸显马克思主义作为掌握公正话语内在意义的理论设问价值也是极有意义的。有学者指出："理论所提供的环境是促进改变的工具。提供新环境的理论应当按其所促成改变的效率来估价，而不是（像罗格斯中心论者相信的那样）按它们对一个对象的适当性来估价。任何工具都是可替换的，只要发明出了另一种更方便的、较少笨拙的、更易携带的工具的话。"③ 以此观之，公正对于马克思（主义）具有一种特殊的意义。当所有人都认为，在人类社会中，公正（正义）是表达未来某种理想状态的东西时，马克思认为，这种浪漫的名称应该被解构，但这种解构并不是一发而不可收的，不去建立公正典范，并不等于否定人们不能渴望公正典范。在哲学结构主义者那里，这二者的关系特别是第二种

---

① ［美］罗纳德·德沃金：《刺猬的正义》，周望、徐宗立译，中国政法大学出版社2016年版，第6—7页。
② 参见亓光《政治诠释学视域中的公正问题研究》，人民出版社2016年版，导论。
③ 孙伟平编译：《罗蒂文选》，社会科学文献出版社2007年版，第369页。

观点的提出代表了理解公正必须注意"某一马克思"抑或"马克思的若干精神之一"的合理性。由此,公正话语研究将为人们展现马克思主义公正观中对于"公正典范建构"的不妥协与不断发现公正作为人类不可祛除之精神与价值之"幽灵"的理论设问。正如德里达所发现的那样:"公正(正义)是现存形而上学一直在企图但一直未成功地将其等同于一套制度或原则的东西。将二者合一的企图不能成功,因为每一制度原则均将产生它本身新的,预料不到的非正义。每一种可以想象的乌托邦都必须有一种社会抗议运动。正义是一个永不可能被取出的鬼怪。"①

除了以上三点外,在马克思主义公正观的研究(甚至传播)过程中,之所以要引入公正话语的研究进路,还是因为我们当前正在面对这样一种"窘境",即"正确、先进、科学"的理论(意识形态)在现实中并不一定是"受欢迎的",甚至遭受了很大的抵触,而"虚伪、偏颇甚至错误"却有可能大行其道。这是不是只能归结为"受众"的智识水平不够呢?是否"说教"真的能够"说服"智识水平不高的人们呢?正如一位法国学者所说:"仿佛一位演说家,先随便来几句想法,然后随着听众的反应,即兴发言,那么讲的人和听的人就会有共鸣。然而,当官的只会嘴里念念有词地去念诵一篇预先写好的发言稿,从头至尾,不改一个字。反正听众没法溜走,就边瞌睡边嘟囔。"② 由此,我们可以再次提醒自己,研究公正话语问题必须在深刻理解的基础上采纳更加实用的公正话语观,并对公正话语的传播进行符合现实情境(语境)的解释或话语分析。

(五)公正话语问题是突破伦理学公正话语框架的新问题③

众所周知,公正是政治哲学和道德哲学的核心概念。虽然"正如真理是思想体系的首要德性一样,正义则是社会诸制度的首要德性"④,但在如何界定正义,正义为何是首要德性,这种首要德性怎样表现,作

---

① 孙伟平编译:《罗蒂文选》,社会科学文献出版社2007年版,第361页。
② [法]阿兰·佩雷菲特:《官僚主义的弊害》,孟鞠如等译,东方出版社2014年版,第383页。
③ 需要指出的是,此部分内容笔者曾经以"公正与话语分析"为题发表于《内蒙古社会科学》2016年第3期。本书在采用时保留了原文的基本观点,仅做了文字方面的部分修改。
④ John Rawls, *A Theory of Justice*, The Belknap Press of Harvard University Press, 1999, p. 3.

为首要德性的建构性与实践性之间怎样划分等问题上却见仁见智。显然，理解正义本身是一个十分重要的问题。而理解正义的困境在于"正义概念的话语性"，这体现为在不同学科学术话语体系中，正义在核心理念或原则上的抽象同一性与建构原则、指向对象与应用方式上的具体多元性。对此，在话语理论特别是政治话语理论视角下，可以通过话语分析方式来深化对正义的理解，从多学科学术话语体系的层面上分析正义概念的话语性，进而深刻地批判伦理学公正话语框架。

批判伦理学公正话语框架，并不是否定公正的伦理学研究。这是一个语言标准与解释性权威问题。公正存在而且需要多种学科的共同研究，伦理学是其中必不可少而且十分重要的一种研究进路，在一定程度上，伦理学研究在近代以来的公正研究中发挥着不可替代的作用。然而，伦理学并不能垄断公正研究。一方面，所谓公正始终是道德价值的判断，在古今伦理学中存在着明显不同的特征，正如斯金纳在《自由主义之前的自由》中所提出的，自由作为一个道德价值范畴在自由主义产生之后发生了重大的意义变化，这种变化的根本原因是社会政治语境的历史变迁。换言之，对于公正研究而言，古今的伦理学不是一致的甚至是存在巨大差别和矛盾的，那么以古今的公正是道德价值和"伦理学"研究的主要对象来证明作为学科的伦理学对公正研究的解释性权威既牵强又狭隘。另一方面，即便将公正确定为一种重要的道德价值并且使用较为严格的学科话语体系标准，要理解这一概念的历史进程也是多学科话语共同介入并存在学科话语的历史优先性交替顺序的。在某种意义上，伦理学的公正话语框架象征着伦理学话语体系对公正研究拥有话语权。虽然话语权存在于社会角色和社会关系的"政治与语言"的影响与支配现象中，但是话语权"意味着由语言片段及其语境共同构成的一种关系，能够表达出并且施行某种权力"[①]，因此学术话语权不仅存在于学术话语影响日常话语和政治话语的过程中，而且在学术研究内部也发挥着作用。我们认为，在涉及前一种现象时，学术话语权具有积极意义，因为学术话语与政治、社会密切相关，在社会科学研究领域从来没有"纯粹的学术"，"政治上的正确性"（Political Correctness）——在表

[①] 朱跃、朱小超、鲍曼：《语言与社会》，北京大学出版社2015年版，第210页。

面上涉及的是对语言词汇和表达的选择,是用一个不含有歧视意义的"中立"词汇或表达去替换一个有可能冒犯或伤害所指对象的那些词汇或表达。在深层上是通过语言使用来保护弱势群体,创造一个和谐的社会①,这是必须遵守的标准。然而,在后一种现象出现时,学术话语权就蜕变为某种"研究霸权",满足"政治正确性"这一前提的学术研究不应设定"学术正确性"。正是在这个意义上,我们认为,彰显公正的"话语性",有助于超越话语霸权式的伦理学公正话语框架。

公正话语及其分析要立足于不同的学科话语框架的根本挑战在于:假如不同学科的公正话语所指向的对象或所要实现的目标或遵循的基本原则是大相径庭的话,那么在单一而碎片化的学科话语框架下理解正义非但不是不合理的,而且是正当有效的。对此,我们认为,理解公正虽然有不同的学科话语框架,不同的学科话语框架具有相对独立的特征与体系,但是它们之间仍然存在一定的共同的预设前提与相同的基本问题,即公正理论(解释公正概念的结果)所真正关心的不是社会生活生产了什么、由什么构成、具有什么整体收益与责任,而是这样的收益与责任究竟在哪些"主体"间配置以及所涉主体依据何种理论而主张其所得份额是应得的。而相同的基本问题大致有四:"其一,正义概念与不正义概念是如何进入某学科的理论史与实践史的。其二,那种从上述历史中涌现出来并且塑造当前该学科的正义讨论的最主要的论辩。其三,在可预见的未来,这个学科的研究规划中最迫切要解决的问题是什么。其四,从社会科学其他学科视角出发,这个研究规划中首先要求着手进行的具体方面是什么,以及这一工作如何能够提升此种研究规划对相应问题的理解水平。"② 综上而言,要分析学科语境中的公正话语应该以共同的预设前提与相同的基本问题为核心,在展现不同学科的话语

---

① 在当前中国政治学界,很多人对"政治正确性"存在误解,事实上,这个概念起源于 19 世纪初的美国司法界,对这个术语有着严格的界定,它并不等同于剥夺言论自由、思想自由和学术自由,而是指任何公共语言行为都应该避免使用歧视性、颠覆性、侵犯性的言论,具体到学术话语方面则增加了反对毫无依据的思想臆造与学术造假等内涵(参见朱跃、朱小超、鲍曼《语言与社会》,北京大学出版社 2015 年版,第 190—191 页)。

② Ronald L. Cohen (ed.), *Justice: Views from the Social Sciences*, New York: Plenum Press, 1986, p. 11.

逻辑与偏好的同时，重视"文化性滞后现象"所引发的"跨学科影响"。由此可见，要理解公正概念，就必须把握公正概念的话语性；而要把握正义概念的话语性，就必须在多学科话语框架中理解各种公正理论。由此，话语分析便成为一种重要的理解路径了。

诚然，任何具体的公正解释（定义）都可能而且有必要从局部深入并影响公正话语，但是这样产生的后果并不能将全部的不连续性解释还原为一种完备的同一逻辑。对于公正话语，其意义表现在对于公正概念解释的所有特征都能够将公正所应具备的要素——应得、平等、资格、能力等——连接起来并通过这种连接而确定此种关系的实践。不过，这些要素（elements）只有处于不同情境（moment）下方能产生不同的话语效果。那么，如何将公正话语的要素与所应处的情境关联起来，就是任一理论解释所要实现的内在同一性（identity）。在这里，就需要"话语节点"将这样的要素置入某个具有特定意义的情境而使之成为一种公正话语。

进而言之，公正作为话语符号是一个"前存在"或者既有指代，而要使它具有话语意义，就必须将其与一个特定指代相关联（例如自由主义），两者结合就产生了一种新的话语指代，而此种指代既不会影响正义的既有指代，又不同于任何其他关联后的话语指代。在这里，自由主义所提供的就是一种与公正"真义"无关却决定了如何解释正义的结构性节点（structural position of the nodal point）。具体到特定解释，如诺齐克的公正观认为，公正就是每个人按照某种标准而占有的原则。在这里，个人是一种既有的话语指代，而业绩、应得、功利、阶级地位等以及它们之间可能的排列组合的结果都有可能作为特定指代出现，两相结合，就会产生不同的解释和话语后果。显然，"节点"是否存在或者如何存在决定了公正话语所表达出来的意义。不过，公正所指向的社会现象与实践既变动不居又无法闭合，那么公正话语就是在不断填补这种"不闭合性"的过程中存在的。拉克劳指出："尽管社会的完备性与普遍性是无法彻底实现的，但是这种需要却从未消失过，其将始终通过这种缺陷的存在而表明自己的存在。"[①] 这说明，公正的真义虽然无法实现，但追求理解它却已然成为一种理想，而这也就是公正理论与实践的栖身之所。在

---

① Ernesto Laclau, *Emancipations*, Brooklyn: Verso, 1996, p. 53.

这样的理想出现与发挥作用的地方，就是公正话语的空指（empty signifier）。在人类思想史上，空指的存在是思想进步的助推器。例如，霍布斯的自然状态就是既有悖于现实社会中的无序与分裂状态却又深刻地影响了后世政治理论的话语空指，而罗尔斯的原初状态与作为人的实际选择的社会背景之间的强烈反差也是奠定其正义论成功的主要话语空指。从某种意义上讲，公正等"道德价值范畴"之所以是内在存疑的，就是因为它本身就是一种空指。而广泛存在的不正义成为常态现实也表明，公正在话语层面上的能指性是明显缺失的。在这里，各种公正概念解释都是在填补一个无法真正闭合的"公正话语世界"。以此观之，理解公正之所以是可能的，就是因为在公正概念的话语分析中，它能够通过话语空指本身所发挥出的社会公正的建构性的不可能性而得以存续。

总之，公正的话语分析将展现公正的要素、标准是如何在特定的语境中衔接而成为特定的节点，并分析在不可能实现的完备性中公正是如何以话语空指的形式影响社会意识的。诚然，不同公正话语或强或弱或明显隐晦，均表现出了公正的多面性。"尽管正义的应用存在一个核心的客观道德性作为基础，但是这些应用本身却是复杂的与多元化的，将它们运用到不同领域，终将千变万化。"① 在这里，理解公正就是在它的概念不确定性中不断扩展对诸多争议解释的新理解，这可能是一个公正的政治哲学变革，即理解的公正。

综上可见，对于公正的理论研究而言，公正话语问题是一个重大的理论与实践命题，它来源于公正实践在理论与现实问题上所出现的双重困境，因此是具有实质内容和理性批判价值的新领域。

二　近年来公正话语问题相关研究述评

在话语哲学、语言学研究和术语理论活动②之外，对政治学或政治

---

① Louis P. Pojman, *Justice*, Upper Saddle River: Pearson Education, Inc., 2006, pp. 128 – 129.

② 所谓术语理论活动，"主要是在上述列举的术语学方向的框架内进行（即理论术语学和应用术语学，一般术语学、类型术语学和对比术语学，语义术语学与称名术语学，历史术语学与功能术语学等研究方向）。从事这一活动的是术语学家，即语言学、逻辑、信息领域的专家以及受过深层次培训、能够在行地分析专业词汇复杂的逻辑、语义和语言学问题的人员"（参见［俄］格里尼奥夫《术语学》，郑述谱等译，商务印书馆2011年版，第13页）。

哲学视域中的"话语"及其衍生范畴目前仍旧缺乏科学定义或者说缺乏独立定义（因研究的需要而创建新的定义）的概念。而规范化的公正话语研究的基本前提则是对"话语"的理解。在这个意义上，规范化的公正话语研究的确比较匮乏。笔者在《政治诠释学视域中的公正问题研究》中对当前公正研究的基本状况有过一个粗浅的判断。时至今日，这一判断在一定程度上仍然具有研究状况评析的科学显示度和现实意义。笔者认为：

当代中国的公正研究水平仍有提升的余地与空间，从政治哲学高度的公正研究仍有待于突破学科壁垒创新思维。与此同时，仍存在相关研究成果中泛化研究较多，伦理公正、经济公正、社会公正（广义的社会公正）等研究较为集中，与公正相似、相近概念交叉使用占据主流，解读性重复性研究较多等问题，这势必会阻碍公正研究的深入，也不利于中国政治哲学的建构与发展。正是出于这样的考虑，选择公正理解问题研究，试图在这方面有所推进。当然，问题的选择并不等于问题视域的确定。事实上，之所以中国的公正研究中会出现上述问题，固然与我国政治哲学研究起步较晚、公正理论自身内容庞杂等客观因素有关，但是相关研究中问题意识与问题视域之间的相互脱节问题也不容小觑。众所周知，问题意识通过对实践经验与理论建构相互关系的判断就可获知，而形成问题视域则是要在全面考量上述关系的基础上限定研究主题，并证明此种限定的意义和现实可能性；问题意识是问题视域的基础，它可以广泛地应用于同一主题的不同类型的研究中，而问题视域则较为集中于对研究主题的系统性、基础性的研究。……显然，问题视域的形成建立在对相关研究理论谱系客观分析的基础上。在政治哲学领域，分析哲学家准确地发现了传统政治哲学中政治术语与政治语言的模糊问题，力图改变那种缺乏明确含义和意义的"词语游戏"，是一种"元政治哲学"。在这种理论影响下，概念等同于客观事物，具有真理性，即唯一、最终的意义和价值。当代政治哲学的主要贡献在于重新恢复了政治价值、政治制度和政治理想等实践性范畴在政治哲学体系内的核心地位，从而使得政治概念成为进行政治哲学论证的工具而非目标。总体而言，公正理论正在经历由罗尔斯中心主义向后罗尔斯时代的转折期……罗尔斯时代公正理论的最大特点，是围绕《正义论》及其后续思想演进的主要观点进行的捍卫性研究和否定性研究；而后罗尔斯时代公正理论逐渐放弃了在命题判断上的争论，转向以策略分歧、方法审视为主的后批判主义。①

近年来，以"公正话语"为中心，虽然没有较为系统、完整的术语形式与结构及其术语内容、意义与语义的专门研究，但是仍有很多研究涉及了与民主话语相关的概念、思想及其运用和使用。我们认为，公正话语问题至少可以从"公正话语"的范畴与公正的"话语分析"两个角度思考。前者指向作为一个完整概念或理论命题的"公正话语"，即从话语与话语的政治解释出发，将公正概念及其理论模式按照话语模式加以观察；后者则主要偏重于具体实践与现实经验，即需要被理论解释和话语提炼的公正实践和经验在解释和提炼的过程中注重来自"话语"自身的分析，而非以既存的理论模型解释现实。这样一来，与公正话语问题相关的研究涉及面就既避免了过于狭隘，又防止了过于泛化。公正话语研究是公正理论研究的有机组成部分，与笔者在上述引文中就公正研究的面貌和问题所做出的判断是基本吻合的，同时根据本书所搜集到的文献资料，又可以发现相关研究成果具有以下两大显著问题。

一方面，公正话语的应用性研究较多，基础性研究较少。近年来，以公正话语为题的研究从无到有、从少到多，应和了国家提出的"话语体系"特别是"学术话语体系"构建的战略指向，抽象地谈论公正、介绍性地分析西方公正理论、单一性地论述公正原则或制度等研究逐渐被具有"话语标签"的相关研究所取代。从一定程度上讲，这一变化是积极的，特别是将公正的中国问题以及中国方案通过"话语研究"的方式呈现出来，极大地提升了公正研究的理论解释力。不过，值得注意的是，这些相关研究普遍存在先入为主的特点，即彻底"抛弃"公正话语作为新概念需要进一步厘清内涵与外延以及范畴内核、理论边界的问题，轻易地将公正观、公正理论、公正价值披上"话语"的外衣，

---

① 参见亓光《政治诠释学视域中的公正问题研究》，人民出版社2016年版，导言。

在研究内容中相对侧重于公正的现实性表达。与此相应，关于什么是话语，什么是公正话语，公正话语的政治意义、政治哲学或政治学理论的分析特殊性，公正话语的基本内在逻辑与外在表现形式的基本关系，公正话语的历史传承与中国选择等基础理论问题还没有真正引起学界的高度重视。

另一方面，对公正话语的"公正性"论证较丰富，对"话语性"的分析尚在探索中。所谓公正话语的公正性论证，主要是指在公正话语的研究中突出关于"公正"的理论分析。当然，这是公正话语的根本所在，特别是对于当代中国公正话语而言，公正概念、公正制度、公正行为、公正认知等方面的基本理论与具体实践都是公正话语必须关注的问题。不过，仅仅关注这些"公正性"问题，并不能支撑公正话语研究的全部内容。例如，公正如何成为一种话语？公正话语是一种什么样的话语？为什么公正话语作为一种政治话语的功能性不同于其他政治话语？公正认知、公正理论与公正话语之间的关联性、差异性如何确定？有无边界？理由是什么？公正话语的历史变化应更侧重于公正理论体系的变迁还是应该将其置于一种政治话语的整体历史变迁的观照之中？马克思主义公正话语是一种公正理论吗？公正话语的中国之维是当代中国公正理论与实践的"话语表达"抑或还需要包容其他公正话语的共同逻辑？等等。这一系列问题都还处于模糊状态，这就是所谓"话语性"研究不足的表现。

我们认为，既然公正话语作为一个独立的术语或理论范畴已经存在了，那么就有必要对其独特性进行系统性、基础性、话语性的研究，而不能简单地移花接木，将既存的关于公正问题研究的理论范式改头换面，以话语名义之新壶灌入既往研究之旧酒。不但要注重公正话语的具体研究，也要努力探索它的系统性理论建构问题；不仅要加强围绕公正话语的一般性研究与跨学科研究，还要在政治哲学等专门性研究中提升对公正话语命题的重视程度。在很大程度上，这也是本书研究的出发点和着力点。

三　本书研究的基本思路和主要内容

我们认为，公正的话语之维应是公正话语研究的核心问题。要思考和解决这一核心问题,就不能以先入为主,即不应从"公正"的一般解释入手而将公正话语等同于公正理论的话语表达形式,或公正观、公正理念、公正原则等范畴的话语化结果,或一种关于区分不公正与公正的评价标准的言语行为。

认识和阐释当代中国公正话语体系的构建问题,是一个崭新的理论研究领域。这就意味着对于既存的公正问题研究的素材绝不可以"拿来主义"的方法对待,而必须审慎地思考这一问题的基本命题,特别是认真对待公正话语的"语言"属性。近年来,政治学研究越发重视"话语问题",但是遮蔽在学科话语体系、学术话语体系等标签下的实质内容仍然是漠视"语言""话语"内在属性和特征的理论傲慢。这主要表现在几乎或较少考察"话语"内在属性和特征的逻辑诉求对理解经典核心概念的解释逻辑的影响甚至改变作用。特别是对于公正而言,公正的"公共性"被广泛传颂而成为一种几乎不必论证的"先见",几乎所有公正理论都立足于"社会""国家""公共领域"之上却将这些"被选择"的立足点天然地看作无须论证的"前提"。在这样的前提下,解释的矛盾性就变成了对"预设的"公正标准的道德推理(政治推演)的合理性、充分性的辨别与评价问题。如果公正话语的研究依然如此,那么只能是"新瓶装旧酒",毫无新意!

强调话语在公正话语中的重要性,绝不是抱残守缺或标新立异,而是以话语思维彻底地批判既存的公正解释思维,进而发现这种思维的"西方模式"的根基(也就是根本缺失)所在,是一种批判性的公正解释。在某种意义上,符号化的认识方式就是政治哲学所提供的知识的基本前提,那么抛开这个前提而仅仅局限于政治哲学的知识供给即公正理论研究中的论证阐释的正当性问题,无异于以偏概全。马克思始终强调全面、联系、发展地看待事物的本质,这也就是要求我们跃入"符号化"的政治诠释中,在既存道德推理或政治推演之外(上),更加严肃地对待公正作为一个政治语言符号的意义,更加细致地发掘公正话语作为一种理解公正的解释方式的独特性与普遍性。正如有学者所言的:"符号化的认识方式是来源于现实而又超越现实的认识方式。语言符号是一种意义符号,是各种抽象概念的物质载体,包括一系列的符号单元(符号元素),代表着客观事物的各种规定、各种关系。运用语言符号可以把具有许多规定的客观事物在思维中分解开来，以编码的方式对这些代表一定信息内容的语言符号进行思维操作，通过对符号单元的组合来实现对于客观事物的反映。"① 从一定意义上讲，正是在这里，马克思主义与以自由主义为代表的西方哲学思维与政治意识形态有着根本的不同，也就为理解马克思主义公正话语提供了一种可能的合理视角。

我们认为，研究当代中国公正话语体系必须建立在坚实可靠的理论分析基础之上，从基础概念框架的建构入手，既要深入剖析公正话语的历史变迁，又要揭示马克思主义在公正话语上的进步性、科学性，进而在当代中国语境中将上述内容结合起来，切入当代中国公正话语的基本问题。为此，本书的主要内容包括：

第一章在全面梳理和分析话语概念的哲学来源、语言学来源和政治来源的基础上，从话语的语言本质、认识功能和社会属性三个方面较为全面地概括话语概念的基本特征，进而就话语概念的义界进行探析性的阐释。

第二章重点论述话语的政治哲学基础和依据，主要是从话语理论自身发展的政治面向入手揭示话语与政治之间交互性以及话语理论必然以政治性为发展旨归的历史趋势，进而从话语理论对政治科学、政治哲学的影响中进一步阐明话语与政治具备交互性的政治逻辑。

第三章主要针对公正话语作为一种特定的政治话语的理论范式问题。首先探析学科发展历史视域中的公正话语要素问题，着力解释公正概念的话语性、学科话语转换中的公正话语以及公正作为严格话语分析的政治概念的特殊性；其次，从公正话语的概念内涵转向公正话语思维的问题，从公正定义问题的话语思维困境、公正概念的解释性论证的话语思维地位以及公正话语特殊性的公正话语思维功能三个方面加以具体论述；最后，指明公正话语不同于公正理论，前者具有"被发现"的特殊性与比较优势，并从公正话语的目的、方式以及实践性建构等方面对何谓"被发现的公正话语"进行了探索性解析。

需要指出的是，以上三章是关于当代中国公正话语的基本理论预

---

① 杨耕：《重建中的反思——重新理解历史唯物主义》，北京师范大学出版社2017年版，第210页。

想,即从"话语"的理论建构入手为具体阐述公正话语的概念框架提供学理性支撑。

第四章侧重于公正话语的历史表达尤其是西方公正话语的演进问题。对于当代中国公正话语而言,这标识了它在公正话语的历史之维中的继承性与发展性。重点论述了西方公正话语的古典谱系、以自由主义为代表的近现代谱系以及在"转型正义"调适中开始崭露头角的新谱系。由此,有利于发现西方公正话语的一惯性特点和时代性变化,特别是就公正话语历史之维的发展趋势进行一种学理性诠释,为指出马克思主义公正话语的历史超越性做好准备,进而就当代中国公正话语所应借鉴与警惕的正反两个方面的公正话语要素加以厘清,避免出现"混同运用"的弊病。

第五章着力论证马克思主义公正话语的基本理论问题。首先,较为全面地概括了马克思主义公正话语所存在的语境判定问题,指出公正话语的语境变革是马克思主义公正话语不同于西方公正话语的首要特点,重点提出和分析了规律性历史语境与情感性阶级语境在马克思主义公正话语形成中的语境论价值。其次,直面"马克思与公正",即马克思有无公正观的经典论争,从马克思主义公正话语的形成与发展的逻辑中,揭示这一论争是西方公正话语的逻辑陷阱,指出超越"有与无"的虚假悖论说的关键在于应彻底批判公正话语中的"唯公正"的抽象性逻辑,强调从话语存在的现实中发现公正话语的独特性,辨明马克思主义公正话语的比较优势。最后,直面马克思主义公正话语的历史贡献,较为系统地高度概括它的历史飞跃。从马克思主义公正话语在真正反思后理清了什么、在历史省思后澄清了什么、在要义重建后超越了什么三个方面,就马克思主义公正话语的本质、内容与贡献进行了较为充分的论析。这一部分是揭示当代中国公正话语的思维前提与认识前提,为最后提出当代中国公正话语这一重大命题的历史定位、属性选择与构建原则奠定了理论基础。

第六章重点论证当代中国公正话语及其体系化的基本理论问题,是对前面五章内容的总结与升华。本章系统阐释了当代中国公正话语的"本""源""流""现"等问题,指出作为公正话语历史之维的最新表现形式、马克思主义公正话语的中国之维、当代中国公正理论与实践的话语表达方式，必须认识到当代中国公正话语否认任何独立的公正本质领域，也不承认存在所谓的特殊的公正类型。在这里，公正始终是一个生产性的概念，即公正话语的"一体"；为了支撑这个"体"或者说使得这个体具有"现实感"，则需要多种维度，而这些维度是在现实中被反复遴选而出的，即公正话语的"多翼"性。在不同社会发展阶段与国家内，"体"的不同决定了公正话语的本质性差别，"翼"的选择则在多元、融入与组合中可能会呈现一些相似的类型化。对于当代中国公正话语这一具体问题而言，它的建构思维和体系化理路重在"体"的选择，而丰富于"翼"的组合，最终体现在二者相互配合的体系化上，是动态的公正话语体系。由此，当代中国公正话语体系的构建应从批判性地回归公正话语的西方谱系入手，在马克思主义公正话语的解释框架下，历史性地为当代中国公正话语体系的建构寻找一条可能的解释通路。

四 本研究的创新之处

本书着力于研究当代中国公正话语的基础理论问题。在这个意义上，本书在以下两个方面有所创新：

其一，较为系统地提出并阐释了"话语""政治话语"以及"公正话语"的义界。本书十分重视从政治哲学的高度理解与公正话语相关的关键概念。特别是针对当前政治学理论研究中对"话语"认识较为泛化的问题，从话语的理论渊源、基本特征、政治性特点等方面阐述了话语的政治哲学之维，进而从政治话语的基本范式、认识路径以及分析视角等维度构建了公正话语的理论范式。

其二，更加有针对性地论证了公正话语的基本内涵，阐明了当代中国公正话语的历史变迁之维、学理基础之维和现实探索之维，进而提出了当代中国公正话语的核心问题、基本论域和体系要素，为进一步探索当代中国公正话语体系的建构性实践提供了理论指南。

需要指出的是，本书研究在当代中国公正话语体系构建问题上是一个新尝试。无论是从理论储备还是从实践发展的角度看，本书研究最大的贡献在于提出了公正话语的独特研究思维和可能的研究路径，并就相关主要论题阐发了个人意见，但它无法涵盖所有与该问题相关的论题，更难以面面俱到。本书只能从公正话语的"语言与政治"这一基本命题、思维出发，围绕当代中国公正话语的"主流来源"（公正话语的历史之维）、思想源流（马克思主义公正话语的论述）以及"框架概念"（当代中国公正话语的基本问题）进行研究，这也就限制了它的视域。尤其值得注意的是，由于国内学界在话语问题的政治哲学分析上相对不足，本书还做了大量的理论清理工作，为提出公正话语范畴提供了较为全面的论证，因而对于希图"直扑'当代中国公正话语'"术语的明确定义的观察者而言，本书难以满足其愿望，但本书必定是关于公正话语的中国特色研究的不断丰富和继续发展的正确方向与主要内容。

第一章　何谓话语：来源、一般特征与义界

> 所有语言都是对语言的滥用。
>
> ——卡斯托里亚迪《社会的想象性建构》
>
> 人们对于比语句更大的语言单位（即话语，discourse）进行形式的描述，已不是什么新鲜事情了。从高尔吉亚到19世纪，它一直都是古典修辞学主要关心的问题。然而语言科学晚近的发展使人们对这一主题重新发生了兴趣，并且它还带来了处理这一问题的新技巧。……
>
> 这样一种第二级的语言学的目标应该不只是探求话语的一般性概念（如果存在的话），以及表达一般性概念的单位和结合规则，而且也应用于判定结构分析是否认可了传统的话语形态的类型学……
>
> ——罗兰·巴尔特《历史的话语》

在语言学中，当人们提出"话语"（discourse）这个概念的时候，最初是想指代比词语、语句更大、更复杂的一种语言现象。但是，话语的实际价值无法真正体现在语言学的分析中。人们发现，与其说人是在通过自己的努力和实践后将自己栖身的世界和社会进行了有目的的改造并将之诉诸特定的话语加以表达的话，不如说人是被既存的话语结构所局限，是被架构的，话语往往可能会影响到人的行为。事实上，"许多我们在日常话语里不加鉴别地运用的范畴是物化的。也就是说，是一些社会地形成的范畴，它们对于'客观实在'世界'以外'存在着的事物来说是不适宜的。那些物化的范畴不适当地赋予自足性与非人类力

量，并被认为独立于人类社会的互动而存在"①。要想了解"话语"是如何进入人类社会的互动并转而成为这一过程的重要范畴的，我们就有必要先理解一些话语的内涵及其理论基础，了解并限定话语的不同类型。当然，这对我们分析民主话语的意义同样重大。

第一节　话语概念的来源

洛克认为，话语是社会最大的公共纽带，它的功用大体有三种："第一，是要把一个人的思想或观念传于另一个人。第二，是要极简易地，极迅速地达到这层目的。第三，是要把人们对于事物所发生的知识传达出去。"②而实际上，是一种特殊的语言实践将人类的其他社会实践连接了起来，使我们成为自然人、道德人和政治人。实际上，这种语言实践就是"话语"。可惜的是，由于语言具有消解性和模糊性，我们在今天很难确定"话语"概念是谁发明的。③更令人恐惧的是，与其他所有概念一样，"话语"概念也经常性地面对危机。正如斯金纳所言：

> 有一种真实的、经常发生的恐惧，那就是概念构成的共同体毕竟是人类最为脆弱和最不持久的发明之一。于是，不出意料，这样的恐惧常常以警世寓言的形式出现，这类寓言中交往的混乱状态终结于孤立的个体和无声的暴力。也许《圣经》故事中的巴别塔讲的就是这种最令人难忘的故事，但是，在修昔底德描述的克基拉革命和霍布斯假想的自然状态中，存在着关于上述主题的一些更易辨识的政治变体。这些故事具有一个共同的寓意：丧失共同语言，就是丧失共同体，就是毁灭共同世界。④

---

① [美]福克斯、米勒：《后现代公共行政——话语指向》，楚艳红译，中国人民大学出版社2013年版，第7页。
② [英]洛克：《人类理解论》（下），商务印书馆1959年版，第532页。
③ 在这里，我们并不是在"经典著作"意义上谈论这种发明。
④ [美]特伦斯·鲍尔、詹姆斯·法尔、拉塞尔·L.汉森：《政治创新与概念变革》，朱进东译，译林出版社2013年版。

因此，要想探求话语概念及以话语形式出现的一切政治概念，就要找到关于话语的共同语言。由此，本节的主要任务就是，通过构建"话语"的概念史阐明话语概念的变化过程是怎样在特定历史环境中发生的，"语言向前发展，社会也随之向前发展"①。进而，当我们要谈论"什么是话语"时，我们并不是要给话语下一个"说一不二"的定义，而是彰显一些失去的意义，并发现它们如何在今天这个概念中加以表现，要以这样的解释指引我们以史为鉴，追溯现今的理解。由此，或可通过一些比较，使话语概念的"中心"更加明确，以免成为一种抽象的学术呓语。

"话语"概念的出现经历了一个漫长的概念"中心化"的过程，而任何中心化了的概念都具备某种类型的"可公度性"（commensurable）。理查德·罗蒂（Richard Rorty）将"可公度性"看作一种规则，它指的是"能被置于一组规则下，这组规则将向我们表明，关于在诸陈述似乎发生冲突的每一点上会解决争端的东西，如何能达到合理的协议。这些规则告诉我们如何建立一个理想的情境，在其中一切其余的分歧将被看作'非认识性的'或只是口头上的，或只是一时的，即通过继续前进可能被解决的"②。实现"可公度性"，要么是将有待中心化的概念置于某种"普适的图式"中，要么则是相关概念自身创设了一种反身于内的"普适的图式"。对于"话语"而言，它曾经为自己建构了模糊的实践规则，但这些规则分散在神话、语法学、修辞学中，因被这些认识论的假定所取代，而成为其萌芽阶段的"普适的图式"；近代语言学的兴起，掀起了语言科学化的浪潮，而"话语"则好似一叶孤筏甚至一朵浪花或颠沛其中或淹没其内。尽管如此，"话语"概念在这样的荡涤中，却找到了自己的定位，成为一种"普遍话语"，成为"对精神自然和必然地从最简单的表象前进到最精致的分析或最复杂的连接进行限定的可能性：这一话语就是依照由其起源为其规定的独一无二的秩序而被安排的知识"③。当然，

---

① ［美］特伦斯·鲍尔、詹姆斯·法尔、拉塞尔·L.汉森：《政治创新与概念变革》，朱进东译，译林出版社2013年版，第2页。
② ［美］理查德·罗蒂：《哲学与自然之镜》，李幼蒸译，商务印书馆2009年版，第336页。
③ ［法］米歇尔·福柯：《词与物——人文科学考古学》，莫伟民译，上海三联书店2001年版，第112页。

这一思想发展到极致，也就成为"语言中心论"或"语言本体论"，带来了整个哲学社会科学思维上的"语言学转向"。对于"话语"概念，这一激进的转向将其引向了"分析哲学"或"语言哲学"之中，在那里，话语就是语言的表现，而认识的全部规则都被"想象成存在于语言中，语言被假定着为一切可能的内容提供普适的图式。指出不存在这种共同的基础，似乎就危及了合理性"。总之，理解"话语"概念的内涵，就要在概念中心化的历史进程中探寻，它不是一个符号的演变史，而是一种独一无二的"术语史"。一切关于"话语"的语义分析、意义评判和概念比较都应以此为起点。

作为一个术语，"话语"至少具有三种古典来源：哲学来源、语言学来源与政治（学）来源。

一 "话语"的哲学来源

所谓"话语"的哲学来源，主要是指"话语"作为一种哲学问题所产生的相关哲学运思。

在古代哲学（包含神话体系）中，话语与语言还没有区分开来，就像语言与 Logos 无法区分一样。在某种意义上，话语（语言）并非我们今天所思考的语言（话语）问题。如果二者之间存在某种一致性的话，那么无非也就是它们关于"语言（话语）"的基本作用有着比较相似的看法。赫拉克利特曾说"思想是最大的优点：智慧就在于说出真理，并且按照自然行事，听自然的话。"[①] 这就从人的认识和行动的关联性层面指明了语言对于人区别于动物的特性。时至今日，所有话语理论家乃至社会思想者（social thinkers）[②] 都会强调："语言不仅最直接地把人作为能够思想的、有理性的生物而区别于其他一切生物，同时语言以其无限变化的复杂形式，又是使得氏族和部落联合为民族，或者是使它们在时间和空间上分化的最明显的表现。"[③] 至于话语（语言）与行动之间的关系是怎样的，古希腊哲学家们走向了不同的"正名"之路。从遗

---

① 《西方哲学原著选读》（上），商务印书馆1981年版，第25页。
② 这里的社会思考者，即 social thinkers，泛指一切从事哲学社会科学研究和思考的人。
③ ［丹］威廉·汤姆逊：《十九世纪末以前的语言学史》，黄振华译，世界图书出版公司2009年版，第1页。

留下来的"残片"中,古典学者们所发现的"本质说"和"法则说"是判断这种关系的两种主要论点。前者,以赫拉克利特为代表,主张要按照话语所具有的本质性,即准确合理地根据其本质的真理来称谓事物;而后者,则以德谟克利特为代表,认为话语就是按照习惯任意地称谓事物,因此不确切称谓也不会影响到所称谓的事物。按照色诺芬(Xenophon)在 *Memorabilia* 中的记叙,这个问题上升为"思想与它的术语"以及"事物与它的名称"之间的关系问题,这是当时哲学讨论的重大问题。在前苏格拉底时期,巴门尼德(Parmenides of Elea)或许是最直接地谈论"话语"的哲学家,他将话语(语言)称为"言说""指出""指示",认为:

> 作为述说与作为认识一定是存在的东西,因为存在是存在;而非存在是不存在的。
> ……存在的东西无生不灭,是一个单一的整体,它完整、不动。它既不是在过去,也不是在将来,因为它整个是在现在作为连续的一。你将从哪里寻找它的来源呢?它又从哪里生成呢?我绝不会让你这样说或这样想:存在来自于非存在。①

从一定程度上讲,这个阐释是今天几乎所有形而上学思想的来源,它对言说(话语)、思想(thinking)与存在(being)之间关系的判定直接影响了今天语言哲学的语言本体论、话语理论中的话语伦理学以及政治哲学中话语与正义等问题的认识。作为公认的古代词源学的创始人,柏拉图在《克拉底洛篇》里也对上述问题给出了自己的见解,他借由苏格拉底之口指出,语言(包括言语、话语、词语)的"正确性"是存在的,这种正确意味着话语应当含有与现实(事物)相一致的且符合其本质的规定性,语言(话语)具有"声音的象征意义"。但是,柏拉图并不认为"话语"的正确性能够存在于人们的沟通(乃至社会生活)中,正在言语之人对其所言之事根本不可能理解其本质,因此,话语的价值在于它是平衡"语言的应然正确性"与"言语的必然习惯

---

① 苗力田:《古希腊哲学》,中国人民大学出版社1995年版,第93—94页。

性"的一种理解途径。"这样一来,那些片面的观点当中就没有一个是正确的;'按本质正确的'语言只是存在于观念世界。"① 这也就表明话语具有"沟通性"与"无限性"。在古希腊,亚里士多德是第一位也是唯一一位对"话语问题"有过系统论述的哲学家。在他的著作中不仅专门辟有《修辞篇》,而且对于语言、话语、演说、修辞、对话等范畴都有过明确的阐释。他跳出语言的"本质观"与"法则观"之争,认为语言(话语)如果是人认识世界及其所辖之物的"知识"的话,那么它一定不存在于"观念世界"里,而是既可以承载思考和理解,又能够包容经验和归纳,进而还能包容介乎二者的"似是而非"的或然性。亚氏认为,语言(话语、修辞)不是用来确证真理的,而是用来讨论和论证一般性话题的。因此,唯一要区别的只是一般话语(辩证:dialectic)与特殊话语(修辞),后者不同于前者之处仅仅在于:后者只能讨论公共事务的一般性话题,而前者则包含一切一般性话题。更为重要的是,他发现,支持本质论话语的哲学家之所以讥讽法则说,主要是因为他们认为,如果话语(修辞)无法成为拥有最精确知识的认识论,如果话语无法反映科学知识的论证和教导,那么"话语"就将陷于虚无,成为"巧言令色"。对此,亚里士多德认为,话语(修辞)是一种说服论证,它的确不同于推理论证,但它是有用的。他说:

> 即便我们拥有最精确的知识,也难以将其(指有些听众)说服。因为依据科学知识的论证与教导有关,这些人却不听教导。……
> (修辞术)它的功能不在于说服,而在于发现存在于每一事例中的说服方式。……
> 姑且把修辞术定义为在每一事例上发现可行的说服方式的能力。其他的技术则不具备这种能力,每一种其他的技术只在自身的对象范围内才有教导和说服的功能……然而修辞术如所说的那样似乎能够在任何一个给定的范围内发现说服的方式。所以我们说修辞

---

① [丹]威廉·汤姆逊:《十九世纪末以前的语言学史》,黄振华译,世界图书出版公司2009年版,第13页。

的技术不限于任何一种特殊的事物对象。①

也正是在此基础上，亚里士多德对于话语与政治有了进一步的认识和分析，这构成了话语的政治（学）来源的主体内容。

综上可见，"话语"在古代哲学中，是一项与思想和行动相关且与二者关系如何确定密切相关的哲学范畴，它体现了一种认识与沟通的技艺，而且这种技艺是公共领域的自身反映。正如福柯对这一时期"话语"的哲学总结所言："古典时代的语言并不是思想的外在效果，而是思想本身。……从古典时代起，在表象内，在使自身凹陷的对自身的复制中，语言展现出来了。从此以后，初始的文本被抹去了，与它一起被抹去的还有整个取之不尽的词的基础；所剩的只有表象了，表象在表达自己的词语符号中展开，并通过这一点而成了话语（discourse）。"②

在海德格尔和福柯等一些当代哲学家眼中，17世纪之后，语言的厚重感和迷惑力就渐渐消失了。这一时期，由于语言学的独立发展，话语渐渐不再是哲学考量的核心问题了。尽管培根、洛克、莱布尼茨、康德等哲学家都反对"语言的滥用"，强调话语理性的重要性，但是不论对话语是积极肯定还是消极怀疑，不论是把话语（语言）看作"悟性的工具"（培根）、"知识传达与进步的载体"（洛克）、"人克服有限性的设计"（斯宾诺莎），还是看作"分辨真理类型的方法"（莱布尼茨）以及"作为纯粹知识基础的分析陈述与综合陈述的区别表达"（康德），都把"话语"（语言）的哲学属性置于认识论功能的领域中。简单地说，就是将其作为人认识自己、世界、真理、他人、历史的工具和方法。从这个方面讲，黑格尔才是重要的。黑格尔批判了话语的非本质论，提出话语应该具有非认识论功能。黑格尔在《精神现象学》中称，内在精神的显化又或国家权力升格为一个自主的自主体，从而实现了自为存在。他将这一跃迁称为"异化"，对于这种异化，黑格尔认为：

---

① ［古希腊］亚里士多德：《修辞术》，颜一译，《亚里士多德全集》（第9卷），中国人民大学出版社1994年版，第336、337、338页。

② ［法］米歇尔·福柯：《词与物——人文科学考古学》，莫伟民译，上海三联书店2001年版，第104、105页。

这种异化仅仅发生在语言当中，而语言在这里才表现出他的独特的意义。——语言在伦理世界里表现为规律和命令，在现实世界里则表现为商议，总之都是把本质当作内容，并作为内容的形式存在着。但在这里，语言获得的形式是它自己，它把自己当作内容，并作为语言发挥着效用。它是严格意义上的言说活动所具有的力量，能够实现那必须实现的东西。语言是纯粹自主体作为自主体时的实存。在语言中，自我意识的严格意义上的自为所存在的个别性成为实存，成为其他个别性的对象。①

事实上，"黑格尔对于语言的运用和作用这一问题的视野，大大地超出了前人：语言固然与事物的'本质'有关系即与'认识'联系在一起；但更为重要的是，它的形式本身就是一种力量，这种力量表现为，一方面利用话语（Rede，英译 speech，据 J. Baillie 1932 年译本）对自我进行教化，另一方面又使用'分裂的语言'对教化的虚假性进行揭露、对自我的真理性加以把握"②。

黑格尔所唤醒的"话语本体感"重新将话语放到了与人的存在性等同关联的高度，不过，这种本质性是如何"以言行事"的，这一任务就交到了维特根斯坦和海德格尔的手中。其一，维特根斯坦在话语一词前加了"游戏"，体现了话语（语言）与外界行动的必然联系以及建立在这个联系基础上的第六感。正如他所言，"由语言和行动（至于语言交织在一起的那些行动）所组成的整体叫做'语言游戏'"③，而语言游戏突出了这样的事实——"语言的述说乃是一种活动，或是一种生活形式的一部分"④。其二，海德格尔宣称找到了语言的本质，他认为语言可以是僵死的，但是话语必然充满活力，而人没有高高在上的资格与能力，这是因为建构在"词与物"互动基础上的话语是为人所服务的思想对应物，从而确定了词语（术语）在话语中的位置。正如他所说：

---

① ［德］黑格尔：《精神现象学》，先刚译，《黑格尔著作集》（3），人民出版社 2013 年版，第 313 页。
② 吴猛：《福柯话语理论探要》，博士学位论文，复旦大学，2003 年。
③ ［奥］维特根斯坦：《哲学研究》，商务印书馆 1985 年版，第 7、17 页。
④ ［瑞］索绪尔：《普通语言学教程》，商务印书馆 1985 年版，第 110 页。

语言的本质。本质的语言——既不是一个标题，根本也不是对某个问题的回答。它成了一个护送我们上路的引导词。在我们的思想道路上，我们开始时获悉的在词语上的诗意经验将伴随着我们。我们已经与这种诗意经验一起进入一种对话之中，这种对话表明：最后这行诗——"词语破碎处，无物可存在"——指点出词与物的关系，他指明，词语本身就是关系，因为词语把一切物保持并且存于存在之中。倘若没有如此这般的词语，那么物之整体，亦即"世界"，便会沉入一片暗冥之中；包括"我"，即那个把他所遇到的奇迹和梦想带到他的疆域边缘，带向名称之源泉的"我"，也会沉入一片暗冥之中。①

此间，随着语言哲学的兴起，"话语"所具有的哲学意蕴不断丰富，"言语活动"乃至"话语"才有可能成为哲学思考的中心命题。及至索绪尔，语言和言语的二分法，使人们一下子"就把（1）什么是社会的、什么是个人的；（2）什么是重要的，什么是从属的和多少是偶然的分开了"②。虽然索绪尔的话语思辨充满了哲学气息，但当其证明言语的语言学和语言的语言学是二分的时，"这种区分在某种程度上有利于语言学的研究，因为它使语言侧重研究比较稳定的语言，研究语言的词汇系统和语法系统"。③ 而语言哲学就不再具有准确的一般意义了，成为一种特殊意义上（particularism）的"关于语言的哲学"，而真正意义上的话语理论就呼之欲出了！

总之，不难发现，"话语"的哲学来源决定了我们如何认识"话语"，即话语是"谁"与"什么"的关系问题；确立了话语的沟通本质性，而避免了抽象的僵化抑或经验的任意；确立了话语的公共属性，明确了话语与政治的必然联系。与此同时，还塑造了一种思维工具，为各种理解途径提供了总体性的可能。

---

① ［德］海德格尔：《在通向语言的途中》，孙周兴译，商务印书馆 2013 年版，第 167 页。
② ［瑞］索绪尔：《普通语言学教程》，商务印书馆 1985 年版，第 110 页。
③ 涂纪亮：《现代欧洲大陆语言哲学——现代西方语言哲学比较研究》，武汉大学出版社 2007 年版，第 110 页。

二 "话语"的语言学来源

事实上，这一来源是既有研究中强调最多和阐述最详细的。不过，我们无意于说明"语言科学"的发展史——话语诞生的语言学史，而是从若干发展阶段的节点上，简要记述"话语"的语言学来源。

与现代社会科学的大多数门类一样，语言学的确立是一件晚近的事情。关于语言，哲学的思考占据了主要地位。在古典时代，严格意义上的语言学，就是古代语文学、词源学与符号学等。在很长一个时期里，欧洲的整个语言体系都是建立在古希腊人的语言学说及古罗马疆域扩张的基础上的。这样一来，古希腊人关于语言的思辨特长就使人们不太重视语言的经验特征，而只有希腊语和拉丁语才为正统的，语言种类的此种"单调性"和"贵族性"自然使得很多丰富的语言现象滑出了人们甚至是专业人士的视线。宗教书籍特别是基督教的传播，在很大程度上改造了古代语言。但是在很长一段时间内，甚至到了十七八世纪的时候，古典语文学依旧在语言问题上享有绝对权威，语言的机械性、符号性与孤僻性依然没有发生什么改观。比较重要的改观是，语言学视野在这一时期开始扩大，不但开始关注包括亚洲、拉丁美洲在内的语言现象，而且多种语言词典的出现使得普遍语言学有了产生的可能和必要。虽然这些改变并未直接催生人们对"话语"的认识，但是它从方法论上指明了"语言现象"的丰富性和可能性。在推动语言科学脱离哲学与语文学的过程中，语言的历史比较法发挥了巨大作用，并开始意识到"语言"是一种"言语""思想"和"行动"的综合体，这种综合不仅存在于哲学观念和符号逻辑中，而且存在于实实在在的语言现象，即人们使用语言的相同性和相异性中，而这是可以通过"比较"的方式加以解释的。在这里，洪堡（Wilhelm von Humboldt）在他的许多著作中考察了语言的不同面向，梳理了语族的特征以及语言现象中人的个体性、精神、思维及文化等相互之间的关系。与此同时，通过对语言的本质、发展和生命的考察，马德维特批判了一切"哲学的"（这里指含糊而神秘的意思）语言概念，在他看来，真正的语言行为就是人与生俱来的自有交际手段。正如洪堡在《论人类语言结构的差异及其对人类精神发展的影响》一书中的论述：

语言之所以属于我，是因为我以自己本身的活动重现了它；但是我之所以这样而不是那样重现语言，是因为从前把语言流传下来的世世代代现在和过去都是这么说的，而我显然也受语言本身的限制。不过，语言用来限制我，并给我的活动以一定方向的东西，是由人所共有的天性产生的，我和其他一切人一样具有这种天性，因此那种在语言方面于我格格不入的东西，只有当我个体存在的某一时刻我才感觉到，但是这样并不出自我天性中的主要和真正的本质。①

至此，"语言学脱离语文学和哲学而成其为一门独立的科学，是从十九世纪之初开始的，它同古典唯心主义哲学的兴盛，浪漫主义的民族愿望，以及历史主义的世界观的发展联系在一起"②。经过漫长的历史积累，特别是16—18世纪的探寻，语言学的基础不断扩大，古典语言学的复兴和新语文学的发展使得更多种类的语言对象进入语言学视野，进而推动了研究方法的整合；语言哲学在有关普遍观念的争辩中不但推进了语言问题的批判，而且凸显了语言起源及其历史发展的重要性。由此，语言发生论、历史主义语言论等快速发展，在对这些问题的讨论中，语言属于一种实践性范畴的判断渐成共识。

当语言学的独立性日渐完整，语言哲学的分析特性即将完成之际，也就是话语及其理论将要创生之时。这时，新的语言学已经表明，它不再拘泥于"僵死的""唯书面的"以及"无感情的"语言，而是要从语言中发现人的心智所在。但正如沃罗西诺夫（V. N. Volosinov）所指出的："语言学是为了满足语文学发展的需要而产生的，在这里，语文学不但照顾着初生的语言学，而且将它的长笛留给了它。这把'长笛'有复古之效，但仍缺乏创造新的语言的必要音域。"③索绪尔及其语言理论所要解决的问题就是拓展这个"承上启下"的"新音域"。其一，

---

① 转引自［丹］威廉·汤姆逊《十九世纪末以前的语言学史》，黄振华译，世界图书出版公司2009年版，第142页。
② 同上书，第131页。
③ V. N. Volosinov, *Marxism and the Philosophy of Language*, Harvard University Press, 2006, p. 73.

索绪尔继承了语言生成论的重要结论,即语言是理解世界和人的基础,语言不是数理符号(人工语言),也不是有待祛魅的"隐喻""遮蔽"或"暗示"(诗性语言),而只是要言谈言说而已(自然语言),这也就是古希腊哲人所说的"Logos"。其二,索绪尔提出语言的非主体性的社会性本质,即语言是人们思想、思考和沟通进而构建维系群体生活的本质,但是语言这种社会性本质并非必然需要人作为主体的在场,换言之,语言是一种自创生的系统性社会存在。其三,作为结构主义语言学的创始人,索绪尔还将朴素的语言观塑造成了复杂的方法论,语言成为其他哲学社会科学的认识论基础。正如有学者所言:"结构主义的形式语言学一方面强调语言返回自身,成为一个自足的系统,德里达的名言'本文之外无他物'就精炼地概括了这一结构主义的原则;另一方面,他们又把这种形式主义的语言观和方法论推广到人类学、社会学、心理学、数学、政治学、历史学、文学批评和精神分析等各个领域之中,使结构主义语言学实际上获得了一种'第一哲学'的地位。"[①]

关于"话语",索绪尔的语言学理论对之有两点启发。

启示之一,打破了"语言"的唯一性,通过揭示"语言"与"言语"的二分,为"言语"留下了发展之可能。"语言"和"言语"的二分是索绪尔对语言学的公认贡献。上文已经提到,索绪尔归根结底关注的是如何证明语言是一种社会性的先验实存。不同于古代哲学家和一些语言学者,索绪尔解决这个问题是从"社会性"和"个体性"的"语言学对象"的差异分析入手的。在这个区分中,索绪尔对语言、言语活动、言语的关系进行了详细的阐释。简言之,"言语活动－言语=语言。"这是一种抽象客观主义的结论,言语活动是人的最一般性的活动,具有动态性和复杂性,它不等同于"语言":"言语活动是多方面的、性质复杂的,同时跨着物理、生理和心理几个领域,它还属于个人的领域和社会的领域。我们没法把它归入任何一个人文事实的范畴,因为不知道怎样理出它的统一体。"[②] 那么,在言语活动中,就存在着一

[①] 钱伟量:《语言与实践——实践唯物主义的语言哲学导论》,社会科学文献出版社2003年版,第2页。

[②] [瑞]索绪尔:《普通语言学教程》,高名凯译,商务印书馆1999年版,第30页。

个"一般性"和"特殊性"的区分问题。一般性是确切的,值得追求的;而特殊性则是不确切的,需要规避的。由此,索绪尔指出:一般性和确切性是语言,"语言本身就是一个整体、一个分类的原则。我们一旦在言语活动的事实中给以首要的地位,就在一个不容许做其他任何分类的整体中引入了一种自然的秩序"①。特殊性和不确切性是言语,"(言语)是 Parole-use of language(语言的应用)"②。

虽然,索绪尔区分语言和言语是要扬前者而抑后者,但仍然说明了只有关注和理解使用中的语言(言语)才有可能发现语言的首要性。特别是对于其他学科而言,"言语"的影响可能比"语言"的作用更大一些。因为语言恐怕永远无法实现索绪尔所希望的历史的系统性,而且假如一个系统的结构语言能成为研究的对象,那么对于那些在历史的不理性或者主观支配下"不自主"地被排斥在语言科学之外的杂乱"事实"——言语,难道可以被完全忽视?事实证明,在其他研究领域,后来的社会思想者在"言语"之地同样获得了很多深刻的洞见。比如,在人类学领域——

> 如我们所知,索绪尔的这个概念在人类学方面也获得了重大发展。列维·施特劳斯在他的全部著作中对索绪尔的参照太明显了,此处不必赘言。我们仅需提示:动程与系统(言语与语言)的对立具体再现于他论及亲属结构中妇女交换那一段。对列维·施特劳斯而言,这一对立具有认识论价值:对语言事实的研究属于机械论(据列维·施特劳斯,它与统计学相对)和结构论的解释范围,而对言语事实的研究属于概率计算(宏观语言学)。另外,索绪尔已明确指出,那些从语言中汲取其言语的人具有语言无意识的特征,而这也是列维·施特劳斯最新颖、最丰富的观点之一。他认为,属于无意识的并不是内容——这是对荣格的"原型论"的批评,而是形式,也就是象征功能。这一观点与拉康的思想接近,拉康认为欲望本身像意指系统一样表述,这导致或将导致以一种新的方式描述

---

① [瑞] 索绪尔:《普通语言学教程》,高名凯译,商务印书馆1999年版,第30页。
② Leonard Jackson, *The Poverty of Structuralism*, Longman Group UK Limited, 1991.

集体想象。不是像迄今为止人们所作的那样,借助于它的"主题",而是借助于它的形式和功能,也可以更通俗或更明确地说,借助于它的能指而不是所指。①

启示之二,"语言"和"言语"的二分,同时解构了"语言"和"言语",为话语概念的确立和现代话语理论的提出提供了可能。按照索绪尔的逻辑,语言是客观的、社会的、系统的、完整的;而言语活动是动态的、复杂的,言语则是特殊的、个体的、自发的和片面的。从表面上看,只要去除了言语,言语活动就只剩下了语言。但是,如何去除?难道这是一个瞬间转变的真空过程?还是存在着一种介于语言和言语之间的由个体向社会、由片面向政体、由单一向完整、由特殊向一般的实践现象(或者结构、行为)?正是对于这个问题的思考,福柯超越了"语言""言语"的二分,提出了"话语"的概念。概括起来说,话语"是比语言小,比句子(或言语)更大的单位,它是在特定的社会价值水平上表达的具有相对独立性的口语或书面语句单位,它既可以具体地指口语或书面文本中为各种规则约定的叙述语句,也可以在抽象的意义上指称用语词表达的具有特定知识价值和历史实践功能的思想客体(如哲学话语、文学话语、历史话语、政治话语、宗教话语、道德话语等等)"②。由此,话语成为语言理论(语言学)的基本范畴。可以发现,话语具备言语的多元化和灵活性,但是它更强调"恰当"的时空、语境与被思考、评价、行动和交流所需要的关系结构;话语具备语言的基础性和确定性,但并不是"抽象的客观实存",而是用于"识别"存在于沟通、行为、评价、信仰、符号、对象、演说、文本中的特定内容、性质抑或相似性与差异性,进而有助于进行思想和行动上的预判(测)。与此同时,从一定程度上讲,"我们所代表和促成的话语也在谈话和交流,我们则是话语的'载体'。有时候,这样思考社会问题和政治问题是有好处的。我们促成的话语,在我们出场之前就已经存在了,

---

① [法] 罗兰·巴尔特:《符号学原理》,李幼蒸译,生活·读书·新知三联书店1999年版,第14页。
② 陈晓明、杨鹏:《结构主义与后结构主义在中国》,首都师范大学出版社2002年版,第155页。

并且大多数话语在我们离场后仍然会长期存在。话语，通过我们的言行相互交流，在这个过程中形成了人类的历史"①。易言之，话语是一种更加具有"团结性"的实践范畴，在社会—个人之间，话语起到了切实的黏合剂作用。

三 "话语"的政治（学）来源

对于"话语"，它的哲学来源揭示了"话语"的本质，它的语言学来源则构建了"话语"的存在方位。不过，这二者并没有囊括"话语"的所有来源。"话语"不仅需要抽象的真确性和正确性，以及对话语如何存在、表达、组合、解释和解构的解析，而且需要诉诸实际、有所实践。在这个意义上，"话语"具有独特的政治（学）来源，这表明"话语"是由公共性的政治表达而产生与发展变化的。而人所共知的是，亚里士多德所进行的研究基本上能够体现这一来源的实质与内容。时至今日，受这一来源影响最深也是传播最广的就是"政治话语分析"（Political Discourse Analysis，PDA）。对此，我们将在政治话语理论的分析中专门加以解释。此处则着重讨论这一"来源"本身——以亚里士多德关于修辞（话语）与政治（政治学）的思想观点为基础。

上文业已指出，亚里士多德的修辞理论将言辞看作说服论证的根本方式，而说服论证的主要论域是"公共领域"，即亚里士多德所说的"政治生活"。不过，亚里士多德并没有停留于此，而是进一步阐明了"话语"（修辞）的"政治"性（政治学范畴）。

那么，首先，从表象上看，话语（修辞术）是如何被纳入政治（学）中的呢？亚里士多德说：

> 既然说服论证是通过这些方式产生的，那么，一个人若想掌握这些方式，显然应该能够进行逻辑推理，能够研究人的品格和德性，以及第三种东西——各种激情，明白每一种激情是什么，有什么性质，产生于什么和产生的方式是什么。于是修辞术就像是辩证

---

① ［美］詹姆斯·保罗·吉：《话语分析导论：理论与方法》，杨炳钧译，重庆大学出版社2011年版，第28页。

法和伦理学说的分支，后者可以被恰如其分地称作政治学。所以，修辞术也可以被纳入政治学的框架。①

其次，诚然，话语（修辞术）被恰如其分地纳入政治（学）在逻辑上是合理的，但是不是必要的呢？亚里士多德在写给亚力山大的信中就明确讲明了这个问题。他说：

> 尽管过去您（指亚历山大。——作者注）屡屡得到告诫，现在我还要敦促您，应当投以极大的热情去学习使人智慧的语言艺术。因为正像健康保护肉体，教育也保护灵魂。在它的引导下，您永远不会在所从事的活动中失足，相反，会使所有既得利益得以妥善保护。②

最后，就要谈谈何种与哪些政治话语（政治言辞）是政治生活中必然存在和需要掌握的了。实际上，亚里士多德的《修辞术》和《亚历山大修辞学》的绝大部分都在讨论这个政治话语分析的"实用主义"话题。不过，简单地说，亚氏将政治话语分为三大类和七小类。"三大类"分别是商议话语、演说话语、辩论话语；"七小类"则包括劝告、劝阻、颂赞、谴责、指控、申辩与质询。在实际生活中，这些话语（言辞）类型是根据政体的类型——因为不同政体具有不同的话语诉求——来判定的：

> 不能忽视每一种政体的目的，因为人们总是选择有助于实现其目的的事物。平民政体的目的在于自由，寡头政体的目的在于财富，贵族政体的目的在于获得教育和奉公守法，独裁统治的目的在于自卫。……人们选择这些事物是为了实现其目的。既然说服论证不仅产生于证明的论证，而且有赖于伦理的论证（因为我们相信表

---

① ［古希腊］亚里士多德：《修辞术》，颜一译，《亚里士多德全集》（第9卷），中国人民大学出版社1994年版，第339页。
② ［古希腊］亚里士多德：《亚历山大修辞术》，崔延强译，《亚里士多德全集》（第9卷），中国人民大学出版社1994年版，第557页。

现出某类品质的演说者,如善良、好意或兼具二者)……①

显然,由此,亚里士多德的政治话语已经进入了具体分析之中。不过,这种理解是个案吗?进一步而言,为什么话语(修辞术)会自为地进入"政治"(学)。这就牵涉到了"政治"与"话语"的互动关系。那么,这种关系究竟是什么呢?亚里士多德在《政治学》中有一段著名的解释:

> 人类为什么比蜂类或其他群居动物所结合的团体达到更高的政治组织,原因也是明显的。照我们的理论,自然不造无用的事物;而在各种动物中,独有人类具备言语的机能。声音可以表白悲欢,一般动物都具有发声的功能:它们凭这种机能可将各自的哀乐互相传达。至于一事物是有利还是有害,以及事物是合乎正义或不合正义,这就得凭借言语来为之说明。人类所不同于其他动物的特征就在于他对善恶和是否合乎正义以及其他类似观念的辨认〔这些都由言语为之互相传达〕,而家庭和城邦的结合正是这类义理的结合。②

在这里,亚里士多德将人的政治属性与话语的(古希腊语为 Logos)力量联系了起来。这段话指明了人类之所以要具有话语力量,是因为要彰显人的政治性。在亚里士多德眼中,话语(言词)所必备的特点就是用来帮助人们区分什么事是有益的、什么是有害的,什么是公正的而什么又是不公正的。与此相似,《修辞术》一书对于商议话语、演说话语、辩论话语进行了区分,并指出不同的话语会根据听众(audience)、时间取向(time-orientation)与话语所指对象的不同而具有不同的功能。在商议话语或者政治修辞中,人们商议的是公共事务,讨论如何做、如何选择或者避免事宜;在辩论话语或者法律修辞中,人们是在寻找辩护

---

① 〔古希腊〕亚里士多德:《修辞术》,颜一译,《亚里士多德全集》(第9卷),中国人民大学出版社1994年版,第370—371页。
② 〔古希腊〕亚里士多德:《政治学》,吴寿彭译,商务印书馆2009年版,第8页。

或者控诉某人的行为；而在演说话语或者展示性修辞中，人们最关注的是赞扬或怀疑其他人或他者的行为。进而言之，其一，在商议话语中，因为这是一种讨论人们将如何做的话语，所以公民联合起来就是为了"评估"（judging）影响未来的各种问题，这种政治话语是不同于法律话语的，因为后者通过言语行动关注的是已经发生的问题。其二，对于商议话语的对象而言，它是基于行动的理由而进行劝进（exhort towards）或劝阻（dissuade）的，这种选择的依据是利弊如何。在很大程度上，亚里士多德在《政治学》中对于一般性言语功能的论述主要就表现为一种具体的修辞形式，即商议修辞，也就是政治话语。

同样的分析在《尼各马可伦理学》（以下简称《伦理学》）中也比比皆是。在《伦理学》中，亚里士多德将政治（politics）看作追求最高的益品（至善）的行动，而这种行动的基础是一系列的决策（decisions），但这些决策从何而来呢？亚里士多德指出，商议产生决策。那么哪些事情是需要做出决策的呢？对此，亚里士多德这一论述至今仍堪称经典：

> 我们能够考虑和决定的，只是在我们能力以内的事情（这也是我们唯一还没有讨论过的东西。因为被看作原因的东西中包括自然、必然和运气的东西，以及努斯和人为的东西）。每一种人所考虑的都是他们可以努力获得的东西。……那些既属于我们能力之内又并非永远都如此的事情……就需要做考虑。①

在此基础上，面对这些需要做决策的事情，政治话语存在于何处？它是不是一种自圆其说？是不是以追求本真为目的？是不是能够让所有人都满意呢？亚里士多德认为："我们考虑技艺多于科学，因为对技艺更难判断。考虑是和多半如此、会发生什么问题又不确定，其中相关的东西有没有弄清楚的那些事情联系在一起的。在重大事情上，如果我们不相信自己能够做出判断，我们就会邀请其他人一道来考虑。此外，我

---

① ［古希腊］亚里士多德：《尼各马可伦理学》，廖申白译，商务印书馆2009年版，第72页。

们所考虑的不是目的,而是朝向目的的实现的东西。"① 由此可见,政治话语是一种技艺,这种技艺存在于自我与被我邀请的其他人的共同考虑与言说之中,虽然其"口口声声"追求"最好的、最真的",但事实上不过是"追求中的实现"而已,永远追求和实现,但永远实现不了。对此,亚里士多德指出,这并非抽象的设想,相反,他给出如何塑造这种话语的具体步骤,他指出:

> 政治家也并不考虑是否要去建立一种法律和秩序,其他的人们所考虑(似翻译为"商议"更为准确。——笔者注)的也并不是他们的目的。他们先确定一个目的,然后考虑(商议)用什么手段和方式来达到目的。如果有几种手段,他们考虑(商议)的就是哪种手段最能实现目的。如果只有一种手段,他们考虑(商议)的就是怎样利用这一手段去达到目的,这一手段又需要通过哪些手段来获得。②

由此可见,商议话语(政治话语)与指引寻求"至善"(在政治生活中,就是寻求最好政体以及最优政治价值)的决策紧密结合在一起了。"考虑(商议)的对象也就是选择(决策)的对象,除非是选择(决策)的对象已经确定了。因为这是考虑(商议)的那个结论已经被选择了。一个人如果已经把行为的始因归于自身,归于自身的那个主导的部分,他也就不用再考虑(商议)该怎么做的问题了。因为,我们自身中作选择(决策)的也就是这个部分。"③ 由此可见,如果以亚里士多德的观点,要将政治话语与其他种类的话语相区别,那么最重要的因素就是商议话语,因为它是一种很重要的政治类型(political genre)。如今,在大多数面向社会实践的话语理论中,商议性已经不仅是政治话语的独特性了。但是,这从另外一个角度证明话语的政治(学)来源对于"话语"及其建构其上的话语理论的巨大影响。换言之,政治话

---

① [古希腊]亚里士多德:《尼各马可伦理学》,廖申白译,商务印书馆2009年版,第72页。
② 同上书,第73页。
③ 同上书,第74页。

语所体现的实践理性已经在话语理论的塑造中成为关键要素。此外，我们反身看待一下话语的政治（学）来源问题，就可以发现，如果说商议是"政治本质"的组成部分之一的话，那么对于政治生活中的任何问题的分析——包括政治理念、政治制度、政治机制、政治价值等——都必须包括政治话语分析这一视角，这些政治话语不局限甚至不同于"经典著作"中的观点，而是特别重视那些历史性、公开性、权威性的政治阐述和政治论证。

第二节 话语概念的特征

通过对"话语"的主要渊源所做的梳理分析，不难发现，话语的哲学、语言和政治（学）来源使得"话语"这个概念变得十分复杂。那么，究竟什么是话语？这是如何理解话语的问题，而理解"话语"这个概念与对话语如何进行定义之间既有相同之处，又大有分别。其相同之处在于，二者都需要对"话语"概念进行界定；而其分别之处则在于，前者强调要语境化地解释话语，而后者偏重于形式化地解释话语。对于本书而言，前者是基础方法论，这至少意味着，在解释话语概念时，要从它的基本特征出发确定其相对独立的义界，进而将话语作为一种构义型概念加以理解。

一 从话语的语言本质而言，它体现了人的实践本质

恩格斯在《劳动在从猿到人的转变中的作用》中就已指出：人类生活的首要条件是劳动，而与其他身体器官和人体功能相比，"语言"的作用和地位十分特殊。这就表现在语言"是从劳动中并和劳动一起产生出来的"①，即"首先是劳动，然后是语言和劳动一起，成了两个最主要的推动力，在它们的影响下，猿脑就逐渐地过渡到人脑；后者和前者虽然十分相似，但是大得多和完善得多。随着脑的进一步的发育，脑的最密切的工具，即感觉器官，也进一步发育起来。正如语言的逐渐发展必然伴随有听觉器官的相应的完善化一样，脑的发育也总

---

① 《马克思恩格斯选集》（第3卷），人民出版社2012年版，第991页。

是伴随有所有感觉器官的完善化。"① 人们对于"话语"的认识是不断加深的过程，之所以诸如"修辞、语法、语源、语义、符号、文本、言语"的范畴不断更新，在很大程度上就是因为人们希望找到某个能够表达人的语言本质的范畴。虽然在话语的哲学来源中，早就有了语言本体论的哲思，但其只能存在于抽象的理念之中。而话语则与此不同。与其他语言现象相比，话语及其所塑造的话语世界是经验地存在于语言世界之中，并作为其交流工具和表达方式的，但是其并非冰冷而形式的"工具"，而是"语言在鲜活的交流中的显现"②。换言之，话语一方面体现了语言与人类在起源时就具备的本质性，另一方面则扬弃了语言内的僵化、抽象与静止性的特征，保留它的对话结构和沟通属性。我们认为，话语不仅仅存在于"对话"之中，而可能存在于可以用于"对话性理解"的各种语言现象中，即既包括在具有口头表达性质的话语，如交谈、演讲、书信、回忆录中，又可以存在于书面性质的话语，如书籍、文章、报告等中。这样，话语就不再是有局限的语言现象，而是代表语言的实践本质的范畴。正如海德格尔所言："语言的生成论存在论基础是话语。"③ 对此，我们不是从日常语言的角度理解话语，而是从存在论的角度理解它。所以，那些在日常话语中都是非话语的"语言现象"，在语言的存在论本质这里都是被规定的。正如有学者所说的：

> 就像对于世界上任何事物一样……我们可以既在存在者层面，也可在存在论层面看待语言。日常意义的语言，或形式意义的语言……就是一个我们做事的器具，分析哲学日常语言学派就在着眼于语言的这种应手性。但是，如果我们纯粹从句子结构、逻辑和语法甚至词典的角度去看待语言的话，这时语言被分解成它的基本成分——语词，它就是现成事物。理想语言学派着眼的是语言的现成

---

① 《马克思恩格斯选集》（第3卷），人民出版社2012年版，第992页。
② ［法］埃米尔·本维尼斯特：《普通语言学问题》，王东亮译，生活·读书·新知三联书店2008年版，第160页。
③ ［德］马丁·海德格尔：《存在与时间》，陈嘉映等译，生活·读书·新知三联书店2006年版，第188页。

性。但我们还可以从生存论——存在论上来看语言，这时语言就是生存论语言——话语。①

二 从话语的认识功能而言，它表达人的思想观念

所谓话语的认识功能，也就是在进行科学探究意义上理解话语。美国哲学家约翰·杜威（John Dewey）认为，话语的认识功能是一种社会功能。在这个意义上，为了与当时的分析哲学和语言科学对"话语"的狭义用法相区别，杜威指出，他关注的核心是公共话语及其性质和规范，即公共话语如何实现科学的探究。在"语言转向"浪潮的影响下，很多人开始关注语言现象的跨学科影响，但却常常陷入语词的泥沼里。作为实用主义哲学家，杜威对启蒙时代创造的"明星术语"，如理性、文明、宽容、自治、平等、民主等不以为意，他认为，并不存在什么完美的抽象观念和内在理想，认识"术语"都必须与有组织的生物和文化的社会境况联系起来。那么，如何联系呢？公共话语就是最好的认识工具。从某种意义上讲，杜威的政治民主理论准确地说应该是"公共话语视域中的民主理论"。对于民主这个当时被认为是"抽象永恒的理想观念"，杜威说它既不能自证其是上帝的意志，也从来不是什么社会契约的产物，甚至民主国家也不一定是社会发展的方向。民主是什么？民主是那些看似无关却实属政治性的事物的"实际结果"（a net consequence）。② 无论人们意识到还是没有意识到，有计划还是没有计划，人们都会做事，他们都在行动着。而事实是，除了这些行动所产生的直接效果外，它们所产生的某些衍生后果也影响着其他人，而这就是公私领域划分的萌芽。③ 当人们发现对这些影响他人的结果需要监管时，国家之类的东西就出现了，因此"国家"不是人们存在的原因而是结果，国家并不会比构成它的人们更加具有远见卓识。④ 因此，任何国家的组

---

① 张汝伦：《〈存在与时间〉释义》，学林出版社、上海人民出版社 2012 年版，第 524 页。
② John Dewey, *The Public and Its Problems*, Athens, OH.: Ohio University Press, 1927, p. 84.
③ Ibid., p. 17.
④ Ibid., p. 60.

成，其初衷都是希望上述结果趋向好的一面，比如说稳定、秩序、人民生活幸福等。为了实现这个目标，公民就需要思考、言说和行动，而这也就构成了公共话语，即民主的实质。正因为如此，公共话语承载了个人如何影响公共利益的所有内容，要了解民主，就必须探究公共话语。换言之，要了解一个人对"公共"问题的思想观念，就必须探究公共话语。这就是公共话语的认识功能，或话语的认识功能。

如果说对杜威的话语认识功能的研究在性质上是"科学探究"的而在方法上是"意识形态"的，那么后马克思主义话语分析理论的代表人物佩肖的话语认识功能研究则在性质上是"意识形态"的而在方法上是"科学探究"的。与杜威一样，佩肖从马克思、恩格斯、曼海姆等人的意识形态理论中提炼出了"话语分析"的重要性。他认为：

> 的确，对于唯物主义者和唯心主义者、对于革命和反动、对于是否拥有给定语言知识的人来说，语言系统都是一样的。这并不意味着这些众多的人会言说同样的话语：语言因此表现为相互区分的话语过程的共同基础。①

因此，佩肖将哈里斯（Zeling S. Harris）的"话语分析"纲领引入"意识形态分析"，将传统的文本与语言二分的意识形态分析转向了"话语集合体"模式，发展出了一种被称之为"话语自动分析"（AAD）的方法。不同于杜威的公共话语认识功能的规范性分析，佩肖更加注重可操作性。他认为，对待零零散散的"话语"，首先要依据一些理论原则建构一个集合体，这个集合体"由话语系列或'话语序列'所构成，它们受稳定的和同质的生产条件所支配"②，通过"语言学分析"产生一个经过重组的"话语对象"，这个话语对象包括了基本陈述的范畴以及在基本陈述之间所形成的各个二元关系，这种抽象化的话语对象因为产生的标准是一致的，所以可以在比较中划入不同的"语义域"，"最

---

① ［法］米歇尔·佩肖：《拉伯里斯的真理》，转引自［英］约翰·B. 汤普森《意识形态理论研究》，郭世平等译，社会科学文献出版社2013年版，第274页。
② ［英］约翰·B. 汤普森：《意识形态理论研究》，郭世平等译，社会科学文献出版社2013年版，第279页。

终建构了一系列的领域并罗列出这些领域之间的关系（包含、排斥、交叉），这些领域包含诸多序列，这些序列根据它们接近的程度而处于内在的替代关系中"①。

事实上，杜威与佩肖的思考体现了"话语的认识功能"的两个方面，即意识形态的解释与历史客观的语言分析。二者并不是非此即彼的关系，对于话语（公共话语或者话语体系内的任何术语）的分析绝不可能仅仅停留在分析上，它肯定是对特定条件下相关话语意义的综合性建构和创造性筹划。正如安德森所言，话语分析作为一种认识功能，它必须置于话语意义与权力诉求之间的关系基础上：

> 语言建构的话语分析以及话语生产条件的社会分析介入了意识形态的深层解释之中，这种深层解释由此引发了一种意义计划——展现话语的指称维度的意义规划，并且把这个维度与意义为维持统治关系所提供的服务关联起来。这样，意识形态研究就与统治批判密切起来。它引起了复杂的辩护难题，这个难题只有通过一种认识论反思才能解决，这种反思聚焦于真理与正义概念，并敏锐感受社会世界的特殊构造。②

三 从话语的社会属性讲，话语影响人的政治判断

通过上面两个特征，我们不难发现，话语总归是要指向人的生活与实践的，而一个人把自己关在书房中喃喃呓语并不是话语及话语分析所要揭示的东西。事实上，话语只有具备了社会属性，才塑造了自己，而我们之所以要了解和研究具备了社会属性的话语，就是因为它能够影响人的判断尤其是政治判断，而这直接影响了人的选择和行为方式，进而间接塑造了话语的意义规划。按照海德格尔的话说，"话语是此可理解性的分环勾连，展开状态则首先由在世来规定；所以，如果话语是展开状态的始源生存论环节，那么话语也就一定从本质上具有一种特殊的世

---

① ［英］约翰·B.汤普森：《意识形态理论研究》，郭世平等译，社会科学文献出版社2013年版，第281页。
② 同上书，第165页。

界式的存在方式。现身在世的可理解性作为话语道出自身。可理解性的含义整体达乎言词。言词吸取含义而生长，而非现有言词物，然后配上含义。"① 虽然话语具有动态性的特点，但是它也会表现出建构性。这种建构性意味着话语内在地具备体系化的需要和能力。正如有学者所言："话语是语言的具体实践，是通过一系列的语言规则、规律、约束等条件，在特定的语境中所表达出来的，能够描述、沟通和建构社会实体和社会关系，且使人处于主体位置的符号系统。"② 在很大程度上，话语及其体系的性质与目的、规范与原则、内容与程序会直接关系到话语主体的政治判断。特别是在民主化浪潮席卷全球的今天，尽管民主的运行方式各不相同，但民主的积极价值得到了广泛的认同。之所以"民主"被广泛认同，在很大程度上是因为它与20世纪民主的话语转向密切相关，这逐渐改变了人们对民主的心理预期、价值评估以及相应的行为选择，民主甚至成为"优良政体"和"合理政制"的代称，而以理性论辩为特点的新话语方式正在塑造不断有序发展的政治生活与新的公共话语情境。对此，哈贝马斯在其"话语民主"的理论基础上对话语如何影响话语主体的政治判断与行为进行了细致的分析：

> 在一个非强制但有秩序的比赛哪个论据更好的竞赛中，在最好信息最好理由的基础上，为一个有争议的以剪影存在的普世观众群体所同意。不难看出，为什么商议原则要求用这种时间来论证有关规范和价值的决定。……这个视角将每个参与者的世界观和自我理解的种种视角以一种既不强制也不扭曲的方式整合起来。论辩实践的作用，就在于这样一种共同实践的普遍化的理想的角色承当。作为交往行动的反思形式，论辩实践在所谓社会本体论上的特征就在于参与者视角的完全的可逆转性，它使商谈性集体的高层次主体间性成为可能。③

---

① ［德］马丁·海德格尔：《存在与时间》，陈嘉映等译，生活·读书·新知三联书店2006年版，第188页。
② 洪波：《思想政治教育话语范式转换研究》，浙江大学出版社2012年版，第35页。
③ ［德］哈贝马斯：《在事实与规范之间——关于法律和民主法治国的商谈理论》，童世骏译，生活·读书·新知三联书店2003年版，第280页。

由此可见，话语不是冷冰冰的，而是科学性和艺术性的有机统一。近年来，传播政治学就是在理解和探求话语对政治判断（进而影响选择和行动）的引导作用时不断发展起来的新兴学科。特别是在信息公开化的今天，公共协商、政治参与和民主决策是政治生活的重要内容，而话语在其中都有所体现，而且越发重要。"在大多数后工业民主社会中，不论是民族主义思潮的逐渐衰落，还是其他政治参与模式的轮番登场，这些发生在 21 世纪政治中的诸多时代变化都与媒体的参与息息相关。媒体不仅是导致这些变化的原因，还为其提供了进一步变化的架构支持。"① 总而言之，把握话语对政治判断的影响是理解"话语"概念的应有之义。

第三节 话语概念的义界

很多人认为，话语的根本目的是"语言交流"。然而，"语言交流"本身也存在很多种类型和不同的内容、方式。即使在话语理论已经相对完善和成形的今天，语言学的、语文学的、哲学的和政治学中的"话语"的含义可能大相径庭甚至截然相反。这是一种普遍现象。由此，话语分析中的"话语"在很多情况下都难以被运用到政治理论之中。如果一定要厘清"话语"，最可行的方法也要首先区分在何种意义和层面上解释"话语"这个概念。而本书所理解的"话语"是一个综合性和跨学科的范畴。正如海伍德所概括的：

> 在包括语言学、文学、哲学尤其是文化研究等各类学科中，"话语"则是一种分析性概念或是理论方法。从技术的意义上讲，话语是一种体现在特定语言中的专业知识体系，是一套组织见解和行为的思想形式。因此，通过认识事物与行为的叙述特征，并分析其在特定对话和更广泛的意义结构中所发挥的作用，话语理论揭示了事物与行为的意义。②

---

① ［美］W. 兰斯·本奈特、罗伯特·M. 恩特曼：《媒介化政治：政治传播新论》，清华大学出版社 2011 年版，第 1 页。
② ［英］安德鲁·海伍德：《政治学核心概念》，吴勇译，天津人民出版社 2008 年版，第 108 页。

职是故，我们要确定"话语"的义界需要基于两点基本考虑，我们所谈到的"话语"——"支持社会活动的开展和社会身份的确定；维持不同文化、社会群体和机构中的归属"①，也正与我们在下文将谈到的政治话语分析中的两大任务——话语体系构建和话语权占领——之间关系密切。在这里，通过理解"话语"，我们可以发现话语"无处不在"，而且是与"政治"密切相关的。

　　在英文中，话语（discourse）本身就是个舶来词，它来自于法文的"diseours"，而该词又来源于拉丁语"diseursus"。从词源学角度看，一方面，其意思是"到处跑动"，即到处行动，推而广之，就是"存在于各处的行动"；另一方面，"dis-"这个词头有"分离、穿越、对称"之意，而eursus则有"线路"之意，由二者构成的"话语"概念就具备推论和演绎的意思。在人们日常生活的一般用法上，"作为名词，discourse主要是指'（口头或书面的）交谈、辩论、正式讨论、语段、谈话等'；作为动词，discourse主要指'讲述、著述、交谈'"②。在关于"话语"的概念研究中，话语最早主要用来区分不同种类的文学体裁中的语言风格（模式）；在此基础上，话语的含义指向"表示差异并确立特性，有助于限定某些语言运用的范围，本质上是文类的差异。就是说，每一种'话语'都具有有待发现、限定和理解的特性，每一种'话语'都确立某个特定文类的界限"③。到了福柯那里，"话语"的意涵发生转变，所含内容也得到极大的扩容，"在《知识考古学》里，他为'话语'增加了新的意义，有效地改变了人们思考语言的方式，包括语言与社会机构、权力制度和知识分子在社会中的作用等多方面关系"④。

　　从字面上讲，在上述哲学"话语"的基础含义中，既有相同相似之处，又对话语的概念进行了多元化的解释。在各种各样的话语的使用中，不但体现了这个术语的复杂性，而且揭示了当前"话语"术语所

---

① ［美］詹姆斯·保罗·吉：《话语分析导论：理论与方法》，杨炳钧译，重庆大学出版社2011年版，第1页。
② 洪波：《思想政治教育话语范式转换研究》，浙江大学出版社2012年版，第34页。
③ 王逢振：《什么是"Discourse"？一个不可说而又要说的问题》，《文艺理论与批评》1994年第2期。
④ 同上。

具有的共同视角。从本质上看,"话语"不仅仅是一种反映外部世界的方式,更是一个创造、界定和维系群体性认同(group identities)的途径。特别是当我们讨论政治问题时,话语就如同它所体现的内容一样,表达的是对这个世界应该是何种状态的信念和态度。非但如此,话语还包含着将此种信念和态度通过"话语的方式"传输给(传播给)对话者和阅读者,使他们接受并认同说话人的信念和态度的内容。综上所述,我们认为,话语的核心义界可以被称为"作为表现(达)自我的话语"(discourse as the expression of self)。

对于话语而言,基本上可以分为语言话语(spoken discourse)和文本话语(text disicourse)。其一,分析文本话语,需要考虑文本中的语言逻辑、修辞策略和文本结构,同时结合语境,得出文本话语的用意并评估是否有效。因此,文本话语的分析主要是探求为了达到某种特定的话语目的(比如社会主义民主理念的传播与认同),采用何种文本话语的模式能够在准确表达话语本意的基础上,更好地实现话语感知的问题,即当代政治哲学激烈讨论的"认同"问题。所不同的是,政治哲学的认同是建构性的,而话语传播的认同是策略性的。由此可以发现,为了通过文本话语更好地提升话语传播的认同,非常关键却常常为人所忽视的是论调的判断与选择(argumentative prose)。系统功能主义语言学家们,如哈利迪(Halliday)、哈桑(Hasan)与马丁(Martin)等,曾经区分了话语的三种模式(models),即规范的、描述的和论证的。[①]但是,这些模式并不能等同于话语的类型(genres),每种类型往往表现出多种模式的综合,这种综合可能表现为"线性混合"(linear blending),也有可能表现为"分层混合"(layered blending),因而,文本话语常常要以实现文本的"明显直白"为目的。更重要的是,即便是在法令条文、政治报告等最公开的文本话语中,要做到"明显直白"也并非一件易事。从常识经验来看,政治报告等类似文本的文字描述最贴近"明显直白",但它所意图实现的规范性目标却往往是"隐喻的",

---

① 参见 M. A. K. Halliday, *Language as Social Semiotic*, London: Edward Arnold, 1978; R. Hasan, *Cohesion in English*, London: Longman, 1976; J. R. Martin, *English Text: System and Structure*, Amsterdam: John Benjarnins, 1992.

因此就有必要或者说必须进行"论证性"分析。在这里，基于文字描述的话语分析往往偏向解读，即所谓"官样文章"；基于规范评判的话语分析大都侧重批判，即所谓"学术理解"；而基于"论调审议"的话语分析则更有意义和实用性。其二，分析语言话语，并非考察所有的日常话语，而主要针对以"我认为"（I think）为根本诉求的公共话语。因此，对于语言话语而言，首先要厘清我们选择分析的对象是什么，是随意性的交谈还是"政治性"[①] 的沟通。在这里，"论调"同样十分重要。对于政治性的沟通而言，论调侧重于"我"（I）；而对于随意性交谈而言——甚至其讨论的就是"国家大事"，比如，常见的"出租司机的政治谈论"——其论调直指"认为"（think）。我们认为，作为语言话语的分析准则，必须基于三个基本条件：第一，表达出来的评判和建议应与其可能的基础性意见不冲突；第二，肯定与不肯定不能同时存在于相互配合的语言中；第三，支持与反对必须体现出非此即彼的选择，不能在相互影响的语境下（interactional context）出现混同或者错位。由此可见，随意性交谈无法同时满足上述三个要件，而有可能实现这些标准一致性的语言话语的，基本上只存在于政治家的重要谈话（the politicians' main communicative purpose）中，因为无论是否需要选票，政治家的语言总是以得到"听话人"（公民或公众，狭义上也可指选民）的信任为目的的。因此，随意性的交谈可能具备"煽动"的功能，而只有政治性的沟通才可能具备"持续性煽动功能"。对于任何政权而言，后者更加值得警惕。[②]

进一步而言，"作为表现（达）自我的话语"，在认识论的标准上具有一个显著的特征（feature），即"政治性"，而这种政治性是具体的，其主要表现有二：第一，如果我们认为类型（genres）——"语言使用的方式是为了完成各不相同的既存的文化性使命"[③] ——必须是一

[①] 需要指出的是，这里的"政治性"并非狭义的，即不是以内容为标准而设定的，而是根据沟通的语境来设定的，比如演讲、辩论、采访等公开性、公众性的沟通方式。

[②] 其实，这个问题就涉及了"网络话语的环境与净化"问题，由于这并非本书的目的和重点，我们将另作一文专门讨论。

[③] S. Eggins, & J. R. Martin, "Genres and Registers of Discourse," In T. A. van Dijk, *Discourse as Structure and Process*, London: Sage, 1997, p. 236.

个既考虑到其语言学背景又顾及其社会功能的概念,那么也就没有所谓的"政治话语"这类东西了。第二,如果我们认为"注册器"(register)意味着"通向既存社会境况的可能性"①,那么我们也不能对"话语"贴上"注册器"的标签,之所以如此,一则是因为何为"政治的"或什么不是"政治的",这是由社会所决定的,而且此种情形也不断变化着;二则是因为"话语"尤其是政治话语绝不会局限在一种社会语境之中。

综上所述,我们所谈的"话语",不是一般性的、泛泛而论的话语,不是作为一种附着词而存在的。从本书研究的目的,即理解"民主话语"和分析"民主的话语"(比如当代中国特色的民主话语)而言,话语至少就能具备四种基本指向,即作为"言说"的话语、作为"行为"的话语、作为"存在"的话语与作为"实践"的话语,其中,前三者和最后一种指向之间体现出"分—总"的基本关系。

诚然,我们想给"话语"下个准确的定义,但是不同的理论视角和研究目的必然会产生不同的理解。与其定义话语,不如建构一个概念框架。而实际上,这种概念框架就意味着,在人们想为"话语"下定义时,其最直观和本能的反应实则是想阐明他所说的"话语"究竟要指向什么。从普遍的意义上看,有三种指向是"话语"所应具备的,有助于我们理解和解释"话语"。

其一,作为"说道"的话语。绝大部分的人一旦提到"话语",一定会认为其指向的是"说道一些事情",即话语是以彼此交流、互通有无、信息沟通为基本指向的。毫无疑问,说道以及寄存其上的信息交换是话语的基本指向。然而,这并非话语的所有内涵。话语,显然还允许人们去做一些事情和成为某些事情。事实上,单纯的说道是没有任何意义的。信息交流的目的绝非说道本身,而是要刺激或者指导人们有所行动,实现改变。

其二,作为"行为"的话语。除了说道外,话语是人的一种重要行为。在某种意义上,人们无时无刻不依靠"话语"而活动,更有甚者,有些活动只能借助话语而实现或只能是话语的行为。比如说,我们对自

---

① M. A. K. Halliday, *Language as Social Semiotic*, London: Edward Arnold, 1979, p. 111.

己的朋友做出承诺，承诺是一种话语，但它更是一种行为；你所工作的公司一定会召开不同级别的会议，比如董事会、管理人员的会议或者部门会议，这些会议本身是由具有共同一体的"话语"组织起来的，但绝非"说说而已"，而是要付诸行动；我们会向"爱人"表白，浪漫的表白总是体现了对爱人的真诚，而真诚绝非"表白"就一了百了的，而是需要用行动来证明；又比如，人们都喜欢议论时政，尽管绝大部分的议论可能并不能实现，但是人们希望其"议论"能够实现，而且在一定条件下，这样的议论的确可以通过人们的行动（按照激烈程度，可按升序排列为政治参与、政治抗议、政治运动甚至暴力革命）来实现。诸如此类，生活在"话语"中的人们，绝不是"说说而已"，有很多事情超出了狭义的信息"供给"与"获取"那般简单。

其三，作为"存在"的话语。话语的这种指向，往往会让人感到很抽象。在本书中，作为"存在"的话语，主要是指话语是使人们能够辨识和厘清不同社会特征的认同性。例如，"法言法语"是法学专业从业人士所使用的，那么法庭语言的使用就直接标识了"法律执业者"的身份特征；又如，医生所使用的语言对于普通患者而言好似"天书"，而这也被看作专业身份的象征，对此，美国医学协会（AMA）还专门在其协会系列刊物——《美国医学协会杂志》等——中引进传播专家，由他们将复杂的医学语言转化为媒体和大众可以理解的形式。客观地说，这样的例子有很多。因此，人们有时候只要动动嘴皮子（talk the talk）就能够找到同道中人。但这并不意味着，人们只会使用一种作为"存在"的话语。一名娴熟的垂钓客，能用专业术语和其他专业钓手交流心得；但当他放下鱼竿，走进课堂，他就是一名教授，能够滔滔不绝地讲授相关的专业知识。显然，一个人可以具有很多种"话语"身份。虽然对某些问题所有人都会讨论——比如，民主——但是人们知道如何区分专家政客和市井小民（everyday people），哪怕他们穿着同样昂贵的西服，这就是因为他们的"话语"身份是不同的。

当然，这三种"话语"的基本指向并非相互孤立的，它们之间存在着非常重要的联系。简单地说，说道代表了信息，行为代表了行动，而存在则体现了身份。正如有的学者所言："假如我对你说的什么，但你却不知道我想要做什么并且我是以什么身份这样说的话，那么你就不会真正完全明白我所说的东西。为了充分理解你所需要知道的任何事，你就必须明白谁在说而且说的人所说何图。"①

再进一步说作为"实践"的话语。话语的说道、行为和存在这三种基本指向是有机统一的，这本来是很有趣的社会政治现象，但是由于"现代哲学"与"语言学和修辞术"之间的复杂关系，"话语"始终未能确立起实践地位。从古代开始，充分理解和运用"话语"的人与"哲学家"就不分伯仲，且难以共存，苏格拉底反对"民主演说家们"的修辞法，而柏拉图则索性在《高尔吉亚篇》中以技能取代技艺，好像话语是一种被发现的人的本领一样。时至今日，这种情况也没有多少改变。"现代哲学在很大程度上说并不从事修辞术的研究。"② 从实践哲学的角度看，实践意味着以此为目标的理论和科学的最终目标不是获得自我对于知识、伦理、理念等的确信，而是能够实施认识、道德和价值的行动，它不追求完满，而是要使人在其生活的各个领域都过上"反思的生活"，最终成为自由全面发展的人。而构成这种实践循环的基本要素就是人和话语。可见，任何脱离了"话语"的所谓实践哲学都是不完整的，而"在自我调节的概念中，时间循环尚未被考虑成熟"③，也就是最终会脱离作为实践主体的人。正如李泽厚所言：

> 在形式逻辑基本规律的争论中，一派主张它们只是思维、语言的天生本性，另一派主张它们是客观世界的相对稳定性的反映。前一派是唯心主义，后一派是静观的唯物主义。我认为，客观世界的相对稳定性只有通过实践活动本身所要求的相对稳定性，才可能反映为思维的基本规律。缺少这个能动中介，不可能理解作为思维形式和结构的形似逻辑基本规律是如何得来的。至于实践要求的相对稳定性终于变为思维规律，又得经过某种整体的原始社会意识形态

---

① James Paul Gee, *An Introduction to Discourse Analysis: Theory and Method*, London: Routledge, 2011, p. 2.
② [英] 乔纳森·巴恩斯：《剑桥亚里士多德研究指南》，廖申白等译，北京师范大学出版社2013年版，第339页。
③ [德] 赫费：《实践哲学：亚里士多德模式》，沈国琴、励洁丹译，浙江大学出版社2011年版，第52页。

的狂热活动才可能固定和形成起来。①

那么,在这个意义上,能够作为实践活动本身所要求的相对稳定性的基本范畴,也就是能够维系人类社会存在的实践运转所必需的社会活动的秩序和规范的范畴,就是"话语"。职是故,我们认为,"话语"最根本的指向,是超越了说道、行为和存在的,即证明了"人的实践循环"。

---

① 李泽厚:《哲学纲要》,北京大学出版社2011年版,第148页。

第二章 话语的政治哲学之维

> 公共领域最好被描述为一个关于内容、观点,也就是意见的交往网络;在那里,交往之流被以一种特定方式加以过滤和综合,从而成为根据特定议题集束而成的公共意见或舆论。像整个生活世界一样,公共领域也是通过交往行动——对于这种行动来说,掌握自然语言就足够了——而得到再生产的;它是适合与日常交往语言所具有的普遍可理解性的。……公共领域的特征毋宁是在于一种交往结构,它同取向于理解的行动的第三个方面有关:既不是日常交往的功能,也不是日常交往的内容,而是在日常交往行动中产生的社会空间。
>
> ——哈贝马斯《在实事与规范之间——
> 关于法律和民主法治国的商谈理论》①

我们对于"话语"与话语理论的关注是基于"政治关怀"的,即我们是从政治生活的语境中观察话语理论的发展的演变,揭示话语理论对政治哲学的影响特别是对政治话语的认识、判定与建构。我们并不是发掘话语理论的"语言学品质",而是要凸显它的政治(学)逻辑与特点。正因为如此,本章将从话语概念的来源追溯到特种归纳再到义界指向的阐释,我们所做的工作可以用一句话概括,即我们是如何在政治生活(公共生活)的背景下发现"话语"这个范畴的。从某种意义上讲,

---

① [德]哈贝马斯:《在实事与规范之间——关于法律和民主法治国的商谈理论》,童世骏译,生活·读书·新知三联书店2003年版,第446页。

我们就是话语概念的中心化。而这种中心化则孕育了话语理论，反过来，话语理论在其发展过程中又不断凝聚和凸显了"话语"概念的可公度性。客观地说，话语理论不仅复兴了古典语言理论，而且创造了一种反身性的"普适的图式"。正如卡西尔所言："世界史上真正伟大的复兴运动都必然是一个原则的胜利，而不是单纯地容受性。文化精神史上最引人入胜的主体之一，就是探寻两个方面如何彼此交织并相互决定。与之相应，当一种内部的革新的需求达到其全面的力量与强度时，语言便会成为某个再度青春化的个体之生命感受的一种表达，并唤醒沉睡在语言中的潜能，从而使日常表达中的单纯偏向转变为某种形式上的崭新建构。"①

第一节　面向政治话语的话语理论：发展阶段与主要观点

虽然"话语"范畴早已存在，但话语理论的确立却是"话语"概念中心化后的结果。特别是现代意义上的话语理论，更是反思现代性理论的实践哲学省思的产物。特别是后现代主义逐渐兴起之后，那种追求语言的数理逻辑和符号的内在系统的话语分析理论逐渐走上了末路，或者不再是"话语理论"的主体内容了。越来越多的人认识到："如果说哲学的表现形式是话语，那么，这种话语要表达和阐发的道理则呈现为一个生生不息的开放式进程；在这个进程中，原来的道说与人言、大道与事理、真理与意见、知识与权力的二元对立都会不复存在。"② 在这一背景下，将"话语理论"纳入后结构主义的理论谱系中是合理的且已经获得学界的基本共识的。那么，这种话语理论的诉求是什么呢？我们认为，后结构主义视域中的话语理论（以下与"话语理论"不再做区分）表明：在人类社会中，语言系统不是一个自给自足的意义系统，而是根据不同语境存在着不同变化的生成性过程。话语理论的直接后果

---

① ［德］卡西尔：《人文科学的逻辑》，沉晖等译，中国人民大学出版社2004年版，第184页。
② 张曙光：《现代性论语及其中国话语》，北京师范大学出版社2010年版，第159页。

是，启示人们生活的哲学思考并不是建构一种理想性（甚至幻想性）的彼岸世界，而是理解和感知现实的生活境遇，其变"我执"① 为"无我"。在这里，话语理论主张，不论是哲学思考还是日常交流，都不应该是一种单一主体的自我独白，而是一种主体间的对谈。"话语"在这里不仅仅反映从单向度的"言谈"向沟通向度的"对话"的变化，而且就是这个变化的整体面貌。

一 话语理论发展的主要阶段及其政治关怀

众所周知，话语是一种早已存在的社会现象，但话语理论的形成却是话语概念中心化的结果。当代话语理论作为反思现代性理论的产物，与以语言的数理逻辑和符号内在系统为中心的话语分析渐行渐远。人类社会中的话语不再是一个自给自足的意义系统，而是根据不同语境存在不同变化的生成性过程。以此推之，人们生活的哲学思考并不是建构一种理想性的彼岸世界，而是理解和感知现实的生活境遇。在这里，话语已从单向度的"言谈"彻底转向沟通向度的"对话"。在这个过程中，话语理论范式的政治关怀特征越发凸显。

我们认为，话语理论是将语言学和诠释学中的核心关注与社会政治科学中的关键观念相互整合的实践性知识，旨在揭示社会发展变迁历史进程中语言和政治的相互交织问题。社会政治现实的不断变化直接改变了人们的"词汇表"；反之，语言的模糊性和修辞的创造性则塑造和更新着社会政治关键词的意涵，并且推出变革政治策略和议程。虽然人们对话语的理解以及对语言与政治间权力斗争的解释不尽相同，但是它们在发展过程中逐渐凸显了"政治关怀"并依此形成三个主要的发展阶段（或者说主要的理论模式）。

在第一代话语理论中，话语仍被限定在一种语言学意义上的结构

---

① 小乘佛法认为，这是痛苦的根源。又名我见，可以说是无明的同义语，一般以内容分类，为人我执、法我执；以缘起分类，为分别我执、俱生我执。佛教中指对一切有形和无形事物的执着，指人类执着于自我的缺点，包括自大、自满、自卑、贪婪……放不下自己，心中梗着非常大、非常粗、非常重的「我」，执着于自己的想法、做法、人格等，负担不起自己和他人的义务与责任，自我意识太强而缺乏集体意识和奉献精神，或太关注自己而忽略别人，等等。

长于句子的文本单位里。在这里,政治关怀是对象意义上的,即关注人在政治文本中如何使用语言。唐斯(Downes)阐释了话语主体的社会经济地位与其"词汇表"之间的关系,霍斯蒂(Holsti)则使用内容分析法探求差异主体如何使用具体词、词类和词组以表达其政治性意愿。而在盛极一时的对话分析中就已经高度重视社会政治结构层面的语言互动性构成的分析,其中有规则地出现的话语方式、话语沟通的政治后果、政治性主题的轮替(选择与变化)等议题影响至今。同时,话语心理学逐渐成为研究政治心理的重要路径。受到奥斯汀话语行动理论的启发,话语心理学反对就话语沟通进行纯粹的结构性分析,而关注话语主体的策略选择(政治心理动机)。在批判单向度的口语语义分析的基础上,以口语和书面语两大话语基本形式的指认为中心,着力研究话语是如何通过语言表达和类型的选择与整合而成为一种现实的具体表象的,指出此类表象与政治意识形态的直接关联性。站在历史的高度,第一代话语理论迈出了挣脱语言学束缚的第一步,开始从话语的特定政治属性——意识形态性——关注话语主体,尝试对压制话语沟通的问题进行分析。

第二代话语理论对"话语"的理解更为宽泛,已拓展到话语指向下的社会实践,批判话语分析(Critical Discourse Analysis,CDA)则集中体现了这一拓展。受到福柯话语实践分析学说的影响①,诺曼·费尔克拉夫指出,批判话语分析视域中的话语应是一种经验性的实践集合,这种话语(discourse)与言语(discursive)在特定符号要素前提下具有相同性,因而应被看作广义社会实践的子集。易言之,话语包括了一切以语言为中介的实践活动。在普遍意义上,就话语实践(the discursive practices)有助于随意性建构意义的归化而言,意识形态性是其本质性特征。不同话语主体为了维系或反对"霸权",必然要提出、维护和广泛运用属于它们的意识形态话语,这里的意识形态话语不仅构成了社会政治秩序的反应和表达方式,而且可能是社会政治变革的"代言人"。

---

① 福柯的话语理论与第二代话语理论都将话语置于广泛的社会实践中,但福柯将社会实践限定在语言陈述和符号实践的实际形式与内容上。特别不同于 CDA 的是,福柯认为,从话语的形成准则随时随地发生变化而言,所有社会实践都是言语性的(discursive),但话语非但无法居于决定性地位,而且在本质上不独立,只是一种权力现象。

在这里，CDA 明确指出，"语言与政治"关系的核心是证明话语的权力作用，彰显了省思权力的"政治关怀"。在 CDA 基础上，为了更系统地解释话语及其非话语性语境（non-discursive contexts）的关系问题，批判现实主义主张应该将 CDA 主张的"厚"话语削薄，将其看作一种语言中介现象。由此，传统语言学意义上的话语分析的解释力进一步被弱化了，只是独立的话语权力结构的附属品。

第三代话语理论越发泛化，话语权力结构的边界拓展到了所有社会现象里。话语不再是社会体系的组成部分，而渗透在社会体系的方方面面。社会有多大，话语就有多大。一方面，作为抛弃一种先验中心的形而上观念的后果，所有结构在其整体结构实现解构时，便全部转变为话语了，而社会意义就出现了无限制的扩张，有限的暂时的中心必然不断发生变化。简言之，社会意义成为部分固定在话语中或通过话语而表现出来的东西。另一方面，社会身份应内置或借由边缘性话语体系培育而成，话语是一种与象征性实践活动有关的系统，它通过政治干涉的方式产生，并为一切有意义的对象事物提供了变动不居的视域。时至今日，这种广义的话语观已经成为当代政治哲学的重要理论支撑，维特根斯坦语言游戏论，罗蒂的语言、团体和自我的偶然性学说，卢曼的话语沟通观念甚至葛兰西的文化领导权理论都从不同侧面体现了这一话语观。抛开观点性分歧不谈，第三代话语理论在"政治关怀"上体现出了更加清晰的一致性，拉克劳和墨菲认为，存在一种综合性话语理论，否弃了第二代话语理论的核心论题，承认话语在历史与现实中的变动性，认为话语和非话语的割裂是表象的，非话语现象——技术、制度、经济过程等——最终要置于且经由差别性的话语体系才能成形。在这里，语言与政治都被置于一个激进的社会范畴里，从而在与社会共同存在中实现了同一化，话语的政治关怀被全面泛化了。

我们可以发现，话语理论发展过程中的"政治关怀"是在不断而迅猛的变动中呈现出来的。尽管我们不能从政治科学的意义上理解它的"政治逻辑"，但是话语成为一个确定性的概念框架与相应的政治尺度密切相关。这种发展具有政治逻辑，它既不盲目，也不存在内在诉求和历史终结，而是特定"政治关怀"诉求的碎片知识的衔接物。这种衔接奠定了政治话语的出场逻辑。

二　话语理论的政治逻辑

话语理论在"政治关怀"考量下有别于基于经验性和表象性的语言学分析,可被称为基于语言与政治的限定性分析。从研究路径角度看,如果前者可以被称为古典话语分析路径的话,那么后者则可被称为现代话语分析。现代话语分析的基础是语言与政治的限定性关系,即揭示话语在政治生活中与话语主体的同时性存在。"这种分析的任务是要表明一般的物如何能被赋予表象,在什么条件下,人之存在方式的分析并不处于表象理论之内;相反,在什么条件下,在什么基础上,在什么界限内,物能够出现一个比各种知觉方式都要深远的确实性;并且,在人与物的这一共存中,通过由表象打开的巨大的空间展开,如此被揭示的,正是人的根本的限定性。"[①] 在这个意义上,话语理论的政治哲学指向并不是它构建了一种特定的政治哲学,而是在整体上为政治哲学提供了语言与意义的政治诠释途径。这种话语理论的政治哲学指向可以归结为六种代表性观点。

(一) 让话语跃入社会与沟通——巴赫金的话语观

巴赫金认为:"话语中的形式与内容是一贯的。一旦我们明白了口语话语(verbal discourse)是一种社会现象,那么就会发现话语存在于社会的方方面面,从语音图像(sound image)乃至最抽象的意义,一切社会因素都与其紧密相关。"[②]

首先,巴赫金的话语理论是建立在"超语言观"基础上的。作为执笔人和思想贡献者,《马克思主义与语言哲学》精辟地概括了他的语言观:

①语言作为稳定的形式体系,"仅仅是一种科学的抽象化。"它有自己的理论目的与实践范围,但毕竟跟语言实际的存在状态不相

[①] [法] 米歇尔·福柯:《词与物——人文科学考古学》,莫伟民译,上海三联书店2001年版,第439页。

[②] Mikhail Bakhtin, "Discourse in the Novel," In *The Dialogic Imagination*: *Four Essays* by M. M. Bakhtin, M. Holquist (eds.), Translated by Caryl Emerson and Michael Holquist, Austin: University of Texas Press, 1981, p. 259.

符合。②语言是个从不间断的形成过程,这种过程是依靠"说话者之间社会言语的相互作用"来实现的。③语言形成的规律离不开说话者个人的活动,但"不是个人心理的规律",而是社会性规律。④语言创造不等于艺术创造或其他文化创造,但"语言创造离开它所包容的意识形态思想和意义,便无从理解"。⑤"话语结构纯粹是一种社会性结构","话语本身只存在于说话人之间"①。

这表明,巴赫金已经抛弃了洪堡、索绪尔等人的形式主义语言观,而将语言与人和社会的具体实践结合起来,将语言看作人的发明创造,明确提出了语言的社会功效和社会价值,这就为其话语理论奠定了思想基石。

其次,巴赫金认为,话语是一种社会语言(social language)。在他看来,话语"好像存在于自身之外"(lives, as it were, beyond itself),因此,"要研究像话语这样的术语,如果忽视其对自身之外发生的作用,那么就好像研究心理经验而不了解真实生活境况一样愚蠢可笑,因为只有真实的生活才决定和引导着话语"②。进而言之,作为社会语言的话语存在于社会政治生活的沟通与信念体系之中,话语主体可以通过对其使用语言的语义演变和词汇选择强化语言的社会性面向,例如,专业术语就是典型代表。正如巴赫金所言,只有具有相同的"专业背景"(即某社会语言的共同体),专业术语才能有的放矢,而对于那些不在此间的人们而言,"这样的语言就可能是空乏无力,抑或仅是'白纸黑字',又或只有'乡土特色'而已"③。以此推之,精英的政治话语可以被看作由一种或多种社会语言组成的,那么,对于那些不在此种语境之中的人们(包括无意进入或者了解与此相应的社会语言的人),政治话语就"味如嚼蜡"一般,既是无趣的,又是难懂的,甚至还会让他们觉得滑

---

① 转引自凌建侯《话语的对话本质——巴赫金对话哲学与话语理论关系研究》,博士学位论文,北京外国语大学,1999年。

② Mikhail Bakhtin, "Discourse in the Novel," In *The Dialogic Imagination: Four Essays by M. M. Bakhtin*, M. Holquist (eds.), Translated by Caryl Emerson and Michael Holquist, Austin: University of Texas Press, 1981, p. 291.

③ Ibid., p. 289.

稽荒谬。

最后，巴赫金认为，话语具有"隐藏对话性"（hidden dialogicality）。在这里，他主要是从话语的另一种特征来分析话语的社会语言性的。基于争论性的特点，他在此将话语称为"隐性争辩"或"内在论争的话语"，这样的"话语"表达的是"对他人敌意言论的横眉冷对之意"①，其对话性不是直接对抗的，而是"指桑骂槐"式的。与话语作为"社会语言"的正式性有所不同，话语的"隐藏对话性"并不必然存在于文献著作与政治活动中，而是广泛地"潜藏"在生活言谈之中。由此衍生出巴赫金所讲的"隐性对话"概念，而这种话语就不再局限于"敌意性"范围里了，凡是回应另外一种话语的话语但却并不明确表达这种"回应"，都可以成为"隐性对话"的话语。而这一观点为日后如何确定政治话语与日常话语的分界和相互联系的研究提供了话语理论的先声。

（二）公共话语的主体性构建——戈夫曼的话语观

在话语理论中，艾尔文·戈夫曼对于公共话语的建构提供了基础性贡献，他所提出的"产出模式"（the production format）理论②对于研究公共话语具有特别重大的意义。他认为，说话人（speaker）是一个抽象笼统的概念，一个说话人实际上可以分解为发声者角色（animator）、作者角色（author）、责任者角色（principal），而这些角色可能是由同一个人扮演的，但也可能不是由同一个人扮演的。所谓发声者，戈夫曼将其称为"交谈机器"（talking machine），即用声音来表达话语的人。以政治演说为例，这一般就是指说话者本人。所谓作者，是指"选择哪些情感进行表现并且编排表达此种情感的语词"③的人。仍以政治演说为例，这就是指那些发言稿的撰写人（们）。而所谓责任者，就是那些"一言既出，则以实现所说之话为己任的人"④，对于政治演说这个例子

---

① Mikhail Bakhtin, *Problems of Dostoevsky's Poetics*, Edited and Translated by Caryl Emerson, Minneapolis: University of Minnesota Press, 1984, p. 196.

② 该理论出自 Erving Goffman, *Forms of Talk*, Philadelphia: University of Pennsylvania Press, 1981.

③ Erving Goffman, *Forms of Talk*, Philadelphia: University of Pennsylvania Press, 1981, p. 144.

④ Ibid.

而言，责任者可能远远超出了说话者本身。比如说英国内阁成员在说"我们"的时候，责任者就应该被理解为上至首相下至整个行政体系所有的人。虽然我们以政治演说为例，但是话语的"产出模式"理论不仅仅面向"口语话语"，而且指导"文本政治话语"。一般而言，一般性的评论、随笔甚或著作的作者同时集发声者、作者、责任者三大角色于一身，但是在政治文本中，就未必是这样了。署名作者可能是发声者，但也有可能不是唯一的作者，因为政治文本的作者可以包括写作班子、代为撰稿人以及整个政治班底责任者。与此相似，署名作者也并不一定是唯一的责任者，比如说一个政党的领袖所发表的政治文本就可能需要整个政党或者其所代表的某个政治派系为其负责。除此以外，戈夫曼对话语理论的贡献并不局限于"话语产生"上，他还试图解决话语参与以及揭示不同的话语参与结构（participant framework）① 的问题。他指出，普遍流行的沟通理论认为，沟通出现在两个个体之间，其角色被简单地设计为一个是说话人、另一个是听说话的人。不过，他认为，参与到某个"话语沟通"中，有时候不需要"被同意"，有时候则需要"被批准"，而且，当旁观者对话语对象保持沉默的时候，沟通本身或许就是"次要的"，这取决于收听者（audiences）的类型或者说是公共交谈的"假想收听人"（这类似于巴赫金所言的"隐性对话"中的听话人，在公共话语中，这些"潜在的话语接受者"对于构建话语具有非常重大的意义）。

（三）作为社会互动媒介的语境——斯考伦的话语观

在论述话语与社会语境的相关理论中，斯考伦媒介话语理论（mediated discourse）具有非常重要的地位。在斯考伦的媒介话语理论中，所有的文本（text）都被看作话语活动的人工产品与社会互动后的剩余物（the residue of social interactions）。正因为如此，我们要想对文本本身进行细致的分析，就必须将这种分析与文本产生境况的类型学分析相互结合起来。斯考伦的这一观点与沃达克（Wodak）的"话语—历史研究法"（discourse-historical approach）有异曲同工之妙。虽然斯考伦是以

---

① Erving Goffman, *Forms of Talk*, Philadelphia: University of Pennsylvania Press, 1981, pp. 129–140.

"新闻话语"为分析对象的，但是他的分析同样适用于政治话语。在这里，他认为，公共话语可以作为"一个社会互动的过程，在这个过程中，参与者使用或占有文本以及制作文本就好像是我们在自己所在的实践共同体中为了融进日常生活的社会实践而使用的附带工具（incidental tools）"，而这种工具（话语）是"人们为了自身多样化的话语身份建构而成的"①。

斯考伦认为，在考察人们的话语交流或沟通的时候，应该注重对参与主体的确认和区分。他指出，在此前的话语理论中，将公共话语的主体一般划分为"输出者—接受者"这一结构。例如，在新闻报道中，记者作为"说话人"扮演了输出者的角色，而读者作为"听话人"则成为"接受者"。对此，斯考伦认为，戏剧和体育活动的主体结构对话语沟通具有启发意义。众所周知，无论在戏剧还是体育活动中，演员和运动员可以看作"输出者"，而观众则理所当然的是"接受者"。但是，在戏剧和体育活动中所表现出来的最显著的主体互动（社会互动）并非"表演者（运动员）"和"观众"之间的互动，而是表演者（运动员）之间的互动。正如斯考伦所言："尽管体育是一种为（for）观众而上演的游戏，但是这个游戏是在运动员、裁判以及其他同场'表演者'之间上演的。"② 在他看来，观众和听众并不必然是话语的"接受者"，比如一家老小坐在电视机前看电视新闻，尽管他们与新闻之间存在某种沟通行为，但是我们并不会说这些观众和播报新闻的记者之间存在什么话语沟通。而类似观看电视新闻式的沟通，斯考伦称之为"约定场所"（a site of engagement）的沟通。

由此可见，话语沟通具有很多不同的形式，有面对面的沟通形式，也有远比这复杂得多的沟通形式，比如电视的新闻播报。但是，无论是简单的话语沟通还是复杂的话语沟通，组成这种沟通的结构无非就是三大要素，即渠道（channel），这是话语沟通的基础；参与者的身份与社会地位（social position）以及需要解决的论题（topics）。对于这一判断，斯考伦以新闻话语为例。他假设在既存的媒介中各个成员的力量对比是

---

① Ron Scollon, *Mediated Discourse*, New York: Addison Wesley Longman Inc., 1998, p. 4.
② Ibid., p. 75.

相对一致的，以此为据，社会实践的结构就具有相同的框架，那么"形构沟通事件的影响力所建构起来的此种有效实践的影响力范围就操控了'渠道'。而在这种影响力之内，参与者通过对沟通主题认同效果的接受或者拒绝而确定了自己在沟通关系中的彼此位置。最终，在这里，要么就产生了自我表达的力量，要么就产生了代表他人之声的力量"①。正是在这里，政治话语与此种话语理论的契合性油然而生。显然，无论声张或表态与否，那些做出决定的人（们）将有操控话语的权力（力量），他们决定要说什么以及如何说，而其他人则处于服从和跟随的地位。

斯考伦的话语理论最重要的借鉴意义在于，它通过语言学的分析模式揭示了在话语体系中身份建构与力量关系（权力关系）才是话语或者准确地说是政治话语关注的核心主题。有一点需要明确的是，说话人自身在确定其主体身份和位置的时候，其实他（她）能做得很少；在那些言辞华丽的演说之中，人们其实更加关注的是自己所处的身份与地位，而不是那些表象性的演说主题；真正关注政治话语的人并不一定是在现场聆听或摇旗呐喊的"听众"。

此外，斯考伦还大大拓宽了巴赫金的"隐藏对话性"思想，将这一思想应用到了知识产权法与媒介话语中。他认为，在这些地方"隐藏对话性构建起了一个对高风险话语加以自省、规避或替换的领域"②。在斯考伦看来，隐藏对话的参与者才是期待、恐惧、希望和愿望表达的生产者，是这样一种话语的对话参与者。这就是说，探寻隐藏对话性是一种有益的话语方式，它有助于"解开那些所谓主流话语的神秘面纱，还其本来面目"③。

（四）话语应存在于实践共同体之中——莱夫与温格的话语观

斯考伦承认，他深受莱夫和温格的启发，意识到话语沟通不是自言自语而是一种具有身份性和社会地位性的公共话语的活动，这并不意味着公共话语的一种团结一致的集体发声，哪怕是在同一群体中也未必如

---

① Ron Scollon, "Hidden Dialogicality: When Infelicity Becomes Fear of Infringement," Paper Read at Seventh International Congress of the International Association for Dialogue Analysis, April 9, in Birmingham, UK., 1999, p. 30.
② Ibid., p. 1.
③ Ibid., p. 9.

此。现如今，人们基本上都认识到，参与公共性活动中的人就有可能是且基本上是以群体（多个群体）的方式参与到公共话语的生产之中的，那么如何看待这种群体性活动，就是莱夫和温格所提出的"实践共同体的观念"（community of practice）的主要贡献了。

对所谓"实践共同体"有过明确的界定，莱夫和温格认为，它是"这样一个行为系统，在这里，人们分享其在生活中为了各自的共同体而做出的理解"①。换言之，实践共同体就是一个人们会经常性地进行某些共享（分享）活动的组织。对于话语理论研究而言，实践共同体的观念主要可以用来描述那些介入与政治生活相关的社会实践中的群体，比如说，确定政策立场与撰写演讲词就是这样的实践行为。不过，参与这类共同体实践的人们，虽然他们的目标在程度上是一致的，但是难免具有不同的利益诉求，对于上述共同行动的贡献也是不一样的，所持观点也不尽相同。而这恰恰与政治话语的产生与传播具有极大的相似性。

（五）以"合作原则"维系话语——格莱斯与莱文森的话语观

格莱斯（H. P. Grice）和莱文森的话语理论可以赋名为"语用论"（pragmatics），这是因为他们多以传统语用论的思想来丰富和发展话语理论。格莱斯提出了著名的"合作原则"（the cooperative principle），这一原则就是应用在沟通活动的主体上，用以判断参与者是否对某种沟通活动的既定目标有所助益。格莱斯认为，以合作原则观之，在话语沟通中，参与者需要遵循四个原则或者"准则"（maxims）②：

（1）质的准则
用以确定你的贡献是真实的，具体而言：
① 不说你确信是假的事情。
② 不说你没有充分证据加以佐证的事情。

---

① Jean Lave and Etienne Wenger, *Situated Learning: Legitimate Peripheral Participation*, Cambridge: Cambridge University Press, 1991, p. 98.

② 这四条"准则"不是格莱斯所设，而是由莱文森提出的，但由于其内容和形式与格莱斯的合作四原则紧密相关，因此可以同作一处。在这里，由于莱文森的四条准则更为详细具体，故引用之。

(2) 量的准则
① 使你的贡献与交流的现有目的所需要的信息量相一致。
② 不要贡献比现有所需还要多的信息量。
(3) 相关性准则
你的贡献是有相关性的。
(4) 方式准则
清晰明了，具体而言：
① 防止晦暗不明。
② 防止含混不清。
③ 言简意赅。
④ 条理清晰。①

在格莱斯和莱文森看来，任何称之为"话语沟通"的行为或活动都必须遵守上述四个准则。如果在沟通话语的过程中，参与者之间出现了误解等非合理状态，一定是违背了上述四个准则的部分或者全部要求。从某种意义上讲，"合作原则"的提出为人们考量公共（政治）话语是不是合理的，能否产生良好的效果提供了理论依据。格莱斯认为，沟通时要弄清含义，而"含义"的价值是其随时都可以被撤销或者被废黜的。这就是说，说话人可以否定某种话语含义是他的本意。这种一时可做"表达、意指"讲，一时又能够做"否定、否认"说的实践能力，是话语所特有的。在此基础上，很多学者认为，这正是考量某种话语是不是政治话语的关键标准。

当然，话语有"含义"也有"直示"（deixis），即"直接指出"。话语中的"直示"当然比"含义"要简单得多，这种方法经常被用来说明政治表达的社会语境。利用"直示"的方法，或者说"索引表述法"可以使得某种表达的语境——包括时间、地点、人物——被清晰地列举出来，并且因此能够揭示出说话人在说话时候的某些所思所想。在任何话语中，最传统也是最常见的"直示"表述就是"现在"（时间）、

---

① Stephen Levinson, *Pragmatics*, Cambridge: Cambridge University Press, 1983, pp. 101 – 102.

"我"(人物)与"here"(地点),当然英语中的定冠词和指示代词,比如 the、this,也具有这样的功能。当这些词语出现的时候,就不需要猜测或者推测说话人是否还有其他什么"深义"了,也不用担心他会否定此时表达的意思。因此,人们会发现,在政治话语中,尤其是在演说词中,为了让更多的人认同,进而表现、强调演说人的诚恳,演说人往往会大量使用这样的"直示"性词汇;而在学术文本中,则会较为谨慎地使用这样的词汇。因此,当我们在分析政治话语时,对于这类词汇尤其应该加以重视,它们往往表达了某一时期国家对待某种政治议题的明确态度。

(六)坦纳与希夫林的话语理论

坦纳(Tannen)与希夫林(Schiffrin)的话语理论往往被学界称为"交互性社会语言学"(Interactional Sociolinguistics)。对此,希夫林将其称为"一种基于语言学、社会学和人类行为的关于语言应用的理论观点和方法论观点"[1]。这种话语理论对接近政治话语提供了很多有用的理论途径。

坦纳的话语理论主要包括沟通模式理论、沟通框架理论、口语与文字的策略理论等,而希夫林的话语理论则主要指向身份构建理论与话语生产者理论。

坦纳的沟通模式理论集中体现在其《沟通模式》(*Conversational Style*)一书中,坦纳及其追随者们认为,任何一种沟通模式的理论都来自于"满足人们在交往中的基本人性需要"[2]。但是,人们在话语沟通中表现出了相互矛盾的基本需要。一方面人们需要通过话语增进团结(紧密性),另一方面人们需要通过话语活动体现出独立性(自我性)。由此就造成了这样一种后果,即人们的话语沟通模式呈现出从"强干涉性"(high involvement)到"高包容性"(high considerateness)的谱系分布。虽然政治话语可能并非必然存在于这样的两极分布之中,但是坦纳对于这一问题的分析的确十分有效地说明了在话语特别是政治话语

---

[1] Deborah Schiffrin,"Interactional Sociolinguistics,"In *Sociolinguistics and Language Teaching*,S. L. McKay and N. Hornberger(eds.),Cambridge:Cambridge University Press,1996.

[2] Deborah Tannen,*Conversational Style:Analyzing Talk among Friends*,Norwood,NJ:Ablex,1983,p. 19.

中，其目标更多的是要实现上述两种模式性质的交互性，而不是要为政治话语找到某种理论上的清晰性。在一些具体的情况下，干涉与包容的区分对理解具体的政治话语则起到了另辟蹊径的良好作用。

在此基础上，坦纳的话语框架理论也为探究政治话语提供了另外一种新视角。在坦纳看来，所谓话语框架其实就是人们常说的"纲要""程式"（scripts），即"预期的各种结构"（structures of expectation）。而这种框架的基础是人们对既有经验所产生的"原初知识"。在她看来，在话语中表征话语框架运作的语言学指标有很多，比如省略（疏漏）、重复、错误起点、回溯、模糊限制与后置修饰、否定、比较联系、解释、道德评判、概括、不精确陈述、推断、错误陈述、附加语等。① 这就表明在话语沟通中，所谓的话语框架就是指说话人说话时所努力实现的东西，而不是说话人在想什么，因为其所想实现的和其正要实现的并非完全一致。进而言之，这种意义下的话语所体现出的语言特点表明一个说话人是在努力博取听话人对某一特定话语框架或者期待愿景的认同。

正如前文所示，任何人要讨论"政治话语"都必然会面对"口语话语"和"文本话语"的关系问题。对此，坦纳集中阐释了她的"两种话语的对抗观"。按她的观点，文本话语是"综合性"的，而"口语话语"则是"碎片化"的，二者的特点相互抵牾。正因为如此，坦纳认为，口语话语经不起严格的理论审视（或者说，不是话语分析的适格对象）：

> 综合性（亦如其对立面碎片化）是语言结构的表象特征而已。介入（亦如其对立面分离）才是更本质的特征，对这一特征戈夫曼在1979年就描述过了，他将面对面的交流看作基础性的。例如，说话人面对着听众。由此，综合性和介入的特点，一如蔡菲（Chafe）在分别阐释书面语和口语的特点时候所说的那样，能够同

---

① Deborah Tannen, "What's in a Frame? Surface Evidence for Underlying Expectations," In R. Needle (ed.), *New Directions in Discourse Processing*, pp. 137-181, Norwood, NJ: Ablex, 1979, p. 166.

时存在于同一种话语类型中。①

但是，更加复杂的问题在于书面话语中存在很多"口语话语"资料，而且这些资料在转存中仍然要借助书面话语的形式而转入另外一种书面话语。这就牵涉到了书面话语和口语话语中资料类型的差异问题，而这是很少有人思考和解析的。在这里，希夫林在斯考伦的话语身份建构观点的基础上进一步深入下去，其重点关注的是规范性话语，即主要出现在政治演说与文本中的话语，他发现：

> 人们使用语言来表现自我在认识和实践方面的方式，与在故事中我们的角色和我们所处的地位密切相关：我们在故事中的所言、所称、所信持续不断地影响着并且已然塑造了那种在我们的话语世界中建构社会关系的方式。②

希夫林发现，"自我表达可能不但会彼此否定而且可能会相互强化"③，而这在分析政治话语的含义时就常常会遇到，因而必须加以重视。除此以外，他对于话语生产者的若干意见也很有启发意义。在希夫林看来，大多数话语生产者习惯委身于结构性的话语中，因而他们往往能揭示此种论证结构，而论证结构对于理解政治表达则大有帮助。虽然希夫林的研究对象仅限于英语语境，但是其思想在很多方面都具有借鉴意义。比如，它可以被用在同等的话语生产者身上以及分析这些话语生产者是如何建构起文本（texts）的。

总而言之，话语理论经过三个主要发展阶段，通过诸多话语理论家的思想贡献后，完成了面向政治话语且能进行实用分析的理论储备。在所列举的话语理论中，不同学者对于话语主体、话语类型、话语结构、话语框架等问题的认识不一而足，但的确是处在不断深化之中的。那

---

① Deborah Tannen, "Oral and Literate Strategies in Spoken and Written Narratives," *Language* 58, 1982, p. 2.
② Deborah Schiffrin, "Narrative as Self-portrait: Sociolinguistic Constructions of Identity," *Language in Society*, 1996, p. 195.
③ Ibid., p. 196.

么，要理解"政治话语"，还需要把握"话语"和"政治"究竟是如何连接在一起的，这也就是政治话语出场前的逻辑准备，即话语理论所应具有的政治逻辑。

第二节 话语理论的政治逻辑

我们认为，语言从来都不是单独地面对对象的，它总是处于某种境遇之中的，它总是具备历史性和偶然性，所以把话语以及建构其上的方法论体系束缚在语言学领域（不论是广义的还是狭义的）都是不够的。通过对话语理论的简单梳理，就依然可以发现，话语脱离了"语境"就不可能被对象化。正如伽达默尔在《真理与方法》第二卷中对诠释学所做的判断一样，只有具有"实践智慧"的诠释学才是真实的；同理，只有具有"实践智慧"的话语理论才是真实的。按照卡普托的想法，"实践智慧仅在现存的框架以及既定的范式内发挥作用。……它需要一种稳定的范式，一种或多或少固定的秩序。亚里士多德实践智慧是在一个基本上稳定的城邦里，而非在革命冲突的时期内发挥作用"①。显然，这种"实践智慧"是政治性的，而其在话语理论上的具体表现就是"政治逻辑"。在这一部分里，我们将从话语理论与政治科学（工具性）、政治哲学（认识性）与"元"哲学（本质性）三个方面解释话语理论是否具有政治逻辑，以及具有何种政治逻辑。

一 话语理论对政治科学的影响

通过对话语理论的发展阶段及其代表观点的介绍，可以发现，"话语理论"仍是一个年轻、开放和未完成的研究纲领（research programme），它仍有很多问题需要解决，因而与可称为羽翼丰满的、拥有自己特有的理论概念、研究策略和方法的理论范式之间还有很大的差距。即便如此，话语理论至少仍在三个方面极大地影响了一切社会科学，特别是政治科学。

---

① ［美］约翰·卡普托：《激进诠释学：重演、解构与诠释学计划》，转引自罗伊·马丁内兹《激进诠释学精要》，汪海译，中国人民大学出版社2011年版，第177页。

首先，话语理论提出和创造了很多非常复杂的概念与论断，这些新概念和新论断能够帮助人们突破现代社会科学理论追求绝对客观（客观主义）、彻底还原（还原主义）和终极理性（唯理主义）的思维偏见（或称"先见"），否弃那种激进诠释的传统（radicalize hermeneutic），而是凸显和强调话语和政治理论在社会塑造、政治建构和文化解释中的巨大作用。在关于话语理论的若干论断中，众所周知的恐怕就是其否定了现代性思想中关于概念清晰性和准确性的论断，而是将所有概念都看作需要被置于语境之中的话语来对待，这种语境就不存在什么等级，而是普遍存在的。此外，话语理论在讨论"话语"现象的时候有个著名的命题："As necessary as they are impossible"①（不可能的必要性）。这就是说，一方面，话语是"必要的"，因为如果没有赋予社会现象和政治事实以含义的能力，那么我们就无法认识自我并且为了我们自己的目标而行动；另一方面，话语又意味着"不可能性"，因为话语是存在于关系的集合体之中的（relational ensembles），这就意味着它必然要随着这种集合体的变化和崩溃而永无止境、无眠无休地在"形成—变化—瓦解"的循环中存在。因此，要使用概念化的方法来塑造与再造社会和政治的意义是一项无法完成的任务，因为只有变动不居的话语，而没有清晰的定义和不言自明的范畴。

其次，话语理论对于很多各不相同的学科起到了批判性重构的效用，比如国际关系理论、欧盟研究、公共管理学、大众传播分析、文化地理学以及城市研究等（urban studies）。② 尤其是在那些涉及经典的核心概念，如民主、正义、自由、平等、宪法、制度的领域以及一些新生的亟待确定核心概念的研究门类里，话语理论都从诠释学途径的角度为它们提供了不同于主流范式却非常合理的认知途径。很多"主流理论"都是印象派的理论描述，大都缺乏坚实的理论基础，而话语理论则是在这些"虚空"之处，将那些散乱的建构性要素和框架整合在一起，进

---

① 参见 Ernesto Laclau, "Identity and Hegemony," "Structure, History and the Political," and "Constructing Universality," in Judith Butler, Ernesto Laclau, and Slavoj Zizek, *Contingency, Hegemony, Universality*, London: Verso Press, pp. 44 – 89, 182 – 212, 281 – 308.

② David Howarth, Jacob Torfing, *Discourse Theory in Europen Politics: Identity, Policy and Governance*, New York: Palgrave Macmillan Ltd., 2005, p. 4.

而提供一种分析性的理论重组。

最后，话语理论的出现，已经让很多理论家开始专注于一些"新议题"，诸如学科范式（knowledge paradigms）、认同形成（identity formation）以及那些具有悠久概念史的规范、价值和符号的话语建构。换言之，话语理论认为，当代人们所见的现象及其由此而产生的意见分歧和认识矛盾，并非近百余年来理论家们所总结的"实证行为主义和激进建构主义"的争论，而是由关于千差万别且各不相同的知识、同一性和行为规范所产生影响的大讨论造成的。这些话语性的"争论"，并没有什么严格的界限。对于政治科学研究而言，虽然话语理论并非其内部研究领域的壁垒逐渐消弭的唯一原因，但它的确深刻地影响着政治学研究的思维模式。

二 话语理论对政治哲学的影响

从普遍的意义上看，话语问题引起政治科学关注的主要事实依据就是"选举民主"的滥觞，特别是20世纪早中期，大量"媒介手段"被引入政治活动，特别是选举活动中，报纸、杂志、电视、广播等成为人们进行政治参与的主要途径，而政治话语自然而然就成为政治科学必须面对的对象。在"语言转向"的浪潮中，话语"介入"政治生活越深，就越让人感到不安。人们发现："媒体希望娱乐大众，政客希望影响选民。"[①] 那么，话语的生产和传播究竟有没有公正的标准？事实上，熊彼特早就指出："有关政治事务的信息和论点只有在与民众先入为主的观念有联系时才会引起注意。"[②] 而保罗·鲁宾（Paul Rubin）则认为，这种"固有的思维习性"是一种话语偏见。那么，是否还要在模糊化的容忍中接受这些模糊的政治话语呢？要回答这一问题，就需要突破"话语"对"政治"的方法影响，即话语理论对政治科学的影响，而应进一步探析"话语"对"政治"在认识模式上的影响，这就是"批判性话语"，即话语理论对政治哲学的影响。我们认为，这种影响主要体

[①] ［美］布赖恩·卡普兰：《理性选民的神话——为何民主制度选择不良政策》，刘艳红译，上海人民出版社2010年版，第216页。

[②] ［美］约瑟夫·熊彼特：《资本主义、社会主义与民主》，吴良建译，商务印书馆2007年版，第263页。

现在以下五个方面。

第一，进一步拓展了政治哲学的问题视域。政治哲学具有特定的思维和逻辑，同样它的主题论域也并非漫无边际的。从亚里士多德将政治学看作一般伦理学的典范开始，政治哲学的核心主题不是"政治的哲学"就是"哲学的政治"，而其论域则限定在以国家为边界的政治伦理思考上。正如斯威夫特所言："政治哲学是有关一个特殊主题——政治——的哲学。对'政治的'一词的任何定义都是充满争议的。……政治哲学家询问国家是如何运作的；什么样的道德原则应该支配国家对待其公民的方式；国家应该寻求创造什么样的社会秩序。……政治哲学并非有关人们应该做什么，而是有关人们相互之间在道德上允许做什么，有时是道德上被要求做什么。"① 在当代政治哲学中，经济学的"合理性假设"逐渐掌控了政治哲学关于问题提出、解释和反思的全过程，而行为主义者、制度论者和理性选择理论基本上掌控了政治哲学的问题视域。但是，还有很多问题超出了这一范围，它们也需要政治哲学的关怀，正如有的学者所言：

> 在让经济学家了解系统性偏见这一现实方面，心理学家和公众舆论研究者已经做出了突出的努力。但迄今为止，这样的交流在很大程度上还只是单向的。因此，要说经济学家能够对此有所回报，可能显得有点奇怪。鉴于他们对系统性偏见的假定持如此严肃的劝诫态度，我们能够相信经济学家对此有什么原创的洞见吗？退缩可不是经济学家的本色。
>
> 对此的一个合乎逻辑的解释是：因为很少有现代经济学家关心思想史，所以很多最具洞察力的讨论不是被忽略就是被忘记了。②

就是在这些忽略之处，话语理论提供了很多政治哲学可资关注却被忽视的问题。必须指出的是，话语理论既没有能力也无意于建构一种全

---

① ［英］亚当·斯威夫特：《政治哲学导论》，萧韶译，江苏人民出版社2006年版，第6页。
② ［美］布赖恩·卡普兰：《理性选民的神话——为何民主制度选择不良政策》，刘艳红译，上海人民出版社2010年版，第36页。

面反思民主政治、选举伦理、国家建构、社会公正以及福利国家改革的政治哲学理论。与其奢求它能够成为一种一般性的理论，还不如把视角集中到话语理论提出和可以解释的"问题视域"中。从这个意义上讲，话语理论试图寻找和解决的是一些具体的经验性、分析性和社会性的谜题。话语理论能够提供一种诠释性的"工具箱"，而且这些诠释工具可以根据新问题的出现和重构而不断改变和更新。同时，话语理论作为一种跨学科理论，具有理论整合能力，不论是政治哲学的经典问题还是新问题，都能够更加清楚地体现出"新解"或"新意"，进而对相似问题的进一步分析发挥更加全面和具体的影响作用。

第二，进一步夯实政治哲学的分析基础。政治哲学的分析基础主要有二：其一是"道德政治或伦理政治"，其二是"非道德（伦理）政治"。前者是主流，而后者则提供了一种批判视角。人们普遍认为，道德政治是政治哲学的基本关怀，"在对现代性的反思和批判性理解中，政治问题和道德问题有一种本质联系"[1]。自卢梭以来，道德政治都是绝大部分政治哲学流派的分析基础，换言之，是对道德政治的不同认识而非道德政治本身决定了政治哲学的不同流派。当然，还有一些学者对"道德政治"持批判态度，他们认为，政治哲学必须从道德政治中解放出来，找到更加本质的分析基础。例如，马克思就认为，道德政治是抽象的，其自身也要立足于以财产权为基础的"社会问题"上。早在《德意志意识形态》中，他就提出："共产主义者根本不进行道德说教……不向人们提出道德要求，例如你们应该彼此友爱呀，不要做利己主义者呀，等等。……（重要的）是揭示这个对立的物质根源。"[2] 进而言之，道德政治并不能为纷繁复杂甚至毫无规律的社会现象提供一劳永逸的哲学解释。关于人应该过怎样的生活的问题，无法通过那些概念的理解和建构而得以解决。因此，政治哲学绝不等于对"政治关键词"的理念梳理与概念分析。

话语理论能够改造政治哲学的分析基础，离不开政治哲学的自我革命。面对不定态的政治现象形式，政治哲学的任何确定性知识（及其追

---

[1] 张盾、田冠浩：《黑格尔与马克思政治哲学六题》，学习出版社2014年版，第194页。
[2] 马克思、恩格斯：《德意志意识形态》（节选本），人民出版社2003年版，第103、104页。

求）都建立在暂时性的解释之上。施特劳斯就曾指出：

> 政治哲学是用关于政治事务本性的知识取代关于政治事务本性的意见的尝试。政治事务依其本性容易受制于支持与反对、选择与抵制以及称赞与责怪。政治事务的精髓不是中立，而是对人们服从、效忠、决定或判断提出主张。如果一个人没有从好或坏、正义或不义的角度严肃对待他们或直白或含蓄的主张，也就是说，如果没有根据好或正义的标准衡量他们的主张，他就没有理解这些主张作为政治事务的真实面目。①

而"政治话语"以及与政治问题相关的其他话语恰恰就是区分"政治知识"与"政治意见"的要件，而如何理解和探讨"政治话语"是判断某种政治哲学的分析是否合理的基础条件。如此一来，话语理念对于先在社会结构设计与主观诉求的否定态度与政治哲学内生的批判性转向紧密结合了起来。在话语理论的视域中，或然性的政治进程是政治哲学分析的基础。而或然性的政治进程则不但引导着具体的结构和制度形式，而且对社会行动者（能够参与话语活动）的取向和诉求具有特殊的影响作用。正因为如此，我们发现，要想分析工人阶层（working class）的真实利益状况，就必须先对标示着无产者成为一个阶级的各种信息做出自洽的解释，除此之外，还要分析一个特定阶级利益的要件的建构情况。与此相似，近年来，当学界在研究全球资本主义经济的时候，人们已经不再简单地援引那些"僵硬的教条"，反对将全球资本主义经济作为在金融市场的政治管制下做出政治回应的立足点和研究起点。这里，话语理论将要分析的是，全球化话语如何建构了全球化事物最有可能的效果。

第三，有效地弥合了政治哲学与"先验语义哲学"之间的疏离关系。在传统的政治哲学中，话语问题从来不是一个问题，也不是一个能够影响政治哲学存在的命题。事实反而是，绝大部分的政治哲学家都认

---

① ［美］列奥·施特劳斯：《什么是政治哲学》，李世祥译，华夏出版社 2011 年版，第 3 页。

为，尽管语言不同，但是关于政治生活应然状态以及描摹这种状态的关键词的真正意义只有一个，而话语要么是有待去除的迷障，要么压根儿就是无关紧要的。关于语义、语用、修辞的哲学思考与关于政治生活的哲学在历史上就不曾融为一体。

20世纪初，分析哲学取代古典哲学成为哲学的主流，而那时的政治哲学则杳无声息；而当代政治哲学的复兴则恰恰是在批判分析哲学的"语言观"的过程中才得以实现的。从思想的特征上看，二者的确存在很大的差异。阿佩尔在《哲学的改造》中曾经指出，以维特根斯坦为代表，语言的作用被放大了，即便不能说维特根斯坦等分析哲学家把语言看作"自生长的有机体"，不过，语言在人们的生活形式、语言用法和情景世界的结构关系中也居于支配地位。而这一点是任何政治哲学家都不会承认的，虽然人们对于政治哲学的主题（核心概念）的见解不一，但这种分歧并不应被解释为政治哲学是一种模糊性思想——分析哲学家就认为，任何模糊性思想都是非真的，因此政治哲学没有"意义"。对此，罗尔斯有言：

> 如果我们能准确地解释我们的道德观念，意义和证明的问题也就会容易回答得多。其中有些问题的确有可能不再是真正的问题。……对逻辑和集合论的基本结构及其与数学的联系的知识，以一种概念分析和语言研究决不可能有的方式改变了这些领域的哲学。一个人只要看看理论被分为决定的和完全的、不可决定的但完全的、不完全也不可决定的三种类型这个划分的效果就够了。说明这些概念的逻辑体系的发现深刻地改变了逻辑和数学中的意义和真理问题。一旦道德观念的实质性内容得到较好的理解，一种类似的变化也就可能出现。以下情况是合理的：对道德判断的意义和证明的问题，不可能用别的方式找到有说服力的答案。①

接下来的问题就是，语义、语用和修辞是否需要（或应该）被政治

---

① ［美］约翰·罗尔斯：《正义论》，何怀宏等译，中国社会科学出版社1988年版，第51页。

哲学关注呢？在这里，伽达默尔给出了十分明确的回应，他的哲学诠释学就清晰地表明，诠释学是一种实践哲学，反之，任何实践哲学都需要哲学诠释学的理解思维，而这种理解思维恰恰是建立在以"语言"（包括文本的、口语的）组成的话语结构为中介的"解释者—政治世界"的基础上。阿佩尔指出，在作为人类政治社会历史的思辨与作为人类存在行为的思考之间，话语（更主要的是意识形态性的）是一种富有意义的逻辑论证和伦理辩护：

>　　对有关人类行为的因果分析说明，人类能够用一种新的行为来作出反应；对此的唯一解释在于这样一种洞识：人类能够通过自我反思把心理学和社会学的"说明"的语言转化为一种深刻的自我理解的语言，而这种深刻的自我理解改造着人类的动机结构，并因此取消了"说明"的基础。……这一认知接入的规整性原则不是使精神脱离身体，也不是在绝对观念中对物质作认知"超越"，而是对存在于身体之中的精神的纯粹表达，是"自然的人化"和"人的自然化"。①

那么，话语理论是如何使政治哲学开始关注语言现象并且重视话语与行动的交织性的呢？我们认为，话语理论明白无误地指出，是各色各样的语言游戏（language games）构成了社会结构和社会特征的基本要素，这些要素进而还会出现交叠和互相影响，而话语理论就是分析这些"要素"和"影响"的最恰当的思维和方式。在政治哲学视域中，这些要素及其相互影响也构成了人们对于"道德政治"的看法且这些看法要想被人所理解，话语仍是其最重要、最完备的表达方式。那么，当话语理论介入政治哲学后，可以分析其三个方面的内容：①存在于清晰的表述（enunciative modalities）之中的语义要素，②试图产生社会意义的话语修辞；③弥合由象征性语言（figurative language）的广泛使用而造成的话语的表意差距性。

---

① [德] 卡尔—奥托·阿佩尔：《哲学的改造》，孙周兴、陆兴华译，上海译文出版社1997年版，第87页。

第四，为政治哲学提供了一种辩证的历史分析方法。一致性与变化性（continuity and change）是政治哲学的永久性问题之一，它关系到如何看待人类进步的可能这个政治哲学的基础性命题。具体而言，这个命题就是要思考，不论正义也好自由也罢，抑或其他任何关于"道德政治"的价值理念，它（或它们）是在政治生活的不断进步中逐渐实现的，还是在人类社会之初就已然存在？对于这个问题的回答，直接关系到人们在认识理想政治状态时是持"还原论"还是"发展论"，是持"原点论"还是"目标论"，是持"传统主义"还是"进步主义"的差异。在很大程度上，这构成了近代自由主义和保守主义乃至政治意识形态中"左"与"右"的思想对立，进而提出了一个所有政治哲学都必须思考的问题——人类是否能够掌控历史的进程。

检视自由主义、社会主义、共产主义等"偏左"的政治意识形态，就会发现它们都承认社会是进步的，人类社会是在发展中日趋走向成熟和完美的。虽然它们对人类介入这种进步的主导程度、形式和内容存在分歧，但是它们都共享了"进步与发展"的思维方式。特别是在近代以来，绝大部分的理性主义者对这个问题的回答都是积极的，不论是孔多塞、卢梭、康德，还是黑格尔、马克思、列宁，进步都是衡量人是否具有理性的重要标尺。但是，保守主义者们并不这么认为。他们指出，真理和"正义"不会也不应在人类的历史进程中不断发生变化。虽然自人们从"柏拉图的洞穴"中走出就意识到可以通过自己的理性在历史洪流中"弄潮"，把握进而掌控自我发展的规律，但这些只是表象，"历史的终极意义"也就是这些进步的思想地基是人们生活在这个世界中应该共享一致且固定的概念框架。

诸如此类，相关争论绵延不绝。而这种争论所带来的最大结果就是加强了政治哲学的"不确定性观念"。正是在这里，话语问题与我们寻求答案的决心之间发生了千丝万缕的联系，所有思想的悖论与挣扎似乎都或多或少地与语言密不可分，而"悖论的价值在于它强迫性地提醒我们，我们语言中的惯用语是有不足之处的"[①]。进而言之，政治哲学始

[①] ［美］格伦·廷德：《政治思考：一些永久性的问题》，王宁坤译，世界图书出版公司2010年版，第257页。

终都要面对"话语困境"。正如有学者所言:

> 这种断裂(言语与现实)如何得到解释?我们不得不回想,字词主要是为了论述物体的,因此,当它被用于描述存在本身时就是不足的,甚至会起误导作用。"字词"是知识的缩写,在知识范围中,字词以明确的、显明的陈述方法结合起来,而这些陈述是以解释整个现实的多种体系结合起来的。康德使我们看到,我们为什么能够通过科学获取有关我们周围事物不容置疑的知识,而在努力了解我们自己和其他人时,我们只能得到不确定的结果。①

那么,话语理论在"一致性和变化性"的问题上为政治哲学提供了什么帮助呢?需要指出的是,它当然不是提供了一种一劳永逸的悖论解决方案。话语理论并不把历史看作一种基础性矛盾的对话性展开的结果,也不会把历史当作为了实现某种特定目标而不断进步的现实化过程。与此相反,在话语理论的视域中,历史具有非常显著的不连贯性("断代性")。正是在这样的"断代性"中,传统的话语框架不断消解、瓦解,进而一种新的话语框架在与传统的话语框架进行激烈的政治斗争的过程中逐渐产生和形成。这种政治斗争表明,社会秩序存在于外部性的强权原则之内。不过,在绝大多数情况下,社会秩序的混乱仅仅是表象性的。具体而言,人们所看到的社会秩序混乱只不过是一种强权想重构社会秩序的努力,而这种努力的基础绝不是"打碎"既存的社会秩序,而是要在谋求与既存社会秩序保持高度"一致性"的基础上进行某种表象性的结构调整——这可以是制度的、体制的或者机制的。正是在这里,话语理论提出,政治哲学不是要关心这种变革是必然的还是偶然的,是人为的还是自然的,是可控的还是不可控的,而是要关注变革中的"一致性"和"不一致性",并且在这两种内容中努力探寻和揭示出"话语的路径塑造"(discursive path-shaping)与"话语的路径相关性"(discursive path-dependency)之间的相互影响。

---

① [美]格伦·廷德:《政治思考:一些永久性的问题》,王宁坤译,世界图书出版公司2010年版,第21页。

第五，明确将话语权作为政治哲学的研究论题。在传统政治哲学中，权力与权力斗争始终是其核心论题。但是，在与此主题相关的对象选择中，从未出现过（严格意义上）"话语权"问题。在传统政治哲学中的"权力"，要么是一种资源支配力，要么是一种能力支配力，再或者是一种支配关系的抽象范畴，其主要是指向有力量支配"对象"（资源、能力、支配关系等）的占有、保存和索回（retrieve）。因此，政治权力一般是指"政治主体通过政治的、法律的、意识形态的手段，影响和制约政治客体的能力和力量。它体现在政治主体实现某种利益或原则的过程中。国家产生以后，权力现象就大量存在，权力在政治领域的应用即为政治权力"①。

在"话语权"的政治意涵被发现后，权力的意涵也发生了潜移默化地转变。设想一下，如果一个社会组织（或群体）所表达的"话语"与这个社会上绝大部分的"话语"不相同，或者说其不同于国家的官方话语以及主流话语和官方话语可接受的某类话语，那么这个群体的话语是不是"不正常"的。对于这个问题的判断就牵涉到了传统权力理论中的一个重要问题——少数人权利。而话语权的提出，最早也是最主要的解释视域也在这里。在传统政治哲学中，关于少数人（群体）享有特殊权利的争论十分复杂和有争议性。从话语的政治性角度看，不存在个体的话语权利，而只有群体的话语权力，它必须存在于特定的国家或政治环境之中。话语是语言得以确定的政治过程的产物，区分话语的"强"与"弱"的标准也仅仅在于这种话语与国家联系的紧密程度。而从话语的语言性角度看，上述解释是有缺陷的，话语应该基于个体而非群体，因为哪怕是少数人也有选择放弃少数人话语的权利，所以哪怕只有一个人主张"少数人话语"，他也至少拥有放弃这种话语的权利。换言之，话语权的基础是个体选择而非群体行动。不过，从现实情况考虑，话语权更多的还是出现在群体性或者政治性的语言活动中，是参与这种活动的成员或公民才能够实现的权力。正如有学者所言："话语权是社会人表达意愿的权利、资格，话语权又是社会人以话语的方式表达诉求、影响他人乃至政策决策的权力、手段。权利与权力是话语权的二

---

① 《政治学辞典》，上海辞书出版社2009年版，第7页。

重属性，自由与民主是话语权的本质要求，而利益表达是话语权的出发点及根源，社会共治则是话语权的必然导向。"①

总之，话语理论借助"话语权"概念指出，权力是依据政治涵摄与政治排斥的行为所构成的，而这种行为的结果是培育了社会意义和身份以及厘定了社会冲突和边界的建构情况。福柯正是在这个意义上论述自己的权力观的，他认为："我所说的权力既不是指在确定的一个国家里保证公民服从的一系列机构与机器，即'政权'，也不是指某种非暴力的、表现为规章制度的约束方式，也不是指一分子或团体对另一分子或团体实行的一般统治体系……（即）众多的力的关系，这些关系是存在于它们之间发生作用的那个领域。"② 由此可见，对于政治哲学而言，话语的建构既涉及某种政治身份的认同与排斥，也意味着话语和权力是具有本质关联性的。

三 话语与政治的交互关系

从更加广义的角度，即话语与政治的本质层面上看，话语的政治本性、话语与政治的相关性以及一般话语与政治话语的相互关系等有助于阐明话语与政治统一建构的内在价值。

首先，话语观就是人们对于政治世界的看法，即人的世界观与价值观。话语不仅是一种语言使用的技术和形式，而且是人对如何使用语言的思考与理解。作为语言动物，人类社会是借助话语组成自己对世界的看法以及对价值的追求的，这不同于动物世界的"语言系统"。换言之，话语是"有态度"的语言行为。

一则，话语之所以被称为"话语"，是要表现其对于"真理"的诉求，即对于自然规律与习俗惯例的发现或理解。尽管古代哲学家大多认为，语言与真理之间是二元对立的，因此才有"只可意会，不可言传"之说，但是，这种二元对立的根源却在于人们试图用语言表达真理的智识活动之中。诚然，语言是人们表述实在及其真理的工具。不过，也有

---

① 莫勇波：《论话语权的政治意涵》，《中共中央党校学报》2008年第4期。
② ［法］福柯：《求知之志》，杜小真编选：《福柯集》，上海远东出版社1998年版，第345页。

很多哲学家持不同意见——如果没有语言这个"必要性工具",真理还会存在吗?无论怎样,不论真理是不是绝对的、不变的、无法道明的客观实存,它要成为人所认识的"真理",就必须借助于语言,而要想在人类社会中能够被"正确的认识和使用",则需要语言的公共性使用(话语)。虽然话语理论在哲学、语言和政治(学)的原点上均来自于古希腊的修辞学(包括反修辞学的哲学思辨),但是修辞学的出现则是人们对语言本质、使用以及如何生成话语的思考之一。正如伽达默尔在评论柏拉图的语言理论时所言:

> 在语言中、在语言的正确性的要求中,是不可能达到实际真理的,因此我们必须不借助于语词而纯粹从事物自身出发认识存在物。这样,问题就可以彻底地深化到一种新的层次。柏拉图所欲达到的辩证法显然要求思维单独依据自身,并开启思维的真正对象,即"理念",从而克服语词的力量和语词在诡辩术中恶魔般的技术作用。语词的领域被辩证法所超过,这当然不是说,真的有一种与语词没有关系的认识,而只是说,并不是语词开辟了通向真理的道路,恰好相反,语词的"恰当性"只有从事物的指示出发才能得到判断。①

由此可见,话语不是空洞的日常语言,不是嘴里说说与耳朵听听那般普通。话语必须是人们追求"真理"的表述。虽然,在政治生活领域中,客观的真理并不存在,但是关于道德政治的很多标准存在着"理念共识",比如稳定与秩序,而话语就直接关涉到了这些理念的实现。在某种程度上,道德政治的理念共识可能是历时性与共时性的综合,可以被称为"政治生活的真理",即"是由一群比喻、借代、拟人格等所组成的修辞大军,也就是说是由诗与修辞提升、转换、美化了的人类关系的总和。这些辞格由于长期不断地使用,使全体人民误以为它是实在的、权威的、唯一的。"② 那么,在这里,政治话语就是这种"真理的

---

① [德] 伽达默尔:《真理与方法》,洪汉鼎译,上海译文出版社1999年版,第519页。
② [德] 尼采:《超道德意义上的真理谎言》,转引自余友辉《修辞学、哲学与古典政治——古典政治话语的修辞学研究》,中国社会科学出版社2010年版,第22页。

实践运用"。

二则，话语之所以被称为"话语"，是因为要表现其对于"历史"的解释，即对人类社会经验的历史逻辑的展现。虽然话语是人的主观能动行为，但是它并非任意的。人之所以可以通过某个历史阶段的"历史话语"了解那个时代，正是因为话语与人类生活是在一种历史的辩证逻辑中结合起来的。正如有学者所言："一种话语观念要真正成为能够塑造人类生活的现实话语观念，它必须遵循一种历史的辩证逻辑，即它必须具备某种历史合理性，有能力维系一种共同的生活，在共同生活内部一定程度上弥合不同阶层的利益诉求，在共同生活外部抵制其他观念或力量的冲击。"[1] 而这种历史的辩证逻辑，在话语理论层面体现了不同历史阶段的人类社会生活的不同面貌（一般的抑或特殊的），展示了各个历史阶段的历史合理性，并且维系了全部历史阶段的共同诉求。作为此种历史逻辑的典范，话语寄存于概念范畴中，形成了概念史（或理念史、观念史）。话语的这种历史逻辑对政治哲学的影响就体现在政治哲学史的构建与政治哲学的方法论层面上。

例如，在政治哲学史的研究中，由于人们关于政治活动和政治经验的反思往往会采用"话语论证"的方法，以"词语"[2] 为线索考量相关"历史话语"能够更加准确地表达出应当如何选择和实践的当下构想。正如奥克肖特等人所提出的：

> 当政治思想作为服务于政治行动的考量而出现的时候，这一思想的恰当表达就会以某种独特的词语呈现出来。
>
> 它们可以是一些简单地表达关于应该如何选择的意见和信念的

---

[1] 余友辉：《修辞学、哲学与古典政治——古典政治话语的修辞学研究》，中国社会科学出版社2010年版，第271—272页。

[2] 一套专门用于政治的词汇是逐渐出现的，比如国家、公民、帝国这样一些话语就是在政治哲学的发展中创造出来的，而其他一些日常语言中的词语，随着政治话语的发展成熟，则被赋予了专门的政治意义，正如奥克肖特等人所言："譬如'自由'、'权力'、'权利'、'革命'、'专制'等——起初，它们没有一个是政治词语。……正是这些词语表达着我们的政治信仰。正是这些词语及其在政治争论或政治意见表述中的使用方式，告诉我们人们在思考政治时是如何想的。每一种重要的政治经验都有它自己的政治词汇表。"（参见［英］迈克尔·奥克肖特等《政治思想史》，秦传安译，上海财经大学出版社2012年版，第8—9页）

词语；或者，它们也可以是这样一些词语，构成一个劝告、建议、警告，或者是一段论证，旨在推荐、说服或辩护。

总之，在寻找"政治思想"的过程中，我们总是先到政治演说和政治争论中去找，再到统治者、政治家及其顾问所发表的言论中去找，这并非没有道理。①

在政治哲学史的方法论体系里，概念范畴法也颇为精到，不但能够准确地反映那些复杂的政治观念和信仰，而且能够将这些观念和信仰拆解开来加以审视，一方面提供合理而信服的解释，另一方面容纳讨论和争辩的考量，从而使人们能够借助价值观念的组织、论点和方法的思考以及政治经验的解释而更加全面地把握"道德政治"，既从更一般性的层面上了解诸如民主、自由主义、社会主义、法治等"术语"的宏大性，又从比较具体的层面确定这些宏大术语的意涵层次，这就兼顾了历史的方式与哲学的方式。对此，张岱年在《中国哲学史方法论发凡》中就曾论及：

> 每一哲学体系包含很多的命题，包含很多的概念范畴。这些命题之间有一定的逻辑联系；这些概念范畴之间有一定的层次。命题与命题的联系，概念与概念的层次，总起来，也可以称为这个哲学体系的逻辑体系。
>
> 一个哲学体系之中，有些概念属于同一层次，有些概念不属于同一层次，这些必须慎重地确定下来。
>
> 《大学》说："物有本末，事有始终，知所先后，则近道矣。"层次即本末、先后之别。②

三则，话语之所以被称为话语，是因为要表现其对于"现实"的建构，即主流话语能够引导政治因素的整合而建构适当的共同生活状态。

---

① [英]迈克尔·奥克肖特等：《政治思想史》，秦传安译，上海财经大学出版社2012年版，第8页。
② 张岱年：《中国哲学史方法论发凡》，中华书局2005年版，第57页。

上文已经指出,"道德政治"是政治哲学的诉求。但是,对于什么是道德政治却有不同的意见。具体而言,群体 A 认为的道德政治在群体 B 看来并不一定是"好的",而不同群体为了证明和说服对方,必然要使用一定的话语。由此可见,道德政治是对某种话语体系(群体)中的话语主体而言的,是由这些话语主体所引导的,他们的实践智慧及其在政治生活中的表现、表达就是"现实政治"。因此,从某种意义上讲,我们所要理解的现实政治,实际上就是要理解构成它的话语。

那么,具体到现实中的话语,它又该如何被构建起来呢?这就需要考察"政治生活的经验性因素",正如有学者所言的:"一种话语观念的塑造又总是以某种政治因素为相对主导而展开,谁掌握了这种主导地位,谁就以自我观念为中心开始进行修辞陈述,塑造主流话语观念,建构相应共同生活形态。那么谁掌握这一主导地位呢?强者。"① 显然,话语能够把纷繁复杂的政治现实抽象为"规范类型"的现实政治。这在古今皆有明证。

以亚里士多德对古希腊政体的分析为例。城邦的自然本性就是"政治参与的主体性",而区分不同性质的政体的关键就在于判定政治参与主体的性质与数量。数量相对容易判断,那么如何判定政治参与主体的性质呢?这就与不同主体所掌握的话语相关了。"我们因此获得了一个对政制简明易懂的分类:共同善可以通过 a)单独一人的治理(王制),b)少数人的治理(贵族制)和 c)许多人的治理(politeia),来寻求,但是这里每一个正确的形式都可能会偏离为一种形式,其中,治理者不谋求共同善而是谋求他们自己的集团利益,即 a′)僭主制,b′)寡头制,c′)民主制。"② 比如说,秩序、安全、优雅、稳定的话语主体与平等、宽容、仁爱、怜悯的话语主体在古希腊是明显不同的。历史地看,只有主流话语或者它所接受的话语才有可能成为历史话语。例如,我们今天在研究秦汉等不同时代的政治生活时,最易掌握甚至只能掌握当时的官方资料以及被官方允许广泛传播的著述,而坊间所议早已无从

---

① 余友辉:《修辞学、哲学与古典政治——古典政治话语的修辞学研究》,中国社会科学出版社 2010 年版,第 273 页。
② [英]乔纳森·巴恩斯:《剑桥亚里士多德研究指南》,廖申白等译,北京师范大学出版社 2013 年版,第 323 页。

寻觅了。这也充分说明，话语可以通过对现实政治的塑造完成现实政治的历史话语。

首先，在当代，民主政治、大众传播、网络平台等大环境的存在，使得"话语"好像可以"非主流化"。但实质上，所谓的"大众话语"基本上都建立在"公众的幻影"之上，而"公众舆论不是上帝的声音，也不是社会的声音，只不过是旁观者的声音"①。那么，对于现实政治而言，主流话语仍旧操控着它的建构，具体而言，这可以由对关键话语主体的操控来完成。这些"主体"正是梅斯奎塔和史密斯在对当代政治的三个维度的设计中所提到的：

> 政治情势可以被分解为三种人群：名义选择人集团、实际选择人集团和致胜联盟。
> ……
> 从根本上讲，名义选择人就是领导人的潜在支持者；实际选择人则是指那些对领导人的支持确实有重要影响的人；而致胜联盟只包括那些领导人不可或缺的关键支持者。这三种人可简单概括为：可相互替代者、有影响力者以及不可或缺者。②

其次，话语与政治是共同演化的。在这里，相互权衡的主要依据是基于话语的语言本质。假如人们承认语言是人思维的一种天生能力，那么我们就可以思索语言是如何演进特别是话语是如何变化的，并且思考这种演进或变化是否会决定话语、社会与政治之间的某种特殊联系。

关于这种联系，在批判机械的"社会进化论"后，主要存在两种理论模式。其一，认为语言（话语）是一种有利于人类进化的任意性基因突变的结果。乔姆斯基就认为，语言（话语）与社会群体化或社会操控之间不存在直接关系，既没有同样的源起，又没有精神性的相通。其二，认为语言（话语）是从个人的既存思维框架中衍生出来的，只

---

① ［美］沃尔特·李普曼：《幻影公众》，林牧茵译，复旦大学出版社2013年版，第145页。
② ［美］布鲁斯·布尔诺·德·梅斯奎塔、阿拉斯泰尔·史密斯：《独裁者手册》，骆伟阳译，江苏文艺出版社2014年版，第30、31页。

有社会智识才能催生语言（话语）。这一学派认为，话语具有特殊的社会目的性。话语不是简单的修辞，而是具有重要的社会功能，因为其至少要设计为谁而修辞以及持续这种修辞多久的问题。反之，这里的话语标示的是社会关系、社会联盟以及社会阶层。虽然我们将其称为"社会"，但在严格意义上这些都应被称为"政治"，抑或"元政治的"（proto-political）。

不过，判断语言和政治是否存在共同演进的关系，关键不在于语言和政治的本性，而在于对"人"的判断。我们认为，在个体和群体之间存在这样一种"换位关系"，即具有相互利他性的个体为了实现个人最大利益以谋略（machiavellian）之行为方式联合在一起，那么由此形成的群体（团体、共同体）就具备自利性特点，其建构的集体制度也是作为上述谋略的后果。在这种主体结构中，最基本的特点就是元代表（meta-representation）。人类社会是群居社会，那么"代表"就是必然选择，这在动物世界中也屡见不鲜。不过，动物并不具备能动地意识到它们可以代表事物、事件与行为的能力，而人类则可以，这就是所谓的元代表。这种能力意味着人既具有外在表达能力，又具有内在表达能力。而话语在这里如何体现呢？我们认为，话语是唯一一个提供符号将自己区别于他者的系统。话语的存在，使得古今未来之事、可能与不可能之事、可做与不可做之事等之间有了沟通的可能。进而言之，话语在探讨人类如何凝聚成为一个群体的过程中，与人类社会协同并进。换句话说，话语与政治是共同演进的，因为政治的存在就是为了维系以国家、阶级、政党、群体、社会组织等不同范围和程度的社会合作。

最后，话语和政治在沟通介质普遍化的过程中愈发趋向于一种交融状态。长期以来，话语与政治处在一种分离状态中，只有当这种分离被把持在各自的领域中，不让它们发生相互关系，才仿佛保持了彼此的"纯洁"。尽管"修辞术"在某种程度上使得话语与政治看似具有一定的关联，但实际上，"话语"更多地将政治看作一种环境，而语言是维系这种环境的目的；"政治"则往往将话语看作一种工具，政治才是使用支配工具的依据。从语言学的角度看，造成这种对立的原因就在于关注"话语"的理论家往往将话语看作"作为思维对象的语言"的延伸，而关注"政治"的理论家则大多将话语看作"作为我的语言的语言"的使用。因此，二者要想具有交叉性，就必须跳出各自的思维定式。

庞蒂认为，这种交叉性的载体就是"言语体验"，即话语现象。在这里，"话语的介质功能和普遍化诉求价值取向，旨在建立和维持这样一个人类共同体，建基于人际自由和平等之上的普遍认同，排斥一切对人们意愿、诉求、言说方式及内容的强制，也就是说建立在对话中体现主体间性的、具有均值价值意义的共同体。这种共同体正是现代人追求的理想社会形态"[①]。在这一过程中，一方面，人们要在话语的出现、存在和变化中寻找它的意义，就必须了解它所存在的"场域"，即人们希望或进行的话语沟通只能存在于群体生活之中，而群体生活在本质上就是"政治的"；另一方面，人们在群体生活中发现、总结得出的经验、感悟和认知，不是封闭的和共时性的，前者是指上述内容应该超越绝对的单一而融入普遍的社会意义，后者则意味着识得的经验、感悟和认知（尤其是那些普遍的、理想的和规律性的）不会只存在于一个时代而会经历历时性的传播。正因为这样两方面的要求，话语的语言本质与政治功能就需"话语现象"作为中介以实现相互交融，"语言现象学告诉我的东西不仅仅是一种心理学的独特性：在我之中的语言学家的语言，以及我放入其中的特殊性，——而且是语言存在的一种新概念，语言现在成了偶然性中的逻辑，有系统性，但产生的始终是偶然的东西，是在一种有意义的整体中的偶然性的继续，具体化的逻辑"[②]。

因此，作为话语现象的政治生活成为"话语"与"政治"相互交融的共同目标，并以此建立和重建了观念世界的"逻各斯"。在这种统一性的实现过程中，作为话语行为的政治行为成为其必须遵循的"合作原则"（cooperative pricinple，以下简称"CP 原则"）。[③] 众所周知，只有借助并通过话语，一个人才能发出命令、威胁，才能提出问题，才能做出承诺和许诺；也只有通过与社会政治制度相关的话语，一个国家才能向另一个国家宣战，才能宣判一个人有罪，才能召集或者解散议会，

[①] 金德万、黄南珊：《西方当代"话语"原论》，《西北师大学报》（社会科学版）2006 年第 5 期。

[②] ［法］莫里斯·梅洛—庞蒂：《符号》，姜志辉译，商务印书馆 2003 年版，第 107 页。

[③] 具体内容参见本书第二章第二节（五）"格莱斯与莱文森的话语理论"。

才能提升或降低税率。这清楚地表明，意义产生中具有非逻辑成分，而这些部分与社会政治的相互作用及其自身的传统和惯例都是难以分离的。特别是在现代民主制度中，绝大部分的人都是通过"话语"接触、了解、参与甚至反对"政治"的。因此，有学者就认为，民主制度在某种意义上就是"由话语规制的制度"（speech-enacted institutions）。①

在"CP 原则"下，话语与政治的交融主要体现在这一原则介入了基础政治观念的塑造与传播方面。前者可被称为"CP 原则"的一般影响，而后者可被称为"CP 原则"的具体影响。在观念塑造方面，"CP 原则"强调，任何处于政治社会中的人都应该尊重这样一种经验事实，即人们要假定当我进行话语行动时，在我看来，我就是另一个人的"另一个人"，这就是所谓的"先验的主体性是主体间性"。一方面，这种主体间性表明人是在观念的话语"创造—交往（对抗）—合作"中实现了自己对整个政治世界的认识并对自己加以定位的，正如梅洛—庞蒂所言：

> 可能有观念的存在得以进入位置性和时间性的一种运动，以及言语行为此时此地得以建立真理的一种相反运动。如果这两种运动发生在同样的极端之间，那么它们也许是矛盾的，我们需要在这里设想一条反省路线：反省最初认识到不是位置的，也不是时间的观念的存在，——然后又发现人们不可能知道得自客观世界的言语，也不可能把它置于观念世界的言语的位置性和时间性，并最终把观念形成的方式建立在言语之上。②

另一方面，这种主体间性体现了人借由观念而塑造的政治权威感是一种基于话语"创造—交往（对抗）—合作"的功利主义现象，因此任何政治现象就可由话语分析而加以理解。这意味着，对人类的话语与其社会智识之间所存在的某种不断渐进的交互性而言，"CP 原则"是其一种必要的基础。在此基础上，虽然人们对"谁来要求""目标是什么"以

---

① J. Mey, *Pragmatics: An Introduction*, Oxford: Blackwell, 2001, p.116.
② ［法］莫里斯·梅洛—庞蒂：《符号》，姜志辉译，商务印书馆 2003 年版，第 118 页。

及"以什么作为交换"等问题看法不一,但按照"CP原则"的具体要求,社会中的规则与规制必须是行之有效的。而这种借助话语所形成的观念传播就成为保障社会中的规则与规制行之有效的保证,这是因为其"将社会政治沟通看作介入社会现实生活之中有实质内容的、有多种显露形式的、由许多技术构成的,能够产生巨大影响的活动。与信息传输分析路径不同的是,这一分析路径将社会政治沟通的单元行为融入现实的、复杂的沟通网络之中,把研究的重点从探索社会政治沟通的内在结构转向探讨其外在的形式,从探寻社会政治沟通的隐含逻辑转向探究其显露的技术"①。

简而言之,当人们通过话语途径进行相互交往的时候,话语与政治就密不可分了。不论人们是在用话语进行哲思、戏弄、论道还是争论,人们总是需要通过一种相对固定的模式来体现话语与政治的关联性,并将这种可能比较抽象的关联性"实用化",这就是我们要关注的存在于政治生活维度中的话语沟通范型——政治话语。

第三节 政治话语分析的出场

政治话语是意识形态范畴中最重要却易被忽视的方面。在衡量国家治理水平的诸多指标中,意识形态治理的水平居于核心地位,经济、政治、文化、社会的各项治理水平如果脱离了价值理念的独立与自信也就失去了有效治理的国家之根。随着意识形态斗争的复杂化、常态化与艺术化,政治话语成为意识形态的理想载体和科学外衣。对于我国政治学研究,如何科学、有效地对政治话语进行分析不应是一项"解读"工作,而需要系统的理论支撑。因此,政治学研究特别是政治学理论研究应该高度重视政治话语分析的理论建构。从某种意义上讲,一个国家的文化自信、哲学社会科学话语体系的构建并不取决于特定的文化传统的自信或学术思想的自信,而是取决于这个国家的文化发展与学术思想能否支撑起本国的政治话语自信,我们也就要具备政治话语分析的思维和

---

① 胡宁生、魏志荣:《试论社会政治沟通的话语分析路径》,《江苏社会科学》2013年第3期。

技艺。但是，政治话语分析在我国政治学研究中尚未受到足够重视，缺乏相应的理论建构，由此造成学术话语与政治话语相互分离或黏合的非常现象。因此，要正确认识政治话语分析的理论品格，就应审慎考量政治话语分析的理论出场。

一 政治话语分析的主要学说

一般认为，话语理论是话语分析的基础，而政治话语分析理论往往偏重于实用性。在历史上，比较经典的政治话语分析的理论流派因其对于话语的认识不同而不同，主要可以分为修辞性分析、议论性分析、宣传性分析、语义性分析以及词典学分析。在政治学研究中，作为一门跨学科研究，政治话语分析主要集中在批判话语分析、社会语言学以及语用学三大研究领域。

第一，批判话语分析（Critical Discourse Analysis，CDA）是基础理论。这一学说及其方法主要运用在社会问题的语言分析中，常见的典型范例有权力问题、种族主义问题、性别歧视问题、反犹主义、失业问题以及移民问题等。在 CDA 看来，上述问题都是社会语境中的语言行动问题，而所谓批判话语分析实际上是指促进社会变化的话语分析。

具体到政治话语分析领域，CDA 则表现出一些具体特征与若干特殊原则。这集中体现在民主话语分析的基本准则方面。首先，批判话语分析阐明了"政治话语为何值得分析"。政治话语往往与政治性文本（国家与执政党）、精英话语（领导人）密切相关，而阅读和听取（留意）这些文本和话语的人在任何社会里数量都是有限的。传统话语理论往往侧重于"大众话语"，要么认为大众话语代表了社会的基本态度和取向，要么认为只有"大众化"的政治话语才是真正的政治话语，因此出现了政治话语全民化的倾向。事实上，政治话语不但应包括政治精英话语，而且更多地存在于部分精英人群的表达与沟通中。传统话语分析者认为，政治话语分析的对象精英化会导致"传播的主体有限性"而使其意义明显减弱。对此，批判话语分析学派认为，这种认识无法成立，正如费尔克拉夫所言："政治话语是基础性话语权的最清楚的范例，其借助重塑和改变人们的话语表达以及作为其基础的分类原则而重塑或改变了整个社会。"① 申言之，精英式的政治语言之所以重要，不仅是因为其影响了政治环境，而且是因为政治话语决定和塑造着人们如何讨论和看待他们所处的政治环境。这种决定与塑造作用主要体现在批判话语分析对于文本的重新认识上，继而，CDA 提出根据文本的社会功能情况来对待文本（text）。这表明，文本的话语所表现出来的功能可以包括构想性的、关系性的与"文本性的"，即与斯考伦（Scollon）所提出的话语主题、地位与渠道的区分非常相似。再者，CDA 强调各个文本的相互关系，即"互文性"（intertextuality），并且认为对于任何文本的研究都必须立足于历史语境之中。沃达科指出，任何话语分析都必须坚持"话语—历史路径"，即要尽可能地像整合被探究的文本的历史维度那样整合形形色色的文本。这一路径需要三个维度：通向数据内容、采用策略和语言实现。在这里，策略就涉及了不同复杂程度的行动计划，而与之相关的语言实现就会在自觉性与蓄意性之间变动，这也就表现出了我们的精神组织存在着不同水平。②

第二，社会语言学是语言思维的介入。话语与语言密不可分，这主要是指话语离不开语言思维。在语言思维方面，社会语言学对于政治话语分析的影响非常明显且具体化。比利格认为，将语言学应用于政治问题分析的方式堪称"平凡的国家主义"，即在政治话语中，存在着一种能够通过语言分析的方法实现民主建构的观点。在后现代主义那里，国家主义已经不再是全球化时代的主角了。但是，比利格坚持认为，国家身份的概念依旧深刻地植根于现代生活中，而且不论人们是否注意到，它都是随处可见的。只要危机时代到来，国家主义就会东山再起而且仍将占据举足轻重的地位。那么，对于这种"国家主义"情怀的最好承载方式，就是政治话语。比利格认为，只有政治话语才具有"故土指示功能"（homeland deixis）。因此，他指出："假如故土终将是故土，'我们'一定要让它成其所应是。'我们'是无法通过持续而有意的奋斗来实现这个目标的。存在于故土中，'我们'必定是循

---

① Norman Fairclough, *Media Discourse*, London: Edward Arnold, 1995, p. 182.
② Ruth Wodak, "Critical Discourse Analysis at the End of the 20th Century," *Research on Language and Social Interaction*, 1999, 32 (1-2): 189.

规蹈矩而毫无意识地使用着故乡定制好的语言。'我们'必定是渐渐适应这一语言环境的。微小而不引人注意的指示语都具有非常重要的意义。它们会帮助我们厘清祖国与外邦的界限。……在这里，国家身份就是言谈和倾听的常规途径；它是生活的形式，它常常关上前门而偷偷敞开自己的后门。"① 在政治话语分析中，对于国家的身份性特征的阐释揭示了一个关键问题，即在国家政治生活中，最关键的认同特征并不是通过慷慨激昂的政治热情塑造出来的，而是通过潜移默化的"公共性构建"产生的，而这种公共性构建及其竖立其上的政治结构与权力关系都可以从日常的政治话语中得以再现。在一定程度上，社会语言学可以被看作历史唯物主义在政治话语领域的有效表达，如分析当代中国政治话语中的民主就要弄清楚作为一种特定形式的民主（中国特色社会主义民主政治）是如何在当代中国以本土特色的方式体现出话语式建构的，而这种话语式建构不但映射着民主建设的历史过程，而且，当人们意识到"话语式建构"不仅是历史的客观实际，而且具有模式，可以为人所掌握的时候，科学、有效的"话语式建构"就成为未来民主建设的重要内容和抓手。而需要被"话语式建构"所关注和影响的对象，概括起来就包括国家主要领导人、其他相关领导人以及与政府密切相关的政治人物的具体政治话语。当然，在一些政治发展相对发达、公民的政治能力和话语意识比较完善的国家和地区，在政治光谱的其他地方，一些演说家和实践团体对民主化进程有意或无意的言论也可被纳入广义的政治话语中。

第三，语用学是现实观照的反映。自 20 世纪 90 年代起，语用分析开始对政治话语分析产生影响。1990 年，威尔逊（Wilson）出版了《政治的言说：政治语言的语用分析》，对政治话语的语用理论与分析方法进行了专门阐释，指出："语用学就是对超出人所说内容之外含义的分析，而且要确定每一种含义都会牵涉到不止一个的过程分析法。"② 在语用学视域下，政治话语所具有的交互作用并不是关键，这与其他话

---

① Michael Billig, *Banal Nationalism*, London: SAGE Publications, 1995, p. 109.
② John Wilson, *Politically Speaking*: *The Pragmatic Analysis of Political Language*, Oxford: Basil Blackwell, 1990, p. 7.

语分析法以及批判话语分析理论、社会语言理论都不相同。威尔逊曾对奥威尔式的论文（the Orwellian thesis）表达了不满，认为这种类型的文章不仅是用语言绑架和调整了思想，而且是一些批判语言学家为了揭示话语具有独一无二的真义所做的解释罢了，具体的话语分析又太过激进。对此，应该确立"温和"的话语分析方式，其问题"是人们（政治演说家）如何说的（已然说的），而不是他是否应该说的"①。

在对政治话语有了基本的认识后，威尔逊还设计了一些具体的分析方法。比如，威尔逊会在政治话语（主要是英国）中发现其中的蕴义、假设、代词的用法、隐喻以及问题形构。而这些研究方法都具有效法意义。这一学说非常重视政治话语中的代词分析，认为代词要在基于多种理由的交互作用中加以选择，而不仅仅是某种形式化的或范畴式的机械对应，对于代词的使用，可以直接体现出话语主体的态度、社会地位、性别、动机等潜在特点。因此，代词选择可以从语用学意义上传递出话语主体的意图和信息以及他们对于话语对象的态度。威尔逊指出，这种方法可以让人们认清政治话语人与其所表达的观念之间的相互关系。例如，如果话语主体以第三人称的方式提及自己，比如说"主席""总理""部长"，那么就表明"这不是一个基于个人身份做出的行为，任何个体履行此等职责都会面对相同的规制"②。以往，这一现象非常普遍，但是却很难证明这一现象的合理性。在很大程度上，每一种沟通行为都负载着相应的适当性预设，而所谓适当性则是指推动沟通所付出的努力要比从这种推动中所获取的收益少得多。所以，如果一位国家领导人使用"主席认为（抑或总统认为）"而不是"我认为"来指涉自己，那么话语人所使用的更为一般因而更为简单的表达形式就会更加清楚地表达他所要传递的附加信息。换言之，其话语所涉及的理念及其设想、规划与态度等都是官方的，是国家意志而非个人想法。在此基础上，虽然代词用法具有明显的说服导向，但是对于代词的分辨却不是一件简单的事，因为同样是"我们"这个代名词，其表达的意思就可能截然相

---

① John Wilson, *Politically Speaking: The Pragmatic Analysis of Political Language*, Oxford: Basil Blackwell, 1990, p. 15.

② Ibid., p. 95.

反——或是包裹性的或是排他性的。因此，代词的话语标示功能还需建立在不同"话语空间"、参与角色与指示用法的相互作用上。例如，祖普尼克在分析美国电视节目中的名人辩论时就发现，说话者使用第一人称复数代词时，大多包含了其争论对手与可能的听众，把他们看作其做出相关要求和批评的（共同）主体，因此他本人并不需要对其言论承担全部责任。正如费纳所言："在持续使用有不变指向的特定代词的过程中并且通过在这些指向与其他代词或非代词形式的指向之间的文本结构中所确立的相悖性与关联性，话语者的身份也就昭然若揭了。"①

总之，上述学说对于我国在政治学研究中确立和构建政治话语分析的理论意识与理论体系，具有很大的启示意义。但是，它们根植于西方政治学行为主义的浪潮中，不可避免地带有碎片化的问题意识、片断性的分析方法以及模糊性的学科交叉论等缺陷。事实上，省思政治话语分析的理论出场，更应从这些学说所提出的现实问题背后，找到政治话语分析的规律性，而要寻找此种规律性，就必须明确它的核心，即政治话语分析的问题域。

二　政治话语分析的问题域

政治话语分析的问题域是其理论出场的核心。这里的"问题域"主要是指该种分析所必然面临、自发提出与需要解决的关键的"话语问题"。

众所周知，对于传统的话语分析而言，"确定性"是其问题域。这是因为其解决的话语形式与特征问题所追求的是对话语的精确性理解，进而要控制并处理作为分析对象的话语中所存在的影响或可能会影响上述精确性理解的语言要素（或称为话语变量）。正因为如此，我们可以看到，索绪尔等现代语言学家特别强调"语言学"是一门科学，即实证的科学，其主要任务是描绘、描写、描述语言的形式、结构。在某种意义上，这里的话语分析实际上是反话语性的。巴赫金虽已提出了话语转向（discursive turn）问题，注重文学作品中的审美价值与文学性，区

---

① Anna De Fina, "Pronominal Choice, Identity, and Solidarity in Political Discourse," *Text*, 1995（3）: 379.

分了现成的独白的真理与开放的对话的真理，但是，这里的话语分析仍脱离不了客观主义的局限，依然是一种追问本质的唯一性的认识论工具。而海德格尔、伽达默尔等人关于话语的哲学省思则更加鲜明地将其上升为对人的生存本质或存在性的思辨。如此一来，这样的话语分析，无论抽象与否，其面对的问题域的对象是同样的——已然呈现的语言，而相关分析的过程和结果就将汇入确定性的追索之流中。特别是在近代资产阶级革命之后，确定性成为自由主义政治话语的标榜，其思想设计、制度安排与价值目标均以确定性思维为合法性基础，在政治生活、政治发展领域提出了一系列终结论、目的论与普世论，以确定性支撑"最优选择"的独占性而否认现实政治世界的复杂性。西方政治话语既是这一过程的结果，又反过来助推了这一极化思维，甚至确立了以西方民主为代表的真理性政治话语。

然而，人类社会的历史表明，"不确定性"是政治的本质，也必然是政治话语分析的问题域。近年来，随着世界政治格局的深刻变化，不确定性取代确定性的话语思维正在形成，这就为新的政治话语分析的理论出场奠定了基础。当然，这种差别并非突然出现的，而是经过演变逐渐产生的。正如有学者所言："话语分析主要任务的认识已经从最初研究'作为文本的语言'（language as text）转到了研究'使用中的语言'（language in use）。尽管对'使用'的理解不完全一样，但多数学者比较认同的是，话语分析就是要把语言文本放到其使用的社会现实语境中，并联系其实用功能来进行分析。因此，话语分析也从最初仅对语言文本形式特征和组织结构进行描写，推进到了还要对文本可能或实际产生的意义进行解读阐释，并试图在意义阐释、文本形式特征及组织结构之间建立起某种联系。"[①] 那么，作为政治话语分析的问题域，如何理解"不确定性"是其关键问题。

我们认为，理解作为政治话语分析问题域的"不确定性"，必须把握它的对象，即本质存疑概念。所谓本质存疑概念，即无论此种概念的理性论证如何充分，在概念的提出主体和争议主体的解释之间，都无法

---

① 许力生：《话语分析面面观：反思对批评话语分析的批评》，《浙江大学学报》（人文社会科学版）2013 年第 1 期。

在具体情境下的概念解释和使用上确定优劣比较的共同理性基础。这表明，这样的概念具有以下基本特征：（1）存在于人与人的交往关系之中；（2）需要以人的理性推理为方法；（3）不同解释间存在对立矛盾以及优劣好坏之别；（4）判定（3）的标准是人的实践理性判断。由此可见，这样的概念往往存在于美学、政治哲学、历史哲学、宗教哲学等领域中。在这个意义上，政治学的核心概念基本上属于本质存疑概念。进而言之，政治话语分析视域中的本质存疑概念，必然是针对"本质存疑"及建构其上的解释的。以民主为例，看似都是以"民主"概念为对象，政治话语分析的主要任务就不能再是构建某一种符合理性的民主话语，而是立足于这一话语现象之外，逻辑地安置此类概念，即对于能够成为民主话语的一般条件进行判断，并指出这些条件的不同关系，进而更好地理解民主话语的争议性，为话语解释的开放式选择提供依据（而这正是共识思维的科学基础），更新关于民主概念的具体解释。就此而言，相对于追求确定性的民主理论，不确定性的民主话语不仅具有民主理论的确定性目标，而且否定了确定性的唯一性，并将不同的唯一性标准加以保留。在这个意义上，在政治话语分析视域下，将民主作为人类政治社会的最终目标，甚至将某一类民主模式（如西方民主）作为历史终结的理想类型，都是不合理的。这种意义甚至不局限于政治理解层面，而是直接指向那些曾经被普遍赋予定在含义的规范。正如霍耐特所言："我们必须从我们的思维和传统中、从我们的规范和价值中所反映出来的那些足够合理的东西出发，并把它们看作社会氛围，我们必须普遍地、毫不怀疑地把这种社会氛围中的道德尺度作为前提。……在这样的情况下，如果接受了道德的立场，那么就会出现这样一种趋势，即人丧失在无根基的自我确证中，并由于缺乏过去被接受的规范或义务，而摆脱不了这样一种无根基的自我确证。这样一种道德反思在一定程度上是空虚的，因为，人们未能看到，普遍化原则的运用依赖于人们对一系列规范尺度的合理价值的信任。"[①] 由此可见，如果本质存疑概念这一命题成立，那么对于很多政治概念的理解就提供了"再现实化"的可能

---

① ［德］阿克塞尔·霍耐特：《不确定性之痛：黑格尔法哲学的再现实化》，华东师范大学出版社2016年版，第67—68页。

路径，甚至动摇了康德以来以某个理想化标准衡量社会制度是否"正义"的理论传统，在政治哲学上也具有极大的超越性价值。为此，什么是本质存疑或者说本质存疑的条件是什么，就成为十分重要的因素。

不同的唯一性标准构成了"本质存疑"的条件，这是判断本质存疑概念的中心问题。进而言之，这些条件共同构建了关于"本质存疑"的基本要素，它不是抽象的原则标准，而是分析和比较争议性话语现象的概念框架。[①] 几十年来，很多学者都尝试提炼概括这些基本条件，其中加利（W. B. Gallie）所提出的"七要素说"最为重要也得到了较为广泛的认同。但是，囿于西方话语分析理论的抽象性局限，为了说明本质存疑概念与无意义概念之间的区别，"七要素说"追求自我确证的必然性，即强调任何本质存疑概念在话语过程中必然存在某个具体原型和特定权威类型，否则就会造成毫无意义的话语混乱。事实上，所谓原型与权威类型，仍是先验地为概念设定一个彼岸的理想解释，而忽视了本质存疑概念是在人们的话语交往中才真正存在的。因此，有无具体原型或权威类型并不是一个概念有无解释意义的标准，而是在话语交往中存在着上述目的的建构性解释就足以区分本质存疑概念与无意义概念之间的差别。我们认为，判断本质存疑性的标准可以概括为五个要素。

第一，价值评价性。这主要指明了凡是具有本质存疑的概念，它在话语讨论中必然负载着一定的价值判断。那些在描述或陈述事实的话语中所使用的概念，也许存在着因主体理解不同而产生的解释矛盾，但这些概念本身并非本质存疑的。而那些虽然以客观性、唯一性甚至真理性为标榜的概念，只要在话语过程中具有价值比较的必然性，或以特定的价值诉求为目标，无论其确定性证成的程度如何完备，都是本质存疑的。

第二，内在复杂性。这主要指向本质存疑概念外在与内在的关系问题。在很多情况下，具有价值负载的概念在外在形式上具有一致性和完备性，但在内在形式上却具有不可调和的复杂性。以"西方民主"为例，它的外在形式普遍以"普选""分权""多党"为价值标签，但这

---

① D. Collier, F. D. Hidalgo, A. O. Maciuceanu, "Essentially Contested Concepts: Debates and Applications," *Journal of Political Ideologies* 11 (2006): 211–246.

些价值标签的内在含义却极为不同。在严格意义上，对西方民主的批判，并不是对其价值标签的外在价值的否定，而是对它们内在含义的多元化所造成的模糊性、矛盾性甚至虚伪性进行反驳。所谓话语陷阱，往往就是取消内在含义的复杂性而仅主张外在形式的价值一致性，或者对于后者的强调已必然或难以揭示前者的情况。

第三，要素的非兼容性（或模糊性）。在很大程度上，非兼容性是对内部复杂性的深入阐释。这主要是指在话语过程中，对特定概念的价值评价是由不同部分或功能构成的，而这些部分或功能的重要性则是依话语主体的主观选择为准的。① 换言之，此类概念的价值判断来源于具体的价值要素在概念中不同部分或功能的权重，而对于这种权重的排序及其解释在话语主体间存在不兼容性，这种不兼容性的后果造成了权重排序甚至具体要素选择上的差异，决定了概念的价值判断的多元化甚至普遍存在的矛盾性、对立性的解释，这就是本质存疑概念的模糊性。总之，非兼容性是模糊性的生成机制，而模糊性则是非兼容性的必然结果。由于这里的模糊性与日常话语对模糊性的一般认识有所区别，加利（W. B. Gallie）也曾以"民主"为例，进行了具体解释。他指出："我们始终在讨论的民主这个概念具有内在的复杂性，这就表现出任何民主的事实（或者规划）都接受来自不同方面的不同重要性排序的多样化描述。"② 因此，即便相关要素在不同的民主话语中从总体性价值上看并无二致，也仍然存在因为要素的排序不同而产生的解释冲突。所以，在政治话语分析的视域下，非兼容性（模糊性）在本质上决定了民主话语的多样化，进而充分证明了只有多样化的民主实现形式，而不可能存在一种普遍有效的民主实现模式。

第四，解释开放性。这主要是指本质存疑概念的解释一定是可修正的。之所以是可修正的，是因为这种概念能够根据语境的变化而发生变化。这是一种动态性的反身标准，即在不同的历史语境中，本质存疑概念与具体的语境本应是一致的，但也可能存在解释固化的现象，甚至存

---

① John Kekes, "Essentially Contested Concepts: A Reconsideration," *Philosophy & Rhetoric*, Vol. 10, No. 2 (Spring, 1977): 71-89.
② W. B. Gallie, "Essentially Contested Concepts," *Proceedings of the Aristotelian Society*, New Series, Vol. 56 (1955-1956): 167-198.

在由此否定概念的本质存疑的后果，而评价性、内在复杂性、非兼容性的标准本身却无法消除此种后果。因此，就有必要在评价性、内在复杂性和非兼容性的标准之外设立一个提供保障功能的要素。作为本质存疑的保障性要素，开放性不仅确立了"概念解释—语境条件"之间的话语关系，而且从前提条件上否定本质存疑概念是一种目标性的理想类型，为替代性的理想类型提供了解释空间。这就极大地避免了"概念暴政""话语霸权"的风险，为弱势话语成为强势话语、进行平等的话语沟通等奠定了合法性基础。

第五，论争性。这主要是指本质存疑概念具有"使用—反对"的特性。换言之，这种论争性的所指并非话语主体围绕概念的论争现象，而此类概念在话语论争中既可以作为攻击性话语又可以作为抗辩性话语。在政治学核心概念中，民主、正义、人权等都具有论争性的特点。①

总之，衡量本质存疑的要素是一个综合性的整体，任何单一要素都必须依靠其他要素而存在。正因为如此，要素的确定和阐述的差异性是一种客观现象。但是，无论具体表述如何变化，这些要素之所以能决定本质存疑性，是因为它们的必要性，即它们表明，本质存疑概念必须指明某种故意的、目的性的解释行为，在内在复杂性以及外部语境性的影响下，此类概念在评价性意义上被加以使用，与之相应，它们同时因矛盾性的评价而产生争论；这种争论不是漫无目的，而是共同享有某个相同的需求和目标，且必须来自于一定的理性辨识能力。

三　政治话语分析的理论路径

政治话语分析的适当对象是以本质存疑概念为问题域的政治话语现象，这不同于抽象的概念论和语词性的文本分析。政治话语分析不但在

---

① 人权概念就同时具有攻击性和抗辩性，本书将"Ha"标示为攻击性的人权概念，将"Hd"标示为抗辩性的人权概念。以 2016 年我国外交部对美国发表"2015 年度国别人权报告"的答记者问为例。"中国政府高度重视保护和促进人权（Hd）。改革开放 30 多年来，中国人权（Hd）事业取得了举世瞩目的巨大成就，这是任何真正关心中国人权（Hd）事业、任何关心真正人权（Hd）事业的人都无法否认的一个事实。美方所谓年度人权（Ha）报告借人权（Ha）问题对其他国家的内政说三道四，这已经不是一天两天了。此次报告有关涉华内容罔顾中国人权（Hd）事业成就的事实，把人权（Ha）问题政治化，试图以此干扰中国的稳定和发展，我想说这是徒劳的。"

理论上展现出"政治—话语"间的本质性联系，而且在分析路径上超越了分析话语而以一定的批判性态度对话语进行解释（interpretation）。正因为政治话语分析是基于话语解释的话语批判，所以政治话语分析的理论框架就不同于一般的政治批判（如意识形态理论），也有别于普通话语分析（如研究话语形式、语言特征）。概言之，政治话语分析最终关心的是话语主体运用本质存疑概念而构建的政治话语意欲何为，只有破解本质存疑概念的不确定性及其相应的价值复杂性才能达成上述目的，因此政治话语分析需要兼顾分析性的话语阐释和评价性的意义批判，这属于一条实践性论证的理论路径。

作为一种实践性论证，政治话语分析必然要将话语目的和话语环境作为其前提条件。在这里，实现本质存疑概念的评价性所负载的政治话语的价值性是话语目的中最基本的目标。对于特定的政治话语，话语主体在使用具体的本质存疑概念时，就已经客观地指出或主观地设定了一定的目的和环境。政治话语的存在就是为了在特定环境与目标下实现一种"实现—被实现"的合理关系。对此，政治话语分析在理论路径上的总任务就是要将话语主体如何通过本质存疑概念而将既存环境转化为某些特定价值或目标的内在逻辑予以分解厘定。那么，价值性是本质存疑概念的核心要素，不同的政治话语对于相同的本质存疑概念的解释和运用表现了对共同价值性的不同理解或不同的价值性选择，而不论何种价值性都必然通过话语目的和话语环境之间的协调性论证得以实现，协调性的程度和价值性的程度成正比。换言之，完备的政治话语必然是，话语的价值性和话语主体对话语环境与话语目标的关系表述是一致的。因此，政治话语分析的阐释是围绕话语环境与话语目标的关系展开的，而其评价则是这一阐释的必然结果。这意味着并不能先设定一种政治话语的价值性，而对话语环境、话语目标进行割裂与反身式的评价。当前，话语体系的构建必然要面对与西方话语体系的比较、矛盾甚至对抗，这为相互辨识、厘清因果、话语批判提供了依据，是规避话语陷阱的有效思维方式。

不过，话语环境与话语目的并不是等量齐观的。在话语环境与话语目的之间，本质存疑概念在政治话语中所表现出的价值性、复杂性、开放性等特点与话语环境的内容之间关系更为密切，成为政治话语分析的主要论证内容。事实上，话语环境是由政治话语的语境条件与现实内容组成的，同时，话语目的在很大程度上也可以被看作对话语环境的原则性、理想性、超越性的不同表述。在政治话语分析中，话语环境应包括话语行为的经验性语境，也包括具体的社会事实、制度环境、责任承诺、惯例传统与共同观念等。在这里，阐释的价值就超过了建构的意义。在传统政治哲学中，概念和话语看似十分重要，实则处于工具地位。究其原因，就是传统政治哲学中的概念和话语是一种符号性术语，是一个理论体系中的"砖头"和"混凝土"，因此即便有所阐释也是服务于特定意义建构的，这就是康德主义在政治话语研究早期占据主要地位的基本思路。这一思路在社会政治实践中，为话语霸权提供了基础思维，造成了以"西方民主话语"为典型的政治话语现象。有学者就指出："西方民主的话语霸权不仅是一种理论修辞，同时也体现为一种积极的话语实践。"① 正因为如此，批判性话语分析的理论价值和实践贡献都很大。批判性话语分析之所以突出阐释的作用，关键是因为它将政治话语看作一个已然存在的总体性对象，无论是批判还是重构，都必须先从这个总体性对象入手。

但是，批判性话语分析并没有认清这个总体性对象是由话语环境与话语目的构成的，或者即便认识到这一区分，也会将后者作为阐释这个总体性对象的主要任务。然而，目的不论单一还是多个，其自身总是唯一的，比如，社会主义核心价值观包括很多内容，但是每个价值观都是独立的并需要还原式构建的。在这里，阐释的核心依然是构建论，阐释由此失去了独立性与科学性，无法满足对本质存疑概念的分析与评价。"阐释常常是见仁见智的，难以达成相对一致的判断和看法，也就更容易引起争议、招致批评。"② 与此相比，政治话语分析将话语环境作为阐释的载体，就在一定程度上改正了上述弊端。正如有学者所言，在话语环境方面，"行为的外部理由必须由话语主体内化为对特定行为的引导（主体必须认识到承诺、责任和道德原则的综合性质，并且想要与之

---

① 倪春纳：《西方民主话语霸权的政治解读》，《河南大学学报》（社会科学版）2013年第3期。
② 许力生：《话语分析面面观——反思对批评话语分析的批评》，《浙江大学学报》（人文社会科学版）2013年第1期。

相协调),但却并不会化约为某些需求和欲念"①。既不是话语行为完成了某个价值目标,也并非话语的经验事实与价值目标互不相干,而是话语行为的"事实—价值"存在于阐释过程中。那么,话语环境就不是客观、中立的,而是负载了特定的价值预设、事实前提的,是为话语主体的意图服务的。当然,话语环境并非主观的、相对的。在政治话语层面,话语主体的任何意图都必然是特定的公共事务所需要的设计状态,不是任意相对的,而是植根于一些相对稳定的同质文化、共同理想、阶级意识等规范性渊源。

将话语环境置于话语目的之前,使之作为政治话语分析的主要论证内容,这为平等的政治话语关系奠定了基础,从而否定了任何话语霸权的合理性。换言之,凡以霸权目的、方式与方法建构的政治话语就失去了政治话语分析的必要性,也就不再属于政治话语范畴。在这一前提下,问题而不是理念成为政治话语分析框架的中心。哈贝马斯认为,政治话语的行动本质是人的交往行为,而交往行为集中于社会政治沟通领域,人们只要具有话语资质,且秉持真诚、正直、公开、包容之态度,就可以在话语交往中达成协商、相互理解与共识,而政治话语面对的实际问题就是达成政治共识。诚然,商谈是政治话语的主要行动,而商谈是为了合作,合作则意味着妥协或共识,在很大程度上妥协也只是共识的消极表示而已,这的确说明了政治话语分析的中心问题是发现话语共识的可能。据此,很多西方马克思主义者误解甚至错误地认为,他们超越马克思的地方就是为合作与共识找到了话语基础。然而,以话语共识为中心问题的政治话语分析,只是碎片化的。事实上,在马克思那里,问题不是具体的现象,因共同面对的具体现象而达成所谓的话语共识既不具有真实性,也不具有现实性。我们认为,政治话语分析所面对的主要问题,只能是话语主体与话语环境之间的一致性问题,即这种一致性是如何在本质存疑概念的运用下产生与存在的问题。而这个问题的实质,正如恩格斯所言:"两个意志的完全平等,只是在这两个意志什么愿望也没有的时候才存在;一旦它们不再是抽象的人的意志而转为现实

---

① Isabela Fairclough, Norman Fairclough, *Political Discourse Analysis*, New York: Routledge, 2012, p. 76.

的个人的意志，转为两个现实的人的意志的时候，平等就完结了；一方面是幼稚、疯狂、所谓的兽性、设想的迷信、硬说的偏见、假定的无能，另一方面是想象的人性、对真理和科学的洞察力；总之，两个意志以及与之相伴的智慧在质量上的任何区别，都是为那种可以一直上升到压服的不平等辩护的。"[1] 由此可见，以话语主体为根本的对话逻辑，而非以客观结果为旨归的共识逻辑，才是构成政治话语分析框架的问题逻辑。申言之，与话语行动后果（包括谋求话语共识）相关的真正问题是：对一切价值化的定论进行批驳并为话语行动自身提供话语议程（话语内容、话语体系以及话语自信）。

总之，政治话语分析必然是一种实践性推理。为此，政治话语分析就应该提供一定的解释框架，以此对那些政治话语中所运用的本质存疑概念的可观用法加以解释，并由具体的特定指引性分解政治话语的"保护性外衣"。政治话语分析不是将特定政治行为标签化，而是揭示其内在要素，特别是为当前多元化的政治生活世界中的政治话语关系提供一种基于不同的话语环境而形成的内在要素排列组合选择。因此，在这个意义上，政治话语的悖论才是最重要的，真正决定了政治话语分析的方法途径。

四 政治话语分析的方法途径

尽管政治话语分析存在不同的学说，这些学说也不能被无差别地使用，而且其各自围绕本质存疑概念的框架建构也有所区别，但是在不同的分析思维和解释层次下，它们在共同的理论路径下设计提供或积累形成了多元化的典型性分析路径。当民主作为政治话语时，政治话语分析框架可以被用来解析民主作为一种政治话语的特征以及在不同阶段的重点与变化，以此揭示作为政治话语的民主话语的一致性与变化性，从中提炼出某个时期某种政治话语体系对于民主的基本看法、观念导向与建构选择。当然，要实现这样一种解析，至少要对政治话语有一个初步的假设。[2] 我们认为，海伊提出的假设具有较高的可借鉴性，即"其一，

---

[1] 《马克思恩格斯文集》（第9卷），人民出版社2009年版，第108页。

[2] 需要指出的是，这些假设并非共识性的，而是未经确认与可争辩的，在此仅做抛砖引玉之用。

政治话语与其他话语的界限很容易起到区分和分离话语分析的对象或领域的作用；其二，既存的政治话语分析，主要倾向于将体现观念在政治制度分析中的重要作用（不论其是不是因果的，抑或［且］是本质的），而这在政治性上是不足的，因为其难以充分地把握和反映政治话语所具有的特殊的政治性特征；其三，政治话语分析家的任务在分析政治话语的政治性内容上勉为其难，或许，换句话说，政治话语理论家的任务是揭示是什么使得话语具有了独特的政治性"①。换言之，虽然任何分析路径的抽象都属于理想类型的范畴，需要在具体的政治话语分析情境下辨析利用或综合使用，但是在上述假设条件下就能够确认一些相对明确的路径方式。通过整理和分析可以发现，这样的分析路径主要有三条，即政治的分析路径、历史的分析路径以及论证的分析路径。

其一，政治的分析路径。在政治话语的本质理解上，这种路径认为，政治话语在本质属性上并不是论证性的，而是协商性的，是在诸多陈述的讨论在原则上被整合到协商与行动的考量之内的，如"语言—伦理的交流"路径就是这一分析路径的典型代表。这一分析路径的认识基础或者分析路径的思维前提是亚里士多德对语言和政治之关系的认识。对此，主张该路径的学者普遍认为，政治，就是为了追求最高的善的行动，而其基础是经由协商后做出的决定。之所以这一路径是"政治的"，是因为其关注的焦点问题是"叙述的政治性"，即要分析政治话语中我们首要主张或者赞同的政治行为是什么。那么，政治行为的"常见形式"是什么呢？奇尔顿认为，由于论证的前提假设与具体主题陈述的方式存在差异性，政治行为基本上表现为合作与冲突的关系。由此，合作与冲突自然就成为政治的话语分析路径的基点。那么，如何看待合作与冲突这组政治话语所指向的基本政治行为呢？有学者认为，应该反身从政治理论中检讨对政治的界定。显然，政治一方面是权力斗争，而另一方面则要以合作的方式解决利益矛盾。因此，在政治话语分析时，应该注意将这种区分应用在语用的论证中，即沟通中出现不合作现象（如欺骗、隐瞒、支配等）之所以是可能的，就是因为人们假定沟通应

---

① Colin Hay, "Political Discourse Analysis: The Dangers of Methodological Absolutism," *Political Studies Review*, 2013, Vol. 11, p. 322.

该是合作性的。据此，这一分析路径强调应侧重于建立在分析和评估基础上的协商，而不是以"协商"为目的将协商泛化为"如何实现合作的民主协商"与"如何规避冲突化的民主协商"。因此，论证式评价的规范模式是语境式的，需要具体考量每一种制度目标以及千变万化的制度性局限。在此基础上，正如费尔克拉夫所言，政治的分析路径对民主的政治话语分析的主要启发在于，它阐明了"人们之间的争论往往是源于差别性的理性价值与价值优先性，这种分歧难以甚至无法弥合，因而政治的协商就是要寻找处理这些分歧的方法，而民主的用处就在于建立起能使这些分歧达成和解的制度"[①]。显然，民主作为一种政治话语是政治话语分析的核心内容，而且只有在民主的话语环境（制度条件）下政治话语分析才具有"政治的"实际效用。

其二，历史的分析路径。历史的分析路径是批判话语分析理论（CDA）的分支，也是其"实用性"的组成部分。在"话语—历史的分析路径"（DHA）中，政治生活碎片化的政治行动领域包括"法律制定程序，公众态度、观点与意愿的形塑，政党内部的取向、观点与意志的塑造，政党间的取向、观点与意志的培育，国际或国家间关系的组织，政治广告，政治的执行与管理，政治控制"[②]，每个行动领域都与一个特定的政治子类型的集合紧密相关。在这种分类法的基础上，DHA 标示了"政治"的六个基本维度，概括起来是：（1）政治的表现（前台）；（2）日常政治生活与政客的日常生活（后台）；（3）政客表现出的人格影响（魅力与可信度）；（4）政治的大众化产品（媒体、咨询顾问、"大 V"[③]）；（5）媒体中政治的"再语境化"[④]；（6）参与到政治中

---

① Isabela Fairclough, Norman Fairclough, *Political Discourse Analysis*, New York: Routledge, 2012, p. 21.

② R. Wodak, *The Discourse of Politics in Action*, London: Palgrave Macmillan, 2009, p. 41.

③ "大 V"是一种形象的说法。在西方政治传播学领域中，spin-doctors 是一种特殊的政治人物，他们可以发挥政治引导作用，善于抛头露面，引导民声，这一部分人往往是政治问题专家。如今，中国社会里很大一部分发挥这种作用的人并不具备专业的政治学知识，因此只能称为"大 V"。

④ 这是指政治经验、观念与行为在其大众化产品（媒介）中被人们分享、挪用和维系，与此同时，其自身的内涵也被分享者、挪用者、维系者重塑而形成一种看似与原本相似却又大不一样的政治语境，即再语境化。

（为了强调参与的行为感和目标性而没有使用政治参与一词），这里的"政治"包括权力、意识形态、守门功能（gate-keeping）、合法化与代表等。① 从 DHA 的分析框架来看，它具有一些独特性。DHA 倾向于使用独有的概念并对一些话语分析的共同概念提出了不同的解释。比如说，"话语策略"，DHA 认为存在五种策略，其中特别将"争论"看作一种策略类型。而其他政治话语的分析路径将"争论"看作一种口头性的社会行为，用于表达人们所要进行的批判主张和评价看法，其实是想使用"以言取效"的方法说服对话者。与此相似，引用与断言也是为 DHA 所关注而其他分析路径并不采纳的话语策略。与此同时，DHA 的历史性特点集中体现在它对于传统论题的分析认识中。在 DHA 中，对于什么是传统论题，其解释有时是高度抽象的，比如比较、定义、后果都被看作传统主题，它们有时则是非常具体的，涉及具体的文化现象、人文问题、种族问题等。这就是 DHA 强调分类化的方法论优势。总之，这是一种典型的类型化的政治话语分析路径，其分析性的特点仍有不足，在分析政治话语时，类型化在其表现出系统性和完备性的条件下是有价值的，但是，当类型化难以充分涵盖分析对象的所有内容，或是类型化后的话语子类型产生不可避免的交叉时，类型化就难以准确解析政治话语了。因此，类型化对政治话语分析而言，是必要的和可能的，而非必然与必须的。

其三，论证的分析路径。从某种意义上讲，论证的分析路径是在批判 DHA 的基础上产生和发展起来的。首先，在话语分析的策略上，这一分析路径认为，行动不是话语分析的诉求，策略的类型与言语行动的类型并不相关。政治话语分析主要是对"陈述本身"的分析，因此分析策略有二，即积极的自我陈述的策略与消极的他者陈述的策略。其次，论证的分析路径指出，对于政治话语，任何有充分依据的批判观点都要求对论争进行重构与分析，即不能随意性地做出话语评价。如果将论争作为明确焦点而有意挑起的，那么对其的分析就应该依据某种论争理论的分析框架进行，而不应是个案式的。由此，论证的分析路径提出要设计一种对实际论争的陈述与评价方式。最后，也是在上述两点的基

---

① R. Wodak, *The Discourse of Politics in Action*, London: Palgrave Macmillan, 2009, p. 24.

础上，论证的分析路径具有独立的话语分析策略。事实上，它认为，策略是以政治话语的独特性为前提而产生发展出来的分析方式。在历史上，"策略"本身并没有什么一般性，而是一种基于政治理论与政治经济学的理论概念和范畴。因此，政治话语分析本身就是一种策略，它无须更加具体的策略。因此，话语策略在经过理论化而成为政治话语分析的具体方式时，应该强调，它不是行动理论意义上的策略，其目标或者对象也不是行动，因为政治行动是一种载体和形式，失去了内容，载体和形式就没有意义，更无所谓策略了，它们并不是政治话语世界所要追寻的未来。

事实上，不同的话语分析路径，其主要分歧就在于它们对于政治话语以及分析策略的出发点和落脚点不同。上述三种路径均有可取之处，特别是在政治话语的属性、类型化的方法以及分析的陈述性目标上各有所长，将其加以有机统一，则更有助于政治话语的分析。亦如费尔克拉夫夫妇所指出的："比较这些方式与我们的异同，并且尝试凸显彼此之间的共通性和不适性，其目的当然不是质疑对其他方式所选择的政治话语的特殊关注方面的正当性，而仅仅是区分我们的方式想做什么，而这是立足于与行动及其实践理性基础相适应的政治观基础上的。"① 事实上，任何以此为目的的政治话语分析，都是具有借鉴意义的。

毋庸置疑，政治话语存在广义的政治话语与狭义的政治话语之分。广义的政治话语，主要是指一切具有公共性因素的话语；而狭义的政治话语，则是指具体的（包括假设的）政治的话语，而这里"政治的"是分析和调查所指向的存在性且（或）分析性的具体的独立领域。② 前者与意识形态理论密切相关，主要是"旨在建构新的政治话语的'后意识形态'理论。比如在霸权主义、女性主义、种族歧视等各个领域，在这些领域中'后'学理论的出现，一方面消解了传统的具有明显政治辩护性的霸权主义、女性主义等观念，另一方面又建构起了新的政治

---

① Isabela Fairclough, Norman Fairclough, *Political Discourse Analysis*, New York: Routledge, 2012, p. 25.

② Colin Hay, "Political Discourse Analysis: The Dangers of Methodological Absolutism," *Political Studies Review*, 2013, Vol. 11, p. 323.

话语体系"①。而后者则认为，政治话语是话语的一种具体类型，它区别于其他形式的话语，因此需要具有可以被分析的特性。

归根结底，我国的政治话语分析研究尚处于艰难的起步阶段。究其原因，一是政治话语的确具有意识形态性，因此是否存在一种或者一类研究它的科学方法，值得商榷；二是政治话语缺乏明确的类别，即哪些属于政治话语，哪些不属于？为什么？事实上，具体的政治话语分析并不意味着它是一种普适的研究路径，也不必然得出中立、客观的政治话语认知。相反，通过具体的科学的政治话语分析，可以更加深刻了解具体国家在特定历史阶段的政治话语内涵、特征及其与所处语境的关联性，更好地解释和证明某种政治话语出现的意识形态性。与此同时，政治话语具有实存性，因此它必定以概念、范畴、命题的方式存在于政治性文本与政治演说之中。不过，政治话语还具有概念框架性，它本身就是一种分析框架。因而，一般性的政治话语是"实存的"政治话语与"分析的"政治话语的有机统一。

---

① 侯惠勤等：《马克思主义意识形态论》，南京大学出版社2011年版，第224页。

第三章　公正话语的理论范式：
发现而非创制

> 古典思想把在图表中对物加以空间化的可能性与纯粹表象序列的那个属性关联起来了，这个序列从自身出发回忆自身，从一个连续的时间出发重叠自身并构成了一个同时性：时间创立了空间。在现代思想，在物之史的基础上以及在适合于人的历史性的基础上，被揭示出来的是在相同中进行挖掘的距离，正是间距在相同的两端对相对作分散和重组。正是这个深远的空间性才允许现代思想始终能思考时间——把时间认作序列，把时间当作实现、起源或返回而向自己应诺。
>
> ——福柯《词与物》①

在关于公正的研究中，无论是讨论公正的原则、内容与框架，还是分析公正的现实问题及其矫正措施，都是从公正作为一个概念或者术语的原点出发的。这对于我们理解公正和践行公正具有十分重要的价值和意义。但是，公正理论发展到今天，仅仅将公正作为一种一般原则抑或个别现象加以研究，而忽视大量不同的、联系并不紧密甚至相对排斥的公正话语现象，就略显不足了。公正话语与公正话语体系的提出，并不是简单的"公正理论"的话语化，而应将公正话语作为一种话语现象，按照话语理论的分析规律，结合公正概念的自身特点，以其意义指向为

---

① ［法］米歇尔·福柯：《词与物——人文科学考古学》，莫伟民译，上海三联书店2012年版，第443页。

基准，揭示公正话语体系的整体面貌。

笔者始终认为："在当代政治哲学中，理解公正的意义和重要性与日俱增，解释公正的视角、途径与方法不断增多。历史地看，不同的解释都是为了更加准确、全面、完备地理解公正。当然人们之所以界定公正，是因为希望获得最科学的定义；人们在批判前人的同时，总是希图自己的界定能够克服前者（他者）的缺陷。不过，与理解公正相关的所有理论和实践活动都离不开一定的知识论引导。"[1] 这个问题实际上具有三个层面（或者维度）。

其一是关于何谓公正的思考。这种思考是公正理论的主体内容，从定义诠释、原则设计到问题分析等不胜枚举。在很大程度上，绝大部分被称为"实质性"的公正理论均属此列。究其原因，大概与这一思考直接面向公正本身有关，即所谓的"非概念性的公正研究"[2]。由此，公正就成为一种具有社会意义的价值符号，存在自我演进与构建的原则性规律（如罗尔斯的公正理论）和具体情境中的比较性问题（如森的公正理念、柯亨的公正理论）。正如有学者所言："由于公正的使用贯穿于社会伦理和政治伦理之间，公正的概念在性质上没有区别，它仍然是一种相同的伦理观念。公正的道德概念与公正的法律概念并不完全一致，但是两者之间有着联系。公正的理念通常都带有道德色彩，在法律的使用当中可以看到这一点。当律师们呼吁'自然公正'的原则或者基于平等的原则调和既定法律时，他们便承认了他们的法律制度意在为道德目标而服务，并且遵循着道德上可接受的方法。公正如同天门神杰纳斯一样有两种面向，有保守的一面，也有改革的一面。显而易见，这两种面向在法律、社会思想和政治伦理当中都有体现。"[3]

---

[1] 亓光：《政治诠释学视域中的公正问题研究》，人民出版社2016年版，第2页。

[2] 人们往往认为，纯粹的概念性研究是无意义的。这种看法虽然具有一定的合理性，但却忽视了一个重要问题，即在学术研究中，概念性的界定与区分是进行学术争鸣的首要内容。试想，缺乏这一内容研究，基础理论就失去了自身的价值。所谓现实问题，并不应否定概念性研究，将其狭隘化。在笔者看来，概念性研究和非概念性研究都存在"现实问题"，即现实问题是普遍存在于理论与实践的全过程的。

[3] D. D. Raphael, *Concepts of Justice*, Oxford University Press, 2001, p.2.

其二是关于理解公正的思考。① 这主要是将在何谓公正思考中所产生的观点或理论作为理解公正的个别现象，而寻求这些个别现象之后的规律性解释，其主要存在于哲学诠释学的分支政治哲学的诠释学转向的过程中。理解问题不是一个方法问题，不从属于公正的定义，而是另一层面的新问题。这就避免了仅仅考虑书面文本特别是专家的书面文本中文字里的公正，这是一个哲学家的预留地，不论这个领域是否扩大，哪怕语言、逻辑、伦理、政治、社会都纷纷进入，最终还是以概念性句法为基础的抽象公正。之所以强调理解，就是因为要规避这一理论风险或单行道。在亚里士多德看来，理解就是"我们说某个人善于理解时所指的那种品质，其实就是从学习上的理解品质那里引申出来的"②，以此观之，"对于理解公正问题而言，这种解释多元主义意味着与之相关的理论不再需要卷入对唯一的公正原则的宣誓性争论中，而是更加积极地参与这种争论"③。

其三就是关于公正话语以及公正话语体系的思考。如果说理解公正的思考是在时间距离的角度将何谓公正的思考重新组织呈现的话，那么公正话语的思考更为主要的任务是将何谓公正的思考在空间层面加以构造。在公正话语的思考中，问题更加集中于"何谓公正及其理论形态究竟为何而存在"上。我们认为，仅仅如"理解公正的思考"那样重视情景语境是不够的，因为情景语境虽然强调何谓公正不仅仅存在于文本之中还存在于语篇之中，且"情景语境（包括语义语境，也正因如此我们把情景语境理解为符号构建）可以被看作整个语篇的稳定载体，但情景语境事实上是在不断变化中的，每个部分依次成为下一个部分的环境"④，但是情景语境依然离不开话语主体的主观看法，忽略了话语主体所处的政治生活语境。具体而言，公正话语不是从公正概念的抽象定义出发，也不停留在对这些抽象定义的理解分析之中，而是公正概念在

---

① 参见亓光《政治诠释学视域中的公正问题研究》，人民出版社2016年版。
② ［古希腊］亚里士多德：《尼各马克伦理学》，廖申白译注，商务印书馆2009年版，第200页。
③ 杨海蛟：《探索公正理解问题的力作》，《探索》2016年第6期。
④ ［英］韩礼德：《作为社会符号的语言——语言与意义的社会诠释》，苗兴伟等译，北京大学出版社2015年版，第155页。

特定政治生活语境中的指向和希图解决的"主要矛盾"。在这里，公正话语所依赖的"语境观"应从三个层次加以理解。

　　首先，当推斯金纳等人倡导的概念史学派。在概念史学派那里，语境的确得以具体化、生活化，但是他们的局限仍在于将语境看作一种必要条件，而发现公正概念在不同语境中的不同意义的最终目的在于证实（确定）公正的普遍原则，或揭示（解释）公正的一般内涵，或确定（补充）公正的基本要素。其次，将语境作为公正话语的决定性因素且是公正话语出现的最终目的。不同于概念史学派，这一观点把语境的地位进一步提升，在"公正话语—政治生活语境"的关系中，后者成为中心，而公正话语及作为其核心内容的公正概念成为被决定（被赋值）的"语言产品"。虽然这样的语言产品在历史变迁中也能够获得一定的独特性，甚至成为解释人们社会关系、衡量政治生活品质或评价性政治价值，但是无论公正话语如何变化，其最终意义不是其本身，而是通过公正话语要实现什么（隐喻）！而"要实现什么"往往作为"语境"被遮蔽在公正概念、价值、原则的具体论证之前了。历史越晚近，遮蔽就越沉重。因此，如果回归古希腊公正话语，人们就不难发现，从来就没有什么公正定义——严格地说，"公正即强权"这样的论述不是现代政治哲学意义上的定义，我们也不应由今天的定义习惯整合裁量古人的公正话语——而恰恰只有公正话语的"意义场域"。哈夫洛克在分析希腊时期的公正观的时候，就清楚地表达了希腊哲人的公正思想并无"公正之论述"，而只有"培育公正之诉求"的关怀，在他看来"这正是柏拉图想用自己的哲学规划来代替的口头——诗歌的——教育。他在《王制》中拒斥诗人，并试图将'正义'——通常被认为是主要的希腊'德性'——概念化。我们可以推断，柏拉图看到了正义的培育是任何教育系统的核心。这引出了一个问题：在纯粹口语的和诗性教导的背景下，正义是怎样的？"最后，将语境作为一种历史性条件与现实性目标，认为"公正话语—政治生活语境"之间是一种相互影响、互相决定的动态关系。对此，马克思主义经典作家进行了递进式的科学阐释：（1）要从公正话语本身认识这一话语的特性，而不是从公正话语的概念中逻辑地推导出它的基本特征；（2）由社会经济条件构成的公正话语语境是基本的，它决定了公正话语的共同要求在不同社会中的不同表达；(3) 同时，由政治生活条件构成的政治生活语境又为公正话语的相对稳定性和相对共同性提供了合理性依据，这是因为"社会的政治结构绝不是紧跟着社会经济生活条件的这种剧烈的变革立即发生相应的改变"①；(4) 公正话语在话语实践的历史中，因与不同的社会经济生活语境结合且为了维系特定的政治生活语境的存续而表现出既统一又有差别的特征，因此公正话语绝不存在普遍有效的形式与普遍传播的公正话语具有合乎时宜的广泛有效性之间是有机统一的。当然，虽然政治生活语境是一种具体化，但这种限定并不会影响"话语—语境"的基本关系，而是对问题发生的场域和对象分析的领域进行了限定。而且以政治生活语境为中心产生的"普遍传播的公正话语具有合乎时宜的广泛有效性"也不是抽象的广泛有效性，而是基于实践目标和现实诉求的广泛有效性。这在毛泽东关于民主教育的一系列政治价值问题的批判性论述中得到了集中的体现。如在批评彭德怀同志关于民主问题的讲话时，他指出："例如谈话（彭德怀关于民主问题的谈话）从民主、自由、平等、博爱等的定义出发，而不从当前抗日斗争的政治需要出发。又如不强调民主是为着抗日的，而强调为着反封建。又如不说言论、出版自由是为着发动人民的抗日积极性与争取并保障人民的政治经济权利，而说是从思想自由的原则出发。又如不说集会、结社自由是为着发动人民的抗日积极性与争取并保障人民的政治经济权利，而说是为着增进人类互助团结与有利于文化、科学发展。"② 由此可见，公正话语既不能跳出特定的历史条件而独立，也不能舍弃具体的现实目标而独存。与此同时，公正话语的意义场域也不是可有可无的，不仅仅是为了某个目标服务的，而是既能通过解释公正而将特定目标的解释具体化，使得抽象的目标表述变得可以被日常话语所吸收，在限定的话语范围、话语基调、话语方式中实现公正话语与其相应的政治生活语境的普遍结合，最终产生了公正话语的连续体。

不难发现，回归到真正的语境——"一个伴随语言使用不断扩大的因素集合，包括物理背景，在场的人（以及他们知道并相信的事

---

① 《马克思恩格斯选集》（第3卷），人民出版社2012年版，第482页。
② 《建党以来重要文献选编（1921—1939）》，中央文献出版社2011年版，第209页。

物），特定话语产生前后的语言，相关人的社会关系、种族、性别、身份，以及文化、历史和体制因素等"① ——及其历史性地看待这种语境，公正话语体系的思考离不开政治话语理论的视阈。而政治话语理论作为一种分析框架或者理论媒介，是解析公正话语的外在表象与内在机理的纽带。通过这一纽带，就能够发现公正话语的特有价值。在本书中，我们将从公正话语的表象出发，以期最后达到思维的高度。为此，本章拟从公正话语的学科性、范式性、构建性三个方面加以论述。正如福柯所言："时而是所有陈述的整体范围，时而是可个体化的陈述群，时而又是阐述一些陈述的被调节的实践。"② 虽然公正话语目前尚缺乏特有的规则整体，不过在政治话语理论的视域中，对于上述三个方面的分析就可以具体到公正话语与分析、公正话语与思维以及公正话语与实践。

第一节　学科历史中的公正话语要素

公正是政治哲学和道德哲学的核心概念。虽然"正如真理是思想体系的首要德性一样，公正则是社会诸制度的首要德性"③，但在如何界定公正，公正为何是首要德性，这种首要德性是怎样表现的，作为首要德性的建构性与实践性之间怎样划分等问题上却见仁见智，显然，理解公正本身是一个十分重要的问题。而理解公正的困境在于"公正概念的话语性"，这体现为在不同学科学术话语体系中，公正在核心理念或原则上的抽象同一性与建构原则、指向对象与应用方式上的具体多元性。对此，从话语理论特别是政治话语理论视角下，可以通过话语分析之方式来深化对公正的理解，从多学科学术话语体系的层面上分析公正概念的话语性。

---

① ［美］詹姆斯·保罗·吉：《话语分析导论：理论与方法》，杨炳钧译，重庆大学出版社 2011 年版，第 58 页。
② ［法］福柯：《知识考古学》，谢强、马月译，生活·读书·新知三联书店 2003 年版，第 85 页。
③ John Rawls, *A Theory of Justice*, Cambridge: The Belknap Press of Harvard University Press, 1999, p. 3.

一 公正概念的话语性

众所周知，公正始终是一个美誉度很高的术语。苏格拉底将公正看作一种普遍意义上的至善，亚里士多德则将公正看作政治生活中唯一的"善"，帕斯卡尔提出公正的迫切性等同于人维系自我生存的必需性，皮特金（Pitkin）则指出对公正的诉求超越了人克服饥饿的动力，而罗尔斯所标榜的"作为制度首要德性的公正"更是赋予公正在政治社会中以最高价值的地位。诸如此类，公正已然成为一个广义的肯定性概念或积极性评价的代指。

然而，在理解公正的过程中，却产生了复杂而矛盾的现象，甚至彻底否定公正的观念，将公正看作"虚幻的善"或"乌托邦理想"。这种观点认为，公正即便是人类伦理生活的核心范畴与行为规范的基本准则，但人的思想与行为动机在本质上是个体性的，因而关于什么是公正的认识必然缺乏一般共识，必然存在理解的碎片化和无法沟通的现象。因此，公正大多"是一种情绪的宣泄，这种情绪体现的是一个人将其需求植入一种绝对化的公理"[1] 中，甚至是"毫无意义而且徒劳无功的"与"轻率的、欺骗性的"[2]。当然，这种消极的公正观大多只能在局部或特定的前提假设下发挥作用，而在普遍意义上并不能提供让人信服的批判意见。既然虚无主义无法客观地呈现和解释"理解公正的分歧与矛盾"，那么，这是不是公正的内在特征呢？对此，有学者认为，在理解公正的过程中所出现的分歧与矛盾，是哲学的斗争性的表现。具体而言，一切"公正的真理是唯一的"主张都难以解释唯一真理与碎片理解之间的悖论，而这恰恰与"进行哲学思辨与打仗或战争的模式相当。论证就是攻击，（有攻击）就会有被击落的或被击沉的对象。这个过程就像面对一面城墙，要么保卫，要么击垮，要么就彻底瓦解（demolish）。而人的理念（观念）就是用来被扼杀与摧毁的。"[3]

---

[1] A. Ross, *On Law and Justice*, Cambridge: Harvard University Press, 1959, p. 274.

[2] F. A. Hayek, *Law, Legislation and Liberty*, Vol. 2, *The Mirage of Social Justice*, Chicago: University of Chicago Press, 1976, pp. xi – xii.

[3] Ronald L. Cohen (ed.), *Justice: Views from the Social Sciences*, New York: Plenum Press, 1986, p. 1.

那么，理解公正的"真理性"与其解释分歧之间岂不是一种"相对主义的解释循环"？公正及其理论是否还有存在的必要？如此一来，这种对理解公正的分歧和矛盾的看法陷入了"相对主义"的窠臼。森（A. Sen）指出，认识和运用公正时不应将比较性路径等同或者误解为相对主义。① 事实上，之所以在理解公正时存在着分歧与矛盾，是因为公正理论（理解公正的结果）既具有"超前性"又具有"滞后性"，而且两者是同时存在的。对此，努斯鲍姆指出："（公正理论）应该具有一种一般性和理论性的能力，使之能够达到超越当时政治冲突的水平，哪怕这些理论本身就来自于此种冲突。"同时，"（公正理论）还必须对于整个世界及其最迫切的问题做出回应，必须在其框架内面向变化保持开放姿态，而且，甚至在它们的理论框架中就可以对新兴问题或久拖不决的老问题做出回应。"② 继而，努斯鲍姆认为，在当代，根据所涉及的范围，在理解公正时（对于任何公正理论而言）就有三个共同问题是见仁见智、悬而未决的：

> 第一个问题是公正地对待身心遭到伤害的人。……第二个迫切的问题是将公正拓展至全体世界公民，以此理论地表现出我们如何将世界视为一个整体，在这里，人们的出生与国别从一开始就无处不在地扭曲着人们的生活机会。……第三个问题则是我们需要面对如何对待非人类动物的公正问题。③

努斯鲍姆的论述在一定程度上表明任何公正理论只有理论问题的共同性或唯一性，却很难甚至没有解释的相融性与一致性。换言之，理解公正所面对的正是一种话语现象，而话语就意味着任何理论或者具体到每一种概念界定（解释）都不是唯一或最终的。对于公正概念而言，这种现象的核心是公正概念具有话语性。在本书中，所谓公正概念的话

---

① A. Sen, *The Idea of Justice*, Cambridge: The Belknap Press of Harvard University Press, 2009, pp. 15–18.
② M. C. Nussbaum, *Frontiers of Justice*, Cambridge: The Belknap Press of Harvard University Press, 2006, p. 1.
③ Ibid., pp. 1–2.

语性，即指围绕公正概念，在不同学科的学术话语框架下，以探求公正的本真性理解为目标而产生的多元解释及其相互影响的话语特性。为了说明公正概念的话语性，有四点要求（或者说，必须有四点基本考量）需要澄清。首先，人及人们之间乃至人与其他生物体之间的关系是理解公正的基础，这些关系的具体局限性作为人类社会生活局限性的集中表现形式决定或制约着公正的解释。其次，正是存在上述局限性，公正的诸理论或解释就必然要在相应的人类行为与社会的、制度的结构为个体选择和集体选择所提供"表现的舞台"上提出各自的"公正话语"。再次，对于这样的"公正话语"而言，它主要涉及"人们应得什么及其原因的讨论"以及"对稀缺的有价资源进行有组织的生产与再生产的解释"时，必然存在两种基本认知：（1）认为特定社会安排是无法避免的；（2）认为改变具有敏感性。最后，面向两种基本认知的公正话语，必然具有语境性、实践性、多样性与沟通性。显然，这四点基本考量表明，理解公正的关键不在于它是否具有且如何阐明公正的真理性，而是指向由于公正具有的话语性而需要从话语分析中客观地面对"公正的真理"及其争论。

但是，在以往的伦理话语框架下，为了维护其唯一性，公正概念在多学科语境中的话语性被隐藏起来，变成了"先验性与比较性"两种分析路径之间相互掣肘的现象。众所周知，公正的"实践指向"使得各种公正理论（实际上就是理解公正的理论）既应具有一般性，并超越相应时代的政治冲突而具备理论效力，又必须应对现实世界及其迫切需要解决的问题。在这个意义上，围绕公正概念的话语性，是在科学认识理解公正的分歧和争论的基础上，寻找以话语分析的方式在不同公正理解的分歧与矛盾之上实现和维系一种平和性替代（A peacemaking alternative）。因此，假如公正具备真理性，那么它也应是由公正概念的话语性将公正的抽象性和现实性有机整合起来的真理，而不是公正必然指向某个（或某些）具体目标和实质结果的"真理"。正如亚里士多德所言："寻求真理是一切思考的功用，而实践思考的真理要和正确的欲望相一致。"[①] 面对公正概念的话语性，我们认为，在理解公正时，注重

---

① 《亚里士多德全集》（第 8 卷），颜一等译，中国人民大学出版社 1992 年版，第 122 页。

作为解释公正之语境的不同学术话语体系，主要分析的是公正的基本规定性（"寻求真理"）如何与不同学科的解释（正确的欲望）相互协调一致。因此，我们在面对不同学科的公正话语时，要破除话语壁垒，在跨学科语境中进一步揭示公正概念的话语性。

二 学科话语转换中的公正话语

在现代学科语境中，公正概念存在于多学科的话语体系中。而在多学科话语框架下，存在着"文化性滞后现象"（cultural lag），即"只有当某个学科中的研究者发现在其学科中的研究是完全不足信的情况下，他们才会接受其他学科的理论"[1]。由此，要对公正概念进行话语分析，首先要理清理解公正的多学科话语框架。这不仅可以克服单一学科因学科自我限制而在对公正概念的解释中出现狭隘甚至敷衍的解释的问题，而且能够主动运用其他学科所提供的批判性理解。与此同时，多（跨）学科的话语分析还能够澄明公正之本质诉求并进而有助于降低现实的不公正水平。

将公正看作其核心议题的学科是哲学。在很大程度上，诸如柏拉图、亚里士多德等古希腊哲学家以及后续的古典哲学思想，都可以被概括为一种公正理论。不过，近代以降，公正的哲学话语越发依赖于其他学科所提供的话语要素。众所周知，功利主义是公正的近代哲学话语的主流。在近代功利主义的公正话语中，为了破解传统功利主义在"幸福量"计算与权衡方面的难题，在人们之间清晰明确地配置功利数额，计量经济学方法被大量引介并使用；而在功利数额的人际比较方面，特别是在解释"人如何公正而为"与"制度公正如何架构"等问题时，功利主义的哲学话语大量吸收了政治科学、社会学、心理学、经济学等学科的话语要素。除了功利主义的公正话语外，罗尔斯的公正理论也明显具有此种依赖性。罗尔斯的公正论建立在"理想的心理学假设"的基础上，但却从来没有证明一个公正的或秩序良好的社会是如何从不公正的现实的社会改造为（或演进到）罗尔斯的理想公正社会的；同时，罗尔斯认为，人们的心理认知底线虽有代际的经验性认知差别，但在其

---

[1] Brain Barry, *Social Science and Distributive Justice*, Oxford: Clarendon Press, 1981, p.107.

中立的公正原则下，个体获益如果能够不断增加就足以为一个优良社会提供充分的物质资源。由此可见罗尔斯公正论对心理预设的偏爱。如果上述公正话语都可归入自由主义的哲学话语，那么马克思的公正理论则从资本主义社会、经济、政治的现实问题出发，指出公正是资本主义社会诸多深层问题的表征（symptomatic），揭示公正的哲学话语非但不能指明解决公正问题的目标、原则和途径，反而是相关问题的"修饰"，并在此基础上揭示了隐藏在"公正"等价值符号掩饰下的是基于生产力与生产效率而实现某种社会组织化的真实形式，这种形式的基本要求是无剥削的、民主的、没有压迫的、无阶级的。显然，无论建构抑或解构，公正的哲学话语都需要其他学科话语的要素与经验。

随着资本主义社会的兴起，公正越发关系到市场中生产、交换、分配和矫正中的正当性问题，而经济公正连同交换公正、分配公正和矫正公正等术语一起开始成为公正的同位语。自那时起，公正的经济话语不但成为理解公正的重要组成部分，而且直接推动了公正理论的丰富和发展。麦克弗森（C. B. Macpherson）认为，经济公正是用来解决有价财物与可欲之物的分配与交易是否符合给予每个人所应得的原则，而这就涉及经济问题、伦理问题与政治问题等多个方面。[①] 从源流角度看，经济公正与市场经济的产生密切相关。在某种意义上，经济公正要解决的核心问题，就是将亚里士多德对公正的设问置于市场经济社会中加以具体阐释，而这已经超出了经济生活本身而与社会的历史方位、制度架构、社会心理、文化习俗等密切相关。"经济公正问题产生于商品化对已有的社会结构和生活方式发生冲击，而原有的政治社会尚有能力对此做反应的情况下。当新的市场经济与原有的社会政治处于相持和胶着状态时，经济公正就成为争论的焦点。"[②] 经济学家们对"经济公正"的阐释，只能孤立地回应一个市场社会为了符合亚里士多德道德律令所需要的规则是什么。一旦问题深入在此种规则基础上建构起来的社会能否对"经济公正规则"的必要性达成共识，经济学话语就束手无策了。而这

---

① C. B. Macpherson, *The Rise and Fall of Economic Justice and Other Essays*, Oxford: Oxford University Press, 1985, p. 2.

② 汪行福：《经济正义概念及其演变》，《江苏社会科学》2000 年第 6 期。

正是因为其进入了道德心理学的领域。不过，"纯粹经济公正论者"认为，这种困境是不能存在的（如哈耶克、弗里德曼），反而寄希望于强化更加严苛的自由市场假设，甚至不惜否定社会公正。对此，马尔库塞批判指出，在市场制度方面出现的新古典主义论已经成功地催生了一种关于人的理性的特殊概念，这已然形成一种封闭的话语，塑造并依靠其所塑造的"单向度的人"来维系自由市场的公正规则。毋庸置疑，市场资本主义产生了一种非常强大的话语能力，它将经济系统与其他社会系统相分离，形成了一个由技术经济、政治、文化三个主要方面彼此孤立却共同构成的社会，并认为经由此就证明了"无人性的"作为公正的道德心理基础并无不妥，因为在技术经济领域的自由市场内，公正不需要处理道德困境。基于"新古典主义经济学"的公正观无法克服这样一种悖论，即纯粹自由市场所需的公正规则虽然能够建构一个市场社会，但同时必然会培育出一种阻止这种公正规则得以贯彻执行的社会心理。总之，公正不能仅仅依靠经济话语体系，反而要大量借用政治理论、公共政策、社会学等学科的公正话语。

不过，公正的哲学与经济话语都未能真正将公正上升到人类思想体系核心范畴的地位。而公正的政治话语旨在将公正从哲学话语的抽象性与经济话语的狭隘中解放出来，力图证明公正是当代社会政治性建构中最具充要性的要素。首先，公正的政治话语更加注重公正的立法与道德法典，而不是像哲学话语那样将公正停留在原则与道德感层面，将公正及其原则确立为社会的基本制度准则。其次，公正的政治话语特别重视现实语境，而不是建立在非纯粹假设之上。众所周知，公正的政治话语兴起于现代自由主义。现代自由主义既作为一种特殊语境限定了公正的政治话语，又提供了一种策略建构的语境条件而使公正转变为一种批判性政治话语。再次，公正的政治话语将平等主义与自由主义相互关联，抛弃自由与平等是矛盾范畴的古典论调，转而将自由主义等同于平等主义或者在不同程度上认为平等主义是自由主义的核心要件，后者因其是实现前者的必由途径而具有价值[1]，这显然不同于古典自由主义的

---

[1] Ronald Dworkin, *Taking Rights Seriously*, Cambridge: Harvard University Press, 1978, p. 116.

"equal rationality"或"equal passion"①。最后，公正的政治话语较为成功地通过区分"个体的基础性与现实性"来克服公正的个体道德心理学的困境。功利主义错解了人们（persons）之间的差别性②，将人的目标、诉求从人本身剥离出去，而"人造的人"就只能计算最大效益，那么在此基础上的公正难免是无力的。只有区分"人的概念"与"人性的理论"，才能寻找到作为"公正的社会制度"的人，建构和维系一种公正的社会秩序及公正话语，而这至少体现出公正的政治话语在根本原则与制度建构之间提供了一种可能的批判性路径。总之，公正的政治话语广泛地吸收整合了多种学科话语中的公正要素，进而建构了一个复杂多元却又相对独立的话语体系，避免公正概念在制度架构与建构问题面前沦为"政治气球"（political aeronauts）。

公正原本是一种"精英话语"，而它得以"大众化"与社会公正即公正的社会学话语密切相关。虽然公正的社会学话语具有明确主题，但却并不具有明晰的客体。明确的是，社会公正所关注的主题是人们对其所"经历"（享受抑或忍受）的社会安排的公正性所表现出来的态度（意见）及其相应的社会行为。传统的社会公正观凸显的是"社会安排"的公正性，着重强调社会公正的要素、原则、准则与机制，这与公正的政治话语之间存在千丝万缕的联系。当代社会公正理论越发表明，社会安排的公正性并非至少并不绝对是社会公正话语的核心要素。事实上，社会安排可以存在多种解释方式，而与"公正"相关的仅仅是那些生活在这种社会安排中的人能否或者在多大程度上能够接受这种安排是"公正的"。申言之，任何社会安排都无法实现彻底的"社会公正"，更确切地说，社会公正的话语背景是"不平等理论"。一方面，不平等理论立足于分层化的现实，而这决定了各种社会安排的支持者与反对者对其所做公正评价的差异性；另一方面，令人生厌的不平等才涉及公正问题，而社会公正也就不会对应于某种常态的"不平等"。由此可见，社会公正话语并非一成不变的合理社会安排的理论模型，而是一种关于

---

① A. Gutmann, *Liberal Equality*, Cambridge: Cambridge University Press, 1980, p. 119.
② John Rawls, *A Theory of Justice*, Cambridge: The Belknap Press of Harvard University Press, 1999, p. 28.

公正态度的话语框架。因此，公正的社会学话语也需要综合不同学科的话语逻辑，它至少具有三个层次：其一，公正的社会学话语包含了一种充分尊重个人意愿的合作性契约（这需要依靠公正的经济假设）；其二，公正的社会学话语认为，由于人的差异性，任何合作性契约都存在有利之处与问题之处，只有通过多边复合的话语博弈才能实现结果相对均衡（这借助于罗尔斯的公正的政治建构主义）；其三，公正的社会学话语将这种基于合作性契约的话语博弈的均衡后果看作社会公正的核心，其根本原因在于这种促进不同社会分工阶层的社会成员实现自愿合作的必然过程，在一定程度上也是社会存在之可能性的基础所在（这根源于公正的哲学理念）。总之，公正的社会学话语就是生存问题在公正研究中的言语行动，它要么表述现实的大众情愫（Peter Rossi），要么代表批判的集体回应（Olson）。

当代的人们在理解公正的时候，已经很少选择定义法，而是将其看作一种评价性判断，进而探寻其原则、架构与运用的问题，而这正是心理学研究的贡献。上文中，不同学科话语体系中的公正话语或多或少都会面对"道德心理"的诘问甚至陷入解释的悖论之中。而支撑这一道德心理拷问的基础则在于心理学质疑甚至否弃了客观与公道的待人准则（公正准则），反而强调评价主观性的合理性。以公正的哲学话语作比可见，它所关注的公正是，我们应该如何决定什么是公正的，而公正的心理学话语所强调的则是人们实际运用哪些标准来支撑上述公正观。不过，公正的心理学话语需要四个基础语境。其一是衡平理论的语境，即心理层面上的公正评价必须依赖于贡献与回报之间合理比例的衡平理论；其二是公正诸概念的发展论语境，即公正的心理学话语的基本假设必然是"公正世界使之存在"，而人对这个公正世界的认知是不断进步的；其三是程序正当性的语境，即公正的心理学话语所产生的公正评价是一种后果性评价，而这种后果性评价无法脱离程序正当性而独立存在；其四是性别等生理性指标语境，即任何心理层面的评价都需要涉及性别、年龄等具有社会历史学意义的生理性指标。不难发现，这些语境是任何一个人做出道德正当性的评价判断时都会面对的，而这些语境的标准与内容来源于不同学科的话语体系。换言之，公正的心理学话语也是存在于多学科话语框架之内的。

当然，对"理解公正要立足于不同的学科话语框架"命题的根本挑战在于：假如不同学科的公正话语所指向的对象或所要实现的目标或遵循的基本原则是大相径庭的话，那么在单一而碎片化的学科话语框架下理解公正非但不是不合理的，而且是正当有效的。对此，我们认为，理解公正虽然有不同的学科话语框架，不同的学科话语框架具有相对独立的特征与体系，但是它们之间仍然存在一定的共同的预设前提与相同的基本问题，即公正理论（理解公正的结果）所真正关心的不是社会生活生产了什么、由什么构成、具有什么整体收益与责任，而是这样的收益与责任究竟在哪些"主体"间配置以及所涉主体依据何种理论而主张其所得份额是应得的。相同的基本问题大致有四："其一，公正概念与不公正概念是如何进入某学科的理论史与实践史的。其二，那种从上述历史中涌现出来并且塑造当前该学科公正讨论的最主要的论辩。其三，在可预见的未来，这个学科的研究规划中最迫切要解决的问题是什么。其四，从社会科学其他学科视角出发，这个研究规划中首先要求着手进行的具体方面是什么，以及这一工作如何能够提升此种研究规划对相应问题的理解水平。"① 综上而言，要分析学科语境中的公正话语应该以共同的预设前提与相同的基本问题为核心，在展现不同学科的话语逻辑与偏好的同时，重视"文化性滞后现象"所引发的"跨学科影响"。由此可见，理解公正概念，必须把握公正概念的话语性；要把握公正概念的话语性，就必须在多学科话语框架下理解各种公正理论。由此，话语分析便成为一种重要的理解路径了。

三 公正作为严格话语分析的政治概念

从话语分析角度而言，理解公正的根本困境在于它是一个本质存疑概念。所谓本质存疑概念，就是人们所提出的在一定程度上存在分歧的假设与理念有可能就是在用非常不同的方式描述同一个概念（shared concepts）。本质存疑概念具有四个特点："首先，它大抵须是有评价性意义的，即其指向或归结于某种有价值的结果。其次，这种结果必须具

---

① Ronald L. Cohen (ed.), *Justice: Views from the Social Sciences*, New York: Plenum Press, 1986, p. 11.

有一种内在复杂的特点，其价值的全部原因都归诸它作为一个整体而存在。再次，任何对这种价值性的解释都必须包括涉及那些分别与其多元化部分或特性相关的因素，不过，其前提是任何一个可能对立的类型在其总体价值性上都不存在荒谬或矛盾之处，第一个此种类型将其组成部分或者特点看得十分重要，第二个则将它们放到次要的位置上，以此类推。因此，公认的结果是其具有本初性（initially）多元化的描述性。最后，由于环境不断变化，公认的结果必须具有接受相应程度修正的特性，而且这种修正不能提前预设或预知。"① 基于此，本质存疑概念从本质上就会使不同使用者卷入的关于它们适当用法（理解）的无止境的争论中。

所有本质存疑概念都不得不面对语言牢笼（linguistic cave），而恰恰因为这牢笼无法逃离，我们就只能尽可能地确定我们的理解处于牢笼何处。对此，维特根斯坦提出莫沉迷于现象的"政治"，而应严肃对待"政治的"理解。而所谓的"政治"是对于大多数人而言的，它恰恰是被我们忽视或者感到不满的现象，在语言牢笼中，它成为令人迷失之雾；相反，"政治的"则表征着"体验一种意义与体验一种精神映像"② 的理解态度，在语言牢笼中，它将人们习惯性的怀疑主义态度维系在适当的范围内，使复杂的政治性现象还原为一些较为简约的要素并在此基础上提供一些可有效评价的模式；进而将对理解话语现象的侧重点从一般性的解释转向了具体案例分析（如宪法文本、选举过程、司法判例等）。

从这个意义上讲，对公正概念的话语分析不是认识论而是政治哲学的，即"政治的"公正话语分析。对于公正而言，柏拉图认为，它是人人各尽己责、各有己务的道德状态或境界，是一个协调、分工、合作的秩序整体；亚里士多德将公正限定为德性的一种状态，它应包括遵守法律、公平分配等适度性要求；阿奎纳则强调公正在于分配公正，是在社会创造及其与个体的合成基础上实现的协调交换、分配的普遍原则，体现了一种社会客观的均衡；休谟的公正观立足于财产概念，是利他的有

---

① W. B. Gallie, "Essentially Contested Concepts," *Proceedings of the Aristotelian Society*, New Series, Vol. 56 (1955–1956): 171–172.

② Ludwig Wittgenstein, *Philosophical Investigations*, trans. by G. E. M. Anscombe, P. M. S. Hacker and Joachim Schulte, Blackwell Publishing Ltd., 2009, p. 184.

限性、知识的局限性、资源的稀缺性共同缔造的公正；密尔认为，公正只是个体获得其应得的、遵守承诺与公平无私的权利；罗尔斯则认为，公正是积极建构的，是自由与平等冲突的评价准绳、民主社会的道德基础与基本社会结构的根本价值；而诺齐克将公正看作一种个人获得权利与资格并占有一定资源的判断原则。

　　实际上，上述解释为公正提供的实则是"标准"（criteria），它们或体现在一种解释中，或存在于若干种解释中。而有的解释只表现一种标准，有的则综合了若干种标准。这些标准或是相互协调的，或是彼此冲突的，又或是各自孤立的。在话语分析中，这样的标准可以抽象为若干种话语分析的二分法。例如，一是积极性与消极性是一组二分类型，前者以"公正"为核心，而后者则以"不公正"为焦点；二是改良（改革）性与保守性是另一组二分类型，前者将公正看作改变社会现状的催化剂，而后者则将公正看作维持社会现状的稳定剂；三是"左"与"右"是一组二分类型，作为"政治的"概念，"左"的公正就是一种赋予人们与不公正的公共权力相抗衡，并为革命提供正当性辩护的政治价值，而"右"的公正则是以公正之论说去辩护政治理想的现实性与统治方式的正当性。不过，这些"二分类型"依然无法穷尽对公正概念的所有解释标准。公正作为一个"政治的"概念或者话语现象，是无法自给自足的。换言之，即便解释公正的标准是相同的，也会因为不同政治意识形态的存在而产生必然的分歧。当然，政治意识形态是由不同的社会生产方式和社会阶层分化而造成的，但是政治意识形态本身并非一种附属物，它一旦形成就会影响人乃至社会的思维方式，直接作用于人和社会的意识中，它对理解公正概念及其内在纷争而言所发挥的作用是典型的语境功能。正如有学者所言："政治意识形态的不同呈现出不同的公正风貌，开始有自由市场的自由主义者的公正观，福利派自由主义者与社会主义者的公正观，它们依形式与内容而呈现出各自的风貌与声音。这种政治意识形态的分歧，时常把正面的与负面的、改革的与保守的、右派的与左派的并列与强调，致使主要概念的概念化分析无法全然地被隔离于意识形态的争辩之外。"[1] 而这些正是理解公正的概念

---

[1] 余桂霖：《当代正义理论》，台北秀威咨询科技2010年版，第8页。

语境。

对于公正的概念语境，不同的话语分析所采取的态度是不同的，但它们的切入点大多是"解释的争议"。这是因为：（1）公正概念具有内在的复杂性与争议性。在形形色色的公正概念的解释或定义中，尽管有些解释或定义确实显得更为重要和完备，但不能否认的是任何单一解释都无法建构一种公正的制度框架，也难以确认公正的行为或实践。进而言之，公正概念不仅是由于解释标准的多样化与差异性而成了一个具有内在复杂性的概念，而且这些解释标准的任何一个本身也都是相对复杂和开放的。显然，公正是一个簇生概念（cluster concept）。对于簇生概念，理解它就要有差别地衡量相同的解释标准，整合不同方式分析具体解释标准的意义，在解释公正概念时要有所取舍与替代。（2）在解释公正时，不再受限于经验运作主义的局限。在传统解释中，对公正这样内在存疑概念的解释往往依附于经验运作主义。所谓经验运作主义，是一种人们在理解和界定某个概念时所采取的以精确明白的测试方式来验证概念界定的方式，主要表现在将某种概念的解释具体化，并力图通过将公正概念解释的议程框架与现实运作需要相结合的方式来实现各种对立界定之间的相互关联。而经验运作主义的局限在于，无法接受任何一个定义（或解释）是非操作性的，而且任何单一的操作性或者在小范围内呈现出多样性、关联性与简约性的操作性定义（或解释）之间是不具备相互转译性的（translatable），更为重要的是，即便某种公正概念的解释更具操作性，但这也不足以证明它才是唯一的解释——公正的真义。正如施莱辛格（George Schlesinger）所言："尽管概念要与公共的经验世界相关联，但是其并不仅仅依据操作性而得到完备的界定。"[①]（3）超越"分析—综合"的概念分析二分法。"分析—综合二分法"是实证主义概念分析的基础，但是对"政治的"公正话语分析而言，这种二分法却难以奏效。在一般意义上，在厘清簇生概念的过程中，分析—综合二分法是难以穷尽一切可能性的。具体到政治哲学的概念分析上，簇生概念所具有的大量标准会在其自身的理论框架内发生变化，从

[①] George Schlesinger, *The Sweep of Probability*, Notre Dame: University of Notre Dame Press, 1991, p. 161.

而带来更加复杂的争议。在公正概念的话语分析中，解释的争议并非表象的或无关紧要的边缘现象，而是关系到理解其核心本质的基础理论变量。在这个意义上，公正概念解释的争议无法纳入"分析—综合"的二分法中，公正概念实际上是在不同解释产生和争辩的过程中被塑造的。将"解释争议"看作理解公正概念的关键，是在解释的不确定性必然存在的情况下寻求相对确定性的基本前提，符合公正作为一个本质存疑概念的属性。事实上，尽管我们无法希冀得到处理这些解释争议的最佳方案，但是我们却在很大程度上从这种存疑中得出了公正概念的主要维度。在这个意义上，对于"公正是给人以其所应得"而言，任何解释都不能穷尽它的真义，但任何解释都在不断增强这句话所要表现的真义。

当解释争议成为理解公正话语的切入点后，关于公正概念的话语分析就需要建构新的理解框架。正因为公正概念在话语分析中已经成为一种流行话语而且争议不断，所以要提供一种能让所有人都接受的公正话语分析是一件不可能完成的任务；非但如此，试图在各种不同的解释之间寻求获得一种能够涵盖所有真实内容的中立性观点，也难以实现。那么，我们需要的是一种模糊性话语分析框架。在话语分析中，模糊性作为话语的本质成为一种基本要件，通过对不同公正概念解释的具体阐释，从差异性中分析和厘清这些不同的公正概念解释是在什么样的语境下实现的，又是在何种话语条件下形成了某些共同的正确意义。罗尔斯就曾指出，"给人以其所应得"的公正界定看似准确但却无法在一个竞争性的自由民主社会中具有实际意义。他认为，对公正概念的理解应指向一种在竞争性自由民主社会中的适当性均衡与稳定的准则体系，而公正就是形成这种准则的基础，那么对公正概念的解释就是阐明公正是如何作为认知和决定这种均衡与稳定的基本原则。显然，这样一种社会建构原则并非必然冠以"公正"，在解释范围层面，这就是一种模糊性话语分析。而这种模糊性是罗尔斯建构公正概念的一般性解释标准的基础。如今，这种模糊性的概念框架依然存在且在不断变化中。在话语分析中，要把握公正的话语性，应将精确性限定在分析和界定的领域精确化之上，尊重概念本身因本质存疑而出现的模糊性。

进而言之，对于公正概念的解释而言，建构在"公正"这个符号基础上的是存在于解释者（主体）与关涉公正评价的社会现象或实践（客体）之间的公正话语体系。诚然，任何具体的公正解释（定义）都可能而且有必要从局部深入并影响公正话语体系，但是，这样产生的后果并不能将全部的不连续性解释还原为一种完备的同一逻辑。对于公正话语，其意义表现在对于公正概念解释的所有特征都能够将公正概念所应具备的要素——应得、平等、资格、能力等——连接起来，并通过这种连接而确定此种关系的实践。不过，这些要素（elements）只有处于不同情境（moment）下方能产生不同的话语效果。那么，如何将公正话语的要素与所应处的情境关联起来，就是任一公正概念解释所要实现的内在同一性（identity）。在这里，就需要"话语节点"将这样的要素置入某个具有特定意义的情境里而使之成为一种公正话语。进而言之，公正作为一个话语符号是一个"前存在"或者既有指代，要使它具有话语意义，就必须将其与一个特定指代相关联（例如自由主义），两者结合就产生了一种新的话语指代，而此种指代既不会影响公正的既有指代，又不同于任何其他关联后的话语指代。在这里，自由主义所提供的就是一种与公正"真义"无关却决定了如何解释公正的结构性节点（structural position of the nodal point）。具体到特定的公正解释，如诺齐克的公正解释观念是，公正就是每个人按照某种标准而占有的原则。在这里，个人是一种既有的话语指代，而业绩、应得、功利、阶级地位等以及它们之间可能的综合排列的后果都有可能作为特定指代出现，两相结合，就会产生不同的解释和话语后果。显然，"节点"是否存在或者如何存在决定了公正话语所表达的意义。不过，公正所指向的社会现象与实践既变动不居又无法闭合，那么公正话语就是在不断填补这种"不闭合性"的过程中存在的。拉克劳指出："尽管社会的完备性与普遍性是无法彻底实现的，但是这种需要却从未消失过，它将始终通过这种缺陷的存在而表明自己的存在。"[1] 这说明，公正的真义虽然无法实现，但追求理解公正的理念已然成为一种理想，而这也就是公正理论与实践的栖身之所。在这样的理想出现与发挥作用的地方，就是公正的话语空指（empty signifier）。在人类思想史上，空指的存在是思想进步的助推

---

[1] Ernesto Laclau, *Emancipations*, Brooklyn: Verso, 1996, p. 53.

器。例如，霍布斯的自然状态就是既有悖于现实社会中的无序与分裂状态却又深刻地影响了后世政治理论的话语空指，而罗尔斯的原初状态与作为人的实际选择的社会背景之间的强烈反差也是奠定其公正论成功的主要话语空指。在某种意义上，公正等"政治—道德概念"之所以是内在存疑的，就是因为它本身是一种空指。而广泛存在的不公正成为常态现实也表明，公正在话语层面上的能指性是明显缺失的。在这里，各种公正概念解释都是在填补一个无法真正闭合的"公正世界"。以此观之，理解公正之所以是可能的，就是因为在公正概念的话语分析中，它能够通过话语空指本身所发挥的社会公正的建构性的不可能性而得以存续。进言之，在多学科语境下，公正概念解释既不存在各学科之间的话语优先性，也难以证明公正本身的优先性（真理），因而必须通过具体话语分析实现多学科语境下的公正理解。

综上所述，公正的话语分析将展现公正的要素、标准是如何在特定的语境中衔接而成为特定节点的，并分析在不可能实现的完备性中公正是如何以话语空指的形式影响社会意识的。诚然，不同的公正话语或强弱，或明显隐晦，均表现出了公正的两面性。"尽管公正的应用存在一个核心的客观道德性作为基础，但是这些应用本身却是复杂的与多元化的，将它们运用到不同领域，终将千变万化。"[1] 在这里，理解公正就是在公正概念的不确定性中不断扩展对诸多争议解释的新认知，这可能是一个公正的政治哲学的变革，即理解的公正。

第二节 公正话语思维的出场

如果公正话语与分析是一种历史的回顾与现实的描述，那么我们可以发现，栖身于不同学科的学术话语体系中的公正概念在不断寻求问题的跨越时逐渐走出了学科的限定。在这里，所谓理解公正，正是将具体化于各个学科学术话语体系中的公正含义抽离出来，将公正话语作为整合这些具体含义的一种形式。不难发现，只要选择概念解释的路径，公

---

[1] Louis P. Pojman, *Justice*, Upper Saddle River: Pearson Education, Inc., 2006, pp. 128 – 129.

正就必然会从概念定义的彼岸世界回到概念运用的此岸世界。而在公正概念的此岸世界里,作为本质存疑概念和解释性概念,对公正价值的一致性判断所产生的理论范式就自然会转向对公正价值诸多方面的不同理解的理论范式。在这个意义上,在政治话语理论视域中,公正话语与思维的问题在本质上是一个理解的理论范式的变迁或者转型的问题。为此,有必要从既存范式的问题出发,阐释公正话语的理论范式的真实性及其内容,进而以相关内容为切入点,重构一个符合公正话语思维的理论范式。在这里,公正话语思维的出场是基础与重点,决定了公正话语理论范式的转变内容与超越特征。

一 "公正定义问题":公正话语思维的核心观照

公正话语是一个传统的新范畴。之所以称其为"传统的",是因为关于公正的概念以及对概念的见解问题历来是公正问题的重要内容;而公正话语的"新"之处则在于公正话语是一种特殊的"陈述"。拉克劳与墨菲就曾指出,话语是一种特殊的连接逻辑,具备了很多不同于以往公正概念的见解问题的特殊性(差别性),对此,"为了进行正确的理解,这些差别需要三种主要说明:关于话语形态特有的连贯性;关于话语的维度和范围;关于被话语形态展示的开放性和封闭性"[①]。我们认为,在新旧之间,就是公正话语思维的出场。尤为重要的是,这一出场与中国密切相关。历史地看,公正话语是一个时代变革中的微观命题,而时代变革的重要内容或主要趋向就是世界政治格局与社会制度的变动(当然,在历史上也存在地缘性或区域性的格局变动),微观命题则是这一变动的具体载体。正因为如此,中国在历经了近代的民族苦难后,已然取得了追寻中华民族伟大复兴的关键性发展,中国的现代化探索迈进了成功的历史转折期,这正是时代变革的标志,它必然要求在国际和国内两个层面重建一定的规则体系、价值体系和制度体系,需要解决一系列在最后变革期中所出现的差异性、差别性与差额性问题,而公正是这些重大改革的共同指向。在一般意义上,我们提出要具有话语自信,

---

① [英]恩斯特·拉克劳、查特尔·墨菲:《领导权与社会主义的策略——走向激进民主政治》,尹树广、鉴传今译,黑龙江人民出版社2003年版,第114—115页。

提出要构建话语体系,提出要掌握话语权。因此,具体到公正问题,就是要掌握公正问题的话语权,构建关于公正的不同层次的话语体系,进而形成普遍的公正话语自信。在这个意义上,当代中国公正话语的探索、构建与传播的问题就是公正话语所要面对的一般性问题,而公正话语思维的确认和厘定则是其起点。

我们认为,传统的以公正概念及其见解问题所构成的"经典的公正问题"是理解公正话语的起点,也正是因为它的缺陷与不足,才催生了公正话语的出场。这并不是说经典的公正问题不再具有重要性,从公正概念本身出发,它仍然直观地表达了一种上位价值的选择或选择倾向。人们不断追寻公正是什么以及如何实现社会公正的最终目的主要是寄托一种对优良社会的诉求。桑德尔就认为,人们之所以要在理论和实践中不断发表对公正的见解,是因为公正是诸价值之价值,是一种对于人类社会诸价值进行规划的特殊范畴。他认为,公正问题虽然在不同层次会存在分歧,但这些分歧分享了一个共同的起点,即寻求一种一致的、可验证的、本质统一的公正界定,因此,"在正义问题中,可以代替一个情景化观念的,看起来必须诉诸超越于经验的先验原则。但是这样做就是彻底地认清预期的优先性,就是仅仅以武断为代价而获得必要的独立性。……在此我们须认识到'我们需要一个能使我们从远处观察对象的概念',而又不能太远,否则我们的对象会从视野中消失,而我们的视像也将消溶于抽象中"①。然而,正如人们早已发现的,基于直觉而产生的公正感并不满足于停留在公正是一种价值的价值上,也不会仅仅认为公正具有优先性就足以证明并体现公正的全部价值了。为此,人们往往诉诸将公正作为一个特定对象加以解释,这些解释构成了关于公正的见解,而这些见解最终都要通往一种代表所有规范和规则能够持续、广泛地适用于所有人的公正的概念框架。赫勒将此称为"形式的正义",而且她准确地指出:"形式正义是正义的一种(或一类)。不过,形式的正义概念包含了所有类型正义的共同特点,无论是'形式上的',抑或'实质上的'。就其形式而言,它并不是一种正义,而只是一个概

---

① [美]迈克尔·桑德尔:《自由主义与正义的局限》,万俊人等译,译林出版社2001年版,第26—27页。

念，形式的正义概念意味着比'形式正义'概念具有更高层次的抽象性。"① 可见，这就不再是一个个具体定义的问题了，而是关于公正定义问题的整体问题了。斯威夫特就曾从公正概念的通行定义出发，揭示公正定义问题的真实状况，即"'对概念的见解'是对概念特殊的说明，人们通过扩充一些细节得到这一说明。在政治辩论中通常发生的事情是：人们在概念的一般架构上是一致的，在运用概念的基本原则的方法上是一致的，在如何充实对这一概念的见解上却产生了差异"②。

那么，我们如何理解关于公正定义问题的困境呢？很多学者如斯威夫特一样，承认公正定义问题的存在，但将这一问题限定于哲学领域，以此证明在其他领域特别是社会实践领域，公正定义问题就不再构成危险了。所以，以"公正"为中心，将公正的"要素"而不是"因素"抽象出来，进而建构一个圆融的定义、原则或规范的体系。由此，在他们那里，排除了"无实用的"所谓哲学考量，公正定义与公正定义问题似乎就分道扬镳了。持此种观点的学者基本认同，公正定义问题没有紧扣公正的"核心要点"或"主要矛盾"，而过分纠结于定义本身的问题。他们认为，纵然任何一种公正定义都是不确定的，甚至都不过是在某种程度上为一定的不平等而辩护的，它依然是政治道德的核心。"这取决于人们普遍坚持的主张：一旦我们知道了我们相互之间所承担的义务，那么我们也就知道了何时我们能够合理地运用国家机器，使民众去做他们可能在其他方面不愿意做的事情，去做他们甚至可能认为是错误的事情。"③ 然而，很多学者却发现，关于公正定义的"无用的"哲学考量揭示了公正定义问题在具体公正定义的身份性、具体公正理论的主导性（这主要源于"领导权"概念）与具体公正原则的行动性等方面的决定性。这些观点强调公正定义问题的哲学考量的正确之处在于它更为关注作为特定公正定义的前提条件，尤其是对那些所谓"人们普遍坚持的主张"的怀疑与批判。特别是在自由主义、激进主义与"新左派"

---

① [匈] 阿格妮丝·赫勒：《超越正义》，文长春译，黑龙江大学出版社 2011 年版，第 1 页。
② [英] 亚当·斯威夫特：《政治哲学导论》，萧韶译，江苏人民出版社 2006 年版，第 13 页。
③ 同上书，第 16 页。

的阵营中，一些学者基于理论诉求的定义性（不论是概念本身还是以原则规范为对象）与实用性（也不限于某种特定的公正行为），从公正定义问题的内部逻辑出发揭示出其局限在于建构主义的概念论。对此，森曾指出了先验建构主义与比较行为主义的区分，极力主张后者才是真正的公正理念。而另一位公正理论家、分析马克思主义学派的代表人物柯亨则进一步揭示了公正定义问题的实质，我们不妨援引他的论述以充分说明这一困境——

> 作为一个定义问题，正义的基本原则则可能派生自那不是正义原则的原则，无论是单独的还是与其他的非正义前提一起，诸如经验事实等；或者它们可能是非派生的，或者派生自其他的本身是非派生的正义原则，等等。换句话来描述这个定义的境况，正义的基本原则什么也不反映，而只反映对正义的考虑，或者只反映那些不是对正义考虑的考虑，但是它们可以不反映正义考虑与其他考虑的混合物，因为反映这样一种混合物的原则都是正义的应用原则，也就是正义的应用原则应当是正义与其他事物，而正义的基本原则是：只要关心它们是什么这纯粹的定义，则仅仅源自正义或者仅仅源自正义之外的某种事物。如果它们源自正义外的某种事物，那么它们在某种程度上就不是基本的，因为它们是派生的。但是，因为它们派生出来的不是正义，所以它们作为正义的原则仍然是基本的。①

公正定义问题的实质是如何对待公正的本质存疑问题。否定公正定义问题的合理性就等于否定了公正在本质上是本质存疑的，也就是认为公正在社会实践中是一种内在一致的统一观念。显然，无论从国家、阶层、性别还是个体等角度看，这一假设都是不成立的。因此，柯亨等人的正确之处就在于，他们发现将公正定义停留在"同意—分歧"的建构、说服与认同上只能是片面的，哪怕其设计的公正社会是多么完备或

---

① ［英］G. A. 柯亨：《拯救正义与平等》，陈伟译，复旦大学出版社 2014 年版，第 257 页。

全面。而肯定了公正定义问题，也就至少明确了公正的本质存疑性，也就承认了关于公正的竞争性观念存在的必然性与长期性。对此，就需要解释性论证。

二　公正概念的解释性论证：公正话语思维的雏形

对于公正概念而言，解释性论证是一种较为合理的理论范式。它直接确认了"概念—语境"关系的解释性论证的关键。"我们将正义概念的实践和范式放到一个支撑我们观念的更加庞大的由其他价值组成的网络中，为某种正义观念做了辩护。原则上我们可以将我们的论证继续延伸到对其他价值的探讨中，直到，就像我之前说的，某个主张能实现自我论证。如果有循环，那么循环论证全面存在于整个价值领域。这就是形式主义道德和政治哲学的方法，比如，社会契约论或理想观察者理论就是使用的这种方法。"① 从现实中看，缺乏解释性论证的公正概念是政治冲突、价值分裂甚至国家崩坏的重要诱因。例如，冈比亚政治危机的双方都主张其占有了"公正"的政治道义，而它们彼此的公正道义都将对方放到了最不公正的一端。又如，功利主义思想家眼中的公正是追求最大幸福或其他权益，而康德主义思想家那里的公正则是内在而生的义务。在语言哲学兴起及其所带来的政治哲学语言转向运动出现之前，政治哲学、道德哲学的根本困境就是核心概念的非解释性，以及以假设性条件作为建构要素而构成的公正意义体系无法解释现实的公正主张，由此产生了"语词的暴政"，进而使得以这些核心概念为基础的道德（政治）原则、规范和价值体系失去了合法性。因此，往往是最粗俗愚蠢的公正见解，却成为最直接、最有效甚至充满鼓动性的政治主张。而解释性论证动摇的就是那些"真理性主张"，虽然这些关于公正的主张也是解释性论证所欲实现的最佳结果，但事实上，它们并不能左右解释性论证的过程。在这里，德沃金使用了"目标"与"追求"的差异性比较，以此较为清楚地证明解释性论证的基本思维。他认为：

---

① ［美］罗纳德·德沃金：《刺猬的正义》，周望、徐宗立译，中国政法大学出版社2016年版，第179页。

在解释领域，正当性目的与追求的差异会自动导致方法上差异，这些差异不是遮蔽而是塑造人们的观点。因此，融合看起来是有问题的，就目前它确实发生的情况看，也是偶然的。科学的线性是另一个信心的来源：关于新奇主张或假设的争论不构成威胁，因为即使在推测领域，砂之城堡也建立于看起来确凿无疑的坚实地面之上。相反，能懂得解释整体主义意味着，根本没有坚实的地面，意味着即使当我们的结论看起来不可避免的时候，当我们认为真的没有什么别的可以想到的时候，我们仍然有难以言说的信念萦绕在身边。①

但是，解释性论证作为概念解释的学术路径也就内含了该种理论范式的直接局限之处。正如德沃金所指出的："如果大多数人都不知道什么是解释性概念，为什么仍然有必要强调他们使用的概念是解释性的？……我们希望理解并描述人们如何以及为什么产生分歧，如何提出主张以及为什么这样主张，我们希望弄清楚他们的分歧是不是真正的分歧。"② 因此，解释性论证也需要进一步被识别。为了完善解释性论证的合理性，同时消除其局限性，就有必要对解释性论证进行批判的批判。它可以克服一般公正定义无法克服的狭义——"同意与分歧之间的"——循环论证，却仍无法超越广义——"公正本身的意义与其他相关价值的意义之间的"——循环论证。换言之，一般的解释性论证只能围绕"公正概念"，更具体地说是"公正原则、制度、行为的'定义'（这就包括了界定或诠释等）"，而很难将其放置于更为宽广的语境之中。这就是它在思维上的局限性，即理论范式的根本局限性，也就是机械实证主义的弊端。

自《正义论》出版以来，学术界对于公正问题的思考大致已经从对公正秩序或公正社会的原则与制度的创建，公正原则或制度的规范描述逐渐发展到了公正问题的经验分析与公正概念的解释问题等更为微观与基础的方面。在西方公正理论中，这一变化的趋势是内置于公正理论的

---

① ［美］罗纳德·德沃金：《刺猬的正义》，周望、徐宗立译，中国政法大学出版社2016年版，第172—173页。
② 同上书，第181页。

多元化解释困境中的，即宏大叙事内的核心概念的精确性不足所带来的构建性难题。不过，由于西方公正理论存在某种预设性的——以自由主义为核心的——前理解，故而这些精确性问题能够在一种"技术性实证主义"的层面加以调和，即认同问题在公正原则与制度建构中的显示。但是，在这种解释性论证中，传统的公正解释逐渐被遗忘，而只剩下了"经济公正"一种。① 加拿大政治学家麦克弗森以"占有式个人主义"阐述自由主义的公正解释的前理解，并系统地阐释了经济公正出现前后的历史性前理解的对比，并证明自那时起，公正经历了长达数个世纪的同一的解释性论证（尽管相关的公正理论是丰富多彩的）。② 因为麦克弗森在此处的论证极其精彩——

> 人类有史料记载的最早社会中并无经济正义的痕迹（即便是在晚近的社会中，我们也只有一些有争议的人类学推测）。公元前 15 世纪的《摩西法典》所描绘的田园诗般的农业社会中，在土地、农作物以及房屋、羊、牛、役畜、奴隶中就已经出现了私有财产，金、银业已成为货币。《摩西法典》明令禁止偷盗、贪欲、缺斤少两等行为，要求公平对待雇佣奴隶，并且为出逃奴隶提供保护，也会调整债务与高利贷的关系。但是在这些内容中，我们也没能发现任何可以被看作为经济正义概念的东西。在公元前两三千年间，文明高度发达的中东帝国是建立在定居农业、持续繁荣的商业和稳固的商人阶级基础上的，并且它有很多详细的法律法规。例如，《汉谟拉比法典》详细规定了买卖、租赁、抵押等契约，但依然缺乏任何堪称经济正义的观念。只要契约达成是自由的，那么这份契约就是正义的（just）。

---

① 这里的经济公正，不是经济的公正，而是与资本主义社会相关的总体性公正，因其前理解与此前任何历史时期的前理解发生了根本性转变，并因其具有一种经济社会独立且优先于其他任何社会结构的理论预设（个人主义、利己主义、经济人假设等），故称之为"经济公正"。

② 我们将在下文专门讨论西方公正话语的历史转型，以证明此种论证的历史映像，并由此进一步揭示作为当代中国公正话语理论基础的马克思主义公正话语出场的必然性及其自身的历史方位。

在上述两个例子中，(确有经济正义概念)的原因显而易见。我们如今称之为经济关系的东西是与其他社会建构的关系相剥离的，而在彼时这是不存在的。什么人应该得到何种物质生活方式与谁应该付出多少劳力以获得劳动产品，都是由一个人在部落或帝国社会中的地位所决定的。一个人的社会地位直接决定了他在生产过程中的地位。生产诸关系就是社会政治诸关系。而上述两种关系都是由需求水平及其与它们相符的技术水平决定的。任何人都无法将生产（以及交换）安排从社会政治安排中剥离出来。生产与交换关系被更重要的社会政治关系所包裹。

　　因而，要记住，我们不能在私有财产和奴隶制甚至大范围的商业、市场、货币与商人阶层的出现时期来寻找特定的经济正义理念的创立时刻。早期的市场，就算它们所能达到的范围再大，都不过是社会与国家肌体上的附属品。更为重要的是，市场受到国家控制，为了国家的目标和设计而存在。因此，市场完全是由习俗或法典支配的。而赋予这些习俗和法典以权威的，要么是诸神或上帝之名，要么是被奉为神的王。市场并不能决定价格：国家定价或与此相似的方式维系着贸易。

　　这个拐点并非市场和商人阶层的出现，更不是私有财产与奴隶制的出现。一种相对自治或独立于国家的商业与市场标志着拐点的到来。只有在那时，支持乡土社会价值的人必须开始抵抗那种基于更古老生活方式的货币与市场的侵蚀了。只有当那些侵蚀已然颠覆传统方式时，才有必要付诸意识形态上的辩护行动。而唯一付诸实施的行动就是将新经济秩序看作对部落、社群习俗或帝国习惯法所赋权之传统秩序的威胁，并因此相互剥离。为了实现上述要求，经济正义概念在史上首次从一般性正义观念中独立了。①

　　通过麦克弗森的阐述，不难发现，自由主义公正的解释概念及其相关证实的解释性分析使自由主义公正的解释性论证具有了科学性的身

---

① ［加］C. B. 麦克弗森：《经济正义的兴起与衰落》，亓光译，《高校马克思主义理论研究》2016 年第 2 期。

份，在消除内在分歧的同时，有力地剥夺了其他的解释性论证的存在必要性。由此可见，将特定解释性论证通过技术性实证主义的方式是可以被固化的，且虽有悖于解释性论证的逻辑初衷，却并不易被察觉。时至今日，包括中国在内，很多后发国家都在不自觉地使用自由主义公正的解释性论证。这种方法论层面的禁锢较之于对具体理论的机械运用或模仿，其危害更加深重，且因其隐蔽性而更容易为其他解释性论证所接受。因而，问题的鲜活与否、分析的系统与否甚至理论的"新颖"与否都不完全取决于问题、分析、理论的特殊性、现实性和完备性，不超越解释性论证中技术性实证主义的阻碍，就难以彻底独立于自由主义公正的解释性论证。在这里，提出公正话语思维就是对这种旧的理论范式的挑战，即批判技术性实证主义的公正的解释性论证思维。换言之，我们提出公正话语的思维基础是具有普遍意义的，只不过观察这种普遍意义的直观基础是"中国问题、中国实际与中国选择"，这也就进一步证明了当代中国公正话语体系的构建是一个重要的基础理论问题，内生于公正话语的理论范式。

三 公正话语的特殊性：公正话语思维的显现

公正话语的理论范式与自由主义公正概念的解释性论证的理论范式的根本分歧在于政治的基础哲学的差别，主要表现在解释公正概念时的方法论不同上，前者对于后者的超越也就是对近代以来自由主义政治哲学"实证主义观"特别是晚近技术性实证主义态度的扬弃。

一则在政治的基础哲学方面，自由主义公正概念的解释性论证始终在具体的政治结构中对公正进行讨论并设计一些社会基本制度，但是却从不讨论公正概念的政治相关性，而是从公正概念的内在政治逻辑出发论述其约束力；而公正话语的理论范式在根本上就是要确定"公正的政治相关性"，即不能脱离一定的社会历史条件尤其是政治现象。自由主义在解释公正概念时强调其权利属性，却忽视了权利"决不能超出社会的经济结构以及由经济结构制约的社会的文化发展"[①]，马克思更是明确指出，政治的基础哲学是政治经济学，而问题的核心在于"人们在自己生

---

① 《马克思恩格斯文集》（第3卷），人民出版社2009年版，第435页。

活的社会生产中发生一定的、必然的、不以他们的意志为转移的关系，即同他们的物质生产力的一定发展阶段相适合的生产关系。这些生产关系的总和构成社会的经济结构，即有法律的和政治的上层建筑竖立其上并有一定的社会意识形式与之相适应的现实基础。物质生活的生产方式制约着整个社会生活、政治生活和精神生活的过程"①。因而，自由主义公正的解释性论证则将公正的"哲学"与公正的"政治"分而待之，力图表明此种解释性论证"与某些理论的虚假激情相反，与对它过高的期望相反，哲学的正义理论不提供具体的救世良方。它探索的是知识和观点，作为政治的基础哲学甚至探索最高质量形式的知识和观点"②。与此不同，公正话语的理论范式特别强调完备的政治评价与周密的概念分析之间是同等重要的，在拉克劳和墨菲看来，它们共同构成了"话语的领域"，而这意味着"它与每个具体话语的关系形式：它同时决定着任何课题必然的话语特征以及任何特定话语进行最后缝合的可能性"③。

二则在解释公正概念的方法论方面，自由主义公正的解释性论证是以"广泛共识"为逻辑形式关系的，而公正话语的理论范式则要承担多种层次的假设重负。罗尔斯的正义论在自由主义公正的解释性论证中久负盛名，他对公正原则进行了精细的论证，甚至提出即便如此推敲的公正原则也"不过"只想谋求某种简单共识。但是，遮蔽在价值多元论事实以及公正解释的多元化现象所构成的"一种公正的政治观念"后面的，是普遍有效、无须证明的政治社会结构的"广泛共识"——自由主义的政治社会观及作为其现实对象的资本主义社会与资产阶级自由民主政治。博格将罗尔斯的这一理论预设称为"有关正义的自由主义政治观念"，并指出"这个自由主义的合法性原则是罗尔斯向原初境况中的各方所提出的协议的一个不可或缺的部分"④。这并非个案，而是自

---

① 《马克思恩格斯文集》（第2卷），人民出版社2009年版，第591页。
② ［德］奥特弗利德·赫费：《政治的正义性》，庞学铨、李张林译，上海译文出版社2014年版，第15页。
③ ［英］恩斯特·拉克劳、查特尔·墨菲：《领导权与社会主义的策略——走向激进民主政治》，尹树广、鉴传今译，黑龙江人民出版社2003年版，第123页。
④ ［美］涛慕思·博格：《罗尔斯：生平与正义理论》，中国人民大学出版社2010年版，第144页。

由主义公正的解释性论证的共同特征，它也绝不仅仅存在于西方国家，而早已通过方法论概念的方式影响了形形色色的公正理论。与此不同，公正话语的理论范式的确承认公正解释需要达成共识，但认为这种共识不以"简单"或"广泛"为标签，而取决于占优势地位的解释，即在某种意义上，公正话语的形成与存在是相应的公正解释及其对象领域之间关系的合理论证的产物，而不同的公正话语特别是不同社会制度、不同国家、不同阶级（阶层）间的公正话语必然存在一个"话语领导权"问题。在这里，占优势地位的解释并不是解释性论证所强调的基本方法论，即"解释、证实、简单性以及从一个对象领域归纳到另一个对象领域——都是逻辑形式关系。对每个概念的正确分析只与命题之间的逻辑关系有关，而且这个分析对任何时代的任何知识领域都有效"①，而是公正话语的生产与控制的基本方法论。在福柯看来，这是话语理论赋予包括公正在内所有描述政治社会历史与现象的概念的基本功能，意味着"话语的生产是根据一定数量的程序而被控制、选择、组织和再分配的，这些程序的功能就在于消除话语的力量和危险，处理偶然事件，避开它沉重而恐怖的物质性"②，而不同的公正话语的等级性的存在，也就是为其生产提供了持续的动力，从而维系了公正的哲学与公正的政治的双重进展，"一方面，通过对权力关系的加工，实现一种认识'解冻'；另一方面，通过新型知识的形成与积累，使权力效应扩大"③。

对上述差异性进行更进一步的分析，就表现出了公正话语的理论范式在思维层面所具有的反技术性实证主义的属性，这也是其作为一种范式出场的最终依据。首先，相对于技术性实证主义在解释公正时所使用的"语境—语义"的一体论，公正话语不但强调二者的差异性，而且更加重视它们的互动性。这就避免了以公正的实质、本质、真实意义、隐蔽性质等作为公正解释的最终目标，强调经验中的公正实践与超出经验的公正言语是建立在"语境"上的统一。在这里，语境就不是作为

---

① ［美］R. W. 米勒：《分析马克思——道德、权力和历史》，高等教育出版社2009年版，第255页。
② 汪民安：《福柯的界限》，南京大学出版社2008年版，第127页。
③ ［法］米歇尔·福柯：《规训与惩罚》，刘北成、杨远婴译，生活·读书·新知三联书店1999年版，第251页。

条件和环境而被分离出来，而是在作为条件和环境的同时也是特定公正话语的目标与结果。其次，相对于技术性实证主义在解释公正时所强调的具体时空范围内的公正理论多元性（碎片的公正理论），公正话语更加注重"缺乏共同的确定性"之上的历史高度的公正话语中心主题。前者主张"我们不可既定，以普遍术语阐述的任何见解能有不同于单个的具体客体的任何实在的对象"①，因此解释性论证反对概念推理。例如罗尔斯的正义论虽然表面上进行了概念推理，但它并不是从公正本质或内在意义的设定出发的，而是从"经验允许"的角度进行的（尽管其设定的是一种假想经验）。而公正话语的理论范式认为，公正问题的具体化解释并不是最后层次，"正义讨论"等同于"道德—政治的讨论"，也就立足于"经济—历史的知识"，赫费就指出：

> 正如基础的正义讨论一样，道德—政治讨论也不具有纯理论的意义。这是一些由当代社会和政治问题所激发的实践的讨论，是向切合事实的为解决这些问题作出贡献的讨论；同时，从经验来看，它们不是游离于历史及其各色各样的决定因素。所以，这些讨论在许多方面不同于"理想讨论"。因为就是在学术领域的论题和论证形态方面，声望、媒介的使用，学派和"山头主义"，尤其是时髦，都起着一定的作用。因此，正义讨论从来不是完全意义上的统治，但却可以说较少统治。②

再者，相对于技术性实证主义在解释公正时所强调的与价值判断和规范性陈述无涉的公正的优先性位阶的论证，公正话语的理论范式凸显了"公正话语的历史进步性"的价值判断属性。自由主义公正的解释将公正看作一种中立价值，甚至是因为其具有最完备的中立性而成为所谓核心价值的。例如密尔所极力主张的功利主义伦理学在本质上就是技术性实证主义在伦理学上的体现，在这里"穆勒丝毫也没有着手改变当

---

① ［波］莱泽克·科拉科夫斯基：《理性的异化——实证主义思想史》，张彤译，黑龙江大学出版社2011年版，第5页。
② ［德］奥特弗利德·赫费：《政治的正义性》，庞学铨、李张林译，上海译文出版社2014年版，第339页。

前的行动标准或使认知价值无效。相反,他相信其他学说所确立的价值能很容易地整合功利的法则。例如,正义的价值,即某些要求是合法的这种信念是不变的:这就足以确定,每种要求都能凭借普遍的功利标准加以评价"①。而公正话语的理论范式指向的是公正概念的诸多解释及其变化所伴随或带来的政治生活的"一切重组",将公正概念的运用标准、意义领域、态度表达的变化作为其理论范式的重心。有学者指出:"(政治概念变化理论)必须选取的出发点是语言的政治构成和政治的语言构成。换句话说,必须承认的政治概念变化论的前提是:在从事政治活动中,政治行为人在语言中或通过语言为战略性和党派的目的而行事;政治行为人之所以能够做出这样的事情,是因为用语言表示的概念部分地构成政治信仰、行为和实践。因此,政治的变化和概念的变化必须被理解为一种复杂的和相互关联的过程。"② 在这里,需要进一步强调的是,概念史理论与话语理论都强调了概念的内在结构不是概念本身的结构,而是其与政治革新的关系的变化历程。它们的差别在于,概念史理论的逻辑延伸的主线是概念变化,而话语理论的主线是政治革新。这也就是公正话语在理论范式上应区别于概念史的显著差异性之一。

第三节 被发现的公正话语

上文指出,所谓特殊的公正话语理论,就是不同于一般的,也就是不要与某种公正的理论范式对公正话语的态度及其相应的解释性论证相混淆。奥威尔在《我为何写作》一文中指出,所有作者都具有某些特定的动机,可以是自我的需要、审美的需要、历史的触动,还有可能是政治的动机。其中,政治动机是产生与众不同的根本原因。对于本书研究而言,我们认为,公正话语是一个特殊问题,即需要遮蔽在公正话语的概念符号、规范描述与理论结构等之后的"公正写作"的"政治动机"。这一"政治动机",批判的就是具体"公正写作"的"普适主义

---

① [波]莱泽克·科拉科夫斯基:《理性的异化——实证主义思想史》,张彤译,黑龙江大学出版社2011年版,第79页。
② [美]特伦斯·鲍尔等:《政治创新与概念变革》,朱进东译,译林出版社2013年版,第28—29页。

公正观"的动机,而要承认的是上述具体动机都是"历史的",即为了既定的制度框架服务的。那么,公正话语的理论范式,就是要为这种新的"政治动机"提供一种认识它的理解性框架。

一 目的:真正揭示公正话语的特殊性

强调公正话语的特殊性,看似否认了活生生的公正问题,即现实的、鲜活的甚至迫在眉睫的公正,忽视了公正作为一个理论问题的现实性。对此,人们可能难以理解,"当眼前的人们就在这繁衍、谋生,被压迫政权所戕害时,你们为什么却执迷于语言呢?你们为什么不研究这些真实的过程,而是光想着语言这种二手的肤浅的媒介呢?"① 从表面上看,这种追问指明了公正话语特殊性的弊端,即它处在一个"纯粹的理论空间内",而无法解答如何解决现实的不公正,怎样判断一个社会是不是公正的问题。由此,还会产生一系列问题,如公正话语如果是一个合理有效的理论范式,那么它是否真的将关于公正的"现实世界"与"话语世界"割裂了呢?是否仅仅是用一种次要的语言现象遮蔽了主要的公正哲思呢?事实上,理论研究的"问题"就是一个个具体的矛盾,而基于经验的理论所创制的概念框架往往成为对不断发现"基于经验的理论"的束缚。一个公正理论如果不放到历史的视角中去看待它作为一种话语现象所承载的政治动机,如果不能从话语实践的主体与客体的关系中发现它的"阶级性",而只能为了创制一种公正思想以及靠某个或若干个公正思想将某个或若干个社会问题设定为"不公正问题"而求解,那么这种问题的矛盾性既不是理论内在矛盾的阐发,也不是实践内在矛盾的阐发,归根结底不是发现真正的矛盾,而是创制出来的"理论与实践"之间的矛盾。这种建立在虚假问题上的公正理论,即便极为精致,也难以解释其所提出问题的"无底洞"。将摆在我们面前的公正问题放置于公正话语的理论范式中,其首要目的就是将公正话语看作一个被发现的对象,即弄清公正话语的"政治动机"的历史性、差异性与现实性,这非但不是空洞的,而且克服了公正理论的"宗派主

---

① [英]乔纳森·波特、玛格丽特·韦斯雷尔:《话语和社会心理学》,肖文明等译,中国人民大学出版社2006年版,第192页。

义",具有一种基于历史真实的整体性。

我们不妨还是从那种"普适主义公正观"的理论情结出发。20世纪以来的西方公正理论,特别是罗尔斯之后的学术争论,已经很少有人像密尔那样从提出或者设定某些公正要素或公正原则的实质内容方面努力了。即便是建构论契约主义的公正理论,也很少将某些实质性要求寄存于一些形式性原则之中——罗尔斯的公正原则就是如此。这种形式主义,不但强化了技术性实证主义在公正问题上的统摄地位,而且使得原先的功利主义的公正要素显得更加精致。因此,公正已经沦为对应得、机会、起点、能力等公正要素的构建,而这些公正要素在构建中又相互牵涉、相互交叉。因此,当代西方的公正理论已经很难说是一种纯粹的公正理论,而更类似于一种以公正为名的政治哲学或社会理论。事实上,这并非问题的根源与症结。公正理论的此种演化在本质上恰恰凸显"政治动机"在其具体的理论建构中的普遍性,它与理论解释的特殊性是一组相互支撑的理论论证方式。但是,问题在于,这一真相并没有显现出来,而是停留在了具体的理论建构层面,成为以"公正"为名的一个个具体的理论,进而以具体理论中的"公正"之名囊括了所有的以"公正"为名的现象,并设计了一种术语的历史叙事以证明其合法性。

布莱恩·巴利(Brain Barry)在其《社会正义论》的开篇就提出了一个非常有意思的问题,他将所有社会正义理论归结为一个使命,即回答"为什么我们需要一种正义理论"的问题。他真切地发现,社会正义的理论必须建立在富人与穷人的关系之上,甚至还清楚地意识到正义问题是一个社会内部问题。但是,他的正确性就停留在了这里。与所有自由主义正义论者一样,他对历史进行了资产阶级的自由主义式的裁量——我们有时候不应该羞于表达这种阶级观,自由主义公正观从未抹去它们的阶级观,至多是进行了美好的"图像处理"——所以,他就在公正话语的政治动机面前既选择了接受,又选择了背叛。他接受的是,公正是一个历史性的政治话语,具有复杂的语义,这些语义的变化也不是按照一种逻辑主线推进的,即并不存在一种以公正理论为名的逻辑主线。巴利用简洁的语言对公正的历史语义进行了概括:"直到大约150年前,正义还被公认为不是一种社会的美德,而是一种个人的美德。大量被引用的拉丁语格言大意是说，正义是'持续而不断地给予每个人应得之物的意志'，这显然预设了每个人都拥有'应得之物'。……人们认为，正义也可以归属于制度，但只是在非常小的范围之内。""或许中世纪'公正价格'的概念最接近于当代的社会正义观，因为它探讨了讨价还价的公正性，讨价还价不会受到暴力或欺诈的滋扰，而是来自当事双方的自愿决定。不过，这个正义概念的适用范围相对来说还是比较狭窄：它主要关注的是谴责卖主利用暂时的稀缺性或特殊需要进行的剥削行径。但这种正义的乞灵只是在已经既成事实的体系边缘发挥作用了。""现代社会正义的概念脱胎于19世纪40年代法国和英国早期工业化的阵痛期。隐含在社会正义概念之中的潜在的革命观念是，社会制度的正义性所遇到的挑战不仅体现在边缘地带，而且呈现在核心地带。"① 然而，他之所以背叛了公正话语的政治动机，就是因为其社会正义论仍然不过是为自由主义即资产阶级自由主义公正观进行辩护，并为了这种特殊的政治动机而将其普遍化，即将他的社会正义论作为一种普适主义公正观。他先入为主地认为："在各国之中，社会不义的最为恶劣的情形发生在相对富裕的西方自由民主体制之外。……普适主义正义观的正义要旨在于，它为国内外的人们批判反映地方性规范的各种实践和制度提供了基础，而正是这些地方性规范认可了歧视、剥削和压迫。"② 如果说，哈耶克、诺齐克的公正理论的政治动机十分鲜明，因而很少被持有不同意识形态的公正论者所赞同与应用的话，那么巴利、罗尔斯、德沃金等人的公正理论的政治动机则是在忽明忽暗间透露出它的复杂性的。正因为如此，如果我们笼统地将一种具有正确性的观点上升为全部，或者将部分的合理性阐释抽象放大到整体，就自然而然会陷入"话语陷阱"中。而这些话语陷阱是被创制出来的，特别是被解释者们创制出来的。那么，为了从理论的要素与实践的选择的起点就避免陷入这种话语陷阱，公正话语的理论范式就必须把这种创制出来的"政治动机无涉"的面具揭下来，而恢复公正话语的本来面貌，在历史高度与全部现

---

① ［英］布莱恩·巴利：《社会正义论》，曹海军译，江苏人民出版社2007年版，第4、5页。
② 同上书，第32页。

实中逐步发现它。

通过上述这个实例，笔者所强调的发现而非创制的意义就初步显现了。正如一位西方学者所言："系统性的道德理论，不管是功利主义的、康德式的、还是直觉主义的，通常是从作者最喜欢的一些偏见推进到作者的其他偏见（或者到反偏见的立场，人们怀疑作者这样做纯粹是为了学术上的'炫耀'）。如果不能正视道德信念的权威根源，这样的理论就可能强化这些信念。相反，了解了观念的历史就能让我们与其保持一定的距离，因而给我们一些批评权威的空间。"① 在这里，我们有必要进一步谈谈公正话语的理论为什么强调发现，而不是创制。为了说明这个问题，我们可能就需要"言必称希腊"了。通过这一回溯，就有可能更加形象地展现被发现的公正话语是怎样一种理论范式，也能够间接对公正话语这个概念在理论范式的层面有所限定。

"言必称希腊"可以是一种教条，却也可能还原和发现一些时代性的问题，公正概念究竟是话语的发现还是理论的创制就是一个显著的例子。人们大多承认西方公正理论起源于古希腊，而古希腊的公正思想又分为两个比较明显的阶段，即以柏拉图为分界线，前柏拉图时期的公正理论是文学表述的外在形式，而从柏拉图开始公正则成为内在化的新概念。简言之，前者是通过创造公正的文学形象而实现的，后者则是文学形象为阐明公正而存在的。《理想国》作为柏拉图公正思想的总览之作，体现了一种关于公正的整齐有致却纷繁复杂的意义场域：

> 卷一是一段主题引导的对话：什么是正义？它能否被定义？如同其他伦理性对话那样，论证以怀疑的方式收尾，并没有提供任何明确的答案。然而此刻，这样的困境必将得以解决。为了引发卷二所提出的怀疑，如下的观点已经被提及：正义这一最高的德性本身必须被界定。著作的余下部分致力于谨慎地展开和完善正义的定义。到了卷四中间部分，已准备好分别将正义置于城邦和灵魂中，而在不同的情况下，此种德性则被用来和相对的邪恶之定义进行权

---

① ［美］塞缪尔·弗莱施哈克尔：《分配正义简史》，吴万伟译，译林出版社2010年版，第170页。

衡。进言之，在卷四结尾处，对正义有利性的论证具有形成一个次要的以及扩展性定义的效果，到了卷九，在验证了相对的邪恶所造成的不幸之后，此种定义又一次正式形成：在正义与邪恶之间甚至确立了一种算术上的比例。为了结束对正义的说明，著作结尾处通过描绘正义在此世与彼世所获的报酬引入了灵魂的不朽及其命运的学说。①

如今，后人似乎对柏拉图的公正思想既推崇备至又意犹未尽，推崇他将公正上升为个人德性的内在化并确立这个概念的崇高地位，遗憾的是，借助苏格拉底之反讽与辩证法而阐述的公正概念，"在为戏剧的目的使用（正义的）象征以及尝试系统性地构建正义的含义之间则存在着霄壤之别"②。不过，笔者认为，柏拉图从未认为公正（正义）是一个需要被体系构建的概念，即它从来不是一个"理念"，任何构建都不可能在创制的意义上显得更加完备或者更为优越。相反，公正是一种关系性的政治话语，公正就是一种"被发现而不断显露出来"的话语框架而不是基于某个话语框架下的普适价值观，《理想国》里有这样的论述："我们还不能把这个关于正义的定义就这么最后定下来。但是如果它在应用于个人时也能被承认为正义的定义，那时我们就承认它，因为我们还有什么别的话好说呢？否则我们将另求别的正义。但是现在我们还是来做完刚才这个对正义定义的研究工作吧。在这一工作中我们曾假定，如果我们找到了一个具有正义的大东西并在其中看到了正义，我们就能比较容易地看出正义在个人身上是个什么样子的。"③ 考虑到柏拉图时代的思维习惯以及"Dike""Dikaiosunē"的语源意义，公正的论证与不公正的论证是以语言集合的形式出现的，即并不存在一个抽象的绝对准则或灵魂德性的公正（正义），而必须在论证中表明某种公正是绝对准则或灵魂德性。这就意味着，苏格拉底最后提到的"正义者"事实上就是公正本意——"我主张"——的再现，而"让我们永远坚持

---

① ［英］哈夫洛克：《希腊人的正义观——从荷马史诗的影子到柏拉图的要旨》，邹丽、何为等译，华夏出版社2016年版，第391—392页。
② 同上书，第392页。
③ ［古希腊］柏拉图：《理想国》，郭斌和、张竹明译，商务印书馆2009年版，第156页。

走向上的路，追求正义和智慧"① 也就无外乎是在不断保存和发现的进步中所呈现出的不同的公正话语。因此，公正话语原本就不应是被创制的，而是被发现的。只有在"被发现的"条件下，公正的论证才有必要被解释，解释的多元化形式才有比较的可能，而比较的内容也就有了沟通、斗争与说服的可能。反之，在"创制的"条件下，公正的论证是向内的，解释与比较在本质上就是抽象的与"自我满足的"。柏拉图公正思想在根本上是一种公正话语论，而不是一套美轮美奂的公正哲学。正如哈夫洛克所指出的："他的所言已被我恰当地放到了与它密切相关的语境中，这个语境敏锐地意识到他同代人的大量书面作品存在当下，意识到它是最新的，意识到它不囿于口头发表的演说的原文，以及意识到他不得不与它妥协；尽管他仍旧喜欢人们将他视作一位口述教师，他也不得不勉为其难地从事写作。"② 回归到现实中，这种公正话语论具有十分重要的启示意义，即不要过分关注公正理论的精致框架和详细内容的合理性，甚至对这种合理性的逻辑理路的崇拜也可以减少到最低，而应发现不同公正理论之中或相互之间的"政治动机"——也可以看作作者的话语动机，以及这种动机与语境之间的目的与概念的关系。我们认为，"言必称希腊"的公正考源，进一步证明了公正话语存在的真实性，也指明了公正话语是"被发现"的，被发现只能是"公正话语"，创制的力量曾经很强大，它依旧是"文学性的"——不论是古典时代的诗歌还是近现代的道德哲学与政治哲学。

二 方式：公正话语是被"发现"的

公正话语是被发现的，这是公正话语理论范式的目的。但是，实现这一目的，需要一种论证方式，或者说需要说明通过"发现"，公正话语要给"读者"的东西是什么。一种关于公正社会的理想类型给"读者"的是关于理想社会的某种理念，一种公正社会的原则设计给"读者"的是关于优良生活的规范准则，又或者一种公正的司法审判所给

---

① ［古希腊］柏拉图：《理想国》，郭斌和、张竹明译，商务印书馆2009年版，第426页。
② ［英］哈夫洛克：《希腊人的正义观——从荷马史诗的影子到柏拉图的要旨》，邹丽、何为等译，华夏出版社2016年版，第414页。

"读者"的则是关于行为合法性与否的赞同价值，如此等等。不难发现，人们通过公正话语的理论范式所应发现的是隐含在公正概念中的各种用法，这些用法有的是具体而主观性的，有些则是宏大且客观性的。我们在下一章就会借此对西方公正话语的历史流变这一宏大主题进行一番省思。而在这里，为了将这一"发现"的方式较为直观地呈现出来，我们需要从一些"小问题"入手。

最特殊又最常见的公正话语，无疑是与法律相关的。对于所有的政治国家而言，都存在（制定和使用）法律，而法律被褒奖或批评时，就经常会遇到公正这一术语。不但是法官、法学家或者学者，任何人都会在与法律相关的问题上陈述一种公正观。因此，这种最特殊又最常见的公正话语也就意味着最朴素且最丰富的公正话语。在法律和法律的实行中，公正是作为一种特殊的道德评价出现的。一个十分明显的现象是，在做肯定性评价时，将法律和法律的实行判断为"公正的"，是一种很强的肯定；反之，在做否定性评价时，将法律和法律的实行形容为"不公正的"，就是一种较弱的否定，比起"恶劣""错误""恶法""虚伪"等，"不公正"一词的确显得温和了很多。因此，这里首先发现的是，在法律中，公正话语是一种均衡性描述，或者说与公平（fairness）的关系比较密切。这也就是为什么在所有公正制度的设计中，一旦涉及制度结构、原则体系、行为准则等"形式性前提条件"，公平作为公正的核心要素往往会出现的原因。然而，公平虽然最先被发现，但却不是法律中公正话语唯一可以被发现的要素，因为在以"同等境况同等对待"的公平性面前，是需要其他条件——主题的、对象的、内容的等——来补充的。对这个问题，哈特认为有三个层次的推进。首先，法律中的公正话语的确来源于"同等境况同等对待"的公平原则，但它是根据法律实行中的具体情况而发生变化的，而不是由法律本身所能决定的，"为了填充这个空格，我们必须晓得，就先有目的来说，何时有关情况应被视为同类的，什么差异是有意义的。没有这个进一步的补充，我们就无法批评法律和其他调整是不正义的"①。其次，如果追寻

---

① ［英］哈特：《法律的概念》，张文显等译，中国大百科全书出版社1996年版，第157页。

公正本身的意义，法律中的公正话语将证明作为公正本意的"同等境况同等对待"是一个复杂的观念结构，在这个观念结构中决定何种意义得以显现的是以法律的实行特别是法律主体对于法律运用情况的不同而不同的，即"正义观念的结构是相当复杂的。我们可以说它由两部分组成：（1）一致的或不变的特征，概括在'同等情况同等对待'的箴言中；（2）流动的或可变的标准，就任何既定目标来说，它们是在确定有关情况是相同或不同时所使用的标准"①。最后，在法律的公正话语中，一般的公正原则是形式的，是具体的人决定了"流动的或可变的标准"，进而才抽象出了"一致的或不变的特征"，因而不同的公正话语看似具有"普适主义公正观"的共通性（即人人都遵循相同的公正原则），但实际上，法律中的公正话语因为主体的不确定性而必然会产生差异性的后果。

　　正是在这里，哈特的确发现了法律中的公正话语所要解决的问题。正如他所言："当我们从适法的正义与不正义问题转向用正义或不正义的术语对法律本身进行批评时，明显的事实是法律本身不能确定个人之间的相似性与差异性。如果它的规则要做到同样情况同样对待并且要成为正义之规则的话，个人之间的那些相似性和差异性是它必须承认的。"②然而，哈特并不认为这种差异性是绝对的，是公正话语的前提和必然结果，而是认为通过限制主体差异性或在不同境况中限定差异性和相似性在法律主体上的表现形式，就能够在不同层面得到一致性，进而在若干具体的一致性基础上，就可以得到"公正话语的一般规范（表述）"。在这里，哈特便顺理成章地退缩或说隐藏到了他自己早已接受的更为宽泛的一般公正话语的规定性里，这就是自由主义的公正优先性与个体优先性的预设。因此他才认为，在法律和法律的实行时，公正是一种被创造出来的正确性表达，它克服了诉辩双方乃至不同阶级之间在法律问题上的价值冲突，"在不同阶级的竞争的主张或利益之间的选择是'为了共同福利'作出的，这种说法的全部含义是在作出决策之

---

　　① ［英］哈特：《法律的概念》，张文显等译，中国大百科全书出版社1996年版，第158页。
　　② 同上书，第159页。

前所有的人的主张都已经通盘考虑过了。不管这是真是假，这种意义上的正义至少是任何旨在促成共同福利和立法选择必须达到的必备条件。这里我们遇到了分配正义的附带方面，它有别于我们前面所探讨过的那种正义形式。因为这里公正'分配'的不是一个阶级所主张的某种具体利益，而是不偏不倚地注意和考虑对不同利益的竞争主张"[1]。但是，我们认为，在哈特停下的地方，存在着更为隐蔽却更为重要的内容，即在法律的公正话语之下所存在的一种关于优先性的公正话语需要被发现。这种观点认为，在法的范围内的公正话语中的差异性，可以通过将其与法的范围之外的东西区分开来而得到妥善处理。

由此，公正的优先性成为超越社会关系和社会矛盾并通过"法内"（即绝对的公平原则）与"法外"（主体的利益等差异性和相似性的复杂判断）的二分而成为一种政治意识形态化的公正话语，它有批判的现实、理想的彼岸和理论建构的方案。马克思精辟地指出，这种区分是法的主要教条之一，要么留下"关于社会的解释臻于完善，只剩下以分数计算、求社会的平方根等等办法尚未使用"（如流行的公正指标的设计），要么"到最后，除了'纯情感'和'纯良心'，即'精神'、'批判'及其自己人之外，将不会有任何人在这个社会里生活。……其结果是，'群众的社会'将置身于'社会的社会'之外"[2]。在这里，对于不公正的批判也只能存在于理论批判的天堂里，而作为对现实社会的种种矛盾的不公正抱怨则作为"非批判的地狱"从流行的公正理论中被排除出去。一旦有人指出，公正只不过是某个人、某个阶级、某个社会或者某个时代的特定表达即具体的公正话语时，这种人就会被认为是"精通公正学说"的人而被排除出去，甚至不能参加公正问题的讨论了。因为公正的优先性决定了它是"归宿"，而否定这种优先性，无疑就让绝对的批判在其纯粹思维的意义场域中失去了存在的价值，这当然是哈特这样的公正论者所不能忍受的，也是发现作为公正话语理论范式的实现方式难以被人们接受的重要原因。

---

[1] ［英］哈特：《法律的概念》，张文显等译，中国大百科全书出版社1996年版，第164—165页。
[2] 《马克思恩格斯文集》（第1卷），人民出版社2009年版，第301页。

哈特退缩之处或者说他认为有效解决法律中的公正话语的差异性的理论框架，虽然已经得到了很多学者特别是马克思主义学者的批判，但是其之所以能够成为"安全屋""避风港"并非偶然的，而是因为存在着一种基于优先性判定的价值评价。这种评价的基础就是自由主义政治话语体系。在这里，又可以分为两个层次。

第一个层次，是在自由主义政治话语或者说自由主义意识形态的谱系内部。我们至少知道，公正作为一个完整的概念是古希腊的产物。柏拉图早已指出，公正（正义）是存身于"灵魂"之中的。在这个意义上，公正实质上是个人的公正（正义）。这种内在于人的灵魂的公正，的确具有一种"优先性"。柏拉图认为："真实的正义确是如我们所描述的这样一种东西。然而它不是关于外在的'各做各的事'，而是关于内在的，即关于真正本身，真正本身的事情。这就是说，正义的人不许可自己灵魂里的各个部分相互干涉，起别的部分的作用。他应当安排好真正自己的事情，首先要自己主宰自己，自身内秩序井然，对自己友善。"[1] 而自由主义政治话语体系巧妙地将内在的公正外在化，将个体的灵魂内各部分的优先性转化为个体在社会中的优先性。看似优先性的对象和表述都没有发生变化，但事实上，公正的优先性已经失去了纯粹抽象理念的正当性。在这里，最著名的表述无疑是罗尔斯的论断，"正义是社会制度的首要德性"[2]。也就是在这里，桑德尔在其《自由主义与正义的局限》一书开篇就主要阐述了"正义的首要性与自我的优先性"，即在自由主义政治话语体系内对"公正的优先性"进行系统解释。所谓优先性，"（既）是道德上的'必须'，反映出应当珍视个体的自律，应当把人类看作超出他所扮演的角色和他所追求的目的之外的有尊严者。（还）有另一种意义使得'自我'优先于他所追求的目的——一种可以独立界别的意义上的优先——而且这是一种知识论上的需要"[3]。从个体主义出发，为了完成理想的完备的人，就必然有着一个对于每一个人而言都存在的无差异的完整性标准，而这一标准还需要具

---

[1] ［古希腊］柏拉图：《理想国》，郭斌和、张竹明译，商务印书馆2009年版，第172页。
[2] ［美］约翰·罗尔斯：《正义论》，中国社会科学出版社2009年版，第3页。
[3] ［美］迈克尔·J. 桑德尔：《自由主义与正义的局限》，万俊人等译，译林出版社2001年版，第25页。

有一种"元标准"的特征。对此，柏拉图对于个人公正的论断（公正是节制、勇敢、智慧的首要德性）就被作为公正符合上述优先性条件的哲学依据而被上升到了社会基本结构的"阿基米德点"的"选帝侯"的位置。当然，具备必要的条件，也并不一定能够实现。由于现实的人是受到现实的差异性而导致价值选择的差异性，这是无法克服的。但是，我们可以将公正的主体抽象为一种经过批判的"完全被环境决定了的主体"，桑德尔将此称为"自我的先行统一"，它表明"尽管主体在很大程度上受其环境的限制，但它总是不可还原地优先于其价值和目的，这些价值和目的从来就不能充分地建构一个主体"①。因此，一个人，不论是从道德角度（价值论），还是从理性角度（知识论），都必然是一个具有"公正感"的人。否则，人将不人。如此一来，公正的优先性就与自我的优先性甚至人的规定性相关联了。在一系列精致的推理后，公正自然就被创制为社会制度的首要德性了。就在这时，抛开那些烦琐的思想实验，一个让每个人都明白的结论似顺理成章却又先入为主地进入了人们的意识中，人只有按照公正感来生活和行动，才能真正表达出自己的本真，反过来又可以弥合一切社会矛盾所造成的不稳定性和不确定性②，进而成为超越真实的人与制度的价值优先性了。"这就是为什么正义感不能仅仅被看作其他欲求中的一种欲求，而必须还被看作性质上处于更高层次的一种动机之原因所在，也是为什么正义不仅仅是诸多价值中的一种重要价值，而且实际上是社会制度之第一美德的原因所在。"③

---

① ［美］迈克尔·J. 桑德尔：《自由主义与正义的局限》，万俊人等译，译林出版社 2001 年版，第 28 页。

② 对此，罗尔斯经过复杂的论证后轻描淡写地提出："我们不必为证明正义观念的正当性而主张每个人，不论其能力与欲望如何，都有保持其正义感的充分理由。因为，我们的善取决于我们人格的种类，我们所具有和所能够有的需要和欲望的种类。甚至有时许多人都感觉不到一种为着他们的善的正义感；倘若是这样，导致稳定性的力量就比较弱。在此种条件下，惩罚手段就将在社会系统中发挥教导作用。如其他条件相同，社会愈缺乏一致性，产生不稳定性连同其伴随的恶的可能就愈大。然而，这不妨碍正义原则在总体性上的理性；人们对这些原则的珍视仍然是对每个人都有利的。至少是当正义观念还没有不稳定到人们意欲选择其他观念的程度时，情况是这样的。"（参见［美］约翰·罗尔斯《正义论》，中国社会科学出版社 2009 年版，第 456 页）

③ ［美］迈克尔·J. 桑德尔：《自由主义与正义的局限》，万俊人等译，译林出版社 2001 年版，第 28—29 页。

由于公正感可以被看作一种高阶的价值动机,公正的优先性既内在于每个人,又内在于作为类的人,甚至内在于作为社会关系总和的人,而从直观到抽象,公正的优先性就都是可证的了。显然,如果我们要理解自由主义的公正理论,并不能孤零零地解释它的公正概念,而要理解和解释形而上学的自由主义和意识形态的自由主义。一旦我们进入了自由主义政治话语的语境之中,也就自然而然地会发现自由主义公正理论与上述二者的紧密关系,这种关系的本质又是资本主义社会的总特征及其特定历史阶段的具体特征的抽象演绎,这也就是自由主义公正话语的切入之处。

第二个层次,是在自由主义政治话语之外或者主要是在马克思主义意识形态的谱系里。众所周知,20世纪70年代至今,英美马克思主义学界关于"马克思与正义"的大讨论是从马克思有无正义理论或者说马克思是否从正义(公正)的角度批判资本主义或以此作为社会主义优越性的标志开始的。而这个问题的实质就是"公正的优先性"问题。只不过,这里的优先性不再是"每个人都有一种基于正义的不可侵犯的权利的优先性",而是更为结构化,即公正是不是优先于具体社会制度的优先价值,或者说公正是不是"价值的价值"并因此而超脱于具体的社会制度形态之上。很显然,英美马克思主义者们对此议论纷纷,但他们的议论却始终纠缠于马克思著作中的只言片语上,而很少考虑上述问题的根本性。他们要么认为马克思是道德主义者,他批判资本主义就意味着揭示了资本主义的消极意义,也就是说明了资本主义的不公正性;要么认为马克思是非道德主义者,其批判资本主义与对人类理想社会的思考已经不再是作为资产阶级道德概念的"公正(与不公正)"所能准确反映的,因而马克思对公正是嗤之以鼻的。显然,公正价值与社会制度评价的价值标准之间存在一个"外在超越"与"内在涵盖"的观点差异。但是,问题在于,无论哪种观点,只不过是从正反两面强调了"公正与社会制度"之间存在着优先性判断的必要性,而忽视了马克思所主张的具体问题具体分析,即对社会矛盾(不公正)的分析必须在具体语境中加以分析的科学主张。无论是公正优先还是社会制度优先,都只不过是为一种"公正理论"贴上了"马克思的标签",是教条化的典型。只有彻底地摒弃"优先性"思维,才能从创制一种马克思公正理论中解放出来，重新发现马克思（主义）的公正话语。① 在这个意义上，马克思公正话语的确存在，但当我们涉及马克思有无公正理论的"严肃讨论"时，根本的问题仍在自由主义政治话语体系中的优先性问题。

当自由主义者发现，公正话语的差异性之所以具有绝对化的倾向，不是因为概念语义本身的分歧，而是因为话语主体的差异性特别是基于利益分化而产生的阶级话语体系的对抗性而导致的差异性是其主要成因后，他们希望这样的"发现"可以被继续创制的"同意的策略"所克服。为此，就必须将发现的差异性搁置，而创制出一种可以克服上述差异性的理论。这样的理论努力既体现在对公正概念本身的修正上②，又体现在对公正话语主体具有"共识需要"的规定性设想中。

总之，不难发现，对于公正话语而言，"发现"隐含在具体公正话语之下的社会关系并从各种社会关系的矛盾性出发，对其加以批判是公正话语理论范式的主要方式。而公正理论则不满足于此，它——其实是理论家——始终希望能够更进一步，用一种公正理论弥合已发现的矛盾，并将这种矛盾作为公正理论体系中的反动状态加以处理，以希望达到某种永恒——即便是动态的永恒——的公正状态（制度）。这正是"发现"与"创制"的不同。德沃金试图在概念解释的层面改变创制出来的关于公正的真理。这一理论进步的贡献就在于，恢复了公正作为一种解释性概念的地位。他审慎地指出：

> 我们应当尽量将真理理论看成解释性主张……我们所共享的广泛的各种各样的实践中，对真理的追求及其成就都被认为是价值。我们并非一成不变地认为谈论乃至了解真理总是好的，但是我们的标准假设是两者都是好的。在这些实践中，真理的价值与各种各样

---

① 这一部分在第五章有具体分析。

② 例如，罗尔斯就对正义概念（concept）与正义观念（conception）进行了区分。"意味着在竞争要求之间的一种恰当平衡的正义概念与正义观念区别开来，后者是把决定这种平衡的有关考虑统一起来的一系列原则。"（参见［美］约翰·罗尔斯《正义论》，中国社会科学出版社 2009 年版，第 8 页）他将自己的正义理论限定在"正义概念"中，却表明与传统的正义观念是紧密联系的。在某种意义上，公正观念在理论谱系上更贴近公正话语。这是需要注意的现象。

其他的价值交织在一起……它包括准确性、责任、真诚、本真性。真理还跟其他各种各样的概念交织在一起：明显地有现实的概念，还有信念、调查、研究、断言、主张、认知、命题、陈述和语句。我们必须对所有这些概念——整个真理概念家族——进行整体解释，试图找到一种对每个概念都能说得通的观念，既考虑到它跟其他概念的联系，也考虑到真理价值和真实性之间的标准假设。①

不过，这种将公正定位于解释性概念的解释还是"犹抱琵琶半遮面"的，作为社会关系符号的公正是没有多大意义的，只有这种符号在鲜活的语言中被应用和传播，才产生了理解它的必要性——概念解释的意义。任何公正理论家在创制一种公正理论时，都不是以完备性作为结束的，而是以解释性为目的的。那么，解释的话语就是公正话语的实质，而不断解释就意味着不断对公正话语进行"发现"。解释的话语越多越充分，其遮蔽性也就越强。在这个意义上，公正话语就是一种微观政治哲学的具体内容。一如马克思那样，天才的社会科学家总是跳出符号而进入符号栖身的社会关系中寻找公正的真正意义，福柯就曾经指出人文科学（话语的科学）与元认识论（语言的科学）之间的差别。在这个意义上，公正话语是一种人文科学②的典型，而公正理论也是元认识论的设计。由此可见，公正话语所体现的人文科学属性"深入人的深处，它们把这样的人当作限定性、相对性和透视性方面的对象——把人当作时间的无限侵蚀方面的对象。也许，对于人文科学的主题，必须更合理地谈论'再一'或'次——认识论的'位置；如果我们去掉一个词缀所能具有的贬义，那么，它就可能更好地说明事情：它说明了几乎

---

① ［美］罗纳德·德沃金：《刺猬的正义》，周望、徐宗立译，中国政法大学出版社 2016 年版，第 191 页。

② 在这里，有必要点明"人文科学"的福柯释义："探讨处于这个有关种种行为、举止、态度、早已作出的姿态、早已发出声音或写就的短语的层面中的生命、劳动和语言；在这个层面的内部，生命、劳动和语言事先是首次提供给那些行动着、行为着、交换着、劳动着和讲着话的人的；在另一个层面上，总是有可能以人文科学的风格来探讨一个事实，即对某些个体或某些社会来讲，存在着像一种有关生命、生产和语言的思辨知识这样的某物——在最大范围内，存在着生物学、经济学和语文学。"（参见［法］米歇尔·福柯《词与物——人文科学考古学》，莫伟民译，上海三联书店 2001 年版，第 462 页）

所有的人文科学都遗留下的模糊、不精确和不确切这样的不可遏止的印象，都只是那使得能定义人文科学实证性的一切所具有的表面结果"①。总之，因此，公正话语的理论范式不是将公正要素按照既定的某种逻辑的方式加以论证、整合，将其构建成一个理想类型，它的方式是将一切公正理论作为一种话语现象放到政治话语分析的"被发现"的画板上，在厚薄的概念解释之间发现具体公正话语的现实诉求和实践指向。进而言之，公正话语所要实现的必定不是"公正"本身，也就是公正话语理论范式的实现方式的破题之处。

三 实践性建构：不同于公正理论的公正话语

凯·尼尔森在《马克思主义与道德观念》一文中提出了一个十分重要的结论，这个结论直接提出了公正话语理论范式作为马克思主义对公正问题论证的理论特点。马克思对公正问题的论证"是语境主义的，因为它不承认存在单独一条或一组可以适用于所有环境的正义原则，但是，这种论述又是客观主义的和解释式的，因为它坚持认为，身处某个拥有其明确的正义原则及其相关实践的情境，有时候要比身处另一个拥有其明确的正义原则及其相关实践的情境更好"②。美中不足的是，尼尔森没能深入下去，进一步考虑公正话语实践的问题。当然，这也与特定的社会条件和行为经验的规定性有关。习近平总书记《在哲学社会科学工作座谈会上的讲话》指出："发挥我国哲学社会科学作用，要注意加强话语体系建设。在解读中国实践、构建中国理论上，我们应该最有发言权，但实际上我国哲学社会科学在国际上的声音还比较小，还处于有理说不出、说了传不开的境地。要善于提炼标识性概念，打造易于为国际社会所理解和接受的新概念、新范畴、新表述，引导国际学术界展开研究和讨论。这项工作要从学科建设做起，每个学科都要构建成体系的学科理论和概念。"③ 这就告诉我们，本书所要研究的公正话语理论

---

① [法]米歇尔·福柯：《词与物——人文科学考古学》，莫伟民译，上海三联书店2001年版，第463页。
② [加]凯·尼尔森：《马克思主义与道德观念》，李义天译，人民出版社2014年版，第349页。
③ 习近平：《在哲学社会科学工作座谈会上的讲话》，《人民日报》2016年5月19日。

范式，既是世界的又是特殊的，是要以马克思主义的立场、观点、方法在批判性地考察公正话语的历史变迁的基础上，在中国语境中不断发现的，这也就是这一范式的实践和建构之维。

概括起来，公正话语理论范式的实践和建构之维应围绕公正话语是被发现的基本判断（下文简称"被发现的公正话语"）展开，成为这一理论范式连接论证方式与实现方式的方法论依据。

在当代公正理论的学术谱系中，"被发现的公正话语"不是横空出世的。它至少具有两个主要来源：一方面是承认论中的公正话语，另一方面是诠释性沟通视域里中国的公正话语。其中，前者侧重于对公正概念的实质性陈述，而后者则立足于对公正理解的程序性陈述，即内容规定性与形式规定性。在很大程度上，这两个主要来源也就是实践着公正话语理论范式的基本捍卫，即在公正话语分析的具体应用中所应维系的核心内容。

在内容规定性方面，承认论域的作用不可忽视。对于这一论域的主张"之所以在当今颇受瞩目，主要是由于他们敏锐地抓住了当代社会现实中的一些关键问题，并将其融入全新的承认语境之中，从而引领了当前社会批判理论思潮的发展"[①]，其传播速度之快和程度之深已经在以"左""右"为基本划分的政治意识形态的两大阵营中均有重要体现。一方面，自由主义中的激进派就认为，政治生活是存在于斗争之中的，化解斗争的根本问题不是寻找到一种政治的真理，如公正的社会制度，而是如何在不同解决方案中相互承认，维持动态的平衡。在这一论域中，公正是一个十分重要的论题。由于现代性社会在创制中所产生的规则思维、制度体系与行为规范越发使得社会中的既得利益群体和统治阶级成为合法代言人，公正的界限与原则并没有带来"创制"之初的理想结构，反而造成了社会矛盾和危机的空前积累和爆发（如2008年以来的世界金融危机以及2016年在争议中进行的美国总统竞选），因此只有在"发现"中寻找不同的公正主张、理论甚至态度，由其共同构成公正话语的合理性，进而以此为基本尊重达致兼顾不同性别、族群、种族、利益团体等各主体对公正状态的相互承认，才有可能实现真实的公

[①] 贾可卿：《分配正义论纲》，人民出版社2010年版，第29页。

正社会。在这里，自由主义激进派主张抛弃创制思维上的公正建构论，而皈依发现基础上的公正话语论。美国学者沃尔泽的复合平等论，在很大程度上就是承认论域中对公正话语的内容规定性进行了较为全面的探讨，公正在术语层面依然还是原来的公正，甚至还需要一些具体的要素和标准，但是这些标准和内容已经不是为了建构一个完整的公正社会，不同领域非但可以具有不同的公正话语，而且这些具体的公正话语也不会再因与某个具体特定的公正标准有差别而承担相对主义的指责。在沃尔泽看来，公正话语在实质上就是一个较大的公正观念，这是因为"正义扎根于人们对地位、荣誉、工作以及构成一种共享生活方式的所有东西的不同理解。践踏这些不同的理解（常常）就是不公正的行动"①，而其所要求的是"（公民们）轮番为治……在一个领域内统治，而在另一个领域内被统治——在那里，'统治'的意思不是他们行使权力，而是比别人享有对被分配的任何善的更大份额"②。

另一方面，西方左翼学者则将自由主义公正理论看作创制的公正伦理，而非真正存在于伦理生活中的公正原则，反对以"具体的公正"特别是分配公正取代公正的总体性，而主张公正的基础性和统摄性的依据是"承认的斗争"与"认同的话语"。南茜·弗雷泽就将自由主义公正理论的核心内容称为"规范的公正"，并认为创造出这一可辨别的逻辑是现代性争论的一个重要产物，但在这个意义上的公正话语永远是规范的，则几乎是不可能的。她指出："不存在有着充分理由的真实世界的语境，在其中，关于正义的公共辩论整个地停留在一个给定的构成性假设系列所规定的边界中。同时，我们也绝不可能遇到这样一种情况，在其中，每个参与者都分享着每一项的假设。此外，无论一个接近规范性的境遇在什么时候出现，人们都有充分的理由可以怀疑，它是建立在对那些不赞同主流共识的人加以压制或边缘化的基础之上的。"③ 而法兰克福学派的重要代表人物霍耐特则将政治的公正看作一种基于承认理

---

① ［美］迈克尔·沃尔泽：《正义诸领域——为多元主义与平等一辩》，褚松燕译，译林出版社2002年版，第419页。
② 同上书，第428页。
③ ［美］南茜·弗雷泽：《正义的尺度——全球化世界中政治空间的再认识》，欧阳英译，上海人民出版社2009年版，第57—58页。

论对国家社会整体的不确定性进行不断克服的现实话语。他在对罗尔斯的批判中鲜明地指出，公正理论所创制的公正制度只能满足一种预先设定的平等的自由，而从未充分考虑过自我实现才是一个公正制度的最终诉求。在他看来，维系社会交往的关系是一种重要的社会善，而为了实现这一社会善，就必须克服基于个体自由之上的不完整性所带来的不确定性。因此，在个体自由上的不完整性的前提下进行公正理论的创制，最终还是无法逃离公正理论在不确定性问题上的困境，也就治愈不了社会分裂的顽疾。在这里，公正话语的观点是："在现代社会所有主体都可以获得参与此类社会的机会。这个观点与此前所说的那个摆脱过程——从错误的教育中摆脱出来的过程——是密切联系在一起的：如果没有这种无拘无束的想象，即由于人们没有意识到，他们在自己的生活世界中采取了一种片面的自由观，因而深受'不确定性'之痛，那么他们就根本不可能获得交互主体理论意义上的正义概念，这种正义概念就存在于现代伦理的观念中。"① 要克服创制这种公正概念的"现代伦理"——实则是自由主义的伦理解释框架，并要积极治愈人与人之间相互疏远而必然产生的分裂，就必须将社会交往作为一种语境条件，实现不同公正主张在开放性的公正话语体系中的自由存在。正是在这个意义上，被发现的公正话语是具有治疗性的，而持续创制的公正理论则只能是关于何种公正标准具有普遍意义的争斗，其结果不是人在社会中的自由解放，而是僵化的控制关系的道德遮掩与伦理控制。"换句话说，这种诊疗性的分析对正义观产生了直接的后果，因为深入透视虚假信念，批判性地克服社会的病症，会促使人们去把握交往前提，透视自由的必要条件，并满足这些条件。"② 在霍耐特等人看来，这就是我们诊断时代的公正理论的意义所在，也正是将公正话语放到政治哲学与意识形态的历史考察中不断解释的"被发现"之意，它将克服公正理论现实化的难题，而使得所有人都可以参与到以公正话语为中心的社会交往中。

---

① ［德］阿克塞尔·霍耐特：《不确定性之痛——黑格尔法哲学的再现实化》，王晓升译，华东师范大学出版社2016年版，第75页。
② 同上书，第76页。

在形式规定性方面，诠释性的沟通视域已经作为一种新兴的方法论成为公正话语的主要论证方式之一。在自由主义公正理论中，基于话语前提（个体的首要性及建筑于其上的自由与权利的优先）而产生的公正观始终将公正原则优先于公正理论作为一个公理。在他们看来，公正原则就是个体首要性这一真理的现象之维，故无须证明。那么，公正理论也就是将公正原则的"本真性"论证确立起来即可，而不同的公正理论就会因距上述"本真性"的远近而分优劣与真伪，但是公正原则是"形式的"，不会直接展示给所有人，即便哲人也只能管中窥豹，这就是每个公正理论在方法论上都是创制的原因。但是问题在于，创制与"臆想"的边界被模糊了。正是因为公正原则与个体首要性之间的"奴化关系"，所以所有自由主义公正理论的源头都是为一种虚假逻辑而辩护的。这样的结果是，要么公正理论成为一种典型的抽象理论，要么公正理论成为一种典型的意识形态，而两者又往往在现实生活中相互干扰。最终，人们可以发现，任何一个宏大的公正理论大多只能在一些微小的问题上成为具有明显局限性的解决方案，如果回归宏大论证的本质考察，则"最为圆融的理论往往就是最易被攻破的理论"。我们所面对的公正理论的繁荣以及时常加以运用的一些观点，只是当我们接受了自由主义公正话语的逻辑前提后，在其话语逻辑内产生的一种"假象"，"只见树木不见森林"就是此种创制的公正理论的"臆想之危"。"这就造成了这样一种局面：致力于创制正义理论的哲学家只关心抽象原则，而忽略了社会现实，因此也就无法区别合法的正义诉求与现实中存在的特定偏见或对权力的渴望"①。而这种"臆想之危"的危害性绝不仅仅存在于自由主义公正理论的创制过程中——因为，假如创制此类理论的人就坚信或者主张其话语前提的真实性，那么倒不失为一种思想的真诚（伯纳德·威廉姆斯之语）——而更重要的是化身为所有公正理论的普遍做法，即从一种不加考量的公正原则的设定出发，却不考虑这一设定的语境条件，以此投射或者观察某个特定语境环境中的公正问题，进而创制新的公正理论或做出以公正（不公正）为名的评价。正如艾里

---

① 贺羡：《"一元三维"正义论——南希·弗雷泽的正义理论研究》，人民出版社2015年版，第57页。

斯·扬（Iris Young）所言，自由主义公正理论需要在方法论上进行彻底的检讨，将公正理论与公正原则的因果关系反转过来，以澄清与批判作为公正理论的"创制"与传播的基本方法，即澄清乃指向公正概念本身，"阐明概念的含义、描述和解释社会关系、表达和捍卫理想与原则"①，而批判系于解释公正之立场，"批判立场不是基于某些先前发现的关于善和公正的理性观念，相反，善和公正观念源于行动加之于现状的欲望否定"②。事实上，这样的创制已然不同于自由主义公正话语的一般方法意义上的"臆想的创制"了，而更加贴近于"发现的创制"。

为与自由主义公正理论相区别，主要是为了避免陷入自由主义政治话语的前见，即个人首先性作为公正原则之根本规定的局限，左翼学者大多在"反""后""超越"的叙事中重新发现公正原则的问题性。其一，弗雷泽提出将霸权视角与关于公正的反规范或规范话语的问题性结合起来，从而实现反自由主义公正理论的目标。她指出："前者（霸权视角）历史性地、战略性地看待了正义话语，其目的在于理解权力转移，但是，后者（反规范/规范话语）却从哲学上、规范化上审视了它，其目的在于揭示具有解放意义的变化的现实的可能性。……因此，这里发展的视角提供了批判的理论化的一个关键性成分，而单独采纳的霸权理论却没有提供这一点：正义话语的难以捉摸但却令人鼓舞的视角，能够揭示确凿无疑的道德侮辱的当代的不公正性。"③ 在这里，像弗雷泽一样，那些侧重于从资本主义社会结构的外部特别是历史的高度，并实现不同于自由主义公正理论且将之作为公正话语的历史类型或者"诸多先见"之一的思想，在总体上所体现的就是"反"的方法论诉求。其二，还有一些学者虽然不同意自由主义公正理论的话语预设和逻辑，但更愿意从自由主义公正理论所产生的资本主义社会结构内部，在重塑这一理论的基础上建立一种多元的公正话语体系，霍耐特对于资本主义社会结构的"承认"表现在他对于自由主义道德观一元性的接受上，并认为这是基于"人的完整性"的合理选择，而"在其存在的

---

① Iris Young, *Justice and the Politics of Difference*, Oxford University Press, 1990, p. 5.
② Ibid., p. 6.
③ ［美］南茜·弗雷泽：《正义的尺度——全球化世界中政治空间的再认识》，欧阳英译，上海人民出版社2009年版，第84页。

深层，乃是归因于我们一直在努力辨别的任何承认模式，这么一种意义是我们日常语言运用中所固有的"①。但是，主体尺度并不是一元的，故在社会生活中特别是在社会交换时，主观偏见实质上掌控了关于公正的见解，这是人被"奴化"的象征。那么，自由主义的一元公正论就是被禁锢的理论体系。霍耐特指出，黑格尔揭示了主体解放的使命，也就是要将公正观念的主观意志在它自身中获得公正原则（制度）的客观性，以公正与关怀的多元化实现将公正从自由主义政治话语的一元论中"解放"出来。在很大程度上，这也就是"后"自由主义公正理论在话语建构上的方法论逻辑，即"提出一元道德为基础的多元正义构想，并试图建构正义与关怀为核心的'政治伦理学'"②。其三，随着马克思主义与公正理论的阐释愈加深入，公正理论实质上主要是自由主义公正理论对这一论题在前理解上的限制与偏见就不断显化。很多学者发现，（假如）马克思有公正理论，一定不同于公正理论的历史形态（主要就是自由主义形态）；而（即便）马克思存在公正理论空场，则更能够证明马克思对自由主义公正理论甚至其所界定的公正概念的不屑一顾。在这里，这种批判态度的"厚"与"薄"都至少说明马克思从没有以公正的规定性出发理解一切以公正为名的社会关系。在此基础上，"超越"论就出现了，即唯物的话语对唯心的理论的"超越"。在这里，公正话语超越论的方法论基础来自于马克思的两大经典论断——"全部社会生活在本质上是实践的。凡是把理论引向神秘主义的神秘东西，都能在人的实践中以及对这种实践的理解中得到合理的解决"③"哲学家们只是用不同的方式解释世界，问题在于改变世界"④。在公正话语的超越论那里，前者是话语理论的方法论建构基础，后者是话语理论的方法论省思渊源。尼尔森提出马克思主义的公正概念之所以具有超越性，就是因为它在本质上是一种辩证话语，"而且，这种观点是可错论的，

---

① ［德］阿克塞尔·霍耐特：《为承认而斗争》，胡继华译，上海人民出版社2005年版，第140页。

② 孔明安等：《当代国外马克思主义新思潮研究——从西方马克思主义到后马克思主义》，中央编译出版社2012年版，第404页。

③ 《马克思恩格斯文集》（第1卷），人民出版社2009年版，第501页。

④ 同上书，第502页。

甚或是历史主义的，但不是相对主义的。……我们没有得到如下这种信念：即所有得到的信念都是同等有效的，或者，某一个道德判断要跟另一个道德判断一样好。……（总之）马克思的辩证方法提供了日益高级、充分的视角，同时又否认那个最高的、最充分的视角是一种'超越正义的视角'"①，可见超越公正的"超越"在方法论上是不断实现的，也就确认了"被发现的公正话语"是始终存在的。因此，超越公正并不会僵化。也正因为如此，超越论的具体路径不但否定了资本主义社会结构的合法性，而且否定公正原则的合法性，要求从公正话语与社会关系之间"中心意义"的选择中发现公正原则，这也就是后马克思主义与马克思主义的分道扬镳之处，也是话语理论内部在面对诸如公正话语这样的具体对象时将会产生的"福柯与拉克劳—墨菲"之争论在方法论上的根源所在。

正如哈贝马斯所言："无论语言世界观在元历史层面上的变化被认为是存在、延异、权力或是想象，无论它是被赋予神秘的拯救内涵、审美震惊、造物主的痛苦，还是被赋予创造性的迷狂，所有这些概念都有一个共同之处，那就是：语言建构视域的创造性与一种内在世界的实践结果脱离了开来，而这种内在世界的实践在语言系统中已经预先被规定了下来。"② 在这个意义上，创制的公正理论本身并不是问题的根源，而捍卫它的实践才是危险所在。因此，在实践与建构中捍卫"被发现的公正话语"不是追求一种内容与方法的"最终幻想"，而是应在诠释性沟通的辩证法中将公正所表现出的诸善、历史传统、政治说服与话语动机进行一种"本质—表象"的判断和排序，将具体的安排结构和方式与具体安排的论证结构和方式区别开来，以此避免那些排他性的理论创制，这就意味着维系"被发现的公正话语"的内涵"不能追求一种'最终结果'，而是要将解释分歧看作诠释性沟通自身的有机组成部分"③。

---

① ［加］凯·尼尔森：《马克思主义与道德观念》，李义天译，人民出版社2014年版，第346页。
② ［德］于尔根·哈贝马斯：《现代性哲学话语》，曹卫东译，译林出版社2011年版，第371页。
③ 杨海蛟：《探索公正理解问题的力作——简评〈政治诠释学视域中的公正问题研究〉》，《探索》2016年第6期。

从实践或建构的内涵层面,"被发现的公正话语"具有上文所论述的两种规定性需要实现或捍卫。这样的实现或捍卫却不能仅仅停留在规定性论证的层面,而应进一步指向实践或建构"被发现的公正话语"的具体规则之中。福柯指出:

> 语言的经验,恰如自然物的认识,都属于同一个考古学网络。认识这些物,也就是揭示那个使它们彼此接近和相互依赖的相似性体系;但是,只就事物的表面上存在着符号总体性而言,人们能在物与物之间发现种种相似性。但是,这些符号本身也只是相似性,它们又回到了那个无限的、必定是未完成的认识相似物的任务上。同样,几乎以相反的方式,语言为自己设定了恢复一个绝对初始的话语的任务,但是,只有设法接近它,设法说些关于它的类似于它的话,从而使大量临近的和相似的阐释精确度得以产生,语言才能陈述这个话语。……恰如大自然的知识总是为相似性发现的新符号,因为即使符号一直都只是相似性,相似性也不能被自己所认识。并且,恰如大自然的这一无限作用,在小宇宙与大宇宙的关系中,发现了自己的联系、形式和界限,同样,因阐释有朝一日会整个地加以揭示并有效地得到书写的文本所作的许诺,无限的评论任务就感到心安理得了。①

人们发现,这些"考古学网络"的话语体验在素材上是分散的,因此才需要确认一种可以将这些素材加以联系、形式化和界限化的规则,也就是如何进行排列。公正话语在话语规定性上对公正理论的扬弃,归根结底是一种理解公正思维的超越,但如果这种超越停留在了思维层面,也就失去了现实意义。因此,公正话语需要通过分析过程来展现它与社会中其所指涉的具体实践及其正当化观念的逻辑关系。这被看作公正话语的规则策略。

事实上,揭示公正话语的规则策略正是对自由主义公正理论进行批

---

① [法]米歇尔·福柯:《词与物——人文科学考古学》,莫伟民译,上海三联书店2001年版,第56—57页。

判的必然结果。在自由主义内部与"左翼"激进理论中，公正话语只是诸多话语批判中的内容之一。而且，这一内容在早期并未引起人们的重视。近年来，随着对公正问题的思考越发深入，对公正的自我理解与自我理解时的理论冲突的同一性就逐渐彰显出来了，这也被看作公正话语的直接论域。"理论之间的冲突和竞争作为一个社会事实，不仅反映着现代性条件下的社会的多元现实而且会反过来助长和强化后者并成为后者的一部分。政治哲学理论如果不能够理解和解释理论多元与现实多元之间的相互支撑和生长，就会趋向于用一元论的线性思维方式来看待自己的理想与社会现实的关系。"① 对此，拉克劳和墨菲的话语理论发挥了更大的用处，在解构马克思的总体话语性方面，他们将"话语"这个范畴进行了碎片化的处理。经过这一处理，马克思的唯物史论的总体感就被"合理地"重构成了具象的分析，成为话语（甚至语言）的存在。权且不论拉克劳和墨菲的尝试是否符合马克思的本意，仅从效果来看，通过话语理论的建构特别是将话语作为一个分析社会关系等问题的工具，其旨在增强马克思主义在诸多现实问题上争辩能力的意图确实值得关注。

不过，后马克思主义的话语理论最终并没有实现它的任务，在过分强调多元化的话语差异的基础上，它们彻底成为一种无政府主义的激进理论。除了对马克思主义唯物史观的持续误解外，它们的内在矛盾也非常严重。

其一，他们在否定经济决定社会的同时却变相地以还原论的方式肯定了话语的"决定性"地位，只不过这一"决定性"不是宏观的，实证主义的，而是"建构论"的"决定性"。其二，他们在否定经济决定论和本质主义，否定马克思的客观性社会总体观的同时，却肯定了话语的"关系决定论"，并试图用"关系论"来取代传统的唯物主义与唯心主义的决定论。那么，如何界定这一"关系论"，并使他们所倡导的"话语"避免沦入"结构主义"的陷阱，是他们的话语理论不得不面临的一个问题。②

---

① 廖申白、仇彦斌：《正义与中国——纪念罗尔斯〈正义论〉出版四十周年文集》，中国社会科学出版社2011年版，第238页。

② 孔明安等：《当代国外马克思主义新思潮研究——从西方马克思主义到后马克思主义》，中央编译出版社2012年版，第549页。

正是在这里，话语如何能够有规则地被加以运用，成为一个有意义的问题。而恰恰是英美分析马克思主义学者在讨论"马克思与公正"问题时，才将这一问题与公正话语相结合，将公正的话语批判从"天上"带到了"人间"。他们所试图做的，就是要超越马克思的总体公正论（公正的本质分析），而提出或阐释马克思的实际公正论（公正的现象分析）。正因为要与拉克劳、墨菲将"话语"作为公正话语的最基本的单元加以区分并真正将公正话语的真实写照作为对象，才需要为"被发现的公正话语"的实践和建构提供一些分析规则。

在现象的层面上，将话语的语言性与实践的历史性进行一种综合，可能是公正话语如何运转起来——"被发现的公正话语"所需要的规则策略——在政治哲学层面上的根本关怀。在面向公正话语而非解释"马克思主义的实质"的意义上，这样的尝试表现了公正话语的社会性与政治性阐释的意义。正是在这个意义上，公正话语的规则策略离不开"马克思与公正"的话语理论观照，而"马克思与公正"的话语理论观照则必须产生一种实践理解策略。有学者就指出：

> 马克思的实践理解策略包含着两个不可再进行现象学悬置、还原或简约的直观既定性：一是通过语言来理解或显示存在及其现象的基本可能性。二是通过实践这一关于人的此在之外的世界历史性的行动来显示和扬弃非世界历史必然性的某种特定的存在状态——某种非现实性的特殊的现存状态，并显示和建构符合世界历史必然性的社会形态——和谐社会。前者是为了认识世界，后者是为了改造世界。在这两者之间，后者处于基始性的中心地位。两者的有机结合，即存在理解与存在扬弃就构成了马克思关于存在问题的实践理解策略。①

在具体的实践理解策略中，就不得不面对英美分析马克思主义所提出的两个基本观点。其一，分析马克思主义是将不同的研究路径、研究方法、研究内容透过马克思主义的"肌体"，或者是将上述内容在马克

---

① 李鹏：《马克思哲学的现象学思想研究》，中央编译出版社2014年版，第28页。

思主义的理论场域中进行检验而另辟方法组合与焦点重塑的过程。正如有的西方学者所发现的：

> 不存在分析马克思主义学派，但另一方面，分析马克思主义现象却将不同的观点和研究路径带到了一起，这是以前的马克思主义运动从来没有过的。甚至在哲学中，分析马克思主义也只是一个现象而非一个学派，或者最多只能说是一个风格独特的研究路径。现在，关注严密性及细节的做法在实践中五花八门，而实际上任何形式的理论化和立场都可以依据这一理论化标准予以考虑和评估。①

由此可见，分析马克思主义认为，公正话语的规则策略就不仅仅是马克思（主义）公正观在公正话语分析中的呈现，而这种分析的目标就是找到（创制）一种完备的马克思公正话语（实质上就是前文提到的公正理论）。而在这一目标的限定下，其具体的规则只能是自由主义公正理论的另一张面孔。以佩弗的社会公正论为例②，佩弗就明确主张马克思对公正的理解与罗尔斯在本质上具有极高的相似性，而对具体规则设定的差异，他认为——

> 我们最初似乎是一个更平等主义的和/或马克思主义的视角，来思考以下反对罗尔斯理论的理由：
> 1. 罗尔斯的反思平衡法和社会契约方法（即原初状态的策略）充斥着对于人类个体本质的资产阶级或个人主义的假定。
> 2. 在存在阶级划分的社会中对罗尔斯的社会正义原则的一致同意是不可能的，因为任何一个这样的同意都将超出一个或另一个阶级的"承担义务的限度"。
> 3. 罗尔斯的正义理论不过是对国家福利资本主义的一种辩护。

---

① ［加］罗伯特·韦尔、凯·尼尔森：《分析马克思主义新论》，鲁克俭等译，中国人民大学出版社2002年版，第5页。

② 为了详细呈现这两个基本观点的实际内容，就有必要直观地表现分析马克思主义在具体问题上的分析。因此，在这一部分中，我们会使用一些分析马克思主义者的大段论述，并对这些论述的重要内容进行标注，以辅助对下述两个观点的理解。

4. 它假定社会分裂成阶级是不可避免的或至少是可以接受的。

5. 它断言消极自由对其他所有的社会正义的要求具有绝对的优先性。

6. 它假定广泛的社会经济不平等与严格自由的平等是相容的。

7. 它假定差别原则是充分平等主义的。

8. 罗尔斯的理论要求政治的民主而不是在社会和经济领域的民主，例如，在工厂里的民主。

9. 这一理论被普遍认为适用于个别的社会（如单一的民族国家）而不适用于作为一个整体的世界。

10. 罗尔斯没有提供关于从不正义的社会到正义的社会过渡的方式的理论；因此，他的总体的社会和道德理论是乌托邦式的。①

其二，分析马克思主义力图通过方法论个人主义和理性选择理论的"马克思主义扬弃"，将改造后的两种解释策略作为公正话语的规则策略的基础，进而以"执行公正"作为具体的规则设计的对象。这就是将马克思主义改造成一种方法论，一种对于自由主义公正理论进行批判的方法论意义上的工具。这种工具的主要任务是将自由主义公正理论的"语境性""条件性"揭示出来，以此发现"燃素"般的公正要素。在20世纪中叶后，方法论个人主义作为"为理性辩护"的代名词，将其主要内容转向了理性选择领域。在这个领域中，就将公正作为一种个人理性选择的必然性（诺齐克）、目标性（罗尔斯）、功能性（阿马蒂亚·森）的给定选项确定了下来。而自由主义公正理论借此再一次在否定对于公正的思考是一个社会的过程中取得了"胜利"。这一胜利在资本主义社会的经济发展、冷战秩序下的意识形态决裂与冲突等的"发酵"下，不断膨胀而成为一种思维定势。在这里，分析马克思主义通过语言规则发现了方法论个人主义的严重反例。"更甚者，语言当然仅仅是这种反例中的一个：存在其他的社会规则系统，例如规范着哲学讨论的规则，或者更普遍的，规范着被接受的学术行为的规则，这些规则显

---

① [美] R. G. 佩弗：《马克思主义、道德与社会正义》，吕梁山、李旸、周洪军译，高等教育出版社2010年版，第392—393页。

然是在不断变化的，因为可以确认的个人在制造着变化。"① 正是在这一大背景下，公正问题自成为分析马克思主义的热点议题伊始，就成为分析马克思主义力图将理性辩护与方法论个人主义分离开来的着力点。而批判自由主义公正理论只是完成这一分离的第一步，第二步则是要对公正本身进行理性辩护。在这里，分析马克思主义从根本上仍是反对马克思主义存在公正观照的，而仅将其作为一种对自由主义公正理论的完善路径加以"改造"后才使用。所以，当自由主义公正理论将资本主义社会的终极价值目标确立为基于个人自由的社会公正时，分析马克思主义是从内心赞同的，分歧只是在于如何更加厚重、更加可靠地塑造一个称之为"执行公正"的概念工具以避免自由主义的意识形态性侵害到"公正"概念的自我完备性。正是在这个意义上，米勒（R. W. Miller）在批评伍德所提出的马克思具有一种社会学性质的公正解释时，才指出："马克思的观点一定是：这种考虑——不断地反思选择何种政治行动——对实际的政治进程没有重要影响。唯一保留下来的对'正义'的用法，可能在当时预设了裁判功能。一个保留用法是社会工程学中的'正义'，在这里，稳定的零散的改革在基本的社会结构中被推行。另一个保留用法可能是把社会抽象地分成正义的社会或不正义的社会，这种划分受到了一种自由的、神启的观点的指导。"②

这两个基本观点被分析马克思主义学者广泛运用到了阶级理论、民主理论的探讨中。而在公正话语的规则策略的探讨中，柯亨做出了重要贡献。在《自我所有、自由和平等》一书中，他对马克思公正话语的论域提出了两大设想，在综合反映上述两大基本观点的同时，为公正话语的规则策略的一般性考察提供了进一步的可能。对此，柯亨指出：

> 第一个领域是马克思主义对资本主义制度的不公正（而不是资本主义历史的某个阶段）的批判。在他们的批判中，资本家能够剥削工人，完全是因为工人被剥夺了占有物质生产资料的权利，因此

---

① ［加］罗伯特·韦尔、凯·尼尔森：《分析马克思主义新论》，鲁克俭等译，中国人民大学出版社2002年版，第193页。
② ［美］R. W. 米勒：《分析马克思——道德、权力和历史》，张伟译，高等教育出版社2010年版，第82—83页。

必须把自己的劳动力出卖给资本家，资本家作为一个阶级垄断了这些资源。因此，在马克思主义者看来，资本主义的不公正可以归结为外部物质分配上的原始不平等，因此消灭剥削并不必然要放弃自我所有观念：改变原始的资源不平等就足够了。如果他们对资本主义不公正的起源的诊断是正确的，那么，马克思主义就能够就左翼自由意志主义者视为原则的问题，开出一副反毒剂。但是，实际上，任何马克思主义者都不会容忍这样一个世界的存在：在这个世界里，由于才能的不同，拥有自我的个体被分为劳动力的出卖者和购买者两大阶级，即使这种状态是从外部资源原始平等的出发点发展而来的。标准的马克思主义对资本主义剥削的批判只有在反对具有肮脏历史的资本主义时才有作用。因为马克思主义者希望能推翻这样的资本主义，所以他们就必须否认自我所有原则。

……第二个领域就是如何设想美好社会。在马克思所设想的美好社会里，生产资源不是私人所有的，但是个体仍然能够拥有对自身的有效主权。他可以随自己的心愿行事，自由地发展自身，而这不仅不会阻碍别人的自由发展，而且是别人自由发展的"条件"。因为物质富足，所以没有必要为了确立条件平等而压制天赋高的人，以有利于天赋低的人，因此，也没有必要为了实现这种平等而限制或修改自我所有权。……如果物质富足不可能实现，那么，人人平等的社会，即任何人都不必为了他人而做自己所不愿做之事的社会也不会实现。马克思主义者必须合理地向自我所有开战，而不该通过庆祝物质富足所产生的人人无限自由而逃避这个问题。①

概而言之，"被发现的公正话语"的规则策略就是要强调"呈现在眼前"的公正世界。那么，围绕这个世界，我们就要通过具体准则对公正话语进行分析。归纳起来，"被发现的公正话语"在分析过程中所需要的具体规则主要包括以下几点。

---

① ［英］G. A. 柯亨：《自我所有、自由和平等》，李朝晖译，东方出版社2008年版，第18—19页。

第一,"摆在眼前"的公正世界是公正话语的分析对象。在真实世界、理想世界与语言表征之间,公正话语的分析在"发现"的层面上只能指向已然存在的事实。不论公正论者如何设想理想世界,他们的分析都应来自于整个现实世界中充满的所有与进行公正评价有关的基本因素。它们以纷繁复杂甚至故意被掩藏的状态存在于公正话语的分析面前。"被用于安排这个'摆在眼前'的世界以及它的二元对立的那些建构过程,也是朦胧不明的。这个世界以及其中的物体,在其出现时便是已然完成的。人们似乎别无选择而只能接受它现在的样子。话语分析的目的就是要阐明'摆在眼前'的世界之创造过程所牵涉的建构活动,因此,在考察问题为何以用此种方式被构造出来之前,我们不愿轻易把任何二元对立视为当然。"① 正因为如此,在真实世界、理想世界的二元对立,以真实世界的分析为中心才意味着"被发现的公正话语"是合理可靠的。

第二,对"政治正确性"的公正理解是公正话语的分析原点。众所周知,"语言使用会受到政治因素的影响。一个国家标准语的建立、语言符号的选择、相同事物不同指称的使用不只是语言使用本身的问题,在许多情况下都可能是个政治问题"②。以此观之,自由主义公正理论创造了丰富多元的公正论,它们具有许多共同特点,其中之一就是设定了公正作为一种"道德的善"并以此作为其立论之基。在这个意义上,个体主义是这一预设的合法性依据而已。情感性的先见,即便是在最中立或最消极的公正理论中,都是其创制性的核心特点。在这里,马克思主义为话语分析提供了一种认识论策略。马克思主义所秉持的唯物史观虽然阐明了道德演进的历史规律,而将任何具体的善恶之感作为特定社会历史条件的必然产物,但是唯物史观并不否定道德批判的姿态选择——立场选择。问题的关键是,姿态或立场的选择是"一次性"完成的——虽然在完成之前可能会经过漫长的考察和思考,而在这样的选择完成后,任何道德评价的活动都应该基于一种情感无涉的、真实客观的

---

① [英] 乔纳森·波特、玛格丽特·韦斯雷尔:《话语和社会心理学》,肖文明等译,中国人民大学出版社 2006 年版,第 193 页。
② 朱跃、朱小超、鲍曼:《语言与社会》,北京大学出版社 2015 年版,第 208 页。

认识论主张。之所以我们不赞同笼统地承认自由主义的"政治正确性"命题,是因为这种承认将上述两个阶段混淆待之。这种混淆的后果自然就会催生一些为了证明某些特定的政治正确性而创制的公正观念。例如,现任美国总统特朗普在其就职演说中多次提到的"人民"与"公正",就是以一种新的政治正确性(即强调个体、强调美国人、强调白人利益)取代旧的政治正确性,进而又将这种新的政治正确性掩饰为普遍的公正观念。我们应该注意,运用马克思主义的意识形态批判,应该辨明意识形态批判存在从消极性定性到客观性运用的差异。"马克思就不应当被解读为是一种带有强烈倾向性的认识论主张,即我们的所有理念和信念都是由我们社会的生产方式决定的,尽管他的表述方式有时会引起这种解读。被如此决定的,并不是人的意识,而是既存于社会中的公共自我意识。具有意识形态性的正是后者,而非他的全部思想和信念。"① 进而言之,公正话语的分析,是在第二个层面上的运用,即公正话语的反身向内的检视。在上述分析的基础上,我们可以发现,公正话语的分析原点的选择就不是任意的,而首要是以"政治正确性"为标准的政治话语中公正问题的表达。

第三,"对社会情境的细致分析"是公正话语的分析方向。显然,公正理论的丰富多元为公正话语的分析提供了诸多大相径庭的素材,而后者的目的就在于将这些碎片化的素材整合为一个整体,或者在一定条件下(容易辨识的条件)的若干基本假设或具体结论。与自由主义公正理论内的共识性整合研究不同的是,公正话语的分析所追求的一个整体不是为了对序列和替代方案形成一定的认同而运用的共识策略,而是在发现"共识性领域"的前提下,为所有视角和理论传统提供比以往更多的互动关系。在撰写《政治自由主义》时期,罗尔斯已经开始主张一种"独立的政治正义观","一个政治正义观具有三个特点:首先,它被设计出来以应用于社会基本结构。其次,它是独立的,'独立于'由民主社会成员持有的整全的道德学说、哲学学说和宗教学说的概念、价值和原则。……第三,某些'根本直观观念'潜在于民主社会的公

---

① [加]凯·尼尔森:《马克思主义与道德观念》,李义天译,人民出版社2014年版,第180页。

共文化之中，它们确立的与其说是某些整全学说，不如说是一个政治的正义观"①。这种观点的基础是将道德真理的公正与政治判断的公正进行一定的区分，他审慎地认为，后者的存在就意味着合理的政治判断是独立的政治正义观的中心，这就与一般的公正原则建构有所不同。那么，基于真理的共识还是基于政治公正的共识，就有所不同了。在这里，哈贝马斯提出了不同的见解。正如有学者所言："哈贝马斯坚持（真理与社会共识之间）这种必要条件关系，认为有共识必然有真理，无共识即无真理，共识必然包含真理。"② 这也就否定了人们可以在政治的公正观上达成共识的可能性。不过，哈贝马斯之所以否定罗尔斯的策略，并非因为无法在政治的公正观上达成共识，而是因为"独立的政治正义观"是难以存在的，只有"终极揭露"才可能发现"政治的正义观"所存在的真实的社会情境。哈贝马斯坦承："通过'终极揭露'，可以一举揭开遮蔽权力与理性混同的面纱——这和本体论的企图是相似的：本体论试图彻底区分存在与表象。但是，如果说，在研究者的交往共同体当中，发现的语境和论证的语境有着紧密的联系，那么同样，权力与理性这两个领域也是紧密联系在一起的，以致我们必须通过程序不断重新把它们区分开来。"③ 正是在这里，只有被"终极揭露"后，我们才可能带有对公正的本质性批判的敬畏与警惕，给"摆在眼前的公正世界"中的那些符合"政治正确性"的公正话语找到现实的分析方向。而且，这些方向也不是任意的，必须在前二者的指向下，才可能确定。对此，有的学者在分析话语态度和行为时，曾经提出了三个话语分析的未来方向或对此有所承应。"第一个领域是，对复杂的、现成的书面文本进行艰巨的考察。……第二个可扩展的领域是对自古就为人所知的修辞学的研究，即如何使用话语以达到说服别人的效果。……第三个可扩展的领域是，鼓励话语分析家对意识形态领域予以关注。"④ 事实上，

---

① ［美］萨缪尔·弗雷曼：《罗尔斯》，张国清译，华夏出版社 2013 年版，第 341 页。
② 杨宝国：《公平正义观的历史、传承、发展》，学习出版社 2015 年版，第 209 页。
③ ［德］于尔根·哈贝马斯：《现代性哲学话语》，曹卫东译，译林出版社 2011 年版，第 150 页。
④ ［英］乔纳森·波特、玛格丽特·韦斯雷尔：《话语和社会心理学》，肖文明等译，中国人民大学出版社 2006 年版，第 198—199 页。

这样的公正话语始终存在于被发现的分析中，而那些不断指向社会情境多元性的分析方向，虽然出现于繁杂无边的资料之中，甚至对分歧产生所需的资源也难以一一囊括，但是，如果我们可以通过一些具体的分析而将系统分析的重要性和价值性以符合社会情境的判断结果呈现出来，也就达到了"被发现"的本意。正是在这个意义上，这也是公正话语在分析过程中的一条重要的具体规则。

综上所论，我们认为，"被发现的公正话语"的规定性和规则性是在实践和建构中捍卫它的主要内容。当然，这还需要对这一规定性加以体系化并进行局限性调整。限于目前分析的需要及其分析资源的情况，这些内容应该在公正话语的理论实验达到一定阶段后再加以进一步分析。而这样的理论实验也就是本书下面三个部分的主要内容。

第四章　公正话语的西方谱系及其体系化

> 正义不仅仅是一个关乎市民社会中的人的权利、个体论、法律和国家的问题；也不仅仅是一个基于某种衡量标准诸如劳动、付出、能力、地位或需求等来进行社会财富分配的问题。我们不能容忍用自由主义进路来定义社会主义的概念结构。相反，正义和伦理——更宽泛地界定——处理的是社会和个人的终极目标问题：美好生活的本质、共同福利和幸福的实现。
>
> ——麦卡锡《马克思与古人》①

讨论当代中国的公正话语体系，需要观察与建构两个层次。在两个层次中，公正话语的理论范式的话语本质观主要运用在观察层面，而话语分析方法主要体现在建构的探索中。没有观察，建构就无从谈起。而观察又有内外之分，外在的观察虽然在理论位阶上低于内在的观察，但它在认识的层次上处于更为基础的地位。在这里，外部观察的真义是：公正话语的理论范式必须通过具体的实践即在运用中经过验证才能真正确立。我们认为，任何时代的、领域的或者人类行为所依存的社会中都充满着以公正为名的话语。它们可以通过表达公正态度的言语、体现个体对公正理解的行为、凝聚社会共识的公正价值、发自内心深处的对公正的崇拜或信仰等不同形式存在着，它们以抽象的形式和现实的形式同时存在着。与公正理论最终追求的是一种科学的唯一性不同，公正话语就像"舞蹈"，即便表达着同样的观念，现实的表现形式也不会完全一样。

---

① ［美］麦卡锡：《马克思与古人》，王文扬译，华东师范大学出版社2011年版，第349页。

因此，公正话语的理论范式所提供的主要功能，除了将公正话语从公正理论等相关范畴或概念框架中分离出来外，还有一个与其分析辨别与实际利用密切联系的功能，即识别。正因为公正话语是一个历史性范畴，所以它的边界并不明确。人们在使用旧话语的同时也在创造新话语；不同话语在争论甚至争夺公正话语的边界时往往也在扩大着旧的公正话语边界。作为政治哲学研究，是有别于历史研究的，我们的目的并不是要穷尽所有的"识别"，而是要发现一个最为主要的，即在社会历史发展的主线层面上的公正话语的主题与边界的变迁。在公正话语的理论范式下，为了达到这个目的，这种识别也就不是任意的，而是"成套装备的"（这与马克思主义的整体哲学思维是契合的）。博登海默有一句名言——"正义具有一张普洛透斯似的脸，变幻无常，随时呈不同形状，并且有极不同的面貌。当我们仔细查看这张脸并试图解开隐藏其表面之下的秘密时，我们往往深感迷惑。"① 其实，公正概念本来并不是变幻不定的，而是它在被话语"感染"后成为变幻无穷的公正话语，使公正话语具有一张普洛透斯的面庞，而本书所要进行的努力，仅仅是公正话语诸多历史面孔中最能揭开其秘密的"那一张"。在本章里，虽然我们的分析对象是西方，但是我们的目标关怀仍是中国，理解西方公正话语及其体系化也就为我们如何建构自己的公正话语体系进而传播它提供了历史的考辨与经验。

第一节　西方公正话语的古典谱系：面向政治德性及其教育②

在当代，当公平正义已成为制度核心价值时，作为美德的正义却被

---

① ［美］E. 博登海默：《法理学——法哲学及其方法》，邓正来等译，华夏出版社 1987 年版，第 238 页。

② 本节着力以亚里士多德的公正理论为切入点，进而按照公正话语的理论范式阐述西方古典公正话语的实质指向。之所以如此处理，主要是因为亚里士多德的德性伦理学是经典诠释与政治哲学研究的重要内容。其中，正义问题的地位举足轻重。从经典诠释角度看，《尼各马可伦理学》与《政治学》中的正义观存在片面解读问题，需要元典解释，由此揭示正义作为政治德性的总体性、属人性与实践性的特征；从政治哲学角度看，亚里士多德的政治德性及其教育与正义观之间的关系存在被割裂的问题，特别是公共性和私人性的划分限制了今人对政治德性的完整理解，可以通过对公民政治德性的逻辑诉求、德目内容以及政治性教育的实现等方面的分析而得以重勘。在此基础上，亚里士多德的政治德性论及建构其上的正义观不仅深刻影响了马克思的正义观，而且对今天我国社会主义核心价值观融入社会生活特别是公民教育中具有积极的意义。

人忽视了。政治正义被限定在政治制度（或社会制度）中，而很少涉及人的维度。与此不同，亚里士多德的德性伦理学坚持城邦正义作为背景正义的目的在于公民德性的实现，认为政治正义应是一种人的正义，主张只有关心人类的美德与自我实现，才能实现城邦正义（制度正义）。这种古典政治正义观具有非常重要的现实意义。公正，作为社会主义核心价值观，既需要强调制度维度，也应注重人的公正德性。为此，有必要回归亚里士多德的政治德性论，认真阐释政治德性与政治性教育是正义作为一切德性总汇这一政治正义的古典维度。借此，对我国社会主义核心价值观融入社会生活特别是公民教育中可做有益之参考。

一 古典政治德性的回归：必要性与可能性

近现代的正义论者往往认为，亚里士多德的正义论具有权利本位导向，特别是他将正义与守法、平等联系起来分析的时候，这种意向性就更加明显了。但是，这种观点属于时代性误解。我们认为，在原文本语境中，无论是总体正义还是具体正义，亚里士多德并没有一个权利的设定。为此，有必要从总体正义和具体正义两个方面辨析亚里士多德的正义观，进而指出他实际上是在为一种效果导向的德性论进行辩护。

（一）总体正义的政治德性

亚里士多德赞同"公正是一切德性的总括"，同时，他指出"我们要探讨的既是公正本身，也是政治的公正"①，而"政治的公正或不公正如我们看到的是依据法律而说的，是存在于其相互关系可以由法律来调节的，即有平等的机会去统治或被统治的人们之间"②。那么，政治正义（政治的公正）所体现的总体德性是什么呢？是法治所规定的正义性规定了人的公正德性，还是人的公正德性实现了法治的德性？一种流行的观点倾向于将公正德性看作客观物，认为法治的正义性代表公正德性，规定了人的公正德性。但事实上，法治的德性固然重要，但是离开了人治德性——统治或被统治之人的德性——它无法真正实

---

① ［古希腊］亚里士多德：《政治学》，吴寿彭译，商务印书馆2009年版，第161页。
② 同上书，第162—163页。此处，吴先生翻译为"治理与受治理"，其企图大概是要坚持"中立性"，但笔者认为，统治与被统治更为贴近本义，而且并不会影响理解的中立性。

现。对于总体德性而言，法治德性是形式的，而正义与政治正义则是质料的。亚里士多德指出，"守法的公正是总体的德性，不过不是总体的德性本身"，"公正最为完全，因为它是交往行为上的总体的德性。它是完全的，因为具有公正德性的人不仅能对他自身运用德性，而且能对邻人运用德性"①。对此，亚里士多德从五个方面进行了深入诠释。

第一，人的判断力使法治得以实践化或应用化并因此而存在，只有推动具体的政体存续的法治才会被人维系下去。② 第二，法律不具有自决性，人的判断力需要为其决定适用范围，抑或解释法律。正如有人所言，法律可以主张其对于军事与宗教事务具有权威性，不过人类则决定哪些是军事或宗教事务。③ 第三，只有人的判断力才能确定反对或拒绝大众普遍服从的法律。第四，政体的存续与正义都要求通过祛除那些由群氓所制定的简单、粗鲁与愚昧的法律等方法，以人的评价推动法治。亚里士多德在评价库梅的一条刑法时指出："［原始的许多习俗（不成文规律）必须废改］而且随后所立的成文规律也不应该一成不变。在政治方面，恰恰同其他学艺相似，不可能每一条通例都能精确而且无遗漏地编写出来，用普遍词汇所叙录的每一成规总不能完全概括人们千差万殊的行为。"④ 第五，法律只能判定案件的范型，而人的判断力才能判定公平（epieikeia）。亚里士多德明确指出，在（守法的）正义与总体的正义之间还有公道，它优越于前者，"法律之所以没有对所有的事情都做出规定，就是因为有些事情不可能由法律来规定，还要靠判决来决定。因为，如果要测度的事物是不确定的，测度

---

① ［古希腊］亚里士多德：《政治学》，吴寿彭译，商务印书馆2009年版，第142、143页。

② 这基于"政体与人的一致性"，亚里士多德指出："'人类自然地应该是趋向于城市生活的动物'（'人在本性上应该是一个政治动物'）。人类即使在生活上用不着互相往来的时候，也有了与社会共同生活的自然性情；为了共同利益，当然能够合群，［各以其本分参加一个政治团体］各如其本分而享有优良的生活。就我们各个个人来说以及就社会全体来说，主要的目的就在于谋取优良的生活。"（参见［古希腊］亚里士多德《政治学》，吴寿彭译，商务印书馆2009年版，第133页）

③ Douglas M. MacDowell, *The Law in Classical Athens*, London: Thames and Hudson, 1978, p. 194.

④ ［古希腊］亚里士多德：《政治学》，吴寿彭译，商务印书馆2009年版，第81—82页。

的尺度也就是不确定的。"①

可见，法治德性与人治德性的关系就不是矛盾对抗或优先性的关系，而是人治德性控制法治德性超出其适当之权威性，但应以法律辅助、保护政体为目标，并且要获得法之精神的教育。对此，亚里士多德提出："凡订有良法而有志于实行善政的人（城邦）就得操心全邦人民生活中的一切善德与恶行。"② 这充分阐明了政治正义就是作为统治与受统治之人的政治德性及其教育。在这个意义上，正义与政治正义作为总体德性本身始终是属人的，是潜在与实现的关系，正义是总体德性，那么实现的总体德性就是政治德性。很多时候，我们习惯从德性的种类分析人的德性，却忽视了人本身。那么，政治德性就可以这样概括："（一）真正的幸福生活是免于烦累的善德善行，而（二）善德就在行于中庸——则［适宜于大多数人的］最好的生活方式就应该是行于中庸，行于每个人都能达到的中庸。又，跟城邦［公民团体中每一公民的］生活方式相同的善恶标准也适用于政体；政体原来就是公民［团体和个人］生活的规范。"③ 这种属人的政治德性之所以是优越的，是因为它要比人所存在的政体更加的善。在亚里士多德看来，一种政体实现了它的德性就是相对于其最极端的形式而实现了中庸；但是，人的政治德性要更为高阶，它不仅实现了相对于政体极端形式的中庸标准，而且相对于已实现的中庸而言，政治德性仍是它的标准。

即便是在最佳政体中，公民的政治德性依然是政体德性的评价标准，这说明了政治德性在应然层面的优先性。不过，强调属人的公民政治德性优先于自然的政体德性，不仅是应然的考虑，也是实然的选择。现实中的政体并非总是最佳的，那么如何评价它呢？是依据现实政体的规范德性（客观形式），还是从现实政体中公民的实际德性出发观察

---

① ［古希腊］亚里士多德：《尼各马可伦理学》，廖申白译，商务印书馆2009年版，第176页。

② ［古希腊］亚里士多德：《政治学》，吴寿彭译，商务印书馆2009年版，第141页。此处译文略有商榷之处，根据 Terence Irwin, H. Rackman, W. D. Ross 等人的几种英译本的译法，此处多译为 "All those who take thought for good order [eunomia] give careful attention to political virtue and vice"，因此中文意思为"所有关心良好秩序的人都会审慎考虑政治德性与恶性"。笔者认为，英译似较为准确，为保持本书引注的一贯性，仍援引吴先生译文并做如上说明。

③ ［古希腊］亚里士多德：《政治学》，吴寿彭译，商务印书馆2009年版，第208页。

呢？对此，亚里士多德举了一个例子，"在许多城邦的实际政治生活中，往往凭法制而论，原来不是民主政体，但由于人民的教育和习性，那里却保持着民主的作风和趋向。反之，有些订立了民主法制的城邦却由于人民的教育和习性，实际上竟趋向于寡头主义的统治"①。显然，政体德性是静态的，而人的政治德性则是实践的。通过人的政治德性观察政体并加以评价，在现实中也具有实践的优先性。

（二）具体正义的政治德性

亚里士多德在《尼各马可伦理学》第五卷中关于"正义"的讨论不是孤立的，必须与《政治学》互为支撑，才能准确地加以理解。在总体正义的政治德性方面，亚里士多德实质上解决了具有政治德性的人（同样也是个体与公民）与他者的关系。然后，他在转向"狭义分析"即具体正义的政治德性之前，隐晦地指出一个具有政治德性的正义之人所付出的要多于索取的："公正所促进的是另一个人的利益，不论那个人是一个治理者还是一个合伙者。……最好的人就是不仅自己的行为有德性，而且对他人的行为也有德性的人。"② 在此基础上，亚里士多德才进入了分配正义、矫正正义与回报正义的解释。

亚里士多德将分配正义看作对荣誉、财富以及其他一切可以具体化的社会目标性资源的平等分配。但是，这种平等分配绝不是数量的均等分配，而是不同政体下不同政治德性的人所需要的相关性社会资源的平等分配。他认为："分配的公正要基于某种配得，尽管他们所要（摆在第一位）的并不是同一种东西。民主制依据的是自由身份，寡头制依据的是财富，有时也依据高贵的出身，贵族制则依据德性。所以，公正在于成比例。"③ 后来人们大多以为"比例与应得"是亚里士多德分配正义的核心，甚至将其奉为现代分配正义思想的始祖。但事实上，亚里士多德认为的分配正义问题的关键，实质上并不在于"比例分配"的机制，而是民主制、寡头制、贵族制所秉持的政治德性的差异性。换言之，亚里士多德在《尼各马可伦理学》中对比例的分析与解释并不是

---

① ［古希腊］亚里士多德：《政治学》，吴寿彭译，商务印书馆2009年版，第196页。

② ［古希腊］亚里士多德：《尼各马可伦理学》，廖申白译，商务印书馆2009年版，第143页。

③ 同上书，第148页。

他分配正义的真义,而是一种方法的描述。他在《政治学》中清楚地指出:"人们都企求符合正义(公道)和比例(相称)平等的原则——虽有如曾经说明的,世界迄今还都未能实践这种原则。"① 因此《尼各马可伦理学》中的公正原则要"跟城邦生活方式相同的善恶标准也适用于政体;政体原来就是公民(团体和个人)生活的规范"②。简言之,分配正义是一种通过比例平等的方法来培育与相应政体的政治德性所需要的制度的最佳方式,正确的东西就是分配正义的实现,但分配正义的实现必须意味着城邦(国家)从中受益的同时全体公民的配得利益也增益,而这依赖于特定政治德性的养成。

所谓矫正正义,"它是在出于意愿的或违反意愿的私人交易中的公正。……也就是得与失之间的适度"③。矫正正义的实质就是私人财产的正当性,即私人的正当性,进而言之就是否定政治德性可以渗入私人生活。从表面上看,假如分配正义需以政治德性为基础是由于公共物的分配本身就涉及公共事业而具有公共性,那么基于私人交易的矫正正义为何也是政治德性的结果呢?亚里士多德提醒人们,竞争规则的确是一个城邦中私人生活的必需准则,但是这并不意味着私人交易的性质是"私人的"。他在指出矫正正义是得与失之间的适度时,并非针对交易主体,而是指向共同支配。在《政治学》中,这一态度表现得十分清楚。在探讨私人财产时,亚里士多德批评了"法勒亚政制"的缺陷,他说:"这个政制的种种安排(私人财产的保护、均产原则等),其目的都在图谋国内的安宁和正常生活;但立法家也应该考虑到邻邦和外国的关系而安排好防御措施。在缔造一个政府时,必须注意武备,而他在这一方面却完全没有讲到。在财产问题上实际也应该考虑到战时的需要。各家的经济储备,不仅应该足供每一公民平时在国内的政治活动,还应当有些余裕以应付外敌入侵时的军需。制定各家财产的平均额就应该照顾到这一方面。……世间重大的罪恶往往不是起因于饥饿而是产生于放肆。"④

---

① [古希腊]亚里士多德:《政治学》,吴寿彭译,商务印书馆2009年版,第236页。
② 同上书,第208页。
③ [古希腊]亚里士多德:《尼各马可伦理学》,廖申白译,商务印书馆2009年版,第150、151页。
④ [古希腊]亚里士多德:《政治学》,吴寿彭译,商务印书馆2009年版,第72—73页。

用通俗的话来说，没有一种绝对私人或绝对权利的标准来判定私人交易的正义性，矫正正义维系的不是私人的利益与权利，而是通过一种一般性的财产评价方式来提高一个城邦的财产规则的实用性，而这种实用性的目的在于确保和提升公民在私人生活方面仍能不断提升自我的政治德性，而不仅仅陷于私利的定额计算里。

亚里士多德最后考虑的具体正义是"回报正义"。他认为，回报正义的基础是比例平衡而不是数量一致，这与分配正义的初衷是相同的，但回报正义的特别之处在于它指向与整个城邦集合起来所相称的全部回报。"为了提醒人们回报善而在城邦中建立了美惠女神的庙宇。因为，以善报善是一种美好的品质：我们有责任以善来回报一种美好的恩惠，而且在此之后应当率先表现出自己的美惠。"① 换言之，亚里士多德在强调回报正义的时候，并不是在说明如何交换才是正义的，是将回报正义看作在交换特别是具有不同品质的人们在交换时使人们都能够通过互动而得到所需之物的基础上产生的联系纽带，即团结的美德。众所周知，团结是友爱的象征，是优良政体至关重要的德目。亚里士多德解释道："交易的东西必须是可以以某种方式比较的。……货币是一种中介物。它是一切事物的尺度，也是衡量较多与较少的尺度……除非这些东西是可以用某种方式平等化的，否则这种比例就建立不起来。……所有的东西都必须由某一种东西来衡量。这种东西其实就是需要。正是需要把人们联系到了一起。"② 在这里，回报正义的主题是人与人的交互行为（如交换），而这里呈现出来的特殊交换物——货币——只不过是城邦维系的一般"交换物"——政治德性——的具体存在，前者是后者的表达，即构建一个稳定团结的政体，践行友爱的政治德性，因此政治德性就是回报正义的基本标准即那些具体交换中的正义准则。

综上两个方面，政治德性的养成是正义的前提，由此才能实现守法的德性进而使一个政体存续。为此，亚里士多德具体分析了支撑政治共同体的政治德性，即它的具体品质（内容）。

---

① ［古希腊］亚里士多德：《尼各马可伦理学》，廖申白译，商务印书馆2009年版，第155—156页。
② 同上书，第157页。

二 古典政治德性的内容：政治正义的基础

我们认为，在亚里士多德那里，政治德性决定了正义，不论是总体正义还是具体正义。任一政体都必须培育与之相符的公民政治德性，而不仅仅是建构形式的制度正义或权利正义。他指出，法律本身未必总是好的，恶法更会让人胡作非为；同时，即便政体已达到中庸的最佳状态，人仍可要求更好的良好秩序。相对于法律，政治德性的养成会更有益于政体的优良品质的形成而不仅仅是不良品质的消除与限制。在这里，亚里士多德所认为的公民的政治德性的内容主要表现在五个方面。

（一）自制

亚里士多德认为，在任何政体中，不论是需要（need）还是欲望（want），人们都应该抵制偷窃的冲动。① 要实现抵制这种冲动的目的，"就必须用法律来订立有效的教育，人欲没有止境，除了教育，别无节制的方法"②。而通过教育获得的"节制"，不论它是"engkratoi"还是"sōphronēs"，都意指人们对财富的欲念仅仅是对需要的满足且应对他人慷慨。而与此呈鲜明对比的是，作为自由主义正义话语核心的善（good or goodness）却以欲望（want）或者说利益为本，"善的唯一考量是个体欲望或个体若干欲望的综合，善只存在于个人的意愿中"③。在亚里士多德那里，人的意愿不是任意的，是在听从逻各斯的意义上分有逻各斯④，而且它要从属（位阶较低）于理性（实践理性与玄想理性），而且"具有理性的部分是较高较优的部分。……人们凡是足以造诣于这三项（全部）操行或其中的两项，必须置重点于其中较高较优的一项"⑤。因此，作为政治德性的品质，节制不是打压欲望或放任，而是通过政治性教育使之高尚化。这就意味着节制不但要控制人的放任之情，而且要主动介入人的生活，使之无法丧失获得完整生活的机遇。

---

① ［古希腊］亚里士多德：《政治学》，吴寿彭译，商务印书馆2009年版，第72页。
② 同上书，第71页。
③ R. M. Unger, *Knowledge and Politics*, New York: Free Press, 1984, pp. 67 - 68.
④ ［古希腊］亚里士多德：《尼各马可伦理学》，廖申白译，商务印书馆2009年版，第35页。
⑤ ［古希腊］亚里士多德：《政治学》，吴寿彭译，商务印书馆2009年版，第394页。

(二) 信任

亚里士多德指出,人们在社会中产生信任的前提是人是值得信任的,而且如果国民之间没有信任,那么这个国家就难以为继,因此,信任是政治德性的重要品质。"一个城邦的公民,为了要解决权利的纠纷并按照各人的功能分配行政职司,必须互相熟悉各人的品性。"① 信任之所以是政治德性,不仅因为它是维系国家的基础,而且因为它是优良整体的保障。在一个政体中,信任越是普遍,这个政体的优良程度就越高,独裁与"民粹"(诡辩式民主)就越难以渗透。每个国家都可以划分为富人、穷人与中产三个不同阶层,富人和穷人是互不信任对方的,因此"要取得两方最大的信任,必须有一个中性的仲裁,而在中间地位的人恰好正是这样一个仲裁者。共和政体中的各个因素倘使混合得愈好愈平衡,这个政体就会存在得愈久"②。与此同时,信任还是同意的基础。与近代自由主义的契约同意论不同,亚里士多德认为,信任奠定同意进而产生财产性与统治性的契约,"一个城邦不只是在同一地区的居留团体,也不只是便利交换并防止互相损害的群众团体"③,而是基于信任而产生的品性相熟的共同体。

(三) 慎思

在哲学语境中,思(think)是存在与人本质的关系。这一观点是关于苏格拉底和柏拉图的哲学返乡之旅的结果。的确,亚里士多德将慎思(thoughtfulness)作为希腊人特有的政治德性,是一种真正使人具备统治和被统治能力的德性,是技艺(technē)与明智(phronēsis)的综合。对此,亚里士多德指出,"对于不同性质的事物,灵魂也有不同的部分来思考。这些不同能力同那些不同性质的事物之间也有某种相似性和亲缘关系"④,而且"技艺和明智是同可变的事物相关联的"⑤,它并不是如何做与做得更好的品质,而是一种实践品质。慎思的重要性在于,一

---

① [古希腊] 亚里士多德:《政治学》,吴寿彭译,商务印书馆2009年版,第361页。
② 同上书,第214—215页。
③ 同上书,第143页。
④ [古希腊] 亚里士多德:《尼各马可伦理学》,廖申白译,商务印书馆2009年版,第181—182页。
⑤ 同上书,第190页。

方面，对于立法者（国家）而言，"既赋有理智又赋有精神的那一种人民，不难引导他们达成善业（善德）"①；另一方面则是它难以被创造，国家只能教会慎思技艺却无法规定一种自然的政治德性，而明智即德性会使人更加遵从德性。这意味着慎思可以转化为好的评价与审议，甚至直接展现审议之后果，但它们只有在慎思这种政治德性不断自然开显才有意义。

（四）精神力（spiritedness）

精神力，就是使生命富有激情的德性。在研究亚里士多德的德目时，人们很少注意精神力作为公民德性的重要性。所谓精神力，是指维系自由生活和优良政体的保证。亚里士多德认为，它不是人的自然本性，这不同于冲动或激情，而是人的自由意志的产物。与柏拉图不同，亚里士多德认为，公民的精神力虽然是捍卫本城邦的生命激情，但不以排外为特征。精神力是一种渴望统治与不甘屈服的灵魂机能，但并不会侵犯公民的自由与自治，因为它的基本限定是恪守友谊的义务。由此可见，精神力作为公民德性的限度是强调内在生命力的旺盛以避免外在的激情。唯一的例外仅是回应不义的情况，"凡胸襟豁达、神志高爽的人，其性情必不应该摆出暴戾"②。在很大程度上，精神力是人为什么会做出保护行为的内在德性。但这要与动物的搏斗性区别开来，即人的精神力是一种道德感或道德态度，是忠于自身与珍视之人（dear）或诚以向善的观念。在这个意义上，精神力作为一种政治德性是与政治判断密切相关的。

（五）善意（good will）

人们既然具备精神力，那么基于此共同情感塑造的友爱就成为一个城邦的至善。只要人们的关系越紧密，这种友谊的诉求就会越强烈，同时也会变得越具体，即政治和睦（concord）。亚里士多德指出，政治共同体的至善之所以是和睦，是因为善意而非敌意塑造了它。他特别指出，善意不是相互的。这是因为人们不会就特定事物的品质产生共通感，而是对同类具有一般意义上的珍视感。正如有的学者所言："对友

---

① ［古希腊］亚里士多德：《政治学》，吴寿彭译，商务印书馆2009年版，第367页。
② 同上书，第368页。

爱的讨论使亚里士多德从自我中心的伦理学走到人际关系的伦理学，从个体的德性的伦理学走到人际伦理的伦理学。"① 尽管亚里士多德并不认为公民的善意是相互的，但是他承认这种善意应该是相互平等的。因此，政治和睦在守法与重法的语境中，就自然而然地具体化为奖惩的适当分配，或者说这就是在实现正义。那么，在政治共同体（城邦、国家）中，立法者虽然是为了实现正义，但却不应限定于此，而是应该更加关注政治友爱（政治和睦）。

综上可见，五种政治德性既是并列的关系，又是递进的关系。当公民具备了善意的政治德性后，正义的实现便是自然的。正是在这个意义上，我们认为，亚里士多德的正义根植于他的政治德性观。而正义，就绝不仅是一种总体德性——这仍旧将正义限制为一种德目而忽视了它是政治德性养成的自然结果。准确地说，政治德性居于正义之前。也就是在这个意义上，亚里士多德才能进一步提出，属人的政治德性是指向统治的与受统治的人，这不是人在不同阶段、阶层的划分，而是属人性的内在构成。政治德性并不是抽象的人性，也不是市民性（即现代意义上的公民性）或"内圣外王"的君主性，而是作为统治与被统治的人的德性。作为统治与被统治的人，是潜在性的。真正作为一名统治者，并非要超越或不同于人的政治德性，而是将这些政治德性的一部分加以具体化。例如，统治者应该做的更高水平的慎思即审慎，更严格的自制即节制，更充分的善意即正义感。

三 古典政治德性的养成：政治性教育的出场

政治德性既是应然的，又是实然的。在应然与实然之间，就是它的养成。亚里士多德认为，在任一政体得以存续的原因中最重要的是与之相配的政治性教育，而政治性教育的目标只能是让公民在政治共同体中获得幸福以及过有德性的生活。他反复强调，公民的德性与政体之间是无法割裂的，前者必须支撑后者。那么，政治性教育既培育对相应政体的认同，又帮助公民实现潜在的政治德性，即古典政治性教育的"一体两翼"功能。从主体性角度来看，与当代政治教育不同的是，古典政治

---

① 廖申白：《友爱在亚里士多德伦理学中的地位》，《哲学研究》1999年第5期。

性教育是要塑造一个集杰出个体、杰出之人与杰出公民于一体的正义者。关于政治性教育，亚里士多德的论述虽然丰富但却零散。与理论哲学家不同，他并不热衷于理论体系的构建。不过，他的确认真思考并阐释了政治性教育的指导原则，并对政治性教育的过程进行了细致的区分与解释。

（一）政治性教育的基本原则

在公私二分的语境中，公共性是亚里士多德政治性教育思想的基础与目标。但是，假如政治性教育是为政治德性的养成，而政治德性又是公民成为人、成为杰出之人以及杰出公民的正义之尺，那么政治性教育就不仅是为了培育城邦所需之素质，而且要求激励个体潜能与潜质的自我实现。如果以现代政治哲学的观点审视，亚里士多德的政治性教育在今天就同时具备制度文化传袭与个人品德塑造两大功用。

将上述两者同时纳入政治性教育，是为了既保持城邦的一般品质（底线）又尊重多元化的选择——这种选择是以培育杰出与最优化为标准的，而不是今天的选择自由。那么，如何从根本上确保这两种功能的存续并防止任何一个功能损害、侵蚀另一个功能？亚里士多德进行了充分阐释，为提出政治性教育的基本原则奠定了基础。他说：

首先应认清不同人，不同的政治德性，不同的城邦以及差异的政体，人们经由善德而实现的幸福绝不是相同的。

最优良的善德就是幸福，幸福是善德的实现，也是善德的极致。但这在生活实践之中，并非人人所可获得；有些人达到了充分的幸福，另一些人或仅仅参加优良生活的一小部分或竟然完全无分。这样，其后果是明显的。由人们不同的德性，产生不同种类的城邦，建立若干相异的政体。

那么，为了满足上述差异性，对于个人的政治性教育的目标就无法存在某种实质性准则，而必须遵循形式（方法性）准则。

人们如欲有所作为，必须注意两项标的——可能标的和适当标的；人们努力以赴各自的标的，尤应注意这些标的的可能性和适当性确实与本人的情况相符合。……显然应该要求符合三项标准——

中庸标准、可能标准和适当标准。①

在这里，亚里士多德明确提出了政治性教育的三个基本原则。第一，可能原则。顾名思义，这就是要求政治性教育尊重人性的限度。不顾这一限度，政治性教育就无法取得成效，或者事倍功半。例如，人们不可能教育三岁孩童解析几何知识或协商民主理论。第二，适当原则。所谓适当，就是以实现杰出的个体、人与公民为目标，一旦条件符合可能原则，那么就应因势利导，提供激发潜能的教育。例如，当孩子的年龄已经到了能够认字或者能够学习进餐礼仪的时候，知识教育与道德教育就不应停滞不前甚至虚与委蛇了。第三，中庸原则。相对于前二者，中庸（mean）就显得比较复杂。亚里士多德从第一、第二原则中举了两个例子来说明中庸原则。第一个例子："就音乐而言……年老气衰便难再唱高音乐调，他就只能低吟较轻柔的词曲。"② 第二个例子："我们应该想到年华荏苒，人生必将衰老，那时就愿有低柔的乐调和音乐了；而且这类乐调和旋律也正需应用于少年时代的音乐教育。对于儿童们，凡内含有益的教训并可培养秩序的曲调就应该一律教授。"③ 由此可见，中庸原则在形式上是一种适度，但由于政治德性是一种政治生活的最高善，所以中庸在政治德性的教育中又是一种极端。在可能与适当两种原则之间，中庸原则是二者的调节。

在基本原则确立后，政治性教育的提供者（立法者）就要考虑对于不同年龄的人群，哪些习惯性因素可以成为政治性教育的内容，如何使之在不同年龄群体中与理性论辩相结合，进而使人们心悦诚服地将理性论辩不断内化为习惯性因素，而这就是政治性教育的方法问题了。

（二）面向习惯行为的政治性教育

启蒙运动以来，理性的作用超越了习惯的作用，并成为人文教育的最终目标。但是，在古典政治性教育中，习惯行为是政治性教育的首要内容与基础阶段。尽管习惯行为并不能真正体现理性的要求，但是任何

---

① ［古希腊］亚里士多德：《政治学》，吴寿彭译，商务印书馆2009年版，第370、440页。
② 同上书，第440页。
③ 同上。

理性（政治秩序的构成与知识德性的培养）都需要付诸实践，即在行为中实现并最终成为习惯行为。亚里士多德认为，习惯之所以重要，是因为它决定了个体的认知程度与城邦的制度品质。一方面，只有习惯行为才能完成个人认知。亚里士多德指出："如果说仅仅知道德性是什么还不够，我们就还要努力地获得它、运用它，或以某种方式成为好人。"① 另一方面，习惯行为作为获得政治德性的表现形式也是塑造优良政体的技艺。"我们先运用它们（德性）而后才获得它们。……立法者通过塑造公民的习惯而使他们变好。"②

习惯行为有多种，政治性教育难以培育所有的习惯行为。因为政治性教育的基础和目标是政治德性，所以只有指向政治德性养成的习惯行为才是政治性教育的必要内容。换言之，"一个立法者必须鼓励趋向德性、追求高尚的人，期望那些受过良好教育的公道的人们会接受这种鼓励"③。为此，作为习惯的政治性教育可以划分为两个阶段或层次。

第一阶段或层次是针对儿童的体育与道德教化。这种教化具有强制性与监管性。儿童的理性力很弱，而身体却可以通过训练得以增强，这是体育教化的起点。但是，身体素质的增强不是体育教化的全部。亚里士多德更重视体育教化对于生活德性养成的直接影响。比如，身体有助于竞争，而竞争的目标是荣誉；身体是捍卫城邦的必要条件，而捍卫城邦是勇敢的代名词。在很大程度上，体育教化是为了实现政治德性的完整性而存在的。与此同时，培养儿童的好恶感直接影响到他们未来的思维，例如热爱一切高尚之事而厌恶一切粗鄙之物。在教会孩子"用脑思考"之前，可以通过话语、文字、示范等习惯行为教导其基本礼仪、道德感与责任心，而这一切正是道德教化的基本内容。这些习惯行为并不是任意的，当儿童长大到能够掌控理性的时候，它们便作为"映射"重现而增强其德性的完备性。

第二阶段或层次是针对非儿童的韵律教导。这是青年人与成年人获取公民政治德性的最佳途径。亚里士多德特别强调，韵律（音乐）是

---

① ［古希腊］亚里士多德：《尼各马可伦理学》，廖申白译，商务印书馆2009年版，第341—342页。
② 同上书，第37页。
③ 同上书，第343页。

一种道德教育。他说:"音乐可以陶冶我们的性情,并对于人生的欢愉能够有正确的感应,因此把音乐当作某种培养善德的功课。"① 人们容易接受韵律(音乐)是一种高级的快乐,更直接地让人产生向往美好的德性。但关键的问题是,韵律(音乐)是否能够成为政治德性的养成之途。对此,亚里士多德认为,对音乐的鉴赏有助于道德评价能力的养成,而后者是信任与慎思等政治德性的基础。进而言之,与其说人们是从分析中得到了政治德性,不如说是从多样的道德困境中获得了政治德性,"音乐确实有陶冶性情的功能"②。当然,韵律(音乐)也有正确与错误之别,如何分辨二者并非政治性教育的内容。但是,正确的韵律(音乐)可以教化所有人的灵魂,而非某一年龄群体的人们,它使五大基本政治德性能够得到充分塑造、发展与锻炼。对于一个国家而言,公民的音乐教育和法治教育一样重要,也如后者那样需要终身得到教化。正是在这个意义上,面向习惯行为的政治性教育是贯穿公民生命始终的德性养成行动。

面向习惯行为的政治性教育尚不能独自支撑起政治德性的养成,即亚里士多德所说的政治至善。完整的政治性教育不仅需要将人培养成为一个合格的公民,而且需要使自我与他者一同实现"自我",这就引出了亚里士多德的理性的政治性教育。

(三)面向有闲性的政治性教育

亚里士多德提出,理性的政治性教育是面向有闲性的。有闲性,这个概念在今天的意义大有不同。很多时候,它深陷被误解甚至被曲解的境况里。但是,在古典政治哲学中,有闲性却是一个非常重要的范畴。令人遗憾的是,亚里士多德并没有十分清楚地界定它。因而,在理解古典的政治性教育,特别是涉及以理性为核心的政治性教育时,就有必要先厘清有闲的内涵。概括而言,有闲包括五个基本要素:经济充裕、心理平静、生活淡泊、自主以及受教育。具备这五个特点的人群,往往被称为"有闲阶层",他们不用为了生计而出卖劳力,在生活中基本没有焦虑与担心,不会被社会琐事缠身,自主时间比较充裕而且受过较为完

---

① [古希腊]亚里士多德:《政治学》,吴寿彭译,商务印书馆2009年版,第422页。
② 同上书,第430页。

整的教育。由此可见，教育是有闲性的必要条件。

在有闲性和教育之间，亚里士多德的贡献在于阐明何种教育是有闲性的。对于这一问题的分析，需要从正反两个方面加以解释。

一方面，有闲性不是一种独占性。这意味着有闲性不仅仅存在于特定人群或阶级如统治阶级中。有闲性的价值在于使得个体有能力甚至有意愿成为社群中的一员。正因为亚里士多德强调人是政治的动物，所以他才格外强调有闲性在政治性教育中的地位，甚至将其定位为高尚，而非简单的需要与有用。在这个意义上，有闲性是政治性教育的目的，这就有别于习惯行为。同时，有闲性是潜在于人性之中的，故而有闲性的养成实际上就是人性的自我解放，即人的自我解放。

另一方面，有闲性保证政治德性得以完整地显现。因而，"这里须有某些课目专以教授和学习操持闲暇的理性活动；凡有关闲暇的课目都出于自主［而切合人生的目的］，这就实际上适合于教学的宗旨，至于那些使人从事勤劳的实用课目固然实属必需，而被外物所役，只可视为遂生达命的手段"①。既然一个杰出的人、个体和公民具备了评价与审慎的品质，且评价与审慎又来自于他本人所知的事物，那么让一个人具有完整的评价与审慎的品质就等于让他接受全面的教育。在这里，亚里士多德强调："人们各以自己的品格估量快乐的本质，只有善德最大的人，感应最高尚的本原，才能有最高尚的快乐。"② 由此可见，具备有闲性的人，就意味着需要在总体政治德性方面获得全面的教育，而他们也因此是最为快乐、幸福和最具善德的人。

进而言之，有闲性并非私德，否则它就不能成为政治性教育的诉求。在很大程度上，亚里士多德之所以没有在公民的公共性生活方面强调有闲性教育，并非因为有闲性是属私的，而是他发现公民在具备一般水平的公共评价能力的基础上，面向有闲性的政治性教育可以帮助他们对与政体有关的最佳生活方式加以判定，而且与面向习惯行为的政治性教育建立联系，使公民不断追求最优的生活方式。正是在这里，有闲性将"沉思"凸显出来并将其确立为政治哲学的根本。由此，亚里士多

---

① ［古希腊］亚里士多德：《政治学》，吴寿彭译，商务印书馆2009年版，第417页。
② 同上。

德的"正义者"形象①——政治德性主体即政治性教育的成果——才能被塑造出来。因而，政治德性及其教育才是正义的根本，后者无法脱离前者而孤立地成为一种总德。

总之，在亚里士多德那里，人的政治德性及其教育是正义的序章。对于当代中国的正义理论特别是实践而言，其思想具有重大的积极意义，特别是对深化马克思的正义话语的研究颇为重要。马克思的很多思想都具有丰富的希腊思想渊源。亚里士多德认为，政治正义是以公民作为公正德性主体为核心的，是法治与个人正义的有机统一，而不是具体的正义。马克思则强调，正义问题不是分配、交换与矫正等具体正义问题，而是一种"总体正义"。正是"类存在的概念提供了一种马克思主义所认可的共产主义社会的纲要。然而这个纲要并不包括正义概念，它仅仅是一种纲要而已；它需要被完善。它在很多制度安排中都能被体现出来；故而也需要一种正义理论来详细解释这种安排。马克思正义理论的功能是解决在共产主义实现后人的创造潜力与社会和谐之间的潜在矛盾"②。这种总体正义出现在他的生产性语境中，体现在他的价值评价语境中，也表现在他的意识形态批判语境中。但无论是哪一种语境，马克思都不是从制度首善的角度对正义给予确认与阐释的。一言以蔽之，"亚里士多德在商品的价值表现中发现了等同关系，正是在这里闪耀出他的天才的光辉。只是他所处的社会的历史限制，使他不能发现这种等同关系'实际上'是什么"③。也正因为如此，重新思考亚里士多德的正义观不仅仅是一项训诂式的经典诠释，更是一件思想开显任务。

---

① 亚里士多德说："世上如果出现这样一位人物，他既善德优于他人，而且兢兢为善，没有人能够胜过他，只有遭逢这样的人，大家才可永远追随而一致服从他，仍然不失其为正义和优美的治道。只有善德是不够的；他还得具备一切足以实践善行的条件和才能。倘使我们所持'幸福在于善行'的说法没有谬误，则无论就城邦的集体生活而言，或就人们个别的生活而言，必然以'有为'为最优良的生活。但所说'有为'的生活，并不完全像有些人所设想的，必须牵涉到人间相互的关系。也不能说人的思想只有在指向外物，由此引起他对外物的活动时，才说他正在有所思想。思想要是纯粹为了思想而思想，只自限于它本身而不外向于他物，方才是最高级的思想活动。善行是我们所要求的目的；当然我们应该做出这样或那样表现我们意旨的行为。"（参见［古希腊］亚里士多德《政治学》，吴寿彭译，商务印书馆2009年版，第356页）
② 《马克思主义研究资料》（第25卷），中央编译出版社2015年版，第191页。
③ 《马克思恩格斯文集》（第5卷），人民出版社2009年版，第75页。

第二节　西方公正话语的近现代谱系：面向
自由主义的政治使命及其超越

在西方公正话语的历史上，它的近代谱系是由以自由主义为中心的公正理论及其话语实践所构成的。与上文所涉及的西方古典时代的历史语境——西方古代文明——已经消亡不同，自由主义公正话语的历史语境——资本主义——至今仍是社会制度的主要形式，故而它具有更加复杂的"不可解释性"。在很大程度上，这为揭示自由主义公正话语的"话语典范—政治本意"之间的关系产生了很多障碍性假设与大量的模糊性解释。准确地说，公正话语是自由主义自我确立和发展中的有机组成部分，但是它的显著性与地位却是随着时代的变化而逐渐加大和提高的。自由主义公正话语的结构内容是对古典时代公正话语的彻底颠覆，它在15—18世纪的历史沿革中逐渐确立了自己的"教条"，并始终围绕着自我证明的目标在"实现与危机"中向前迈进，而这一切所要实现的"公正首善"却具有与公正的原初结构截然不同的政治本意。客观地说，对于当代中国公正话语体系的建构而言，自由主义公正话语的形成和发展是一项不可多得的历史经验与理论资源，它不但提供了"话语典范与政治本意"关系范式的实例（因为它还在形成、重塑与持续发展中），而且在过去乃至当下的很长一段时间内都直接影响着我国的公正问题研究。因此，批判与借鉴的界限在自由主义公正话语的分析中尤为重要，对积极地构建当代中国公正话语体系具有广泛而深远的价值。

一　自由主义公正话语的结构内容

自由主义公正话语的形成和确立既是批判历史的结晶，也是批判现实的产物，更是"历史和现实的"批判成果。所谓批判历史的结晶主要是指自由主义公正话语是在与古典公正话语的历史决裂中找到其意义构成的萌芽观念的；所谓批判现实的产物主要是指自由主义公正话语是在西方社会的制度转型中通过以公正为名的批判话语肢解与重构支配性意识形态的思想传播的效果；所谓"历史和现实的"批判成果则是指新兴资产阶级及作为其主要意识形态"卫道士"的自由主义者所建构的形式多样、本质一致、体系严密的公正思想体系及其所获得的正当化的宣传效果的综合，即自由主义的公正诸理论。换言之，要理解自由主义公正话语的结构内容，就必须了解它的形成与发展，理解这种形成与发展的一般规律，而不是"历史事实的细节"，进而掌握作为完整的、总体的意识形态的自由主义公正理论的基本观点与主要传播方式。

自由主义公正话语是批判历史的结晶，这是一种历史性的标示，即资本主义社会的观念形式的具体化。这一判断直接根源于恩格斯对德国古典哲学的批判，借助观念的历史运动的宗教化内容，恩格斯实际上为揭示包括公正话语在内的自由主义观念形式的历史性奠定了基础。他指出：

> ……仅仅在这些多少是人工造成的世界宗教，特别是基督教和伊斯兰教那里，我们才发现比较一般的历史运动带有宗教的色彩，甚至在基督教传播的范围内，具有真正普遍意义的革命也只有在资产阶级解放斗争的最初阶段即从13世纪到17世纪，才带有这种宗教色彩；而且，这种色彩不能像费尔巴哈所想的那样，用人的心灵和人的宗教需要来解释，而要用以往的整个中世纪的历史来解释，中世纪的历史只知道一种形式的意识形态，即宗教和神学。但是到了18世纪，资产阶级已经强大得足以建立他们自己的、同他们的阶级地位相适应的意识形态了，这时他们才进行了他们的伟大而彻底的革命——法国革命，而且仅仅诉诸法律的和政治的观念，只是在宗教挡住他们的道路时，他们才理会宗教；但是他们没有想到要用某种新的宗教来代替旧的宗教；大家知道，罗伯斯比尔在这方面曾遭受了怎样的失败。[①]

由此可见，人类社会历史的发展是连续的，在不同形态的社会经济制度的变迁过程中，并不存在某个清晰的时间节点。任何社会都是存在于一定历史阶段的生产关系总和基础上的，各个特殊阶段并不是孤立单

---

① 《马克思恩格斯选集》（第4卷），人民出版社2012年版，第241—242页。

独的个别形态而是社会形态在变化和改变中相对特殊的有机组成部分。这表明，在特定的经济的社会形态之内的政治、思想、文化等上层建筑在根本上是一贯的，这也就是我们可以称存在一种"西方公正话语"的历史性评价的科学依据。也正因为如此，弄清楚自由主义公正话语的结构内容进而揭示它的政治本意，在历史事实的认知方面至少存在两个主要内容，即它的历史继承性与创新性是一方面，它的连贯性与自反性是另一方面。

1789年，法国重农主义思想家杜邦·德·内穆尔曾指出他所处的时代已经是一个新时代，因此立法者们万不要穷尽心机地在古代找寻什么范例，因为这样的范例是根本不存在的。在今天看来，这一观点确实稀松平常，但在当时却是经过了艰苦甚至"流血"才悟出的真谛。在自由主义那里，公正话语是旧传统与新制度找寻边界的对象与载体，是两种截然不同的哲学传统在经济社会中的价值选择的争讼点。诚然，公正并不是这场历史转型中的核心分歧，但是它却是与之相关的一切哲学思维（从总体到个体）、政治经济学（伦理的政治到经济的政治）、理性主义（从均衡状态到关系计算）与人性学说（从德目到规则）所产生的最为重要的交汇点。

其一，自由主义公正话语在哲学思维上体现了总体性向个体性的转变。在西方古典公正话语的世界中，不论其意义构成的条件、内容与形式如何不同，它们都具有一种总体性的话语自觉。这种总体性体现在超越人的经验世界、对理想的公正世界的本质主义解释以及神正论体系内上帝安排"善—恶"和谐状态的标准之中。

（柏拉图）将正义之相视为超验的实在，一般人所见所论均为有关正义的现象，他们看不到正义的本质。只有极少数人能够追寻到这种大智慧，从而成为哲学王。西塞罗的观点坚持了柏拉图的本质主义，又吸取了斯多亚学派对"自然"和"法"的解释，对正义做出了较为圆满的解释。奥古斯丁作为一名基督教的思想家，用基督教的上帝取代了柏拉图和西塞罗的"正义之神"，但在理论类型上仍坚持本质主义，把正义解释为上帝安排的事物的秩序与和谐状态。①

由此可见，古典公正话语将公正的价值内容寄托于某种"整体性范畴"——彼岸、神、人的本质——之中，这明显不同于自由主义公正话语的哲学思维。当自由主义已经占据了政治意识形态的世界舞台中心，霍布豪斯还试图恢复些许总体性哲学思维在公正话语中的影响，他通过描述"总体性与个体性"的分歧实际上揭示了二者的历史转型，那种作为一贯的整体的"社会正义"——人的精神生活的原则所涉及的关联性的条件和原则的总和，被应用的伦理、政治、经济等制度实现方式所打碎，公正仅仅成为政治制度的一种标准又或者是经济生活的个别尺度而已。在这个转型中，出世的个体率先作为一种理想类型瓦解了古典公正话语在"整体的人"与"人的本质、神、彼岸"关系中的正当主体的地位，继而将出世之个人具体为入世之个人，从而将公正话语的哲学基础变成了内在与个体关系且由个体所指出（古典公正话语是由彼岸、神、人的本质所"指出"的）的意义结构。在这里，公正话语就只是一个"交换"的"比例标准"的问题，进一步被限制在个体的实际活动中并成为描述这种活动的一种标准化术语，所有的问题"完全都是比例问题，是决定被社会学的交换理论说成是关于交换的'公平'或'公正'比例的问题。在通常情况下，这些比例并非光由市场力量设定，并非仅仅由供求曲线的交叉点确定……这些被人类学家称为产生交换和和解原则的原则本身，就是社会中被认为公正、公平、合法或可能称之为'道德'的标记"②。

其二，自由主义公正话语在两种"世界历史"的选择中完成了"伦理的政治"向"经济的政治""经济的伦理"的重新规定。自由主义公正话语从来不是一种单纯的伦理话语或者道德臆语，它从一出现就置身于资本主义的世界历史语境中，忽视这点，也就无法真正理解自由主义公正话语的历史贡献与局限。马克思天才地从资本主义世界

---

① 王晓朝：《论西方古代主流正义论的理论特征》，《江西社会科学》2010年第5期。
② [英] R. H. 托尼：《宗教与资本主义的兴起》，赵月瑟、夏镇平译，上海译文出版社2013年版，第7页。

历史观中扬弃了黑格尔的世界历史学说，提出了科学的世界历史观。有的学者指出马克思的世界历史观至少包括了四个方面："一是指人类历史发展的统一性及其共同基础。二是指各个民族和国家的生产力与生产关系的系统间的相互联系、相互作用的总体。……三是专指资本主义世界历史时代。四是特指在资本主义发展的一定阶段上所产生的现实的共产主义运动及其结果。"① 不难发现，无论从上述哪个角度出发，都必须立足于 16—19 世纪的资本主义世界的历史原相。也正是在这个意义上，自由主义公正话语只有植根于对资本主义的历史分析才能发现资本主义世界历史的开启在很大程度上是因为其成功地建构了它的"经济理论的道德内容"，充分实现了政治经济学的道德教育乃至大众教育，在资本主义结构的形成与变化中，包括自由主义公正话语在内的自由主义道德规范话语不但为其提供了对传统经济结构的道德基础性的批判，而且为自由放任思想、自由改革、工业资本主义提供了社会道德的民主理论，这一理论的中心议题就是脱离共同体政治教育的个体的正义感由模糊变得清晰。正如有的西方学者所发现的："历史就是个体对公平、社会平衡和收入合理分配等问题的认识由模糊情感逐渐转向清晰意识的过程。存在于民众意识中的社会公平的具体内容难以确定，因为不能预测有关社会公平的清晰意识形成的历史过程。"② 正是在这里，我们认为，政治经济学之所以在资本主义发展初期得到迅猛发展，主要并不是因为它揭示了资本主义的经济规律，而是其成功地灌输了资本主义的经济思维，即一种取代人们脑海中固有道德观念的新道德观。在历史上，伦理学、政治学被政治经济学即"政治的算术"所取代的历史事实，创造了一系列与自由主义公正话语相关的重大转折，这包括公正从德性的抽象形态中解放出来，变成了解释财富如何创造、分配和消费的标准；公正不再是一种需要被教化且只能通过政治教育实现的道德规范，而是转变为一种在参与财富生产的中产阶级中共同"营造"的功利性原则；公正不再是一个为政治

---

① 叶险明：《马克思世界历史理论建构的方法和逻辑》，《中国社会科学》1998 年第 6 期。
② [英] 马克·贝维尔、弗兰克·特伦特曼：《历史语境中的市场——现代世界的思想与政治》，杨芳、卢少鹏译，人民出版社 2014 年版，第 144 页。

共同体的存在提供合法性的肯定性尺度，而是转变为具有自由意志的人在对抗不受节制的商业、奴役化的激情与非理性的思维以及那些卢梭式的资本主义"小国"方案的资产阶级立法者的政治工具。后来，公正的美丽外表掩盖了这些在自由主义公正话语形成和成熟过程中曾经发挥并且仍在支撑资本主义制度内生逻辑的"经济的政治"历史学说的作用。在人的功利性作为自然本质的前提下，自由主义公正话语就是资产阶级突破"伦理的政治"对其行为限制的合法性来源，以财富追逐为核心的道德规范就是为了不断确立"经济的"历史性前提而持续地反抗其他任何"统治"的批判性话语。对此，边沁"气势汹汹"地指出："自然把人类安放在两个主权者——痛苦与快乐——的支配下。为它们，单是为它们，我们要指出我们应做什么，并决定我们将做什么。是非的标准和因果的联系，都系在它们的王座上。我们的一切行为、一切言说、一切思想，皆受它们支配。我们虽想努力解脱它们的统治，但这一切努力都只能证明并证实这种统治是实在的。"[①]正是在这个意义上，自由主义者才认为对其公正话语的任何怀疑都是"渎神的""独裁的""不道德的""幼稚的"，这也正是自由主义公正话语具有坚硬的理论硬核的关键原因。

其三，自由主义公正话语在理性主义的道德推理方面实现了从相对于他人的"总体品质"向基于自身的"关系计算"的转变。作为自由主义公正话语的主要特点之一，将正义原则作为资产阶级时代精神与社会现实系统批判的综合代表是它的一大创新。公正话语的核心内容始终是公正的基本原则。在古典时代，这一基本原则的设定主要是形而上学的，即先验的公正原则是"由天启、神示或各种外在的形而上学所设定"[②]的。即便在经验主义依然对先验主义进行了充分批评，进而道德推理因其具有"理论思维的前提批判"的价值而被肯定后，古典的公正话语仍将公正原则作为推理的前提，而非推理的内容与结果。由此，就形成了"总体品质"的公正论，亚里士多德指出：

[①] 转引自［英］斯坦利·杰文斯《政治经济学理论》，郭大力译，商务印书馆2012年版，第43页。

[②] 王立：《正义的推理：向前看还是向后看》，《吉林大学社会科学学报》2014年第3期。

"所有的人在说公正时都是指一种品质,这种品质是一个人倾向于做正确的事情……(一种品质)只产生某一种结果,而不是产生相反的结果"①,以及"作为相对于他人的品质,它是公正;作为一种品质本身,它是德性"②。这就是说,总体品质的公正至少具有推理原发性与他者尺度性两个特征。自由主义公正话语与此明显不同。自由主义者认为,自由主义是一种关于政治制度和法律制度的合理性论证,它是一种总体性学说,但其任务不再是证明某种政治安排是由"总体品质"所决定的,而是此种安排的"总体考量"的结果。那么,这个总体考量就需要一定的标准与"算法"。正如社群主义者所言:"自由主义者以个人权利的正当性为当然的基点,所寻求的乃是一种正义规则伦理和自由义务伦理。"③ 为此,如何在"个人道德与公共选择"之间找到一个平衡点,就成为包括公正话语在内的自由主义道德推理的核心要务。正是由于多元的个体所产生的社会交往的普遍诉求是去中心化,自由主义者始终认为,在上述道德推理中多元主义是唯一正当的"演算"方式,这正是功利主义在自由主义道德哲学中异军突起与长盛不衰的重要原因,因为那些被称为"功利主义"的法则只不过是"排他性社会交往运算法则"的简化版而已。在此基础上,围绕"关系"的公正推理自然被分为两个部分,即个体道德推理和公共选择的道德推理。对于前者,自由主义公正话语的核心要义是自我选择即为公正,正如康德所言:"当事人就他人事务作出决定时,可能存在某种不公正,但他就自己的事务作出决定时,则绝不能存在任何不公正。"④ 对于后者,契约自由或者说真正好的契约自由以及后来的社会公正的提出均被自由主义公正话语看作公正的"社会关系"的基本尺度。长久以来,各方论者往往忽视了这两者的差别,而认为自由主义公正理论是一套基于"公正状态"的原则推演的结果。事实上,个人道德推理下的公正才是自由主

---

① [古希腊]亚里士多德:《尼各马可伦理学》,廖申白译,商务印书馆2009年版,第139页。
② 同上书,第144页。
③ 邓正来:《规则·秩序·无知——关于哈耶克自由主义的研究》,生活·读书·新知三联书店2004年版,第14页。
④ [德]康德:《法的形而上学原理》,沈叔平译,商务印书馆1991年版,第50页。

义公正话语的核心，公共选择的道德推理不论如何变化都无法脱离前者而被独立审视。概言之，从自由主义公正话语产生起，公正就是个体主义道德推理前提下的一个后果概念，它是被实现的，而不是实现的。那么，从道德推理角度看，自由主义公正话语"给人以应得"的论断具体化在推理过程中，这在理论形态上就可以将形形色色的自由主义公正论分别归入三个主要维度，即还原公正论、理想公正论与抽象公正论。还原公正论是以特定的偏好为标准将一切利益、欲望、需要、理念等统摄在同一偏好标准下，例如"森—努斯鲍姆"的能力公正论、德沃金的资源公正论等就是还原公正论的典型；理想公正论也立足于"偏好"，但认为偏好的标准并不来自于对现实的人的各种偏好的整合或总结，而应基于"完美的令人骄傲的偏好"，"在这个版本中，理想化扩展得很远，与道德有关的概念是公正的仁慈，不仅决定道德理论的形式，而且在某种程度上，决定可用于计算的偏好"[1]，帕累托最优、罗尔斯"正义二原则"就属于此类公正论。在这里需要指出的是，还原公正论和理想公正论都面向"偏好的计算"，将自由主义公正话语中十分重视的"应得"概念从一个状态范畴改造成了行为范畴，它们之间之所以存在巨大差别，原因在于前者认为非公正的诉求（不公正的现象）普遍持续地存在着，而公正论就是要涵盖（或转变）它们；而后者则认为非公正的诉求（不公正的现象）是暂时的，可以从其内部加以修正（或革除），进而实现真正的公正。如果说前二者是在推理过程中的两种公正论形态，那么抽象公正论则存在于推理的起点，即它认为一种关于公正的"准确信息"已经存在于现实世界之前，而且始终没有在任何一个现实世界中真正展现，因为任何社会制度及其具体运行过程和政策都将改变人们的真正偏好，使人们不得不在公共选择中面对很多被创造的"虚假偏好"，因此无论还原公正论、理想公正论都是虚伪的，哈耶克对社会公正的批判在一定程度上可以归属于此类。

其四，自由主义公正话语在人性判定的嬗变中将公正德目改造为公正规则。人性问题或人性学说在某种公正理论中的根本地位是自由主义

---

[1] [印]阿马蒂亚·森、[英]伯纳德·威廉姆斯：《超越功利主义》，梁捷译，复旦大学出版社2011年版，第11页。

者所始终捍卫的。但是，笔者认为，即便是在自由主义公正话语内部，人性学说并不是"一切问题的原点"，更不是破解公正迷思的"牛耳"。对于高度体系化的自由主义公正话语而言，存在于其伦理学、政治学层面的公正论，并不应仅从同等层面的"根本理论"，如人性学说中破解，而应更加关注基本解释框架。正因为如此，自由主义公正话语在人性判定问题层面的审视应置于上述三种基本解释之后。在古典时代，人性问题不是一个独立问题，它是整体中的一部分——例如，神话中第一代泰坦神均是自然与神本身的结合体——因而，也就不存在基于人性的公正尺度或标准。此时，"个体之身份是由三个关键条件界定的。第一，在一个和谐群体，一个世界中的成员资格。……第二个条件：记忆，或者回忆，没有它我们就不知我们是谁。……第三，个体必须（在本质上）承认普遍的人类状况，无须多讲，这意味着有限性本身"①。在这里，德目的客观性并不是相对于个体之人的先验性，而是人与自然浑然一体的必然表现。由此，公正作为一种德目，它的客观性是不依赖于人性而自在自为地存在的。自由主义思想的鼻祖洛克将人性论上升到了自由主义核心价值教条的地位，而这一重构的中心实际上就是将权利的规则问题从德目的品质问题中剥离出来，将"人性学说"的优先性与"权利—德性的二分"有机地统一起来。历史地看，"权利与德性的分离，归根到底仍然是政治社会与家庭的分离。……幸福和德性固然是人生在世最高的目标，但却不能通过政治社会来实现，倘若非要这么做，那么其结果就是非但不能实现最高目标，只怕连最低的目标都难以保障"②。将社会分为自然的与政治的，也就决定了公正无法成为一种和谐整体下的德目，而只能是支撑政治社会的最高目标，但这种最高目标因为上述二分已经不得不沦为"人性学说"的附庸了。这就是为什么只有在自由主义公正话语中，公正与人性才成为一组纠缠不清的命题，也是公正与其他政治社会的核心价值必须在其内部排序与调整次序的根本原因之一。换言之，公正作为一种政治社会的评价性尺度，发挥着基

---

① ［法］吕克·费希：《神话的智慧》，曹明译，华东师范大学出版社 2017 年版，第 177 页。
② 吴增定：《利维坦的道德困境——早期现代政治哲学的问题和脉络》，生活·读书·新知三联书店 2012 年版，第 292 页。

于个体人性判定基础上的调节功能,这种功能可以用于分配、交换与惩罚,但任何一者都只能回溯到某一种人性的判定上。正如霍布豪斯所言,在自由主义公正话语中,"公正要求适当地维持各种职能。……要满足正义的各种要求,共同体和它的仆人之间必须有一种相互作用,协调私人利益和共同利益"①,而"应得"作为公正话语的核心要素在被功利主义改造后,也不再是和谐状态的标示而是和谐法则的普及,从这里得出了一条新的作为公正规则的规则,"即好的服务需要合作、互利,以及共同善与私人的善的和谐。……除了在痛苦的再教育的条件下,恶的意志本身是被排斥在和谐之外的,这种再教育构成了对恶的意志的必要的惩罚"②。总之,公正作为一种基于人性的规则体系,已经被自由主义公正话语确认而且坚持至今。

二 自由主义公正话语的主题

罗尔斯在《正义论》中提出公正(正义)的主题是围绕社会主要制度而展开的,即在宪法与主要的经济社会的重要安排中的公正原则问题。他清醒地认识到,这一论断是植根于"自由主义"的,也因此要接受来自针对这个主题设定和针对自由主义两个方面的攻击。为此,简化策略将不可控的争论点消解,而留下可控的假设命题。正因为如此,罗尔斯区分了"统合性自由主义""政治自由主义",抛弃了难以达成共识的统合性自由主义。"在两种情况中,统合性学说都可能遭到反对:这些学说及其相关的生活方式直接同正义原则发生冲突;或者它们也许是可以接受的,但是在正义的立宪政体之政治和社会条件下,它们无法争取到信徒。"③ 在这个意义上,罗尔斯所谓的"公正的主题"实际上既是政治自由主义语境下公正的主要问题,又是一切人类社会都必然面对的公正的主要问题。

然而,简化策略的确可以消除综合性自由主义在话语体系层面所

---

① [英]伦纳德·霍布豪斯:《社会正义要素》,孔兆政译,吉林人民出版社2006年版,第97页。
② 同上书,第100页。
③ [美]约翰·罗尔斯:《作为公平的正义:正义新论》,姚大志译,中国社会科学出版社2011年版,第186页。

造成的不确定性，从而增强"公正"的中立性。事实上，自由主义公正话语一直力图实现的就是这种"中立客观的公正话语体系"。通过限制自由主义的意识形态性（统合性自由主义），转而实现以公正原则为核心的中立性自由主义（政治自由主义）的普遍性，这在自由主义者那里已经习以为常了，即"建立一种正义的基本结构，在这种正义的基本结构内，各种可准许的生活方式拥有公平的机会来维持自身世代存在，并赢得信徒"①。换言之，自由主义公正话语的主要问题就是如何在利益、阶级分化的社会中通过制度安排而实现的中立性，"自由主义理论等于是为权力冲突提供中立性秩序的概念性工作"②。但是，自由主义就是自由主义，无论统合性还是中立性，它的意识形态性只能被掩盖而无法彻底消失。在中立性获取合法性地位的同时，更为高阶的简化策略所完成的恰恰就是"消除它的意识形态性"这一不可能完成的任务。到此为止，罗尔斯或许认为他与亚里士多德是共契的还能言之成理。但是，他坚持认为古典的公正话语的主要问题与自由主义公正话语的主要问题之间仅仅存在"权利规则"——"亚里士多德的定义显然预先假定了什么是应属于谁的，什么是他应得的份额的解释。而这些应得的权利，我（指罗尔斯。——作者注）相信通常都来自社会制度及制度所产生的合法期望"③——上的差别就已有撇清"自由主义的意识形态性"之嫌了。而事实上，只有基于这种意识形态性，"公正的主题"才能找到自由主义的坐标，才能做出自由主义公正话语的独特解答，并在这种解答中实现自身的历史价值与实践意义。由此，我们认为，自由主义公正话语的主要问题可以呈现为以下几个具体方面。

（一）关于公正世界或公正社会样貌的判断

在大多数自由主义者眼中，公正世界或公正社会样貌是一种理想性

---

① ［美］约翰·罗尔斯：《作为公平的正义：正义新论》，姚大志译，中国社会科学出版社2011年版，第187页。

② ［美］布鲁斯·A. 阿克曼：《自由国家的社会正义》，董玉荣译，译林出版社2015年版，第13页。

③ ［美］约翰·罗尔斯：《正义论》，何怀宏等译，中国社会科学出版社2009年版，第9页。

范畴，甚至具有一定的空想性，与其所崇尚的客观的道德推理难以相融。因此，对于这一问题的判断，自由主义者基本上是消极的，要么简单地予以否定，要么经过话语重构而将其纳入自身的分析范式中。我们认为，除了自由放任主义所持有的排除观——在他们看来，公正一旦与某个集体性范畴相关，就陷入了彻底的危险中，如社会公正、国家公正——之外，我们可以在自由主义公正话语体系内划分出三种判断的流派，即自由法权派、理智解释派与新建制派。自由法权派主要是关于诸多个体的自由法权在相互冲突背景下如何通过一个公正秩序或公正原则体系以实现自身协调运行的自由主义道德哲学；理智解释派主要是围绕价值统一性特别是伦理价值与道德价值统一性如何归诸公正价值的哲学解释学；而新建制派则是在二者基础上，将其所阐发的公正的道德哲学与公正的应用伦理加以综合而产生的政治自由主义。在思想史上，它们既一脉相承又互有差别。

　　自由主义公正话语作为其政治哲学话语的重要分支，秉持并发扬了后者将一般道德原则运用于政治生活实际的运思特征。这表明，"世界""社会"是属人的制度范畴，即"为了应对自然状态的'不便利'，诸个体运用他们自然的前政治法权"① 而创立的制度形态。对于古典公正话语而言，西方古代哲学在解释人类社会时始终承认世界先于和独立于人而存在的原因。而城邦与人之间的排序，并不是"共同体"与"个体"的优先性问题（这是被自由主义政治哲学反复强调或扭曲的），而是何者更贴近"解释的解释"。与此相对，自由主义政治哲学在偏好与快乐的前提下才能理解"道德善"与"德性"，而否定它们是"客观的"目的且在一定条件和形式下即可展现的古代叙事。"事实上，对目的因概念的拒绝，以及在程度上较轻但仍然明显地对形式因概念的拒绝，正是现代哲学的重要特征之一。"② 正是在这里，自由主义公正话语与古典公正话语在"公正世界"的理解前提下就已经分道扬镳了。而与公正话语的古典叙事截然不同也是这三者一致认同的是，公正世界

---

① ［加］李普斯坦：《强力与自由——康德的法哲学与政治哲学》，毛安翼译，知识产权出版社 2016 年版，第 1 页。
② ［美］克里斯托弗·希尔兹：《亚里士多德》，余友辉译，华夏出版社 2015 年版，第 86 页。

或公正社会是一个知识客体，而不是生活现实。唯一现实的只能是"道德善"，即"表示行为中人所领悟的某种品质观念，这种行为会为从中无法获得益处的那些行为者获取赞许和爱"①。因此，无论是语境条件还是言语行为，无论目的解释还是经验解释，自由主义公正话语虽然可能在使用与古典公正话语相同的术语，如公正规范、公正原则、公正德性、终极公正等时，即便不是在批判这些术语，但实际上也早已与古典公正话语大相径庭了。实际上，亚里士多德在《尼各马可伦理学》中所提出的"属人的善 =$_{df}$ 灵魂合乎德性的理性实现活动"的命题很好地解释了这两种公正话语的差别与隔阂，古典公正话语在"解释自然和解释的自然"的历史逻辑中指出了公正的两端进入才提出了"公正德性论"，而自由主义公正话语则是在"解释社会和解释的社会"的历史逻辑中彰显了"属人的善"一端进而以此为据否定或裹挟了另一端。

在上述三种流派中，自由法权派的确设定了"理想的公正秩序"并建立了一整套的普遍法则，公正（的社会、秩序和原则）是法权论的有机组成部分，这些普遍法则是在"人与物相区别"的核心理念上设定的，是为了避免任意一个行动以及任何一个人的任意自由会产生相互冲突与无秩序而建构的。人的独立性不仅是独立于他者，也是独立于自然世界，人不再是整体世界的一元，而是因自律于普遍法则而获得个人自由和法权秩序（公正社会）的主体。作为自由法权派的鼻祖与代表，康德的道德哲学对于后世自由主义政治哲学的影响自不待言，其关键而隐秘的一大影响就是明确提出了判定"公正世界"样貌的逻辑前提与建构语境，即一个存在于人的理性之中的公正世界，自然及其一切相关要素都成为外在于且干扰其存续的"经验事例"。"既然法权是一个纯粹的，却被建立在实践（出现于经验之中的事例上的运用）上面的概念，因而一个法权形而上学体系在其划分上也必须考虑那些事例的经验性的多样性，以便使划分完备……对于道德形而上学第一部分唯一恰当的表述就是法权论的形而上学初始根据。"② 以此为本，在宏观意义上

---

① [英]弗兰西斯·哈奇森：《论美与德性观念的根源》，高乐田等译，浙江大学出版社2009年版，第81页。
② [德]康德：《康德政治哲学文集》，李秋零译，中国人民大学出版社2016年版，第1页。

的自由主义内部，无论是自由意志主义者、功利主义者、平等主义者还是社群主义者都未超出这一"框架"，甚至改变了这一判断的历史初衷，使之完全自由主义化了。即便是如德沃金一样的"理智解释派"也大多认为，既然自由主义公正话语是一种政治道德话语，而"政治道德依赖于解释，而解释依赖于价值"①，那么解释作为一种基于价值的求真行为，其任务就不是发现客观正确的公正世界，由此，公正世界就被看作一个等待被发现的"客观存在"而被否定了。当然，罗尔斯式"新建制派"倒是承认"公正社会"的存在，只是这种存在的基础是"契约的先在性"。

总之，作为自由主义公正话语的首个主题——关于公正世界或公正社会样貌的判断——体现出了三个基本特点。其一，公正世界或公正社会是一个法权论的形而上学的状态；其二，公正世界或公正社会的建构论证或解释论证需要立足于道德推理，而道德推理是内置于上述道德哲学逻辑之中的；其三，公正世界或公正社会的基本样貌是个体意志的联合即基于同意基础上的契约公正。

（二）关于人或者个体与公正世界关系的判断

第一个判断一旦建立，自由主义就已经完全颠倒了古典公正话语的视角，它事实上彻底改变了传统解释中人置身于社会世界的正当性。公正世界就是在宇宙和自然秩序、人的心理秩序、社会文化秩序的协调中实现良善生活的原型。在古典公正话语中，之所以城邦优先于个体，城邦正义优先于个体的公正德性，就是因为此种关系的判断。当本原意义上的公正世界的探索被理想类型意义上的公正世界的设计所取代后，人或个体与公正世界的关系自然就要出现符合自由主义公正话语所需要的变化了。在第一个判断中，公正世界或公正社会的样貌也在一定程度上体现出自由主义公正话语在这一判断中的态度。然而，个体独立于自然与宇宙，人类社会独立于自然社会仍然只是一种关于公正世界如何构成的看法，并未回答特定的公正世界原型具有何种构成意义，而这正是本判断的关键与重要意义。

---

① ［美］罗纳德·德沃金：《刺猬的正义》，周望、徐宗立译，中国政法大学出版社2016年版，第7页。

在希腊神话中，奥德修斯在返乡之旅中面对卡吕普索的诱惑，宁愿放弃永生与永恒青春，而选择有限生命和不完美生活。这被希腊哲人称为永恒公正的选择。为什么会有这种评价呢？这就是公正世界的原型与人试图过上良善生活的公正性相结合后得出的结论。"从这里开始，良善生活就是与现实相适应的生活，就是在宇宙秩序中，生存于自然位置的生活，如果我们要想某一天抵达智慧、知天命的港湾，我们每一个人理应发现这一位置并且完成这一旅程。"① 在建立这个判断之后，人是活在复杂的经验世界里的，却在"历史"中寻找公正世界原型的存在，那么个体与公正世界的关系自然就是存在、发现与回归的关系，即在不公正的现实经验中存在，发现公正行为或制度之中的经验型要素，进而将这些要素回归到原型即历史之中，以此为现实个体的公正生活提供意义的关系。

然而，在这里，自由主义公正话语的起点是崭新的，准确地说，它在将上述问题的起点通过特定前见的问题判断与公正世界语境的构成意义进行重构后，为个体主义提供了精确的分析，使之成为自由主义公正话语内不同公正观、公正理论甚至具体的公正感的一致判断。

一是自由主义公正话语作为自由主义道德哲学的有机组成部分，它必须满足后者的基本教条。罗尔斯在回顾道德哲学的历史时，曾就现代道德哲学或者说自由主义道德哲学提供了三个区分性问题，其中第一个就是"道德秩序要求我们摆脱一个外在的来源吗？或者它以某种方式产生于（作为理性、作为情感，或作为两者都是）人类本质自身吗？它产生于我们在社会中一起生活的需要吗？"② 对此，所有的自由主义者的回答都是肯定的，进而就个体所有权是不容侵犯、不可剥夺的论断达成了一致意见。他们认为，个体——主人地位——的直观重要性是建立人对自己的理性掌控或自我所有的基本经验。麦克弗森曾经指出，自由主义的本质是占有式个人主义，是对其他一切物品的占有的合法性论证，都来自于个体对自身的占有。要理解自由主义公

---

① ［法］吕克·费希：《神话的智慧》，曹明译，华东师范大学出版社2017年版，第33—34页。

② ［美］约翰·罗尔斯：《道德哲学史讲义》，张国清译，上海三联书店2003年版，第14页。

正话语为何特别关注各种物质分配的公正性问题，就离不开自我所有的概念。在柯亨看来，自我所有概念是一个表现自由主义分配正义即其公正话语主要论题的一般性问题，"说 A 拥有自我所有权，只不过是说 A 拥有 A：'自我'在这里指的是一种反身关系"①。在此基础上，基于个体公正感的契约性公正观是个体认知与建构公正世界的第一步，而"当一种公正观（正义观）通过社会体系的实现得到了公共承认，并由此带来了相应的公正感时，这种公正观是稳定的。……我们能够按照这样一条心理学法则来解释对社会体系以及它所满足的原则的接受"②；而第二步则是基于自我所有论的同意公正论，同意成为自我所有的合理延伸与必要内容，而公正世界只不过是"自主决定"条件下的共同同意的状态，"它表达的是一种几乎覆盖自我所有原则本身的全部范围，并且丝毫没有超出这一范围的权利"③。这二者看似相距很远甚至是充满矛盾的两种态度，但在本质上，只是在个体优先于公正世界判断的程度方面强弱有别而已。

二是自由主义公正话语在公正世界语境的构成意义上采用个体主义诠释的基模决定了公正世界的原型是紧紧围绕个体的行动问题而展开的。反之，正因为公正世界的原型必须是抽象的理想类型，自由主义公正话语就不可能接受一种基于过往经验的回归式的公正认知，而必须基于现实经验的演绎式的公正认知。对于前者，个体是渺小的存在；而对于后者，个体的理智与感知都将发挥巨大的作用。换言之，自由主义公正话语无法接受古典公正话语对公正世界原型设想的根本原因，正是个体意志、理性，甚至"僭越式的破坏"在这里所能发挥的作用也是微乎其微的。对于公正世界语境的构成意义而言，将个人行动的意义置于其构成意义中，并使之成为根本性的决定因素，这是自由主义意识形态（以及资本主义制度框架）在重释公正世界或公正社会等政治哲学论题

---

① [英] G. A. 柯亨：《自我所有、自由和平等》，李朝晖译，东方出版社 2008 年版，第 237—238 页。
② [美] 约翰·罗尔斯：《正义论》，何怀宏等译，中国社会科学出版社 2009 年版，第 137 页。
③ [英] G. A. 柯亨：《自我所有、自由和平等》，李朝晖译，东方出版社 2008 年版，第 274 页。

时一贯采用的话语策略。我们认为，这可以被称为"煽动性抗议的基本感知—社会结构的意义重释—个体主义文化幻觉"三位一体的话语策略。首先，对公正世界或公正社会的公共理性的省思是建立在对不公正的遭遇体验与抗争诉求基础上的，这是自由主义公正话语将个体意义置于公正世界语境的构成意义之上的重要方式，为"个体理智的"计算公式（集中代表就是功利主义）提供了可持续的道德合法性。阿马蒂亚·森指出，愤怒和理智都是自由主义公正话语所强调的公共理性的有机组成部分，"当我们思考决定如何推进公正（正义）时，就存在对于不同地方和不同视角的公共理性的基本需求。然而，反对观点的存在并不意味着我们必须解决所有相互冲突，并在每一个问题上都达成一致"①。其次，透过个体交互行动而形成的公正社会的实在意义来构建关于公正世界的现象意义。在古典公正话语中，公正世界与公正社会具有相同的含义与共同的特征，这是由在社会结构的意义问题上个体作为"置入者"的身份特征决定的。个体与社会的优先性问题，如今看来是一个"老生常谈"的问题。但是，在自由主义公正话语尚未成形的初期，它经历了严重的挑战，而上述论断就是无法突破的思想边界。教皇庇护九世在《现代错误学说汇编》中批判自由思潮所抓住的"最后稻草"正是那些仅围绕现实的人所形成的"自然主义""理性主义""信仰无差别论"等思想学说。以往，人们误以为古典公正话语坚持的是"类型化"的公正世界，而自由主义公正话语则主张"经验化"的公正社会。事实上，正如舒茨所言，自由主义（现代思想）在人类行动和实在的社会意义结构之间选择了类型化的公正社会状态，其原因并不是对公正世界的现象描述是否来自于"现象"，而是其在"前人世界"与"后人世界"中如何抉择。古典公正话语特别重视公正德性却看似矛盾地忽视了"个体的首要性"，其中一个重要却往往被忽视的原因就是古代哲学是在单向地朝向他人态度的前人世界中确立公正世界的，"前人世界本质上就是已经结束、已经过去的，而且是完完全全过去的。它不指向未来开放的视域。前人世界的具体行为并不是未定的、不确定的，

---

① ［印］阿马蒂亚·森：《正义的理念》，王磊、李航译，中国人民大学出版社2012年版，第364—365页。

或有待实现的"①。而自由主义公正话语正确地认识到基于历史的解释模型无法可持续地保持它的理想性,因为"我们用来诠释前人世界的基模必然不同于他们诠释自己世界的基模"②。然而,为了将其关于公正的"意识形态"上升为一种公正的社会学,自由主义建立了一种"客观的意义脉络",这就必须将人本——这个最客观的公正主体——彻底置于社会构成的意义中心。为此,自由主义提出:历史并不是固定的与被决定的,而是在理性的进步中不断发展的;在社会共同体的现实生活中人与人之间是自由的,没有具体的类型化的良善生活模式;而且,在由人与人的交往行动所构成的周遭世界里,必定有公正原则或规则限定人们道德推理与行为的尺度,维持基本的自由善。这样一来,公正世界就消失了,公正社会成为一个可以被"程式化"的理想原型,它是非实质的,但在全部历史过程中它都有实际的典范。最后,为了克服基本感知与社会结构的意义中由个体多样性而产生的"个体与社会关系"的不确定性,个体主义文化幻觉为其提供了一种共识(或认同)的意识形态进路。你我可以怀有相同的不公正感,可以按照理想类型设计公正社会的样貌,然而,一切规范性命题"求真"的规律性必然导致"共同拥有"的困难。在这里,戈伊斯和迪蒙揭示了"个体主义文化幻觉"。戈伊斯对公正社会的共识论基础进行了彻底清算,他指出:"自由主义者的特征是,总是尝试把社会看成在共识之下。……它是一个含糊和难以捉摸的概念,使人可以质疑太过依赖于它的实质性主张。……那些掌权者显然有兴趣声言一个对他们有利的状况,取决于一个稳定的、有道德约束力的共识,经常高于自由主义者愿意承认的。"③ 与此同时,迪蒙则将这种"共识进路的误解"归结为政治观念的幻象,在他看来,"如果说个体主义是使现代文化有别于其他一切文化,至少我认为有别于其他一切大文明的标志的话,那么,在现代文明中涌现出了整体主义的一个侧面应该是重要的历史事件了。然而应该注意到它明显

---

① [奥]阿尔弗雷德·舒茨:《社会世界的意义构成》,游淙祺译,商务印书馆2012年版,第291页。
② 同上书,第295—296页。
③ [英]雷蒙德·戈伊斯:《政治中的历史与幻觉》,黎汉基、黄佩璇译,江苏人民出版社2017年版,第5页。

的新颖之处。……文化是集体的个体。……整体主义的方法在初级阶段超越了个体主义，然后又将个体主义转移到集体的实体中，这些实体在此以前不被重视或处于从属地位"①。正如古典公正话语所强调的所有人都是被置入"公正世界或公正社会"的原型中的，自由主义公正话语最终还是将所有人置入其规定的"个体主义文化幻觉"中，在这里，人们似乎可以自由地在道德推理中实现公正社会的理想类型，因为投射出这个幻觉的"公正社会的理想类型"的历史性、阶级性与利益性因素已经躲进了"普罗透斯面具"之后。

（三）关于人或者个体超越或者违背上述关系判断的判断

自由主义公正话语对于公正社会的原型设想可以被称为一种基于个体本位且经由个体公正感与道德推理双向支撑下的关于公正世界的理想类型。但是，正如很多学者在质疑罗尔斯的"重叠共识"是对"重叠"的不可能性所提出的批判一样，人们要是选择错误的道德善标准，或者错位的道德善标准，进而使自己偏离神、背离上述理想类型所规定的规范秩序时，自由主义公正话语就要解决如何对这种普遍的"僭越情形"做出合理解释并将其纳入自己的话语体系中的问题。这就是自由主义公正话语的主题中所涉及的第三个判断。在这里，古典公正话语认为，与公正世界的原型和公正德性的养成紧密相关的就是"公正智慧"，这一智慧的核心意思就是能够在公正世界的原型中寻找人所需要的公正德性的"自然位置"。因此，后世人们将古典公正话语中的公正诠释为"德性公正论"就是模糊不清的，甚至放大了公正德性的作用，"那么僭越的疯狂就是一种相反的姿态，一场傲慢和'混沌的'反叛，对抗我们只是凡人的人类状况"②。之所以出现了德性公正论被片面放大的结果，其根本就是因为自由主义公正话语所坚持的"现代伦理框架"。

在某种意义上，自由主义从基督教教义中继承并发展的"现代伦理框架"正是自由主义公正话语在处理人或者个体超越或违背其所设定的

---

① ［法］路易·迪蒙：《论个体主义》，桂裕芳译，译林出版社2014年版，第100—101页。

② ［法］吕克·费希：《神话的智慧》，曹明译，华东师范大学出版社2017年版，第35页。

公正社会的理想类型时所设计并证明前者合法性的保护性论证。为了使之与"伦理学""伦理学框架"等相似概念有所区别，笔者称之为"伦理话语框架"。

客观而言，自由主义公正话语不是将"伦理话语框架"视为创制者而是将其视为定型者，即这一话语框架所面对的问题和做出的判断是从古典公正话语创制以来所共有且持续存在的。从概念分析的角度看，基于伦理话语框架的自由主义公正话语在理性主义的启蒙下发展壮大、独占鳌头，其显著特点是公正不再是人的本性（德性）或者共同生存的基本要求，而是人与人在普遍的社会交往中形成的关于彼此关系的描述和规定。因此，"僭越"的关键主题从一种公正世界的话语框架，变成了"自由主义意识形态"控制下的伦理话语框架。在这里，实质公正让位于形式公正，框架的稳定性超越了对公正真正本意的不断追求（回归）。正如赫勒所言："形式的公正（正义）概念是指应用于特定社会群体的各种规范和规则能够连续不断地、持之以恒地适用于该社会群体内的每个成员。"[①] 通过创造一个新的公正规范或规则吸收或者推翻"僭越公正的事实"——而不论僭越所否定的实质公正的内容——这就是自由主义公正话语借助"伦理话语框架"而实现对其公正的意识形态的保卫作用的真正体现。在这里，关于形式公正的具体解释也就产生了建构论路径和行为论路径之分。在伦理话语框架中，对公正的解释主要表现为：公正是一个美好世界的客观标准，是具有真理性的目的范畴，是一种复杂关系的规范状态，是人们塑造的共同价值和普遍制度，是一种浪漫理想的彼岸，是通过人们之间的不断沟通、调整和包容而实现的现实性。总之，公正是作为一种本真性的评价体系而规定了人们多重生活世界之中的基本价值。

在自由主义公正话语的逻辑下，伦理话语框架将公正局限在特定的客观世界、主观世界和变动不居的行为世界里，抑或是上述三种世界的机械叠加，却忽视了公正本身的历史变迁及以其自身为媒介的价值传递的重要性；它们更多的是建立在对公正评价者和公正对象二分基础上的

[①] ［匈］阿格尼丝·赫勒：《超越正义》，文长春译，黑龙江大学出版社2011年版，第5页。

价值判断，即以公正评价者的目的、公正对象的结构（范围、特性等）或者二者平衡关系的需要而形成的概念框架，而忽视了公正范畴的"承受者"作为公正主体的反思作用，即没有在超越主客二分的基础上讨论公正范畴的规范性和有效性；上述解释都希望将个人的理解和互相理解建立在某种独断论的模式之上，试图从认识方法角度（契约论、怀疑论、比较论）形成普遍性共识，否认公正是一个可以在现实生活中不断进行探究并破除一切普遍性约束的理解对象，是不同语言共同体的行为、制度和价值的解释性框架概念。在这里，真正的问题是既有的知识论并不能发现公正的"本真性"，而在复杂社会中也并不存在"作为本体存在的公正范畴"。在某种意义上，现代人获得了前所未有的公正知识，却陷入了理解公正概念的空前迷失中。最终，"没有正义的正义性"（卢曼语）就成为自由主义公正话语在解决"第三个判断"时的评价依据，即保证主体的自由权利在实证化的调节中将脱离和背离的不确定性风险减到最低，依法律技术而将基本权利置于公正社会的秩序边界的道德合法性之中。在这里，赫费在《政治的正义性》一书中对自由主义公正话语的现代政治设计进行了针对性的批判，既清楚地描摹这一基本判断的实质，又对其进行了充分反思。他指出——

> 事实上，自由权利属于一开始就为实证化过程确定界限的那些因素；且这个界限要用道德—规范的理由，也要用正义的论证来说明。虽然现代法和宪法的发展道路曲折迂回，一会儿是实证性的自由规定占上风，一会儿是对它们的限制处于优先地位。但系统地看，只有当实证性的道德—规范同时被限制时，实证法的放开才是合法的。所以，把主体权利主要理解成合法性条件，然后把它次要地和辅助性地理解成减少危险，这样才显得较为恰当。在这个意义上，根据对占统治地位的宪法之理解，基本权利便不是生来就有，而是被赋予或不被赋予的。在一种情况下认为法制度——原则上——是正义的，在另一种情况下则认为它完全是非正义的。①

---

① ［德］奥特弗利德·赫费：《政治的正义性》，庞学铨、李张林译，上海译文出版社2014年版，第129页。

(四)关于如何理性地看待不断趋近理想的公正社会与和谐的公正关系却始终无法到达的判断

在上述三个判断做出后,第四个判断就顺理成章地出现了。不论是公正世界或公正社会的原型,相关原型中基本理想类型的设计,还是对于这些原型和理想类型的保护性分析(僭越的限制),其最终目的并不是它们本身,而是通过它们寻求塑造个体的最深刻、最有效的权威性。正是在这里,社会生活中普遍存在的不断趋近理想的公正世界与和谐的公正关系却始终无法达到的矛盾现象就成为实现上述目标所直接面对的困境,由此也就带来了自由主义公正话语的最后一个关键主题。

作为一种现代理论,自由主义公正话语最初并未承认这一判断所反映出的现实问题。在自由主义传统中,以功利主义为主,直觉主义早已成为一种不可忽视的理性观念。在直觉主义中,公正社会的理想类型与和谐的公正关系是建立在一个现实社会的普遍利益或者共同福利的观念之上的,因而就有了所谓的"公共善""公共利益"。在历史进步的视野中,趋近而无法实现是一个合理命题,即"公共善""公共利益"只要合理存在或不断增加,那么具体时空条件下的矛盾现象——不公正问题——就不会影响上述评价的成立。正是在这里,趋近而无法实现并不是由自由主义公正话语的内在悖论所造成的,而是现实政治特别是政府行为的不完美所导致的持续性问题。罗尔斯在分析休谟的政治哲学时,就提醒人们"功利主义者所做的就是面向现在和将来,并直截了当地询问当前的政体形式、当前社会制度的组织形式是否能够以最好和最有效的方式来提高普遍的功利"[①],而这也是关于公正社会的理想类型与和谐的公正关系持续性存在的根本标准。当然,自由主义者也意识到此种分析是理想化的,而在实际生活中违反公正秩序或准则的"必要借口"却层出不穷。这对于其经验主义的实践理性的地位,以及在其公正话语中强调煽动性抗议的基本感知的解释,产生了极大的挑战。为此,为了配合想象的普遍善与公共利益的分析结构,就必然要从主体本身切入,即要将这种趋近而无法实现的悖论现象控制在对主体的资格限制之中。

---

① [美]约翰·罗尔斯:《政治哲学史讲义》,杨通进等译,中国社会科学出版社2011年版,第163页。

因此，不论是霍布斯、洛克、休谟，还是卢梭、康德、费希特，他们在对主体的道德地位及其属性进行分析时都会加以限定，要么是德性与道德感统一于特定个体，要么是对普遍准则与行为后果的同等接受，要么是内在幸福与外在幸福的共同法则，又或者是个体选择与被期待的公共利益的相互一致，以致为了阐明这些抽象的一致性、统一性或完备性而具体设定的性别、年龄、种族、财产等标签，都在证明人们是否践行公正的行为规范和准则以及"不公正现象"所削弱的公正社会的理想类型或和谐的公正关系都只能发生在无法进入此种理想类型或关系考量的主体之内。哈奇森在《道德哲学体系》中认为，因某些异常必要的情况必然会产生一定特殊的权利，而在这些特殊的权利中，公正的秩序及关系是具有主体边界性的，"没有什么规则或生硬的信条与观点会约束那些不公平、贪婪、野心勃勃或自私的人，或者那些错误宗教的盲信者。如果在一些重要的情形下给予他们必要的借口，他们将会滥用这些借口。如果不让他们在理论上拥有这些借口，他们会在行动中违背那些绝对的、被严格地认为是普遍的、不允许任何例外的准则"①。进而言之，如果不考虑这些排除条件，而直接切入公正社会的理想类型或和谐的公正关系的最后结论，那么就会出现理解上的偏差。

当然，自由主义者在解释他们的公正观和论证其公正理论时，也注意到了这种简化的漏洞，即这种主体资格上的"例外准则"并不会被无资格的主体所接受，而且，由于自我修复和掩饰的需要，资格会越发严格，因而被排除在外的主体数量必然持续上升。那么，一个获得不了真正多数支持的公正话语也就失去了有效性。特别是随着全球化时代的到来，这种排他性的忽视所表现出的"封闭的中立性与地域狭隘性"已经使得自由主义公正话语备受攻击，难以为继。正因为如此，森才指出："第一，我们必须认识这样一个事实，即程序上的地域狭隘性并不总是被看成一个问题。某些关于社会判断的方法并没有主动避免群体性的倾向。……第二，我们不能仅仅关注初始状态的主观愿望，还必须关注其实质程序。……第三……我们并没有特别的理由去认定只有在这些

---

① [英] 弗兰西斯·哈奇森：《道德哲学体系》（下），江畅等译，浙江大学出版社2010年版，第139页。

边界的范围内,才能找到互动交流的公共参与。"① 为此,在自由主义公正话语中,通过"边界"来削弱趋近与无法实现之间的悖论问题已经难以为继了。当公正社会的理想类型与和谐的公正关系所需要的规范和规则备受质疑时,如何确保这种质疑不会对自由主义公正话语的基本判断产生颠覆效果就成为一个严肃的论题。在这里,社会政治的公正概念取代公共福利的公正概念,基于碎片化的政治认同的动态公正观在批判自由主义的个别公正理论时,却为自由主义公正话语的"公众证明"性提供了一种"新修辞技艺"。在很大程度上,罗尔斯的重提共识,哈贝马斯的交往话语以及很多西方学者标榜的沟通逻辑,特别是协商民主的新风尚,都可以看作在"公众证明"地基上的差异性设计方案,即围绕反思性证明与普遍性认同的双重目标而设计的政治理论。将公正社会的理想类型与和谐的公正关系在特定的政治哲学中加以建构,将这一建构交付于公民,反之又将公民的不公正抗议与公正感诉求反馈于上述哲学建构,这是公众证明的核心要素。而要充分证明这一核心要素的积极作用,最好的方法就是找到一个"最大公约数"——公共性,并以此为据提出并论证理解证明的相关目的和手段。这一思路深深地植根于自由主义的思维方式中,正如有的学者所言:"自由主义天生是对争论、分歧乃至战争的应付——有一些谨慎是容易理解的。但是,不论是作为理论还是作为稳定的实践,自由主义并不建立在分歧、相对主义、中立,或是一遇到争论就妥协等立场的基础之上。自由主义主张政治道德的一些实质性的、可争论的理念,直抒己见,并且应该不会动摇。……我们不能一方面承认自由主义的美德及社群等卓越理想,另一方面又不承认自由主义所渗透出来的精髓,那一精髓甚至塑造了自由主义者对公众证明的理解。"② 自由主义者并不只是在公正话语问题上采取这一态度和方法,甚至已经将其作为自由主义者的基本标志,"这种能力应该被视为自由主义公民的永久的和不断发展的最佳特征。一旦当局在其制度和实践活动中重视公众证明,自由主义事实上就有希望看到理性能力

---

① [印]阿马蒂亚·森:《正义的理念》,王磊、李航译,中国人民大学出版社 2012 年版,第 137—138 页。
② [美]斯蒂芬·马塞多:《自由主义美德:自由主义宪政中的公民身份、德性与社群》,马万利译,译林出版社 2010 年版,第 50 页。

的不断进步"①。正因为如此,"公众证明"才"是自由主义的核心目标,它指引着自由主义者感到自豪的实践热情及政治制度"②,并在自由主义公正话语所主张的理性地看待不断趋近理想的公正社会与和谐的公正关系却始终无法到达的基本判断中成为方法论上的首选。

在自由主义公众证明的思路下,动态公正可以很好地解决"第四项判断"的核心困境,用方法论模式将自由主义公正话语包装一新。这种模式的根本目的在于从现实的经验模式和历史的经验模式中提供持续的确认有效的手段,进而将前三个主题中的基本判断包裹进来,形成一个圆融的自证体系。然而,"模式化的或历史的,最终都会诉诸某种关于'自由'或'生命'的解释。它们是不同的(并且是竞争性的),因为它们既诉诸某一个,也诉诸另外一个,因为他们还以不同的方式解释终极价值"③。也正是在此处,"模式化的动态公正"为自由主义公正话语的真正实现埋下了危险的伏笔。自由主义始终无法克服其非历史的局限,也必定会在它的公正话语中以这种模式化的动态公正绑架负责的公正世界或公正社会的历史。赫勒正确地指出:"如果我们反思我们意识的历史性,我们就必然会知晓我们事实上已经把兔子置于帽子之下,因为我们认为这是一只有价值的兔子。接着问题产生了。什么样的兔子应该置于帽子之下?为什么这只兔子比另外一只更有价值?我们有一个准绳来比较这些兔子的相对值吗?"④那么,要进一步理解自由主义公正话语的整体面貌,从其危机入手,应是一种可以理解的解释路径。

三 自由主义公正话语的实现危机

自由主义公正话语的危机是一种实现危机。这是指自由主义公正话语的核心问题不在于概念解释和理论建构,而在于概念解释、理论建构与自我实现之间的脱节。对这种脱节的批判不是对"理想—现实"二

---

① [美]斯蒂芬·马塞多:《自由主义美德:自由主义宪政中的公民身份、德性与社群》,马万利译,译林出版社2010年版,第57页。
② 同上书,第74页。
③ [匈]阿格尼丝·赫勒:《超越正义》,文长春译,黑龙江大学出版社2011年版,第163页。
④ 同上书,第164页。

元化的苛责，而是由其"社会解释"本身出现的问题悖论、"话语问题"（即言语观念的本身）悖论和自由主义的内在悖论共同造成的。事实上，在当代自由主义阵营内部，部分学者已经发现自由主义公正话语的"药方"要面对自由主义公正话语本身在社会意义范畴内的异化考量问题，即同样的话语与不同的意义考量间的分裂问题，这可以被称为自由主义公正话语对其实现危机的内部审查。正如德沃金所指出的：

> 我们是否该认为，自由主义传统将市场视为"救命稻草"，而此种看法却带有许多当下应该被抛弃的不确定例外？或者，我们是否该认为，自由主义传统将"需求"看作"灵丹妙药"，而其却为了财富和特权的利益倒行逆施？再抑或，我们是否该认为，自由主义传统表达的是更为复杂的原则，即虽然正义并不要求市场是万灵的，但却坚持认为其只存在于自由主义者依然确定的限制条件和免责条件之中？究竟是什么决定了这些解释中的任何一个优于另一个呢？①

对于自由主义公正话语的实现危机而言，其"社会解释"本身出现的问题悖论、"话语问题"（即言语观念的本身）悖论和自由主义的内在悖论三者构成了它的问题危机、尺度危机和基础危机。这三者不是孤立存在的，而是共同作用的。以往，在批判自由主义公正理论时，存在内在批判和外部批判，始终是在相互对立的矛盾中相互支撑和化解的。但是，这种批判也将本质批判和实现批判割裂了，造成了两种批判的自我对立。自由主义公正理论也就因其多样性而不再适宜成为一个独立的批判对象，从而保留了自由主义公正话语的合理性。在某种意义上，这也是自由主义公正话语所设定的"限制条件""免责条件"，是一种话语结构的自我保护。为此，应该将本质批判和实现批判有机统一起来，恩格斯曾说，"我们干脆用扬弃矛盾的方法消灭矛盾"②，这正是为什么

---

① Michael Walzer, Ronald Dwokin, "Spheres of Justice: An Exchange," *New York Review of Books*, July 21, 1983, p.45.
② 《马克思恩格斯文集》（第1卷），人民出版社2009年版，第81页。

对自由主义公正话语实现危机的阐释必须贯穿公正问题、公正问题的理论言说和公正问题理论言说的整体语境（意识形态基础）的根本原因。

（一）不公正的"无解"：自由主义公正话语的问题危机

不公正的含义并不是连贯的。现实制度及人们看待它的方式，以及由此他们所赋予这个词的含义，无时无刻不发生着变化。我们会看到人们正在发生变化。与社会或社会中的支配阶级在目的上的变化所相关的变化期待着相应的制度方案以消除不公正现象。

当这些期待发生变化时，不公正就成了一个充满矛盾的主题：这里，不仅有公正的制度应是什么的论争，而且有公正的制度是什么的分歧。由于人们有不同的期待，他们所看到的事实自然是不同的。在自由主义者眼中，公正就是产生和维系人们之间特定关系的人所造成的合理性关系，公正制度是这一关系的规范化成果，凡是违反上述关系或制度的现象或问题就应被称为不公正的。但是，关于不公正的事实从来就没有那么简单。众所周知，正因为制度是人定的，所以制度的制定与维系是有一些目的的：任何一个（或所有）目的都要与本质上假定的人类需要相适合，而此种人类需要决定着（或至少限制了）制度是什么；或者，对常常会产生或重塑制度的各阶级需要的满足就决定了制度是什么。无论在哪一种情况下，人们对目的的不同理解造成了对事情的理解不同。进而言之，人们如何理解事情——人们用什么概念来把握它——在任何时候都是这件事情是什么的作用和原因。人们所理解的必定与事情的实际情况有关联（尽管并不需要精确对应），但是实际情况的变化在一定程度上取决于人们所持有的理念。我们只能说，不公正既是一种消极的制度化后果又是一个否定的评价性概念，而且这二者无时无刻不相互影响着。

正因为如此，不公正是千变万化的。但是，在自由主义公正话语产生之处，就已经将道德哲学的评价问题看作一个寻找"理想类型"的问题，即构建一个可以一致认同的可描述道德标准的问题。在这个"话语边界"设定的时候，尽管自由主义者反复强调"经济的公正"（即经济理论的公正论）是哲学公正论的下游问题，但是在方法论上，经济的公正计算早已通过功利主义的哲学论证成为哲学公正论的核心问题。经济是自由主义者最先且最为擅长运用的理论武器和思想方法，经济理论的繁荣就是在自由主义主导下实现的最成功的"非哲学知识",确立了基于个体的近似先验的道德准则的一种直觉,在此基础上,"经济在现代世界的社会组织中的核心地位也激励着哲学自身的正义理论向优势地位的经济靠拢"①。而实现这一切的基础就是人的外在化,成为可以计算且必须被计算的对象。在某种意义上,这正是自由主义公正话语的最大特征。马克思在解释恩格斯所提出的"亚当·斯密是国民经济学的路德"时,曾深刻地揭示:

> 正像路德把信仰看成是宗教的外部世界的本质,因而起来反对天主教异教一样,正像他把宗教笃诚变成人的内在本质,从而扬弃了外在的宗教笃诚一样,正像他把僧侣移入世俗人心中,因而否定了世俗人之外存在的僧侣一样,由于私有财产体现在人本身中,人本身被认为是私有财产的本质,从而人本身被设定为私有财产的规定,就像路德那里被设定为宗教的规定一样,因此在人之外存在的并且不依赖人的——财富的这种外在的、无思想的对象性就被扬弃了。由此可见,以劳动为原则的国民经济学表面上承认人,其实是彻底实现对人的否定,因此人本身已不再同私有财产的外在本质处于外部的紧张关系中,而是人本身成了私有财产的这种紧张的本质。以前是自身之外的存在——人的真正外化——的东西,现在仅仅变成了外化的行为,变成了外在化。②

当20世纪到来时,自由主义公正话语同其他社会解释话语一样,将功利主义的道德计算向标准化的方向不断推进,甚至物理学也在推波助澜,"遍历性"(ergodic)为其提供了平均混合化模型。当然,这里的平均混合化模型绝不是财产的平均,而是个体性平均,"根据遍历性理论,如果两个条件成立的话,你就可以用群体的平均值来预测个体。这两个条件是:(1)群体中的每一个体都是相同的;(2)群体中的所

---

① [法]马克·弗勒拜伊:《经济正义论》,肖江波等译,中国人民大学出版社2016年版,第7页。
② 《马克思恩格斯文集》(第1卷),人民出版社2009年版,第178—179页。

有个体都将保持不变"①。当标准化已经成为道德评价的"公理"时，自由主义公正话语的存在就像是因这个公理的与生俱来而具有"起源的正当性"一样。在这里，通过忽视公正的特殊性（或者说忽视公正的本性，这正是古典时代哲学家们所做的事情）而了解公正的普遍性，已成为标准化的公正公理的潜台词。

抛弃了多样化评价，不仅体现在公正——理想化的制度与概念的理想类型——之上，也充分显示在"不公正判断"这一本应无法同约化的问题上。近40年来，森始终致力于超越功利主义的道德哲学的思维限制。他指出："有伦理意义的各种信息的多样性已经被认为是某种传统的一个问题。的确，在功利主义学说中，所有这些不同的东西都被压缩成为一个可描述的同质数量（如假设中的效用那样）。然后，伦理评价就简单地取这一数量的单调变换形式。当然，由于假设伦理评价最终要求的具有完备性和传递性的排序形式，甚至可能会用一个数字代表，因此，我猜想，把美德的概念转化为一个同质的伦理值也就没有什么形式上的惊奇了。"②显然，作为一名经济学家，他敏锐地发现，超越道德计算，并不是要简单地否定衡量公正的计算标准，而是要厘清经济学与道德哲学（伦理学）的"奴役关系"。森始终认为，不公正作为具体的社会现象，需要立足于其内在尺度，将道德计算限定在这个内在尺度的偏离值上，而不应建构出一个诸公正要素的评价体系。

在这里，不公正问题，绝不仅仅是不公正现象的问题，而是观察不公正③（seeing injustice）的问题。只有关注不公正，才能发现自由主义公正话语在公正问题判断上的偏差；只有认真对待"观察不公正"，才能对自由主义公正话语的问题悖论产生较为客观的认识。

一方面，重视不公正是了解自由主义公正话语内问题悖论的前提。这种问题危机表明自由主义公正话语中诸多理论或概念存在实现的不可

---

① ［美］托德·罗斯：《平均的终结》，梁本彬、张秘译，中信出版集团2017年版，第47页。

② ［印］阿马蒂亚·森：《伦理学与经济学》，王宇、王文玉译，商务印书馆2014年版，第63页。

③ 本观点部分来源于土耳其学者Gülriz Uygur和Judith Shklar的论述，其中对于不公正的"观察"的推崇，使得二人的研究在西方公正理论研究中较有新意。

能性,并将这种不可能性归结于话语体系的理想化。为了避免陷入"先验的建构主义",很多学者都围绕世界性的贫困问题、性别歧视问题、发展不均衡问题等力图突出自由主义公正话语的根本使命应该是减少现有的不公正,而不是建构一个公正理论的大厦。他们认为,这座大厦的建造就必然会抛弃"作为计算对象的人",即便是完备的方案也总会做出主体限定,而这本身就是"不公正"的。这种不公正已经在很大程度上侵蚀了自由主义公正话语体系,尽管它们在各自的理论层面都具有相对合理性。也正是因为如此,西方社会的道德标准才面临着信任危机,特别是在中国这样的经济高速发展的后发国家的映衬下,经济发展优势逐渐消减的同时,社会公正优势也在消失。这些学者认为,这就是自由主义的一种话语困境,即表现在公正与不公正的态度上的话语失势。究其原因,一是自由主义公正话语"迷恋"追问公正必然造成忽视不公正现象的结果。有学者指出:"每部道德哲学著作至少都会包含'公正'一章,甚至有很多关于公正的专著。然而,不公正在哪里呢?可以确定的是,布道、戏剧以及小说涉及了所有问题,但是艺术和哲学似乎忽略了不公正。它们想当然地认为不公正只不过就是公正的缺失,因此一旦我们知道了什么是公正,我们就知道了所有该知道的事情了。然而,这种信念未必是真的。仅仅追问公正只能是一叶遮目。不公正感、判别不公正之恶的困难以及我们所有人学会与其他人的不公正相处的方式等都被忽视了,似乎只存在个体的不公正与公共秩序之间的关系。"① 二是自由主义公正话语"唯"公正世界的建构梦必然导致其无法察觉不公正现象的真实存在。纵览自由主义公正话语的"抗争史",解决不公正问题才是自由主义公正话语体系建构的真实内容。对此,阿马蒂亚·森指出:

> 在日常生活中,当我们遭受到有理由去愤恨的不平等或欺压时,这种感受是很明显的。然而在我们所生活的这个世界中,当在更为广泛的范围内存在不公时,也会有同样的情况。我们完全可以做以下假设:如果不是认识到这世上存在明显的但可以纠正的不公

---

① Judith Shklar, *The Faces of Injustice*, New Haven: Yale University Press, 1990, p. 15.

正,巴黎市民或许不会起义攻占巴士底狱,甘地或许不会质疑大英帝国的殖民统治,马丁·路德·金或许也不会在号称"自由和勇敢者家园"的土地上奋起反抗白人种族至上主义。这些人并不是在追求实现一个绝对公正的社会(即使他们对那样的社会有普遍的共识),但他们的确更希望尽其所能地消除那些显而易见的不公正。①

另一方面,认真对待观察,从对不公正问题的观察的基本要素入手,才能将不公正问题的严肃性凸显出来,这是自由主义公正话语内问题悖论的根本危机。这一观察需要分为两个阶段。第一个阶段是将不公正与公正相剥离,第二个阶段是认识不公正问题的基本构成。在自由主义公正话语中,公正是宏大的,不公正问题作为公正的"影子"而存在。因此,为了凸显不公正问题作为自由主义公正话语的实现危机,就应该注意这种"连带关系"的不稳定性。罗尔斯在《正义论》中区分了"公正的概念"(concept of justice)和"公正观"(conception of justice)。前者具体指向的是各个竞争性主张之间的适当均衡,而后者则是指勇于决定此种均衡的一系列考量因素的原则体系。这一认识代表了自由主义公正话语内对公正问题的基本认识。也正因为如此,自由主义公正话语历来强调"公正观",即"普遍的""一般的""抽象的"的界定或原则。与此不同,不公正问题只能是"具体的""个别的""现实的",即便存在一定的类型,但是任何不公正问题的类型也只能在一定条件的限制性和语境的相关性的前提下进行归纳和总结。正如有学者所言:"公正观和不公正观之间存在明显的差异。这就是说,我们不能通过公正的原则来界定不公正。换言之,不能说只有当公正原则被破坏时才有不公正问题。正因为如此,我们应该强调公正概念和不公正概念之间的关系而不是基于公正观,因为公正的概念对于概括不公正问题而言更加适宜。"② 在此基础上,强调"观察"不公正问题,主要有几个基本要素,即观察不公正问题必须有认识公正的欲望,而且关注的是具体情况而不

---

① [印]阿马蒂亚·森:《正义的理念》,王磊等译,中国人民大学出版社2012年版,第1页。
② Guttorm Floistad, *Philosophy of Justice*, New York: Springer, 2015, p.361.

是公正原则，这种关注要适当和正确。在相关要素中，自私自利、偏见、歧视与厌恶等都会在不同的具体情况中成为观察不公正问题所得出的"适当关注点"，这也是不公正问题类型化的相对共同点。当然，在这些共同点之上，仍有进一步抽象化的可能性，这就是"阻止公正欲望实现的意识障碍"（awareness of obstacles）。杨（Iris Marion Young）指出，此种意识障碍的主要形态就是压迫，准确地说，是系统性压迫造成了不公正。她认为："许多个体的日常意识行为都在做着维系和再造压迫的事，只不过这样的人通常只是从事着简单的工作、过着平凡的生活，他们并没有察觉自己是被压迫的对象。"① 正是在这个意义上，系统性压迫与各种各样的不公正问题之间存在着深入且广泛的关联性。

总之，正如屋大维（Gülriz Uygur）所言，不公正问题是自由主义公正话语的命门。如果说，自由主义开始创建其公正话语体系时必须依靠打碎不公正的政治宣言，那么在其统治下就必须建构一种维系它的公正话语体系，而这一体系的根本目标就是忽视"不公正"。但与此同时，自由主义公正话语还能够找到解决这一问题的救命稻草。化解这一危机，关键在于如何更好地从自由主义公正话语体系的自我完备性设定出发，将消极的不公正转化为能够支撑其"公正世界理想"的不公正观。为此，他认为，自由主义公正话语应该将主要问题指向如何界定不公正。在屋大维看来，这至少包括四个方面："第一，必须将公正与不公正进行彻底区分；第二，通过对'观察'的界定就有可能认知不公正，即这是一个关于'人'难以自我实现的命题；第三，在一定条件下观察他人是可能的，即不公正的主体是可以被发现的；第四，从根本上讲，观察不公正意味着观察阻碍'人之为人'的困境与条件。"②

从本质上看，究竟是不公正还是公正，并不是一组真正的选择关系。公正只有建立在不公正的基础上，才具有可靠的现实基础。不公正问题不是公正的缺陷，而是公正的前提。这一问题的实质还是"思维与存在"关系的判断问题。马克思在《〈政治经济学批判〉序言》中科学

---

① Iris Marion Young, *Justice and the Politics of Difference*, New Jersey: Princeton University Press, 2011, p. 42.

② Guttorm Floistad, *Philosophy of Justice*, New York: Springer, 2015, p. 367.

地指出:"物质生活的生产方式制约着整个社会生活、政治生活和精神生活的过程。不是人们的意识决定人们的存在,相反,是人们的社会存在决定人们的意识。"① 简言之,在事实和观念之间,事实是观念的基础,而观念是事实的思想后果。正是在这里,不公正问题是自由主义公正话语的事实之维,是根本;而公正理论则是自由主义公正话语的观念之维,是"上层建筑"。将二者混淆甚至颠倒,才是真正的"不公正问题"。以此推之,不公正问题依然存在,它只是变化了形式或者外貌。当然,这种变化为自由主义公正话语体系的维系提供了新的契机,但并没有改变这是实现危机的内容。之所以如此,是因为自由主义公正话语内存在着公正论困局。

（二）公正论的"困局":自由主义公正话语的尺度危机

维特根斯坦曾说,就像逻辑一样,伦理必须是世界的条件。人类社会对于伦理的追问,就是对人的行为的规范和准则的追问。赫勒在《一般伦理学》中指出:"我们'拥有'一个世界,乃因为我们是受规范和规则调节的,并不是受本能调节的。遵守规则是'完全正确的',破坏规则是完全错误的。'完全正确'意味着'好';'完全错误'意味着'坏'。这一事实,即社会规范已替换了本能的规范这一事实意味着有了好和坏。由于不存在没有规范和规则的世界,而且,规范和规则的存在就相当于好与坏之间的区分,而善与恶（伦理）之间的区分就是世界的条件。"② 不同时代存在着不同的规范和准则,但是这些规范和准则总有一个根本遵循,或者说一个最能体现"世界的条件"的理论尺度,这就是公正。从根本上看,正因为有了对尺度的不懈追问,才有了"好与坏""善与恶"的基本区分。正因为如此,自由主义公正话语的产生、演变及其最终的体系化的一切目的就是要建立一个以"世界的条件"为旨归的自由主义公正尺度。

自由主义公正话语在"尺度"的追问中,经历了三个基本阶段。首先是作为新兴资产阶级的革命尺度,其次是作为自由主义哲学家们的理

---

① 《马克思恩格斯文集》(第2卷),人民出版社2009年版,第591页。
② [匈]阿格妮丝·赫勒:《一般伦理学》,孔明安、马新晶译,黑龙江大学出版社2015年版,第40页。

想尺度，最后则是自由主义政治理论中的制度尺度。这在理论上呈现出一个"具体——一般—具体的一般"的变化过程。在这里，三种尺度的具体内容并不是理解自由主义公正话语在理论尺度上实现危机的关键，问题的核心在于这种变化本身。自由主义公正话语从一个革命的政治理想话语到一种统治的治理话语，必须经历"抽象一般化"的过程。因为自由主义公正话语从根本上讲是一个阶级的特殊伦理规范的抽象，为了成为世界的条件，就必须完成公正伦理的哲学论证。这就必须瓦解古典公正话语中关于公正的哲学论证，其目标在于让人们相信有一种"公正"的政治目的是一切政治社会存在的最终目标。斯金纳精辟地指出："说明一个社会已经开始牢靠地掌握一种新概念的最确凿无疑的迹象是将要形成一套新词汇，通过这样一套词汇才能够阐明和讨论这种概念。"[①] 为此，自由主义政治哲学话语内关于"公正的"就提出了两个根本假设，人可以引导甚至影响整个社会的发展进程，而这一进程在社会重塑中存在于一种普遍的尺度之中。问题的关键在于，这种尺度由谁来掌控，这就是自由主义哲学家苦思冥想出的"一般尺度"。当资产阶级成为统治阶级后，问题就变成了通过何种形式在一定社会边界内实现"一般尺度"的公正。罗尔斯将此称为政治自由主义，正如弗里德曼所言："《政治自由主义》回应了两个主要问题：一个是良序自由社会的实际可能性问题；另一个是在自由社会里实施政治权力的合法性条件问题。"[②] 在很大程度上，社会公正问题之所以成为当代西方公正的重要问题，就是因为它很好地符合了这种"具体的一般"的尺度特点，为此，米勒曾指出自由主义公正话语在理论层面确立的此种尺度已然表现出了三个基本假定："首先，我们得假定具有确定成员的有边界的社会，这一社会形成了一个分配的领域。……第二个前提是，我们提出的原则必须运用到一批可认定的制度，而这一制度对不同的个体的生活机会的影响也是能够描绘出来。……第三个前提是，存在着能够或多或少以我们赞成的理论所要求的方式去改变制度结构的某

---

① [英] 昆廷·斯金纳：《现代政治思想的基础》下卷《宗教改革》，奚瑞森、亚方译，译林出版社2011年版，第373页。
② [美] 萨缪尔·弗里德曼：《罗尔斯》，张国清译，华夏出版社2013年版，第334页。

些机构。"① 利用一种哲学思维或主题的转变，抽去了"统治的阶级性"这一基本规定，也就将自由主义公正话语本质上的特定阶级关于"世界的条件"的尺度变成了所谓的普遍尺度。也正因为如此，它在理论尺度上的实现危机也就在于这种"偷梁换柱"之中。

从表面上看，自由主义公正话语是自由主义在社会意识与价值体系中的统治的合力，而"作为统治的艺术，自由主义具有统一保守与进步的原则、统一激进能动性与历史传统的能力。要将可行性从空想当中区分开来，这纵然会造成行动的延迟，人民的思想却能够因而成熟起来；但是与此同时，允许对所有意见进行讨论，确实激发起社会有机体活跃的探索精神，对新事物的热爱，对能动性的坚信，这都成为未来政府植根其上的精神财富"②。但在事实上，自由主义公正话语只是一种生活方式和国家理论的具体尺度，这一尺度的轮廓是由17世纪以来欧洲自由主义的实践所造成的。这一切造成了自由主义公正论的实现危机——自由主义公正话语所设计的基本尺度的不可能性——都可以体现在以下两个具体方面。

一方面，自由主义公正论只能存在于"词语—思想"中而无法实现"词语—世界"。自由主义公正话语所建立的"尺度"是通过它的公正论实现的，而这里的公正论的目的在于提供一种社会调节规则，而最优的社会调节规则就是自由主义者所信奉的"公共性"。那么，公共性是一种想象的公正原则还是可以确立的公正尺度就是自由主义公正论的焦点。从根本上看，这就是"公正的概念"从词语层面扩展到何种层面的问题。在这里，自由主义公正论意图在整个社会领域实现的"公共性"，只是一个愿望之物，它只能体现在思想层面而不是公正世界可实现的社会调节规则。因此，自由主义公正论在话语属性上产生出一种本质解释，即自由主义公正论是一个"词语至思想关系的理论，而不是词语至世界关系的理论"③。也正因为如此，自由主义公正论所涉及的尺

---

① [美] 戴维·米勒：《社会正义原则》，应奇译，江苏人民出版社2005年版，第5—7页。

② [意] 圭多·德·拉吉罗、[英] R. G. 科林伍德：《欧洲自由主义史》，杨军译，吉林人民出版社2001年版，第339页。

③ [英] 爱德华·乔纳森·洛：《洛克》，管月飞译，华夏出版社2013年版，第120页。

度是除了与其自身本质无关的公共性要求外，并不能真正直面与公正内容直接相关的社会事实。

另一方面，自由主义公正论建立在个体的相互理性之上，而互惠作为其后果只能是神秘主义的产物。罗尔斯《正义论》在提出"无知之幕""原初状态"的时候就曾经明确指出，这是一种直觉主义的公正观，其特点在于"原则的相对价值无法一劳永逸地排列出来；相反，原则多样性务必在直觉中因地制宜地找到平衡，由此产生的平衡会依环境而有所不同"①。这里的关键在于，个体的理性主义必然要在利己主义的需求中找到一个共同的建构计划，即互惠。而问题恰恰在于互惠的不可实现性，它"带有几分神秘色彩的因素，它的作用是要形成一个由邻里般的明智主体组成的公正社会。然而，如果它只是靠修补感情以使人类比原先想象得更加友善，更富有同情心，或者更易于因良心上的不安而产生痛苦的话，那只会弄巧成拙。所以，可以断定，它的作用是使理性的主体进行思考，由此使他们能够在评价各种社会成果的现时效用时把自己的偏爱搁置在一边；但当理性选择理论促使理性主体背叛时，明智的主体有时候会拒绝背叛。……在互惠和十分开明的利己主义之间建立起一种差别"②。事实上，自由主义公正论就是不断努力地寻求这种"互惠"的真实存在。在系统性压迫与空想性互惠之间，始终存在不可突破的隔阂。这正是自由主义公正论无法实现其"世界的条件"——公正的尺度——的重要原因。

此外，自由主义公正论需要"实现"，而实现需要主体以及在何种范围内能够充分实现。对于前者，无论自由主义公正论中的理性和公正的程序学说还是互惠手段，在理论上都需要在个体理性互利的选择中实现，那么最直接且有效的解决方法就是需要一种能够实现这种公正论的"实际力量"，这种力量使得理性主体能够获得辨析能力，又能够使其具有宽容性，降低不必要的谨慎。与之相对，问题在于，掌控这种实际力量的主体只能借助"公权力"的代表——国家，这在自由主义公正论

---

① [美]萨缪尔·弗里德曼：《罗尔斯》，张国清译，华夏出版社2013年版，第150页。
② [英]理查德·贝拉米：《重新思考自由主义》，王萍等译，江苏人民出版社2005年版，第172页。

中却处于"消极的"地位。对于后者，自由主义公正论只是用"政治的"取代了"形而上学的"不确定性，但是在一个理性多元化的政治社会中，其实现范围问题仍然是未知数。在这里，自由主义公正论是"俱乐部模式"，然而"俱乐部模式不能解释为什么根据工具主义的观点，每个自为的个人采取在自由主义框架范围内所规定的公正的观点，以及以一种公正的方式来调节他们的社会交往，可以被看作符合理性的"①。简言之，在一定范围内，集体化（或者说社群的政治色彩程度）越高，就越发难以实现其本身的各种方案。

（三）自由主义"之踵"：自由主义公正话语的基础危机

无论是不公正问题还是自由主义公正论的困境，自由主义公正话语在实现中所出现的种种危机从根本上讲还是"自由主义的"问题。

笔者始终认为②，自由主义是一切与自由主义相关的思想体系、价值体系和话语体系这一语境，直接决定了它们的存在依据，并为这些体系提供实践经验和逻辑支撑。第一，自由主义是自由主义公正话语的合法性基础。它具有三种基本形式：（1）自由主义公正话语来源于资产阶级革命的进步性诉求，这是历史的进步，即通过人的公正理念和价值诉求转化为某种推动社会发展的客观影响力而持续存在，因此脱离了自由主义的语境就失去了其存在的"初心"；（2）自由主义公正话语所提供的理想状态由自由主义的政治实践转化为一种特殊的生活方式，使得人们普遍认为获取的公正地位或分配等价于自由主义的生活方式之上；（3）自由主义公正话语真正凸显了"公正"的个体主张感，使得公正成为一种可以真正诉求的价值目标，特别是由于政治解放所带来的深远影响，使得对自由主义的政治诉求就逐渐等同于对公正的合法诉求了。第二，自由主义为西方社会的公正观与公正传统提供了一种普遍化的话语工具。自由主义作为一种意识形态，这是它的本质特点，也是西方国家极力试图掩盖的明显特征。那么，如何将自由主义塑造成为一种"普遍的"价值观，就成为掩盖其对抗性意识形态实质的首要任务。通过四

---

① ［英］理查德·贝拉米：《重新思考自由主义》，王萍等译，江苏人民出版社2005年版，第179页。

② 下面的部分内容曾收入笔者的专著《激辩中的政治价值——自由主义、社会主义与公正话语》（江西人民出版社2016年版），如无特殊说明，不再专门标注。

种类型的自由主义，它的普遍性就完成了：

> 第一方面的内涵可以称为政治自由主义，以反对绝对主义、主张个体权利、宪政和代议制民主的形成为其标志；从十八世纪起，自由主义者开始关注经济活动的方式，关注政府应该以何种方式介入经济活动，经济自由主义的理论开始形成，以私有财产、市场经济以及守夜人政府为其理论基石；第三方面，从约翰·密尔开始，特别是以格林的新自由主义为代表，社会自由主义的内涵逐步确立它在自由主义体系中的位置；第四方面，自由主义市场试图创建一套关于个人、国家、社会的经济、政治、社会的一体化理论，这些理论构成了哲学自由主义的基本内容。①

正是通过逐渐被"一体化"的自由主义才使得特殊的公正话语成为一种"普世价值"的政治话语。因此，自由主义公正话语的自我实现的根本在于"自由主义"的不断自我实现。第三，自由主义作为社会属性的话语基础本身在广义上就包含了自由主义公正话语。正如凯恩斯所言："基本的自由主义价值也许可以确定为多元主义、自由、权利、平等和分配正义。它们能使个人自主地生活这一点使它们成了基本的价值。自由主义的目标就是创造和维护促进这些价值的政治制度，并通过它们实现自主。不同版本的自由主义之所以会产生分歧，就是因为其拥护者在基本价值上的解释，他们对自主的各自的重要性以及应当如何追求自主上的分歧"②。以此观之，自由主义是自由主义公正话语的"宿主"，是它的元意识形态。

由此可见，捍卫自由主义公正话语的首要任务就是捍卫自由主义，而捍卫自由主义又需要从其价值体系的自我保护中获得可能性。这种自我保护集中体现在以下三个方面：其一，自由主义客观上不断通过理性辩护和自我批判来遮蔽其内在矛盾。自由主义公正话语的内在争论正是这种理性辩护和自我批判的集中表现。自由主义之所以要不断地进行理

---

① 李强：《自由主义》，中国社会科学出版社1998年版，第15—18页。
② [英]凯克斯：《反对自由主义》，应奇译，江苏人民出版社2003年版，第5页。

性辩护和自我批判,当然不是因为要否定本身,而是因为要维系它的"全面胜利"。占有话语权的最佳方式,不是批判他者,而是自我批判,而越发理性的自我批判越能够获得"道德同情"和理智认同。德沃金认为,自由主义者要做刺猬而非狐狸,看似愚蠢地追求"统一"和"真理",并常常在它们面前出丑,但实质上却找了最有说服力的合法性理由。正因为如此,即便"我们也找不到清楚一致的自由主义的主题……(但)这些多样的探索未必就是不连贯的,这意味着在自由主义内部存在一个持续反思的过程。正是这种持续不断的反思使自由主义成为当今世界最普遍和最令人鼓舞的意识形态之一"①。其二,自由主义始终强调中立性与客观性,以维系自由主义公正话语的普遍性,并以此工具应对其自身困境。与其他政治意识形态相比,自由主义除了在价值体系的中立性和客观性的诉求方面存在相同之处外,还始终致力于一种总体性学说的自觉建构。这种建构的真诚性在很大程度上掩盖了其阶级局限性,久而久之,这就成为一种自由主义特有的话语技艺。正是在这里,"当它的具体目标受到批评时,自由主义者们就退守到没有一个通情达理的人能够加以否认的一般目标上去"②,自由主义公正话语正是这种"话语技艺"的集中体现。其三,自由主义越发利用"碎片化"的分歧来化解矛盾并延迟否定,通过"概念化抽象"的理性困境解释其社会发展悖论,自由主义公正话语是关于社会不公正的碎片化问题和"公正概念抽象化"的理性反思二者的焦点。恩格斯早就指出不应一概否定"抽象",但必须反对"概念化抽象",而"资产阶级思想家们"(包括了自由主义者们)却坚持"制造出一种或多或少是不完备的思维表现,并用这种概念来衡量事物,让事物必须符合这种概念"③,他们擅长将现实问题"碎片化"为理性困境,进而使得人们自觉地臣服于理性的统治是资产阶级意识形态的独门绝技之一,而自由主义公正话语只是此种意识形态的具体形式,只是此种独门绝技的具体运用而已。

这些保护作用正是自由主义作为自由主义公正话语实现危机的真

---

① [英]安德鲁·文森特:《现代政治意识形态》,袁久红译,江苏人民出版社 2005 年版,第 37—38 页。
② [英]凯克斯:《反对自由主义》,应奇译,江苏人民出版社 2003 年版,第 267 页。
③ 《马克思恩格斯文集》(第 10 卷),人民出版社 2009 年版,第 523 页。

相。正如有学者所言，自由主义"养育了一种骄傲的和排他性的自我意识，寓于其中的自由人共同体，被引导认为奴役，或者说强加给分散在鄙俗空间中的大众那或多或少的明确屈从是合法的。有时，他们甚至作出大规模杀戮或灭绝的行径"①。与此相应，在自由主义公正话语中，它所缔造的公正业绩与其不断产生的不公正恶行几乎同时并存，甚至后者带给人们的现实感还更加强烈。马克思主义经典作家早已指出，如果真正存在一种公正的生活，一定是人的解放，而这种解放必须建立在经济解放的基础上。当人们不是市场的主人而是市场的奴隶时，经济的公正就不可能存在；当市场是自由主义一切政治学说、经济理论和社会思想的中心时，自由主义公正话语就不可能认真对待这一问题。人们只要简单回顾一下近代西方社会的文明史，就会发现，"自由主义的市场绝不是一个所有个人作为商品的买家和卖家可以自由相遇的场所，在数个世纪里，那是一个排除、灭绝人性，甚至是恐怖的地方"②，无论何种"公正"，在那里都绝无踪迹可寻。

进而言之，即便通过上述保护作用，自由主义公正话语仍面临着两大主要"危机"。一方面，自由主义本身是一种浪漫主义和怀疑主义的矛盾体，其最终将自由主义公正话语引向内部性崩溃。而这种怀疑主义植根于其阶级局限性，其代表的终归是比较狭隘的利益，但却无法"诚实地"将这种原初的不公正性向"平等的个体"昭示。为此，它在建构一切"中立性""普遍性""客观性"的同时必须与这种内在的褊狭性进行持续的对抗或"掩盖"。基于此，自由主义公正话语在话语体系上表现出了浪漫主义的情怀，而在话语体系的建构中却表现出了怀疑主义的谨慎。而这种矛盾的限制性就体现在自由主义的一切话语之中了，"自由主义倾向于主观主义和无政府主义，渴望由个人首创精神所引起的变革，并且坚信这种首创精神包含了社会公益所需要的种子。相应地，它总是倾向于在自由和平等之间提出反论。首先，它强调个人行动，并始终予以热切的期盼；其次它看到权威干预的结果是对个人人格

---

① ［意］多米尼克·洛苏尔多：《自由主义批判史》，王崟兴、张蓉译，商务印书馆2014年版，第375页。

② 同上。

的压制。……这意味着自由主义虽然始终以具有普遍性自居，但自由主义的制度运作结果却不可避免地关注较狭隘的利益……虽然自由主义理论上拒绝承认其适用范围存在局限性，但其运作的历史条件对其自身还是构成了限制"①。另一方面，自由主义公正话语的核心论题始终是分配公正，但是围绕分配公正的自由主义公正话语并不是一种对"资本"之物的话语，而是自由主义真正置身于"资本"之关系中。有的西方学者认为，普遍的公正原则应该建立在人的必需品权利的基础上，也就是物的占有的权利上。资本是作为必需品对象的抽象化。马克思主义经典作家精辟地指出："抽掉了使资本成为人类生产某一特殊发展的历史阶段的要素的那些特殊规定，恰好就得出这一证明。要害在于：如果说一切资本都是作为手段被用于新生产的对象化劳动，那么，并非所有作为手段被用于新生产的对象化劳动都是资本。资本被理解为物，而没有被理解为关系"②。只要资本还是以物的属性成为分配的对象，而不是关系的属性成为改造的对象，那么自由主义公正话语就只能在其设定的"罗陀斯岛"中自由地旋转。

无论从何种角度讲，自由主义公正话语都面临着新的"革命"，现实危机已经频繁显现。因此，即便是在自由主义内部，公正话语的体系也正在重构，因为"对于那些矢志于自由主义排除条款的人们来说，无论会有多么艰难，接受自由主义智识传统这份遗产都是一项绝对不可回避的任务"③。正是在这里，"转型公正"作为自由主义公正话语的当代谱系的主要内容出现了。

第三节　西方公正话语的当代谱系：面向西方中心的"转型公正"及其批判

随着当代资本主义的新变化特别是"帝国化—全球化—再帝国化

---

① ［英］哈罗德·J.拉斯基：《欧洲自由主义的兴起》，林冈、郑忠义译，中国人民大学出版社 2013 年版，第 6—7 页。
② 《马克思恩格斯全集》（第 30 卷），人民出版社 1995 年版，第 214 页。
③ ［意］多米尼克·洛苏尔多：《自由主义批判史》，王崟兴、张蓉译，商务印书馆 2014 年版，第 376 页。

(逆全球化)"的发生发展,自由主义公正话语不再局限于固有的政治使命。一方面,它突出了现实政治斗争的需要,更加重视公正话语的意识形态性;另一方面,它改变了以政治道德的论证为主要目的的传统使命,而以传播这种政治道德为主要任务,以保障前一种政治使命的完成。在这里,为了谋求将其特殊性转变为普遍性,自由主义公正话语进行了重要的结构变化。这一结构变化的起点是不断蔓延的不公正现象与不正义问题,集中体现在全球性的贫困、人权、不平等、饥饿等问题上,借助政治文明及其话语存在等级性与矛盾性的理念,提出了"转型公正"的概念。在很大程度上,西方发达国家凭借其经济和政治帝国化的优势不断推动着公正话语等价值观念的帝国化,并将其塑造为一种标准转嫁甚至强加于后发国家。为了发现当代西方转型公正的话语本意,就需要从它的结构及其理论出场的阐释出发,分析它的主要论题——人的公正和全球公正,并对二者的帝国化公正话语的属性做出较为完整的阐述,进而揭示和批判其西方中心论的政治本意。

一 西方公正话语的当代内容:"转型公正"的理论出场

在当代西方,"转型公正"是一个流行概念,它是指转型国家的公正实现。但是,如果仅仅按其现实语义,就有可能陷入无意识的话语陷阱里。我们认为,转型公正概念的发生、内容和结构等问题的实质是要发现它与当代西方社会发展变化中的某些关联性。为此,我们应该从一般到特殊,再回到一般,由此描述转型公正的理论出场。而面对宽泛、丰富的转型公正的多元、异质性条件,以转型国家的公正实现为定义则明显欠缺其应有的概念功效(conceptual utility)。在具体探索转型公正的理论出场之前,可以发现"转型国家的公正实现"作为转型公正的定义,存在着意义与术语间的关联性歧义(转型是什么?向何处转型?),而在核心术语和日常定义的意义方面也多有歧义(转型公正的时空范围是什么?转型公正的历史表现与其概念结构是否一致?),等等。可见,常识性定义需要在西方公正话语的历史发展和政治本意的潜在变迁中才能准确地理解它的概念功效。

"转型公正"概念的发生不是偶然的。从确定比较议程和解释方案的角度出发,它在西方语境中的产生和滥觞具有两个特定背景且每个背景都具有理论与现实两个维度。在理论上，其一是政治结构存在高阶别和低阶别的二分化思维。伊斯顿曾指出："我们要着手于政治结构的探究，那么，区分直接和可观察的结构（较低阶别结构）和要通过更为精细的抽象过程发现的结构（较高阶别结构），不仅有用而且十分必要。"① 其二是政治国家必然走向一体化的目的论思维。在西方国家的崛起中，公正成为资本主义的道德支柱之一，因而在阻止其他国家追求现代化道路的时候，公正自然成为"帝国化"的道德支柱之一。在现实中，一方面政治结构的高低之别，意味着由低向高是一种合理选择，而一旦确立了"合理的标准"，高阶别的政治结构就要帮助甚至推动低阶别的政治结构的向上发展。20 世纪 80 年代末以来，世界国家间的关系发生了深刻变化，而"苏东剧变""非洲动荡""中东问题""颜色革命""东亚再造"等变革均被贴上了转型公正典范的标签。另一方面全球化在经历了长达近 30 年的顺利发展后迎来了"逆全球化"的挑战。事实上，"全球化""逆全球化"的推动和反动的主体是相同的。区别主要在于，当"全球化"是服务于资本主义国家"帝国化"的需要时，被称为历史的趋势；而当"全球化"成为后发国家寻求多元化发展模式和多极化世界政治格局的正当理由时，它就阻碍了西方国家对帝国化的内在需要，"逆全球化"则随之出现。事实上，西方公正话语的内在结构和价值诉求面临着迫切的"转型"需要，但这种转型需要却被强大而坚固的资本主义经济结构、政治结构和意识形态牢牢地裹挟起来，为了维系它们的稳定，就必然会选择放弃反身性的自我转型，而要求后发国家以符合西方公正话语的标准，建构西方社会设计的公正制度与规范，进而在价值认同上完成所谓的转型公正。

在这样的背景下，转型公正不是作为一种理想的道德话语而是以现实的政治话语出现在世人面前，它的出场语境就必然带有特定的话语思维——自由主义的历史观、价值观与国家观的总和——的规定性。在当代西方公正话语中，转型公正的出场语境一开始就从未考虑"谁做的判断才有道德上的决定性"这一本质问题，而是以输出西方民主

---

① ［美］戴维·伊斯顿：《政治结构分析》，王浦劬等译，北京大学出版社 2016 年版，第 92 页。

为目的，在后发国家皈依西方自由民主的探索中，转型公正才具有了道德制高点①，如"各个社会如何对待它们过去的罪恶？这个问题又引出其他的问题，即探索对待国家过去与其未来的关系问题。新政体背后的社会理解是如何致力于创设法治的？何种法律行为具有革命性意义？即便有着上述意义，一个国家如何对待其压迫的历史与其所创造的自由秩序的前景之间，关系究竟是什么？为了变成自由化的国家，法律的潜力何在？"②

从话语分析的角度看，这一系列问题充分体现了转型公正的内在逻辑和基础结构，即"动机—制度"的内在逻辑与"层次—主体"的基础结构。在二者的关系上，前者是后者的基础，是把握转型公正理论出场的前提；而后者是对前者的证明，是观察转型公正理论出场的主要维度。

首先，"动机—制度"的内在逻辑是理解转型公正话语本意的充要条件。转型公正的核心是"转型"，但转型具有道德合法性的关键是"公正"。阿马蒂亚·森在批判罗尔斯的先验公正观时指出，理想的公正论证"与人类生活的剥夺、不公平、不自由没有太大关系"③，而所谓的开放的、现实的、比较的公正观只要其内在逻辑结构仍是西方的，其最坚固的内核就未曾发生改变。在这里，超验与现实只不过是对这一内核的解释路径的不同选择而已。西方政治家们早已发现掩盖在诸如纯粹爱国情结等道德行为之后的不过是复仇与愤恨的下意识，甚至更为重要的是颠扑不破的利益。可见，转型公正的提出并不是为了达成关于公正的"普遍共识"，也不是希图得到实质性的结论，而是"一种申言对反申言……使得对立的立场各不相让。非合理性的规劝取代了合理性的论证。立场被认为是态度和感情的表达，往往结果也就是

---

① 参见 Eugene McNamee, Peter D. Rush, Olivera Simić, *The Arts of Transitional Justice: Culture, Activism, and Memory after Atrocity*, Springer, 2014; Pablo de Greiff, Roger Duthie, "Transitional Justice and Development: Making Connections," Social Science Research Council, 2009; Alexandra Barahona De Brito, Carmen Gonzalez Enriquez, Paloma Aguilar, *The Politics of Memory: Transitional Justice in Democratizing Societies*, Oxford University Press, 2001.

② Ruti G. Teitel, *Transitional Justice*, Oxford University Press, 2000, p. 3.

③ [印] 阿马蒂亚·森：《正义的理念》，王磊、李航译，中国人民大学出版社2012年版。

这么回事"①了。利益、情感及其行动始终是构成公正概念（观念）的内在动机，而情感与利益又决定了行为（参见图4-1）。那么，"转型"所要实现的，归根结底，只可能是"情感的捆绑（认同）"与"利益的征服（妥协）"。离开了特定的阶级利益以及维系这一利益而养成的道德情感与行为方式，就不存在转型公正。如同资本控制了世界一样，转型公正希图使人在潜意识中就接受一种"醇化的利益情感"。为此，必须将这种动机制度化。在转型公正话语中，制度公正的划分是精细的。这主要表现在制度公正不再是一个无法分割的整体，而是被具体化了，即分为法律的公正、管理的公正和政治的公正。这种具体化的后果并不是多元化的制度公正，而是一体化的公正制度模式。究其原因，就在于转型公正话语厘清制度公正的形式目标是"醇化的公正标准"。在制度路径中，实现这种醇化迫切需要"纯粹的"公正理念，这表现在西方的纯粹法律公正与纯粹政治公正两种理念中。它们的共同之处是告诉所有人何种政治行为或者政治存在是受到公正原则与公共善所约束及保障的，一致的本意是使人们相信总有一种制度公正是最佳的甚至是唯一的选择，即"在一种合理且成功的政治制度中，公民们在适当的时候会变得依恋这些正义原则和公共的善，而且，就像对待宗教宽容原则那样，他们对这些正义原则和公共善的忠诚也不是完全以（即使是部分的）自利为基础的"②。在此基础上，上述两种"纯粹"理念存在着内部优先性排序。纯粹的法律公正理念侧重于自然人格的权利公正，而纯粹的政治公正理念则关心公共人格——霍布斯认为，这包括了城邦、市民社会或国家——的约定公正。在二者之中，后者为主权国家的自我保护提供了更好的选择，这就有可能背离西方国家提出转型公正论的初衷，因而转型公正明确地将前者作为它的中心观念，即转型公正话语的内在逻辑是围绕纯粹的法律公正理念而排列产生的。

---

① ［美］阿拉斯戴尔·麦金太尔：《谁之正义？何种合理性！》，万俊人等译，当代中国出版社1996年版，第449页。
② ［美］约翰·罗尔斯：《政治哲学史讲义》，杨通进等译，中国社会科学出版社2011年版，第7—8页。

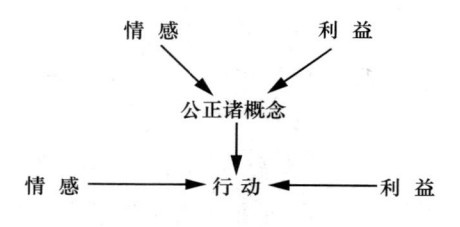

```
        情 感          利 益
             ↘      ↙
           公正诸概念
    情 感 ———→ 行 动 ←——— 利 益
```

图 4 - 1　转型公正诸要素的关系

资料来源：Jon Elester, *Transitional Justice in Historical Perspective*, Cambridge University Press, 2004, p. 81.

在"动机—制度"的内在逻辑基础上，"层次—主体"的基础结构是转型公正话语内容的基本框架。层次是主体的层次，而主体则必须经过层次化而产生服务于"转型"的现实需要。个体、相互合作的行动者、国家和超国家实体才能在转型公正的话语框架内成为同类主体；同时，这些主体只有具有层次化的判定，才能支撑在特殊主体范畴内部所存在的转型公正的持久需求，并在不同主体范畴之间因道德水平层次的差别而存在公正程度高低的事实，也必然会产生转型这一结果。那么，一旦某一种话语标准被证明是高层次的，那么就在转型公正话语中成为目标对象，不论是个体还是国家，都应趋向于这一目标完成转型公正的过程。尤为重要的是，如果这种目标对象，如现代化，是建立在"纯粹的政治公正理念"基础上的，那么它可能会包容不同的实现方式。然而，纯粹的法律公正理念是转型公正的轴心观念，这就造成了它是特定标准或具体规范的集合，并为实现这种规定性确定了明确内容和路径。对此，乔恩·埃尔斯特（Jon Elster）进行了递进式的论述：

（A）首先，一个人必须决定什么事或什么人应该被认定为错误的或制造错误的人。

（B）其次，一个人必须决定如何对待那些被确定为制造错误的人。

（C）即便当公共行政人员（包括军官）没有被审判，新政权仍然可以决定对其加以惩戒。

（D）一旦对公共行政人员进行惩戒的决定做出，人们必须确定具体的方式。

（E）为了弥补罪行，人们必须确定受害者所承受的痛苦的形式。

（F）修复创伤的模式有很多。……

（上述六种路径和内容）应存在于新政权的实际决断中，其所需应对的是：何者需要尝试这种判断、惩罚与补偿，以及如何尝试、惩罚和补偿这些人。除此之外，转型公正几乎毫无保留地包括了来源于纯粹法律公正理念中的程序性决定。[①]

在此基础上，即便转型公正无法准确定义，但却能够得出基本判定。在西方公正话语的当代谱系中，第一，转型公正是一个关于转型语境下公正话语的内容和结构发生变化的指代，它应包括西方公正话语的内在转型与西方公正话语所诉求的外部转型。第二，西方公正话语的内在转型是为其主张的其他社会（other societies）的外部转型服务的，二者是两个不同层面的问题，理解后者需要前者，然而前者并不是转型公正理论出场的核心内容。第三，与第二点相关，转型公正的确立是建立在西方公正话语内在转型的成功之上的，而主流的公正思想家已经将前者抛诸脑后。在现时代的文本中，几乎只能看到为西方公正话语所诉求的外部转型的具体内容。

总之，转型公正的出现必然是西方所主张的道德标准和价值观念已然在某个"非转型"国家取得成功后的事后判断，而在转型过程中的公正性计算甚至变革成本都不在其考虑之内。我们认为，转型公正的内容和路径之所以是明确的，不是因为其内容的确定性，而是因为它们对不确定的西方公正话语赋予了确定性甚至规定性的标准，而此种特点在不同时空条件下特别是在当今世界格局中又有不同的表现。对于这种公正的规定性，马克思说："如果这样抽掉资本的一定形式，只强调内容，而资本作为这种内容是一切劳动的一种必要要素，那么，要证明资本是一切人类生产的必要条件，自然就是再容易不过的事情了。抽掉了使资

---

① Jon Elester, *Transitional Justice in Historical Perspective*, Cambridge University Press, 2004, pp. 118 – 135.

本成为人类生产某一特殊发展的历史阶段的要素的那些特殊规定，恰好就得出了这一证明。"① 由此可见，进一步观察西方的转型公正话语需要正确认识它的历史性，而任何历史性的内容都是现实的，这就必须面对其在当代的基本要义。

二 转型公正话语的基本要义：在人的公正与全球公正之上

由上文可见，醇化的"转型公正"或"转型中的法理"，也是在具体的社会实际中提纯而成的，转型公正作为一种有影响力的公正话语，其影响力更多地来自于它所提出和试图实现的命题。如何寻找这样的命题呢？西方公正论者发现了它的基本要义，并采用了"巧妙"的铺陈手段。

在当今世界，从世界政要到芸芸众生都在考虑一个相同的问题：发达国家究竟应该向发展中国家承担什么样的责任？即发达国家在"南北关系"问题、气候变化问题、难民问题、移民问题以及更为普遍的世界性的儿童饥荒、人口贩卖与全球贫困等问题上是否应当承担公正义务以及在何种程度上承担这种责任？在这些问题背后，以经济不平等为根本的发展不均衡现象越发凸显，以公正之名的抗争与辩论更是层出不穷。西方公正话语所履行的政治使命正是面临如何跳出主权框架而在保存自我发展优势的条件下实现这一优势持续化的世界化问题。换言之，自由主义公正话语不会停留在国家框架内，必然寻求"帝国化"的转型。

在这里，罗尔斯不但建构了一个体系完备、逻辑严密、结论完整的自由主义公正理论体系，而且直接反映出了自由主义政治哲学的主导地位和总体思维。然而，具有讽刺意味的是，正是在自由主义政治哲学的基础性哲学思维——个体主义——的引导下，社会分裂与道德滑坡等重大现实问题愈演愈烈，学术话语也不得不面对"解构化""去中心化"的危机。因此，"个体与集体如何在一种有意义的状态下实现应得之优良生活的问题"才是当代西方公正话语的真正难题。这也是公正作为社会制度首善的立论之根本，或者说是它的根本语境。而这种理想的群体思维的基础是自由主义式的——理想的个体。正是由于这一前提是无须

---

① 《马克思恩格斯全集》（第30卷），人民出版社1995年版，第214页。

加以论证的，那么理想的个体究竟应该具有何种公正之品质品性也就无须讨论了。对此，柯亨正确地指出，罗尔斯的公正原则及理论去除了公正的规范性原则而仅仅是一种应用原则，其建构主义理路所坚持的仍是一种非本质的公正观。那么，自由主义政治哲学的实用性则昭然若揭，在应得、平等主义、契约思想、康德式、功利主义等话语符号遮蔽下的自由主义公正话语也只能是资本主义历史合法性和道德合理性的理论后果。

在这个意义上，自由主义公正话语的个体性本质实际上是一种强势的总体观，并基于厚概念这一思维硬核同时具备方法论、政治立场、治理方式与国家形态的综合特点。在方法论意义上，它"在一个人自身内重建他人精神过程的能力，以及评价他们的目的与结果的能力。不是所有自由的现象具有同样的价值，并应受到同样的尊重：这些价值仅仅属于精神的与真正自由的个性。只能被间接说成是形成中的个性，追求道德目标的能力，以及对未来善行的希望。自由主义方式的先决条件，是这种属于所有人之为人的能力，而不是少数人的特权"[①]。在进入政治领域之后，政治立场与政党选择的自由主义将"每一个人"限定为"以阶级为前提条件的每一个人"，不同阶级的个体在形式上所享有的平等性在本质上是截然不同的，它非但不同于方法论的个体主义甚至是相互对立的；为了克服上述矛盾，在形式上就有必要在治理方式和国家形态层面上形成一种调和式的自由主义，即政治领域中的公正，它将二者中各自的一致性提取出来——"为了每一个人"，并借助理想类型的排除功能将社会发展阶段与阶级分化特征的规定性除去，由此产生了一种作为治理方式或国家形态的自由主义。但是，这些内在的差别，在与其他意识形态相互并存时就统一在了个体自由的先验前提下，进而成为一种对抗外部矛盾的统一体。具体到公正本身，这种对抗性体现为"潜在于自由主义的正义观和对它的这种批评背后的是直觉的一种冲突"[②]。这种直觉的冲突不仅强化了自由主义公正话语的对外一致性，而且造成

[①] ［意］圭多·拉吉罗、［英］R. G. 科林伍德：《欧洲自由主义史》，杨军译，吉林人民出版社2001年版，第335页。

[②] ［美］约翰·凯克斯：《反对自由主义》，应奇译，江苏人民出版社2005年版，第169页。

了它的内在包容性，即在面对各种公正问题的挑战时倾向于以扩张与改造为目的这一导向。由此，"话语斗争"成为西方公正话语的内在矛盾与外部挑战的共同对象，为了应对这一新问题，则产生了两种主要的表达形式，即以维系自由主义公正话语的独占性为中心，在主体和行为两个维度分化而成的"人的公正"与"全球公正"。

一方面，推翻民族国家的话语框架而强调个体权利的话语框架，构成了"人的公正"。随着时代的变化，虽然国家的本质并没有发生根本性转变，但是它的定位、样态与功能却出现了巨大的差别，国家间的关系内容也随之发生变动。此等差别与变动使得自由主义在讨论公正时就不得不改变陈旧的方式而创新话语的表达形式。在20世纪，自由主义者将方法论个人主义演绎成为政治实在的个人选择，将作为多数人暴政的民主转变为唯一优良政体的民主，将资本主导的社会发展修饰为个人自由的历史胜利。在这背后，个体的支配向度被放大到了极致。原本内生于资本主义生产方式的不公正问题，陡然一变而成了"个体权利与国家权力"之间的对立对抗。在当代，西方公正论者关于"公正是什么"的实质考量明显减弱，而更多地提出了"谁之正义？何种合理性"的问题。但是，对于"是什么"的模糊，并不意味着自由主义者开始历史地看待公正这一范畴了，反而进一步向自由主义硬核收缩并且以要素、原则或正当化等标准不断强化个人权利在公正是什么的识别上的充要条件地位。由此不难发现，自由主义公正话语在强调人的公正的同时却尽量回避"何种人"或"哪国人"的问题。正是在这里，弗雷泽清楚地描述了人的公正的真实面目："由于不再关注民族国家，或不再遭遇国家大众排斥性地反驳，所以，提出要求者不再将注意力只集中到公民关系上。因此，争论的逻辑已经发生了改变。无论问题是再分配还是承认过去习惯于将注意力额外地放在共同体成员的正义问题到底欠缺什么的争论上，目前已快速地转为有关谁应该作为成员被算在内以及哪些是关于共同体的争论了。不仅'什么'的问题，而且'谁'的问题，都是悬而未决的。"[①] 由此延伸下去，自由主义公正话语围绕"人的公

---

① ［美］南茜·弗雷泽：《正义的尺度》，欧阳英译，上海人民出版社2009年版，第14—15页。

正"产生了两个框架:一个是以西方国家为载体的符合"人权"标准的公正生活,另一个是其他未达到此种标准的不公正生活。按照当代自由主义的术语,公正所要求的是"在任何国家或地方,无论条件如何不同或变化,都必须保护人权。因为人权是对普遍条件的表达,在此普遍条件之下个体可能或能够实现其潜能,也就是说,个体作为人类得到其应得之物"①。因此,从非自由主义的不公正生活到自由主义的公正生活,就需要一种公正话语变迁,即转型的公正。

另一方面,扬弃制度性道德分析框架而选择互动性道德分析框架,促成了全球公正的迅速升温。制度性道德分析框架强调,公正的主题应该是一种基本结构的评价,因此制度供给、过程与实现也就是公正话语的主要对象。在道德行动之责任的名义下,全球公正赋予了发达国家中的普通公民以强烈的道德责任感,并以公正之名要求真正实现此种公正感。为此,西方全球公正论者不但为此提出了新的公正概念,而且从"哲学—现实"共存的高度提出了全球公正的"解释—实现"协同路径。博格认为,全球公正启用了一种"积极公正概念",强调"当雪崩、闪电、飓风、流行病、狮子夺走了一些人的生命但不是其他人的生命时……如果我们采用积极概念,并假设那些实体的行为倾向和行为不是任何人的责任,那么它们就不能被认为是正义的或不正义的,因此我们就可以从潜在的被评判对象中把它们去掉,就像那些人类无法控制的事态一样"②;同时,作为"积极概念"的全球公正还是一种公正策略,其重要性在于"它很好地从哲学神殿走向市民。最为重要的是能够让普通公民,尤其是发达国家的公民充分认识到他们的道德境遇与责任。这对于推动社会科学家克服他们对我所称的解释性国家主义抱有的偏见来说也将大有帮助"③。这种积极的而且赋予某些富裕或强力国家以一种强烈的责任的"全球公正"的话语,其初衷是消解"国家壁垒",扩大"全球共识",缓解"世界矛盾",改善"公正环境",应该是一种超越自由主义公正话语的全球化的转型公正话语。然而,这种基于全球友谊

---

① [土] I. 库苏拉蒂:《正义:社会正义和全球正义》,《世界哲学》2010 年第 2 期。
② [美] 涛慕斯·博格:《康德、罗尔斯与全球正义》,刘莘等译,上海译文出版社 2010 年版,第 496—497 页。
③ [美] T. 波吉:《何谓全球正义》,李小科译,《世界哲学》2004 年第 2 期。

理念的公正话语并没有超脱于自由主义政治哲学的解释框架之外，更没能逃离个体主义在其话语框架方面的方法论限定。非但如此，即便是在西方知识谱系中，也留下非常大的理论空缺，正如米勒（Richard Miller）所坦言的："对于全球正义问题，（真正的理论基础是）西方的政治哲学。它建立在对民族国家以及公民同胞之间具有政治义务的讨论上。我们当然知道民族国家是什么——从霍布斯，到马克思，再到韦伯，它都是指能够使用武力的垄断权力。但在思考全球正义的问题上，我认为还需要理论的创新。同样，关于爱国者、公民同胞之间的义务是什么，人们也没有达成更多一致。……我认为这些传统还仅仅是原材料，我们需要在全球化时代搭建新的结构。"① 因此，现实的问题就是强大的"公正的传统认识力量"侵占了模糊不清的"全球公正的现实需要"，使得全球公正的话语本意发生了不为人知的变化。

综上所述，转型公正提出的人的公正和全球公正的共同理论关切，"主要关心的主题是战争本身及战争行为中的正义与否，在现代社会则可能还包括对基本人权的保护，但基本没有涉及社会经济平等，也没有主张在全球范围内对资源进行平等主义的再分配"②。在解释思维上，它们是一种价值诉求的两种理念表达。具体的人和宏大的全球，虽然在范围和内容上大不相同，但是从自由主义者所坚称的个体的优先性的本质出发，它们都建立在对"城邦政治"及其现代变形民族国家的内在分歧上，进而扎根于希图成就一个以个体之人为本的"世界社会"的普遍一致的思想之中。

三 人的公正与全球公正的真实属性：帝国化的现代趋向

萨拜因曾指出："政治思想中有两个理念需要阐释清楚，进而把它们融合进一个共同的价值框架之中：一个是有关个人的理念，而所谓个人，就是人类中的一个单位，他有着纯属个人的和私人的生活；另一个是有关普世性或普遍性的理念，这指的是整个世界范围的人类，他们当

---

① ［美］理查德·米勒：《全球正义的困境与出路》，陈文娟译，《马克思主义与现实》2013年第5期。
② 谭安奎：《政治哲学：问题与争论》，中央编译出版社2014年版，第308页。

中所有的人都具有一种共同的人性。……（即）由自主的个人组成一种世界规模的社会的观念。"① 现代性社会自产生以来，西方公正话语就以权利为本，不断强化"人＝权利"或"主体的权利化"的认识，但是"'权利是什么'是个无法回答的问题，它关涉的是人们之间通过行为而相互影响的形式性条件"②。当现代性问题涌现时，人们开始反思人的主体性（权利本位），以此为据的全球契约理念也随之遭受了挑战。为了找到一个更有希望的出发点，在主体性的解释方案之外，西方政治哲学家找到一种"主流的转型公正理论"，即一种以全球性问题为中心的制度改造方案。在这个方案中，慈善、战争与和平、饥荒与男女差别等问题被放入一个全球公正的"大庄家"的道德责任论证框架中，即强者对弱者的道德责任，或有能力者的公正性责任。在这里，人的公正和全球公正的共同敌人就是国家，其所要实现的公正是"没有政府的公正"，但是否定"世界政府"并不等于否定存在一个承担这种责任的政治共同体，而"解决全球问题时所涉的机构主要是现有的国家，它们不仅要承担起对本国人民的义务，如果是富裕国家的话，还要承担起对贫穷国家的义务。……与此同时，公司和非政府组织在它们活动的区域内，也可以推动人类能力的进步。这样的一种分配应该保持实验性和不完全性，以回应世界共同体条件的变动"③，非西方国家在这样的条件下渐渐消失了，而西方发达国家在似乎被强加了更多的道义责任的背后却巩固了它们主导世界格局的地位。

西方学者普遍认为，公正"是每一个人的事业"④，全球公正则是这一世界信念的最佳表达。他们所强调的是，"道德作为应然的处理社会关系的行为规范，也必然会跨越国家、民族、社群的藩篱，表现出一

---

① ［美］乔治·萨拜因：《政治学说史：城邦与世界社会》，邓正来译，上海人民出版社2015年版，第240—241页。
② 詹世友：《康德正义理论的设计与论证》，《华中科技大学学报》（社会科学版）2010年第1期。
③ ［美］玛莎·努斯鲍姆：《寻求有尊严的生活》，中国人民大学出版社2016年版，第84—85页。
④ ［美］艾德勒：《六大观念》，郗庆华译，生活·读书·新知三联书店1998年版，第3页。

部分共同的内容"①。在西方公正话语框架中，人的公正和全球公正对主权国家的跨越正是人在探索公正世界过程中的最终目标和必然选择。但是，看似基于"世界共同体"必然性判定之上的普遍公正（人的公正与全球公正的总括），实质上却只不过是自由主义公正话语借"转型"之际的当代表达或者说"图像"而已，对此，可以从三个方面加以分析。

其一，人的公正和全球公正所代表的"转型公正"是一种"道德乌托邦"。关于转型公正无非就是两个问题：一是从传统的公正转型为现代的公正；二是在后发国家的转型中实现人的公正和全球公正。目前看来，第一种体系由于其所直接要求实现的"人权"是一个争议性和模糊性的核心问题，便渐渐不被西方公正论者所强调，"鉴于人权的历史较短——它的历史比所有世界宗教都短得多——我们不必奇怪许多亚洲人和非洲人目前尚把它视为不符合本国文化和传统的西方意识形态，也不必奇怪当地一些思想领袖和政治领导人把这种西方意识形态理解为西方维护统治地位的工具"②，诸如此类的论述虽然充满西方偏见，但客观上承认了在公正的传统话语与现代话语之间，并不仅仅存在"时间线"的差异，而存在着地缘、文化、意识形态等多维度的差别。与此相反，认为后发国家应该在转型中实现人的公正和全球公正的看法却逐渐增多，特别是将这种主张悬置于不公正现象的问题揭露中，随着循环往复的公正诉求而指涉转型公正的正当性。柯亨指出："一种做法一旦成为每个人日常生活的一部分，卸下原有的报复就是拱手之易了。"③ 比起康德所设想的彼岸世界，转型公正提供了一种此在世界的公正图景，颇具吸引力。甚至很多西方马克思主义论者也认同这一看法，而《犹太人问题》所提出的"个体和类存在物——解放"命题则不过是转型公正的历史版本。其真相是，马克思的思考与人的公正和全球公正在内在逻辑上存在着根本不同。马克思在现实的个人即抽象的公民的自身力量

---

① 韩跃红：《普世伦理视域中的公平与正义》，《哲学研究》2007年第12期。
② [德] 赫尔穆特·施密特：《全球化与道德重建》，柴方国译，社会科学文献出版社2001年版，第255—256页。
③ [英] G. A. 柯亨：《如果你是平等主义者，为何如此富有？》，霍政欣译，北京大学出版社2009年版，第185页。

与由其构成的社会力量相统一的基础上，才实现了"无政治"的人的解放，这是一个历史发展的现实图景；而人的公正和全球公正所代表的转型公正的本质判断在于将人的自然、世俗、精神等权利相剥离，使得现实的人与作为类存在物的人类按照"个体—社会—国家"的逻辑相互区别，进而宣布实现了内容为"政治解放"或"道德解放"的人的解放，这是一个脱离经验现实的纯粹的"道德乌托邦"。在马克思那里，"这些抽象本身离开了现实的历史就没有任何价值。它们只能对整理历史资料提供某些方便，指出历史资料的各个层次的顺序"[①]。因此，马克思所倡导的"全世界无产者联合起来"的"世界主义"是不同于资产阶级意识形态中的"世界主义"的，反而证明了道德乌托邦是转型公正基于公正话语的西方谱系塑造出来的，离开了作为前提条件的自由主义道德哲学或政治哲学的预设，人的公正和全球公正就会被西方公正话语本身所抛弃。

其二，人的公正和全球公正所代表的"转型公正"是资本主义世界主义进行说服的价值工具与完成征服的道德借口。人、全球与公正在西方自由主义中的相遇和结合，已然产生了两种"转型公正"的效果，要么成为西方公正话语对外扩展与说服非西方国家的价值工具，要么成为说服失败后支撑"正义战争"合法性的道德借口。在当代，转型公正的言下之意主要是希望那些特殊的公正（不公正问题）能够转变为普遍的公正（不公正问题的一般解决方案），而人的公正和全球公正则在更为具象化的层面上侧重于证明公正是一个自我发展的话语体系。自由主义公正话语是以政治公正为起点，即以民族国家的主权保障国内公正的实现为起点的，但当它们的"主权希冀"扩大而超出民族国家界限时，与其否定一个曾经被自我确认为"普遍真理"的概念框架，不如创造一个新的普遍真理。而从传统的政治公正转向环境公正、信息公正、教育公正、经济发展公正等从表面上看是问题的全球化与生存的人性化的共轭与同解所造成的必然选择，实际上仍是"国家实力"变化的主动选择。转型公正在话语策略上利用了全球化语境并彻底改造了它，在"Global"（全球）、"World"（世界）的语义模糊地带成功地将

[①] 《马克思恩格斯选集》（第1卷），人民出版社2012年版，第153页。

自身实力的世界化发展诉求"托身于"人类多元化本质的全球化态势。从正面看,全球化是以经济全球化为基础而逐渐延伸到政治、文化、社会及其他领域的,作为曾经的经济发展翘楚的西方世界不但是经济全球化的主要受益者,而且是它的规则制定者,因而"全球公正"的底色是西方经济优势的公正性,即世界不平等合理化的公正性。在这一前提不变的情况下,全球公正的需要可能会延伸到非传统政治公正之外的领域,进而就产生了破除"主权壁垒"的需要。而从反面看,一旦全球化态势的主要内容、领导力量或基本规则超出甚至违背西方国家增强自身实力特别是世界控制力的需要时,单边主义、逆全球化、保护主义甚至种族主义就不足为奇了。事实上,"资本主义的世界化运动是立足于某一(些)中心而对世界的征服运动,而全球化则应当是造就全球合作的运动"①。对于当代西方的转型公正话语而言,它不是从孤岛式的国家内的公正转向普惠的全球公正和人的公正,而是从非西方的公正话语转向西方的公正话语。

其三,人的公正和全球公正所代表的"转型公正"是建立在东西方矛盾基础上的话语方案。在现代性的公正话语中,主权国家和意识形态的壁垒对转型公正提出了现实的挑战。究其实质是,政治共同体的哲学话语本身则早已蕴涵了这种分裂的历史渊源。近代西方历史证明,"自由世界主义的'阿喀琉斯之踵'在于它混淆了世界主义和民族性"②,这就是"人的公正和全球公正"是一种虔诚而无望的愿景的真实原因所在。黑格尔将民族世界化,写下了"东方及东方的哲学之不属于哲学史"的惊世之言;而谢林更是认为思想从未迈出过西方世界,除了德国外,世界其他地方全无哲学。如果说主权的尊重来自于基础话语意识的认同,那么在基础话语意识层面早已出现的裂隙必然导致建筑其上的话语方案难以真正包容异己方案。众所周知,在西方转型公正论者中,存在着全球主义与共同体主义两种路径,它们既有共同之处,也存在很多分歧。其中,全球本位和政治共同体本位就是所有分歧的中心。即便说

---

① 张康之:《全球化时代的正义诉求》,《浙江社会科学》2012年第1期。
② [英]达里奥·卡斯蒂廖内、伊安·汉普歇尔—蒙克:《民族语境下的政治思想史》,周保巍译,人民出版社2014年版,第266页。

在政治层面上，我们可以通过对主权、政治共同体和公民之间边界的灵活调整来弥合上述分歧，达成转型公正的政治标准；然而，我们很难从人的情感领域克服这种分歧。因为即便情感的同心圈（concentric circles）可以将国家忠诚与同胞感、友谊感框为一体，却无法括进圆圈边界以外的人、社会和国家，而东西方矛盾的话语思维正是这一困境的始作俑者。如果主权与意识形态的"记忆"是转型公正存在的第一重语境，那么前者也是后者营造的表层"梦境"，其真实记忆仍存在于自古至今由经济生产模式、政治统治传统、文化因袭关系、人际交往习惯等组成的"东西方界标"之中。尤为值得关注的是，当代西方社会将东西方矛盾已然作为自觉认识，即便保持政治正确或克服政治性对抗仍旧不能彻底解决这一矛盾。准确地说，这种矛盾已经成为西方社会跨越"公与私"等全部生活领域的根本性偏见。近年来，"孙杨奥运会被讽吃药""德企辱华T恤事件""美国真人秀儿童出言杀光中国人""好莱坞影片中东方形象妖魔化"等事例虽各有不同，但却一致表现出东西方矛盾的隔阂非但难以逾越甚至将会愈演愈烈。这在现实中就否定了"转型公正"的真实性，却并不影响西方国家对转型公正的纸面描述。因此，对于转型公正，不论是人的公正还是全球公正在恢复"真实的记忆"时都不是十分困难，其症结在于日常状态下保持此等"真实记忆"的长久存在。

历史与现实证明，转型公正所体现的是一种基于道德乌托邦理念的资本主义世界主义的对抗性话语方案，其品质并非"普适的"，它的最终目的仍在于让非西方国家（发展形态上的后发国家和意识形态上的社会主义）放弃国家主权的政治保护，而皈依以"自由主义道德标准"为基础的道德保护。这在本质上又回到了资产阶级"制度性道德分析"的根本诉求上。在看似开放的放弃与保留的选项中，保留而能发挥积极作用的也必定是唯一的"行之有效"的方案，即西方国家的制度公正方案及竖立其上的新自由主义的转型公正话语。我们称之为"帝国化的公正话语"。

如果转型公正是帝国化的公正话语，那么由此带来的新问题是转型公正所指涉的后发国家改革发展中的转型公正是一种真实的话语存在吗？如果存在，它又是什么呢？

我们认为，不论转型公正的界定如何变化，它作为一种不同于以往的新范畴（至少是对自由主义的传统公正话语提出了严肃挑战的）应该予以承认。特别是在转型公正的名义下，公正话语的西方谱系进一步发展了，不但基本结束了公正只能应用于"国家内"与兼顾"国家内""国家间"的无休止的争论，而且呈现出较为强大的传播力量和渗透趋势。但是，我们应该高度警惕这种公正话语的泛化。正如理查德·米勒的发现，转型公正成为真正的帝国话语。这就超出了理论范畴而植根于跨国权力（Transnational Power）对世界正义（International Justice）的现实介入和影响。面向贫困与平等等世界性难题，并不存在多元的话语体系，而只有"美帝国"（American Empire）在主导、建构与维系着特定内容的转型公正，公正话语的帝国化甚至不是西方公正话语的帝国化，而仅仅是"美帝化"的侧写，并且已然产生帝国化话语的溢出效应，"在一种完全不对称的过程中，美国的支配性影响力深入塑造了很多发展中国家的生活条件，这包括威慑力或摧毁力，比起处于对抗地位的其他国家的影响力，美国影响力的重要性要远远超出它们"[①]。

当然，米勒所指的美国个案具有普遍效应。以美国的帝国化为模版，转型公正的帝国化话语属性呈现出一定的规律性，即存在着某种受跨国权力影响的公正话语模式，同时这种模式不仅在其来源上表现出强制性传播的作用，而且在不同的公正话语模式并存的情况下，该种特定模式在不同维度都具有相对优势；具备上述特征的公正话语模式必定是一定政治共同体的利益诉求的表现形式，且为此必然寻求成为支配性的公正话语；而作为普遍现象，往往是西方发达国家的公正话语模式将更趋向于"帝国化"。发展中国家所期待的"转型公正"与发达国家所提供的基于威斯特伐利亚框架的"转型公正"截然不同，是一种元政治的历史选择，"是围绕错误建构的错误而展开的。……结果是，它提供了需要用于解析关于反规范正义中的'谁'的争论的反思性"[②]。一言以蔽之，人的公正和全球公正作为转型公正话语的具体代表受制于转型

---

① Richard W. Miller, *Globalizing Justice: The Ethics of Poverty and Power*, Oxford University Press, 2010, p. 133.

② ［美］南茜·弗雷泽：《正义的尺度》，欧阳英译，上海人民出版社2009年版，第72页。

公正的内在逻辑——道德乌托邦、资本主义世界主义和东西方矛盾思维,是建立在帝国化话语的总前提下并为之服务的。

四 帝国化现代趋向的实践本意:全面的等级化

帝国化话语作为人的公正与全球公正——转型公正——的话语属性,表现出在转型公正的平等主义倾向与其帝国化话语的反平等主义倾向之间的内在冲突。换言之,公正在理念上的平等主义论证和阐释却不断为现实中的跨国权力的帝国化的合理性服务,甚至成为一种帝国化话语的最佳选择,大有挑战和取代"西方民主"作为帝国化话语的轴心地位之势。有学者将这一现象称为"逆向量"的现代性,指出在当代即体现在以现代性为主要特点的社会中。

> 公正受到两个因素的制约:一是公正是以文明规则面目出现的,而规则是由人制定的,但不是由普通人,而是由掌握政治、经济、文化、学术等方面的优胜者制定的,这些社会精神所制定的规则是以自我利益(包括个人利益和集团利益)为中心,因此,其规则尽管以公正的面目出现但却是不公正的;二是规则的制定始终存在着普遍与特殊的矛盾,即从普遍性上是公正的,但从特殊性上确实是不公正的。作为普遍性的公正和作为特殊性的不公正,既是现代性的内在缺陷,也是现代性社会所不能克服的。现代性导向下的法律、法规都是运行总体性原则和一般性原则,总体排斥部分,一般排斥特殊。这种公正是以整体公正为目的,但以牺牲个别为代价。它是逻辑的,也是非逻辑的;是理性的,也是非理性的。因此说,它是不公正的公正。①

在一定程度上,这一评价是客观而科学的,充分揭示了西方公正话语的帝国化属性。然而,对于这种帝国属性,假如只停留在观察其或揭露的阶段,仍是不够的;只有充分地批判它,才能对西方公正话语的当代谱系进行最终的本意分析。转型公正植根于西方公正话语的历史谱系

---

① 余乃忠:《现代性"正义"进程中的十个"逆"向量》,《学术月刊》2013年第3期。

中，是继承和发展西方公正话语的产物。在这种继承和发展中，西方公正话语的政治本意也日渐复杂，而帝国化在本质特点的层面上还有更深一层的政治本意有待发现。尽管自由主义内部关于公正的理论分析多有不同，但是，这些差别都是具体问题上的看法不同而在根本见解上则是如出一辙的。概括而言，这些根本见解主要是围绕以下四个方面展开的。第一，公正是对社会结构的预期性评价，而社会结构是一种关于层级的理念安排与制度安排的总和；第二，公正是以权利地位为基础的辩护性评价，而权利地位是根据不同社会的利益诉求而进行的权限设定的架构；第三，公正是道德主体对特定立场的原则性评价，而特定立场是道德主体在具体社会制度的相应社会关系中产生的；第四，公正是秩序良好社会中的自由、平等的关系性评价，而秩序良好是对人的行为边界理性的划定且有效实现的结果。在这四个方面自由主义公正话语保持了概念假设的一致性即理论基础的一致性，而在如何实现相关的概念假设的问题上发生了理论建构路径的分歧。通过这四个方面的内容，我们可以发现西方公正话语在公平、均衡、稳定、和谐的目标下，通过结构秩序、权利类型、道德立场与原则位阶等"前见"已然将本来需要证明的"层级性"变成了天然的"平等性"，而只有这种层级性是合法的、合理的，帝国化的公正话语才可能是普世的并且为人的公正和全球公正等命题的平等性所吸收，才能得出后发国家及其人民都需要转型公正来实现自我存在的正当性的结论。佩弗（Peffer）从道德理论构建的方法论、道德和社会理论的实质性内容与社会公正理论的应用方式等角度对罗尔斯的公正理论特别是他的公正原则进行了针锋相对的批评，这些批评的主要目标就是要发现即便是"作为公平的正义"，其所主张的平等性也只是等级化前提下的平等性，而不是真正的平等性。其主要内容，有以下十条：

1. 罗尔斯的反思平衡法和社会契约方法（即原初状态的策略）充斥着对于人类个体本质的资产阶级或个人主义的假定。

2. 在存在阶级划分的社会中对罗尔斯的社会正义原则的一致同意是不可能的，因为任何一个这样的同意都将超出一个或另一个阶级的"承担义务的限度"。

3. 罗尔斯的正义理论不过是对国家福利资本主义的一种辩护。
4. 它假定社会分裂成阶级是不可避免的或至少是可以接受的。
5. 它断言消极自由对其他所有的社会正义的要求具有绝对的优先性。
6. 它假定广泛的社会经济不平等与严格自由的平等是相容的。
7. 它假定差别原则是充分平等主义的。
8. 罗尔斯的理论研究政治的民主而不是在社会和经济领域的民主,例如,在工厂里的民主。
9. 这一理论被普遍认为适用于个别的社会(如单一的民族国家)而不适用于作为一个整体的世界。
10. 罗尔斯没有提供关于从不正义的社会到正义的社会过渡的方式的理论;因此,他的总体的社会和道德理论是乌托邦式的。①

在此基础上,要深入理解作为帝国化公正话语的转型公正的政治本意,就需要直面和揭示这种"等级性"的具体内容和当代表现。

(1) 从人类文明的角度看,西方世界始终存在文明等级论的观点,历史上的"十字军东征"与近现代的"法西斯主义"虽然是极端形式,但它们的核心诉求都包含了对文明等级的认识。在这一理论框架内,德性、人种、宗教等都曾经是其正当性论证的依据,资本主义滥觞之后,殖民化浪潮在寻求正当性理由时才进一步抛出了"欧洲文化传播主义、欧洲历史优越论、欧洲优先论",而这些思想在19世纪末20世纪初传入亚洲等后发国家聚集的地区,福泽谕吉曾经指出:"现代世界的文明情况,要以欧洲各国和美国为最文明的国家,土耳其、中国、日本等亚洲国家为半开化的国家,而非洲和澳洲的国家算是野蛮的国家。……文明、半开化、野蛮这些说法是世界的通论,且为世界人民所公认。"② 这种通过思想占领而实现的文明等级论的普遍认知就超越了它的"欧洲原产地"的特殊性,自然也就成为构成西方公正话语的基础方案,即

---

① [美] R. G. 佩弗:《马克思主义、道德与社会正义》,吕梁山等译,高等教育出版社 2010 年版,第 392—393 页。
② [日] 福泽谕吉:《文明论概略》,商务印书馆 1959 年版,第 9 页。

"一个依据差别原则是公正的社会,不仅需要强制性规则,而且需要贯穿个人选择的正义风尚"①。

(2) 从人类社会发展特别是政治发展的角度看,社会进化论的思想直接催生了西方世界关于政治进步与政治衰败的二分化思维,进而造就了发展等级性尤其是政治发展等级化的认识。福山就指出:"以长远的历史观点看,政治发展遵照同一模式:不同人类群体所使用的政治组织发生了变异,较为成功的——能发展较强的军事和经济力量——得以取代较为不成功的。在高层次的抽象中,很难想象政治发展还有他路可走。"② 发展存在水平的高低和速度的快慢,这是历史实际与现实情况,但是从历史与现实中总结出人类发展存在层级并将这一层级按照"优劣"来区别对待,则是西方话语特别是资本主义话语的创造。而公正也作为衡量这种优劣的价值符号被赋予发展的层级性。具体而言,符合西方社会发展阶段需要的公正价值及其实现方式是正确的,而与之不符合的公正价值及其实现方式则是不正当的。从某个角度看,"公正"甚至就是西方的、资本主义的、自由主义的公正观的后果。在这个意义上,公正等政治术语在后殖民主义论者那里被看作存在多种不同的形象,它们已经不能局限在欧洲主义或非欧洲主义、西方中心主义或东方主义的分歧之中,而必须被看作原本就是西方国家所提出的发展等级论中的应有之义。正如有学者所指出的:"从西方土地中生长出来的自我形象、自我理解和自我宣传的政治是在'他者'之中通过他者建构起来的,这些'他者'是东方的和'原始的'或'野蛮的',这样,西方的、欧洲的、基督教的重商主义(包括传教士和慈善工作)就能够借助自信和残忍的决心被创造出来并得以推而广之"③。

(3) 从系统化的道德理论及其所反映的道德态度来看,公正观原本就是一种具有身份特征和财富标准的道德观,在"分配公正"取代

---

① [英] G. A. 柯亨:《如果你是平等主义者,为何如此富有?》,霍政欣译,北京大学出版社2009年版,第165页。

② [美] 弗朗西斯·福山:《政治秩序的起源:从前人类时代到法国大革命》,毛俊杰译,广西师范大学出版社2012年版,第437页。

③ [英] 特雷尔·卡弗:《马克思与后殖民主义》,覃诗雅译,《国外理论动态》2017年第1期。

一般性公正的过程中，特别是近代西方公正话语所实现的独立的"经济维度"成功之后，公正才将"下等人"或"穷人"从爱与慈善的对象范畴中提取出来放入公正的对象范畴里。从本质上看，这并不意味着公正消除了道德观念的等级性假设，而恰恰相反，这种变化的后果是以特定道德阶层的公正性遮蔽了不同道德阶层之间的不平等性。"我们不认为自己在某个时刻感到积极的东西在道德上是好的，我们谴责有些表示认可的感情是受到了误导。为了证明某些东西在道德上的合理性，我们需要既感觉到它好，符合我们的感受，又在经过深思熟虑后认为这种感受是信息全面的、体面的。"① 不难发现，这个描述反映出自由主义公正话语在情感上所表现出的平等主义情怀在理论或制度建构层面就变成了不平等的差别合理性。因而，人们在观察这种公正话语时，不仅需要警惕道德话语谱系的不同，而且更应明白道德等级才是理性的、系统化的公正话语的本然性特征。

事实上，等级性作为帝国化的公正话语在实践中的政治本意早就在西方论者的理论中，但是在绝大多数情况下，很多人都在有意无意间忽视了这一本意。正因为如此，我们要在本部分结束的时候，强调指出帝国化与等级性是当代公正话语政治本意的两个方面，二者相辅相成，是有机统一的整体。布莱恩·巴里在《正义诸理论》的结语中有这么一段论述，正是对上述论证的一个有效侧写，在某种程度上，正是在西方公正话语努力修饰与遮掩之处，才显示出了马克思主义公正话语的重要性，进而为当代中国公正话语体系的构建提供了一种批判性的历史方案。

巴里指出，自由主义公正话语始终在寻找一个永远无法满足的理论基础——

> 我们会看到有关制度正义问题的出现往往是习俗的权威在社会成员的心目中日渐式微之时。通常人们会把社会的、政治的和经济的不平等看作人类习俗的产物，因此这种要求证明其正当性的需求

---

① [美]塞缪尔·弗莱施哈克尔：《分配正义简史》，吴万伟译，译林出版社2010年版，第174页。

就油然而生了。而对此产生的两种回应在理论上都否认社会的不平等源于习俗的观念。其一试图为社会的不平等找到自然的根据，这种论证思路可以从现代的"科学的"种族主义一直追溯到亚里士多德对奴隶制的辩护上。其二想要为社会的不平等找到形而上学的根基：从印度教体系的精巧设计到英格兰教会自命不凡的相信是上帝"安排"了穷与富的"等级"，同时大多数宗教也都有支持所处时代盛行的各种不平等体制方面的惊人纪录。这本书在其预设中就已经假定了这些形式的对不平等的合理性证明是行不通的。尽管这些人相信这种合理性，但是他们无法向不相信这些观念的人们提供合理的确证。因此他们也不能提供证明不平等合理性所需的令人满意的基础。①

---

① ［英］布莱恩·巴里：《正义诸理论》，孙晓春、曹海军译，吉林人民出版社 2004 年版，第 473 页。

第五章　马克思主义的公正话语：
基础、论争与体系*

　　资产阶级的教授们企图用平等这个概念来证明我们想使一个人同其他的人平等。……我们要消灭阶级，从这方面说，我们是主张平等的。但是硬说我们想使所有的人彼此平等，那就是无谓的空谈和知识分子的愚蠢的捏造，这些知识分子有时装腔作势，玩弄字眼，然而毫无内容，尽管他们把自己称为作家，有时称为学者，或者称为别的什么人。

　　……有一点很清楚：只要工农之间的阶级差别还存在，我们就不能无所顾忌地谈论平等，以免为资产阶级张目。

　　　　　　——列宁《在全俄社会教育第一次代表大会上的讲话》①

　　马克思公正观与马克思主义公正话语已经成为当代中国乃至世界性的理论热点与显学，这已是不争的事实。但是，这个学术问题从浮现到热炒实际上也不过经历了不到半个世纪的时间，而国内学界的关注更可以用"其兴也勃焉"来形容。在盛名之下，公正成为"关键"，而马克思或马克思主义则成为修饰词的现象屡见不鲜。人们越发确认，马克思

---

　　* 我们认为，马克思公正观与马克思主义公正话语的分析应该建立在一种正确的马克思主义政治理论或马克思主义政治哲学观的基础上。由于主题和篇幅所限，我们虽然无意于且暂时无法专门论述马克思主义政治哲学的全部内容，但是在讨论"从马克思公正观到马克思主义公正话语"之前，仍应对相关问题进行初步的解释，这就是本章导言的主要作用。

　　① 《列宁选集》（第3卷），人民出版社2012年版，第816—817页。

公正观是一种特殊的公正观，马克思主义公正话语是一种特定的公正话语体系，而从马克思公正观到马克思主义公正话语也是一个完整的总体。这一总体性不是理论论说的总体性，更不是只言片语的体系化，而是建立在马克思的政治理论遗产之上的公正观与公正话语的一体性。有的学者公允地指出，马克思"从人类社会或社会化的人类出发，以自由人之间有机的社会合作为基础，刻画出人类社会可能具有的最高正义原则。这一原则是先前人类历史中出现过的各类正义原则在逻辑上和历史上自我扬弃的结果，因此，应得正义既是它先前的历史'肉身'，又是它逻辑进展的一个环节"[①]。由此可见，只谈公正或将抽象的公正"词典顺序式"地置于马克思与马克思主义之前，就不是马克思公正观、马克思主义公正话语，而只能是西方公正话语"需要的"马克思公正学说。

在西方政治思想谱系中，马克思的政治思想或政治理论历来备受争议，从最初的政治打压到后来的意识形态污名化再到所谓的历史的科学的思想争议，乃至近半个世纪以来兴起的"还原论""真实论""青年马克思主义"等，质疑的形式不断变得"温和"，但其实质却没有发生变化。因为作为批判资本主义的科学理论，马克思主义及其各种具体学说或理论特别是其政治理论是不可能与捍卫资本主义的思想学说或资产阶级即主要被称为自由主义的政治理论"媾和"而求得某种共识的。马克思主义已经揭示的资本主义的本质及其必然崩溃的论断以及无产阶级的历史使命及其斗争方式的种种论断始终是插进资本主义社会心脏的利刃，毫无妥协之可能。假如马克思主义只是一种思想学说，它早已被绞杀而成为学术史中的沧海一粟；假如马克思主义只是一意孤行的思想实验，它至多被讥讽，成为"乌托邦"历史园林中的草木；而现实却是，马克思主义不仅在历史中成为真实的存在，而且在其被实践的近现代历史中，它纵然多有波折、屡临低谷，但在不同的历史阶段特别是在当今世界中取得了令人瞩目的业绩，那么此前粗暴与蔑视的态度自然不攻自破（如福山），反过来，必须对其细细揣摩继而希图实现改弦更张才成为更为实际与普遍的理论选择。

笔者认为，包括公正话语在内，马克思对西方政治思想传统的挑战

[①] 王新生：《马克思正义理论的四重辩护》，《中国社会科学》2014年第4期。

不仅仅是"近代对传统的挑战"（阿伦特语），而是对西欧政治理论的自我革命与彻底扬弃。正因为如此，陷入西欧（西方）政治话语的"逻辑预判"与"历史前见"就很难超越这一话语体系的条件边界而真正进入马克思公正观以及马克思主义公正话语。纵观马克思公正观或马克思主义公正话语的西方论说，莫不充斥着对马克思是历史科学的肯定与未来社会的否定之自相矛盾的论断，时刻充斥着认为马克思将资本主义的"剥削公正性"与资产阶级剥削人、异化人的"不公正性"之间存在悖论的"有无公正观"之争，更不缺乏将马克思看作情感主义或行动主义的公正论者的哲学话语。人们塑造着不同的马克思与马克思公正观，并由此割裂了马克思与马克思主义，马克思公正观与马克思主义公正话语的一致性。① 事实上，在西方理论界，认为马克思学说的前后不一致是一种众所周知的现象，甚至如阿伦特所言："这种形态的对立，或者说与这种对立类似的矛盾，和他（指马克思。——笔者注）对与精神、思维相对立的劳动、活动的赞美，以及和他对无国家、几乎无劳动的社会的赞美产生的矛盾相比较，是微不足道的。因为这样的矛盾，已经不能用革命青年马克思与具有更为科学的洞察力的历史学家、经济学家的老马克思之间存在自然的差异来解释了；也不是单纯采用所谓辩证法运动的假设，即为了获得肯定的、善的东西，否定的、恶的东西就是必要的，就能够解释得通的。"② 在这种历史评价下，阿伦特将西方政治思想传统中的"具体问题"——国家的历史转型、社会革命的兴起、人的精神的重塑等——逐一拆解进入马克思的政治理论中，在肯定其思想贡献的同时，巧妙地孤立了马克思。例如，阿伦特在分析马克思是通过何种方法以批判政治平等的实质这一方式来间接地表明其公正观的基本立场时，就在很大程度上"肯定"了马克思的认识，她指出——

> 马克思是从法国革命和产业革命既成事实中知道古典政治思想与近代政治条件势不两立的。这两个革命都把本来在所有活动中最

---

① 相关分析参见第三节导言部分注释。
② ［美］汉娜·阿伦特：《马克思主义与西方政治思想传统》，孙传钊译，江苏人民出版社2012年版，第96页。

被轻视的劳动提高到最具有创造性的等级上去了，还强调在史无前例的普遍平等的条件下能够实现自古以来自由的理想。他知道，提出理想主义的人类平等的观点、主张每个人生来具有尊严的理想主义的观点，不过是提出了一种表面的要求，给予工人阶级选举权也不过是一种表面的回答。……因为认为劳动活动本身是人类必然的屈服——传统印象中的概念，与把劳动看作人类最高的积极的自由、具有生产性质的自由那种近代的观念之间，实际上有本质上势不两立的地方。马克思想做的就是通过将传统意义中被看作必然的劳动颠覆过来进行冲击，来拯救他认为在传统人类活动中劳动最自由的哲学思考。①

这种孤立十分高明，甚至是以重新发现"马克思"的名义进行的。劳动固然是马克思所"尊重的"，但对劳动的尊崇是一种一般性的"人类最高的积极自由"吗？马克思真的是这样认为的吗？事实上，将劳动等同于这种抽象的自由观就已然背弃了马克思，而不过是庸俗的国民经济学家的观点了。近年来，诸如此类的批判、辩护与还原不在少数。然而，只要认真分析一下类似于阿伦特上述论述的理论言说，就会发现这种"孤立"的真实样貌：（1）将马克思政治理论"碎片化"为这些论题的新发现，甚至积极肯定这些所谓的"新发现"；（2）将马克思与其他马克思主义经典作家"分而论之"，不断寻找内部的"不统一"并为这种现象寻找合理解释；（3）归根结底，是要将马克思主义特别是马克思主义政治理论与无产阶级的革命运动、社会主义国家的政权建设和国家治理等相互剥离，促使其丧失指导思想地位，以自由主义的政治话语（如西方公正话语）取而代之。

在很大程度上，如阿伦特等在西方政治思想谱系中对马克思进行错误的历史评价却又在具体问题上给予"公允的"学术评价的现象不在少数。我们往往注意到了后者，而忽视了前者。与此相比，列宁在对"自由主义者"特别是党内机会主义者的系列批评中却做了很好的示范。列宁明

---

① ［美］汉娜·阿伦特：《马克思主义与西方政治思想传统》，孙传钊译，江苏人民出版社2012年版，第103页。

确提出："马克思和恩格斯的具有世界历史意义的伟大成绩，在于他们用科学的分析证明了，资本主义必然崩溃，资本主义必然过渡到不再有人剥削人现象的共产主义。马克思和恩格斯的具有世界历史意义的伟大功绩，在于他们向各国无产者指出了无产者的作用、任务和使命就是率先起来同资本进行革命斗争，并在这场斗争中把一切被剥削的劳动者团结在自己的周围。"① 我们认为，在列宁对马克思主义的科学论断基础上，在马克思主义的理论体系中，公正必定是"高阶概念"②，而问题的关键应该是对于这种高阶概念的分析所产生的不同认识的后果及其面向实践的不断辨识。对此，笔者从政治话语分析的角度将其聚焦于马克思公正观和马克思主义公正话语上，其核心问题主要有三个：马克思在何种语境下谈论或思考公正问题，马克思有无公正观及其对马克思主义公正话语探索的理论与实践意义，对马克思公正观与马克思主义公正话语核心主题的判断。我们既不能将这些论题的分析限定在一个明确的公正话语分析框架下——因为马克思的确不存在这样一个分析框架，更不能因为缺少这样一个框架而承认在公正问题上存在所谓的"被肢解的马克思"与"被割裂的马克思与马克思主义"。事实上，在话语的政治诠释性阐释的基础上，只有与西方公正话语历史变迁加以比较，才能发现认识马克思公正观和马克思主义公正话语这样一个整体就必须避免任何"轻率的"攻击与捍卫。单纯地讲，普遍的拯救与全面的超越从来就不是马克思主义的科学态度，特别是"在阶级存在的条件下，不可能有什么超阶级的社会科学，因而更不可能有为一切人都能接受的马克思主义"③。马克思

---

① 《列宁选集》（第3卷），人民出版社2012年版，第574页。
② 有学者对作为"高阶概念"的公正（正义）进行了解释，他指出："从概念形式上，马克思的正义概念与自由主义等政治哲学正义概念之间的区别是位阶上的，自由主义等当代政治哲学的正义概念是一个低阶概念，而马克思的正义概念则是一个含义更广的高阶概念。相对于低阶正义概念，高阶正义概念是指他所指谓的正义原则涵盖了多个低阶正义原则的正义概念。相对于高阶正义概念，低阶正义概念是指它所指谓的正义原则只是其上位概念中诸正义原则之一种的正义概念。就这两类正义概念的关系而言，由于高阶正义概念有着比低阶正义概念更为宽广的界域，因此不能用低阶正义概念解释高阶正义概念，相反，高阶正义概念却可以容纳低阶正义概念并为其提供解释的根据。"（参见王新生《马克思正义理论的四重辩护》，《中国社会科学》2014年第4期）
③ 陈先达、靳辉明：《马克思早期思想研究》，中国人民大学出版社2016年版，前言第3—4页。

公正观与马克思主义公正话语的分析也不是让马克思主义对公正问题的政治批判能够获得所有人的认同,与其说寻找一种能为一切所接受的马克思主义公正话语,不如将它彻底看作一项批判性研究,而"对马克思正义之真实状貌的复原,也是对笼罩在其政治哲学上空之尘雾的驱散,其意义不容小觑"①。

第一节 何种语境:马克思主义公正话语的基础论析

众所周知,马克思主义经典作家没有关于"公正论"的专门著述,这造成了日后诸多分歧,并为不同路径的分析和解释提供了可能。为此,必须防止把"西方公正话语"的教条作为马克思主义公正话语的标尺。只有破除了西方公正话语的"教条主义",才能正确对待马克思主义公正话语。正如阿尔都塞所言:"教条主义的结束使我们面对以下的现实:马克思通过创立他的历史理论,奠定了马克思主义哲学的基础。我们在教条主义的黑夜中所苦于解决不了的种种理论困难并不完全是人为的困难,它们的产生在很大程度上也是由于马克思主义哲学还处于不完善状态。"② 为此,作为破解西方公正话语"教条主义"的首要条件,我们认为,应将语境的确立和提炼作为理解马克思公正观与马克思主义公正话语的基础,而这就需要建立在对"语境"的科学认识基础上。在前文中,我们对政治话语的语境观进行过系统的分析。本节的任务就是进一步阐明政治话语的语境论在何种意义上才是马克思公正观与马克思主义公正话语的基础以及哪些语境应该成为这一基础的有机组成部分。

一 面向马克思主义公正话语的语境论

近年来,语境成为政治哲学研究特别是以经典文本为对象的政治哲学史(包括广义上的政治思想史)的重要范畴之一,而语境论也成为

---

① 李佃来:《马克思与"正义":一个再思考》,《学术研究》2011年第11期。
② [法]阿尔都塞:《保卫马克思》,顾良译,商务印书馆2016年版,第11页。

政治哲学"语言转向"的主要后果之一。在当代西方学界，既有以昆汀·斯金纳为代表的"剑桥观念史学派"，又有以考斯莱克为代表的"德国观念史学派"，其共同特点之一就是"历史语境主义"。有所不同的是，"剑桥学派"更偏重于经典文本的理解，而"德国学派"则侧重于概念史问题。对于前者的学术选择，斯金纳提出："尽量不去专门研究主要的理论家，而是集中探讨产生他们作品的比较一般的社会和知识源泉。……因为政治生活本身为政治理论家提出了一些主要问题，使得某些论点看来成问题，并使得相应的一些问题成为主要的辩论课题。……同样至关紧要的是考虑一下构想出这些主要文本的知识环境，即在此之前的著作和所继承的关于政治社会的假设，以及短暂的、同时代的对于社会和政治思想的贡献的来龙去脉。"[①] 对于后者的理论使命，梅尔文曾指出："在其概念中，考斯莱克拒绝将概念和语言看作副象性的，是由社会的外部力量，即真实的历史所决定的。同时，考斯莱克也拒绝这种理论，即认为政治和社会语言是自主的话语，它不指称语言之外的事物。"[②] 二者在论述中均强调了历史语境的重要作用。在这里，历史语境是广义的，是社会现实的、语言环境的、知识来源的等多方面的"语境"。通过历史语境，话语分析就获得"社会—概念（语言）—哲学"的结构性支撑，对于理解某些重要思想或进行概念分析提供了更加可靠的佐证。由此可见，语境论并不是简单的为某一思想或概念寻找一定的"存在环境"，而是通过这种存在环境的寻找与确认，为所要分析的对象确定一个"理性基点"。换言之，话语分析的基础是概念分析，概念分析的基础与前提则是语境；语境的确定直接决定了概念分析的结果，进而也就影响了话语分析的质性判断。因此，历史语境主义者们反复强调，在进入某种概念分析之前，要关注经济和社会的存在与转型以及竖立其上的意识形态结构，而不是从文本的理想类型或所谓的"现代性"的哲学批判和审美反思的前提入手。正是在这个意义上，话语才有了独立的意义，而不再是概念的附庸。

---

① ［英］昆汀·斯金纳：《现代政治思想的基础》上卷《文艺复兴》，奚瑞森、亚方译，译林出版社 2011 年版，前言第 3 页。
② 转引自［英］达里奥·卡斯蒂廖内、伊安·汉普歇尔《民族语境下的政治思想史》，周保巍译，人民出版社 2014 年版，第 60 页。

语境论在马克思公正观与马克思主义公正话语的解析中具有积极的作用，它可以避免从概念到原则、从公正理念到公正行动的解释方式，而以马克思"所言"的时空依据为标准，尽可能地防止出现被肢解的弊端。在这里，有的学者正确地指出："不管是马克思偶尔流露的对正义话语的轻视，还是频繁地求助于与剥削相关的话语，都不等于它包含一种充分的正义理论。我并不能通过处理马克思在反司法论述方面存在的困难来填补这一理论空白，而是希望阐明正义概念在什么地方能够适合马克思主义价值话语的语境。"① 然而，随着语境论的滥觞，在马克思公正观与马克思主义公正话语的研究中，语境也可以被建构，如"历史唯物主义的道德方式"（凯·尼尔森语）就是所谓典型的"马克思的道德语境论"的代表。尼尔森认为："历史唯物主义还会允许——尽管它并没有要求——下面这个判断，即从时间 t_1 到 t_2 到 t_3 存在着合理的进步，因而对人类来说，在其他条件保持不变的情况下，它们这样尽力发展，比停留在 t_1 上更好。这展示了一种道德的理解，一种观察事物的道德方式；这种方式不是相对主义的，而是语境主义的，它同历史唯物主义相一致。即使这种道德进步是一种幻觉，历史唯物主义没有也不打算指出它是幻觉。没有充分理由可以让人相信，如果历史唯物主义是真的，那么道德就将陷于崩溃"②。这一观点看似尊重了历史语境，但实际上仍塑造了一个被还原的理想化且为马克思所遵循的语境结构。

然而，这并不是历史的事实。马克思在写给恩格斯的信中就批判过类似于此的"黑格尔方式的政治经济学"，并揭示了此种"努力"的弊端："通过批判使一门科学第一次达到能把它辩证地叙述出来的那种水平，这是一回事，而把一种抽象的、现成的逻辑体系应用于关于这一体系的模糊观念上，则完全是另外一回事。"③ 可见，语境的建构是一回事，而将建构的语境用于语境中的具体问题，如公正问题上，则是另外一回事。换言之，语境问题的关键依然在于历史语境虽然是客观存在的，但是对于它的解释可能且往往是主观的，绝对客观的语境并不是真

---

① 《马克思主义研究资料》（第25卷），中央编译出版社2015年版，第171页。
② ［加］凯·尼尔森：《马克思主义与道德观念》，李义天译，人民出版社2014年版，第51页。
③ 《马克思恩格斯文集》（第10卷），人民出版社2009年版，第147页。

实的存在，也就无法被重现或还原。"后人对于既往的概念化方式的每一次阅读，都改变了有可能传承下来的意义的范围。概念的原始语境改变了，因之，由概念所承载的原初意义或后续意义也就改变了。……正是看似使任何概念史都成为不可能的'言语行动'的历史独特性，才使'回收'过去的概念化方式成为必要。对于概念的用法何以在此后被保持、被改变甚或被转换的记录，或许可以确当地称之为'概念史'"①。

在此基础上，在理解马克思公正观以及马克思主义公正话语的语境前，应该注意什么呢？马克思主义绝不是马克思主义哲学、政治学、历史学等不同科学的综合，而是一个完整的整体。造成这一现象的一个重要依据就是，马克思从没将历史语境割裂为不同的知识语境，而历史唯物主义就是这一语境的总根据，也是唯一的根据。在这一根据上，则存在多元论的语境选择，有学者正确地指出："当有可能建构许多种有文本支持的马克思，其中一些马克思能够为另一些马克思所反驳时，决定支持或反对'马克思'是没有意义的。有主张生产力决定论的马克思和强调阶级具有首要性的马克思，有主张经济决定论的马克思和强调在'经济基础'与政治的和意识形态的'上层建筑'之间存在辩证互动的马克思，有主张结构主义的马克思，他将人仅仅视为是经济关系的表现，同时也有将人视为是他们自己历史的剧作者和剧中人物的马克思。问这些中的哪一个是'真正的'马克思同样是无意义的。关键是要探求哪一个是最有用的马克思。"② 正是在这个意义上，语境不需要被还原，我们也不是为了进入 19 世纪的语境而证明马克思公正观与马克思主义公正话语的"历史正确性"的。如果是这样，那么我们就必然会陷入肢解马克思、陷入割裂马克思与马克思主义、陷入比较马克思公正观与马克思主义公正话语的泥淖里。事实上，不管马克思主义公正话语处于什么样的发展状态，它都是在马克思公正观的历史语境中产生的且立足于这一基本的发展阶段。只有站在马克思的肩膀上，才能脱颖而出；脱颖而出，并不意味着要超越或者区别于马克思。这种语境观的辨

---

① ［英］达里奥·卡斯蒂廖内、伊安·汉普歇尔：《民族语境下的政治思想史》，周保巍译，人民出版社 2014 年版，第 79 页。
② ［英］S. H. 里格比：《马克思主义与历史学——一种批判性的研究》，吴英译，译林出版社 2012 年版，第 355 页。

析在今天马克思与公正问题的研究方面还没有引起足够的重视。

　　为了呈现这样的语境，我们认为，至少需要注意三个基本标准，即历史的、阶级的与文本的标准。"历史的"是马克思进行公正问题思考的历史环境，"阶级的"是马克思进行公正问题思考的立场选择，而"文本的"则是马克思进行公正问题思考在文本中对上述二者的知识呈现。这种语境寻找的原则既尊重了客观历史，又尊重了马克思本人；既能够站在时代的历史线索中寻找马克思公正观的蛛丝马迹，又能从马克思对时代的历史线索的认知中确认马克思公正观迈向马克思主义公正话语的原点与归宿，为二者的一致性的历史唯物主义解释提供更为具体的佐证。为此，我们将从三个方面对相关的语境进行简单而直白的理论重描。

二　急剧变动中的规律性历史语境

　　在一定意义上，一切社会科学之思都是历史之思。如果用一个术语概括马克思主义，除了历史唯物主义外，也别无更好的选择。唯物史观是一种理论发现，又反身成为一种理论语境，这是理解马克思公正观和马克思主义公正话语的原点。唯物史观是哲学，但它绝不是哲学的自我创造，而是多种创造性思想的综合，列宁认为，这就包括了英国的古典政治经济学、德国的古典哲学和法国的社会主义思潮。但是这种综合，不是"从理论到理论"的，而是在对理论的历史语境的解构进而发现具体的悖论与谬误中寻找符合历史的新观点的。马克思在写给卢格的信中指出："虽然对于'从何处来'这个问题没有什么疑问，但是对于'往何处去'这个问题却很模糊。……而现在哲学已经世俗化了，最令人信服的证明就是：哲学意识本身，不但从外部，而且从内部来说都卷入了斗争的漩涡。如果我们的任务不是构想未来并使它适合于任何时候，我们便会更明确地知道，我们现在应该做什么，我指的就是**要对现存的一切进行无情的批判**，所谓无情，就是说，这种批判既不怕自己所作的结论，也不怕同现有各种势力发生冲突。"[①] 准确地说，这些构成唯物史观的创造性思想所提供的看似"理论渊源"，但如果仅仅是理论渊源也就无法解释唯物史观的创造性了，它是在密切观察具体的历史环

---

① 《马克思恩格斯文集》（第10卷），人民出版社2009年版，第7页。

境中批判吸收了上述理论学说，这些理论渊源只是集中反映"旧世界"的批判素材，而现实的具体的历史环境及其复杂的规律性的辨识才是问题的关键。

但是，人们在分析马克思的具体思想特别是其未曾专门论述的问题如公正话语时，往往会有意无意地忽视这一关键，而从批判素材的只言片语中希图进行理论建构。因此，历史的确不是任人打扮的小姑娘，但这并不意味着所谓的"还原历史"才是合理的历史语境，而恰恰"梳妆得当"的历史才是科学的历史语境。任何历史时代都是纷繁复杂的，这个特点在马克思生活年代表现得尤为突出，如果真的存在历史发展的"临界点""拐点"，那么，19世纪当之无愧。那时，既是时代变革的关键期，又是社会发展的转型期，还是个人生活、城乡关系的重构阶段，"世界性"从一种理论想象真正成为现实。因此，有学者将其称为"革命的年代"，这绝不仅仅指这是一个流血牺牲式的革命年代，而是指近代以来人类努力寻找"新世界"的变革时刻。所以，历史的还原能够得到什么呢？恐怕只能是碎片化的历史镜像，抑或还有一些为了印证今人成见的经过组织的历史素材。

历史需要被组织，但不应该是任意的。首要的任务就是为急剧变化的历史环境找到一种基本的语境观，其必然是以复杂性为基本特征的，特别是困扰很多学者的马克思文本所表现出来的"矛盾思想体"在很大程度上也是由这种复杂的历史语境所造成的，至少有"两种完全异质的理论逻辑和话语并行在马克思的同一文本中，一是以异化劳动理论为中轴的人本主义哲学逻辑，二是一条从经济现实出发的客观线索，二者在同一文本中无意识地交织着，呈现了一种奇特的复调语境。这倒真是一种不自觉的复调，因为这种复杂语境是在马克思经济哲学批判中不自觉地发生的"[①]，因而准确理解马克思的"复调话语结构"就离不开对相应历史语境的解释。

在此基础上，为急剧变化的历史环境找到一种规律性的解释就构成了具体的历史语境。因此规律性解释实际上就成为其他政治话语的基础

---

① 张一兵：《回到马克思——经济学语境中的哲学话语》，江苏人民出版社2014年版，第682—683页。

语境，这也适用于马克思公正观和马克思主义公正话语。简单地说，马克思在这里无非就是要解答这种规律性是什么，以及这种规律性在相应的急剧变化的历史环境里如何实现的问题。前者是科学属性的问题，后者则是实证性质的问题。二者是不同性质的问题，不应加以混淆。而唯物史观的提出和创造就是全面回答上述问题的结果，正如陈先达所言："唯物史观产生的历史条件和理论来源表明，它是一种阶级性和科学性相结合的历史观。唯物史观是适应无产阶级的阶级斗争需要产生出来的，有强烈的阶级性；但它不是像西方某些学者所说的仅仅是阶级的意识形态，是一种辩护论，即为某一阶级利益做论证的工具。唯物史观广泛地吸收了人类优秀的文化遗产，是真实地解释了历史自身规律的科学历史观。"[1]

那么，作为马克思公正观和马克思主义公正话语的基础语境，唯物史观的语境功能在哪里呢？通俗地说，唯物史观要告诉人们什么呢？笔者认为，主要有两点应成为对马克思公正观与马克思主义公正话语的历史语境的基本判断。

第一，作为新世界创造物的资本主义时代的历史方位。有学者认为，马克思的"历史阐释只有在他们所处的时代中才成为可能。他们决不会把他们的认识从根本上归结于自己的远见卓识，而是首先归因于自己所处的得天独厚的历史情境"[2]，但就是在这种"历史情境"的认识上，学术界存在明显的分歧，甚至引发了马克思公正观和马克思主义公正话语的认识矛盾。在西方学者对马克思公正观的研究中，始终存在着两种不同看法：一是认为马克思所认为的资本主义及其内部存在的剥削等现象是"正义的"，二是认为马克思从情感到理论上都将资本主义看作"不正义的"。与此同时，在国内相关研究中，也有两种看法：一则认为"历史唯物主义与马克思的正义观念在内容上互不涉及、在来源上互不相干、在观点上互不否定"[3]；二则认为"在建立历史唯物主义之

---

[1] 陈先达：《走向历史的深处——马克思历史观研究》，中国人民大学出版社2016年版，第20页。
[2] ［德］费彻尔：《马克思与马克思主义：从经济学批判到世界观》，赵玉兰译，北京师范大学出版社2009年版，第9页。
[3] 段忠桥：《历史唯物主义与马克思的正义观念》，《哲学研究》2015年第7期。

后，马克思才最终看到了以往一切正义观的阶级本质、唯心主义本性、历史局限性和意识形态特征，并最终摆脱了以一种意识形态话语去批判两种肯定性正义观所代表的意识形态话语的理论怪圈，从而使自己对以往一切正义观的批判站在一种科学的立场上，并最终完善了自己的批判性正义观"①。归根结底，这些都提出了唯物史观与马克思公正观、马克思主义公正话语的关系问题，其核心问题则是对资本主义历史方位的认识问题。对资本主义历史方位的认识问题从本质上看是一个认识论问题，不是一个价值性问题，在与公正问题相关涉时，是认识公正范畴而不是价值公正范畴。在此基础上，这种认识公正范畴并不是对公正的内部认识，如概念解释、原则分析与实现路径阐释等，而是为这些内部认识提供一种外部支撑。与此同时，唯物史观也不是作为马克思公正观与马克思主义公正话语的决定性原因存在的，二者并不存在逻辑上的因果关系。从历史观的基础到历史观的决定，二者还存在着明显的差别。我们认为，在客观上，资本主义历史方位的理解虽然是分析马克思公正观和马克思主义公正话语的题中之义——而绝不是毫不相关的"知识背景"，但也不应与公正观和公正话语的具体解释相关联，对其较为客观的判断应该是一种历史语境，其作用是历史语境所能发挥的决定作用。具体而言，一方面，离开对资本主义历史方位的科学判定就不可能从根本上认清马克思公正观和马克思主义公正话语的科学本质；另一方面，揭开唯物史观与马克思公正观和马克思主义公正话语在内容结构上的"包裹"，才能真正建立从马克思公正观到马克思主义公正话语的一致性判定与总体性建构。②

事实上，对于这一认识，马克思本人早已说得十分清楚了。他既指出了资本主义历史方位作为总的历史语境的必然性，认为这种必然性是决定资本主义存在与发展的总的前提。"马克思从研究公正问题的一开始就十分明确地注意到它跟生产关系之间的内在联系。也就是说，马克思所谈论的，不是抽象意义上的公正问题，而是客观社会历史过程中的

---

① 蒋志红、黄其洪：《马克思批判性正义观研究》，人民出版社2016年版，第113页。
② 正因如此，本章自此以下，不再出现马克思公正观和马克思主义公正话语的表述，而仅以马克思主义公正话语代替。

公正问题"①。那么，只要是在资本主义时代的存续期间，公正问题的思考就不能脱离这个总的历史语境而进行抽象的理解，因此所谓的建构性、批判性等标签，就都可以为历史性所取代而成为马克思主义公正话语超越西方公正话语体系的根本优势所在。

在这里，马克思是这样论述的——

> 社会——不管其形式如何——是什么呢？是人们交互活动的产物。人们能否自由选择某一社会形式呢？决不能。在人们的生产力发展的一定状况下，就会有一定的交换［commerce］和消费形式。在生产、交换和消费发展的一定阶段上，就会有相应的社会制度形式、相应的家庭、等级或阶级组织，一句话，就会有相应的市民社会。有一定的市民社会，就会有不过是市民社会的正式表现的相应的政治国家。②

与此同时，马克思又指出了资本主义历史方位的现实性、复杂性和持续性，这就避免了历史决定论，从而间接指明了根本优势的存在并不意味着理论的彻底性，更不能依此而做出武断的"价值评价"。由此，对公正问题的具体历史情境复杂性的承认，为马克思主义公正话语的结构与内容的丰富性奠定了基础，并成为其扩充完善的基本依据。

对于以上论述，马克思的名言经常为人所引用——

> 无论哪一个社会形态，在它所能容纳的全部生产力发挥出来以前，是决不会灭亡的；而新的更高的生产关系，在它的物质存在条件在旧社会的胎胞里成熟以前，是决不会出现的。所以人类始终只提出自己能够解决的任务，因为只要仔细考察就可以发现，任务本身，只有在解决它的物质条件已经存在或者至少是在生成过程中的时候，才会产生。③

---

① 唐正东：《马克思公正观的历史唯物主义方法论基础》，《武汉大学学报》（人文科学版）2013年第6期。
② 《马克思恩格斯文集》（第10卷），人民出版社2009年版，第42—43页。
③ 《马克思恩格斯文集》（第2卷），人民出版社2009年版，第592页。

总之，唯物史观是一条"指导线索"，它是在急剧变化的资本主义社会中省思西方公正话语的历史语境，更是在对资本主义社会进行规律性批判基础上发现社会主义公正话语的历史语境，二者是有机统一的。

第二，作为新世界创造者的无产阶级使命的历史定位。作为"指导线索"的唯物史观之所以引起了很多误解，特别是在马克思与公正问题的分析中带来了许多障碍，其中一个关键是因为唯物史观所阐释的"历史"被庸俗化了，历史被赋予了"生命"而成为一个抽象的考察对象。伍德之所以能够得出马克思不是从"正义"角度评价资本主义的结论，就是因为他所认为的"客观历史"是一套时间性的相对标准。而且，他将此看作马克思对唯物史观的见解，他争辩道："任何这样的谴责（资本主义被斥责为不正义的。——笔者注）都是错误的、糊涂的、缺乏根据的。再说，试图把后资本主义的法权标准应用于资本主义的生产活动，这只能从某种作为永恒法权结构——凭借这种永恒结构，人们可以衡量当前的事物并发现其诉求——的后资本主义社会的视角才能推导出来，但我们已经看到马克思的社会观和社会变化观这样的视角。在《哥达纲领批判》中，马克思指出："后资本主义社会将有两个不同的发展阶段，它们对应着不同的权利标准。"① 当然，我们也不赞同胡萨米等人从"分配正义"的视角裁量马克思的"剥削"理论而得出所谓的资本主义是因为剥削而不正义的论断。事实上，历史是人的历史，具有主体性；而人在政治社会（或者说阶级社会）中生活，不是原子式而是群体性的，这种群体性在阶级社会中表现为阶级，因此阶级既是客观的历史产物又是人与人的关系产物，这就在资本主义历史方位的总体语境下，建构了一个以阶级和阶级斗争为核心的具体语境。这既是前一语境的产物与不可或缺的组成部分，也是前一语境的尺度和防止其陷入历史决定论和主体虚无主义的保护方式。

在上一部分里，我们援引马克思的论述揭示了马克思对历史性的判断，但如果仅仅停留在这里是不够的，这种历史性究竟是什么样的？对于每一个人而言，这样的历史性究竟有何意义呢？在这里，马克思马上做出了回答，他指出：

---

① 《马克思主义研究资料》（第25卷），中央编译出版社2015年版，第146—147页。

> 人们不能自由选择**自己的生产力**——这是他们的全部历史的基础，因为任何生产力都是一种既得的力量，是以往的活动的产物。可见，生产力是人们应用能力的结果，但是这种能力本身决定于人们所处的条件，决定于先前已经获得的生产力，决定于在他们以前已经存在、不是由他们创立而是由前一代人创立的社会形式。后来的每一代人都得到前一代人已经取得的生产力并当做原料来为自己新的生产服务，由于这一简单的事实，就形成人们的历史中的联系，就形成人类的历史，这个历史随着人们的生产力以及人们的社会关系的愈益发展而愈益成为人类的历史。①

那么，在个体发展的历史中，人如何成为具体的存在而不是抽象的个体呢？马克思认为，这就需要在"共同体"中找寻人的位置，而共同体并不是什么"建构的"产物，个体对理想的社会关系的追求在本质上是其在原子化后而重归"真正的共同体"的内在需要，这才是一切所谓"原初状态"的真实意义，而不是组成政治社会的后果。对此，马克思指出：

> 人只是在历史过程中才孤立化的。人最初表现为**类存在物，部落体、群居动物**——虽然决不是政治意义上的政治动物。交换本身就是造成这种孤立化的一种主要手段。它使群的存在成为不必要，并使之解体。然而，一旦事情变成这样，即人作为孤立的个人只和自己发生关系，那么使自己确立为一个孤立的个人所需要的手段，就又变成使自己普遍化和共同化的东西。在这种共同体里，单个的人作为所有者（比如说作为土地所有者）的客观存在就是前提，而且这又是发生在一定的条件之下，这些条件把单个的人锁在这个共同体上，或者更确切些说，使之成为共同体锁链上的一环。……共同体以主体与其生产条件有着一定的客观统一为前提的，或者说，主体的一定的存在以作为生产条件的共同体本身为前提的所有一切形式（它们或多或少是自然形成的，但同时也都是历史过程的结果），

---

① 《马克思恩格斯文集》（第10卷），人民出版社2009年版，第43页。

必然地只和有限的而且是原则上有限的生产力的发展相适应。①

事实上，这一寻找是始终存在的，因此公正不能在政治意义上的理想社会结构的探求中加以论证，而必须在回归"真正的共同体"的本质思考中予以阐释。西方公正话语的建构就是在前一种意义上的成果，只不过在古典时期人的定位等同于共同体国家中的指定位置，在资本主义时代则被定位在作为"自由人共同体"的市民社会的"个体"上。正因为有这样的定位，西方古典公正话语与自由主义公正话语所表现出的"均衡性"就不难理解了，其必然只能为这一已然确定的"均衡体系"服务，而不会以符合个体发展的社会关系建构为目的。明白了这一点，就会明白为什么西方学者"极不情愿"从其社会结构的本质角度分析其"正义原则"，而一定要在一个早已明确或作为先见存在的社会结构——即便它被称为原初状态——的前提下才能对公正问题加以规范化论证。

我们发现，马克思在论及"公正"，特别是将公正作为一种价值评价的术语而使用时，往往选择在阶级语境下加以论述。一方面，这的确是马克思通过批判抽象的人性论而科学地发展了物质生产和社会经济制度对政治和意识形态等上层建筑的决定作用的结果，是从历史深处批判形形色色的理想制度画卷和未来社会蓝图的结果，也是生活决定意识这一科学认识的必然选择；另一方面，这与马克思著述的"时代背景"密切相关，在那个以"1848"为时代标签的年代，马克思从来不是书斋中的静思者（因此如果回归马克思而要把他塑造成一个"纯粹学者"，马克思大概是不会同意的），因为他已经毫无疑问地发现了"阶级世界和阶级时代"的到来，"1848 年革命已经明确地显示，中产阶级、自由主义者、政治民主派、民族主义者，甚至工人阶级，从此将永远活跃在政治舞台之上"②，忽视这个时代语境，对于马克思而言，是不敢想象的。

---

① 《马克思恩格斯文集》（第 8 卷），人民出版社 2009 年版，第 147—148 页。
② ［英］艾瑞克·霍布斯鲍姆：《资本的年代：1848—1875》，张晓华等译，中信出版社 2014 年版，第 32 页。

进而言之，从话语分析的习惯性角度看，这在一定程度上也证明了，如果马克思主义公正话语存在（它的确存在），那么就必须接受阶级作为一种具体的历史语境。在这里，马克思的下述论述非常鲜明地表现出了这一特点，他指出——

> 一个并非市民社会阶级的市民社会阶级，形成一个表明一切等级解体的等级，形成一个由于自己遭受普遍苦难而具有普遍性质的领域，这个领域不要求享有任何**特殊的权利**，因为威胁着这个领域的不是特殊的不公正，而是**普遍的不公正**，它不能再求助于**历史的权利**，而只能求助于**人的权利**……而是同这种制度的前提处于全面的对立，最后，在于形成一个若不从其他一切社会领域解放出来从而解放其他一切社会领域就不能解放自己的领域，总之，形成这样一个领域，它表明人的**完全丧失**，并因而只有通过**人的完全回复**才能回复自己本身。社会解体的这个结果，就是**无产阶级**这个特殊等级。①

也正是在这里，马克思主义公正话语不但选择将无产阶级历史定位作为其具体语境，而且正因为这一坚持才将"公正问题"在表面上作为一个次生问题，才造成了马克思"漠不关心"公正问题的假象。在马克思主义经典作家看来，如果这一具体语境的科学认识无法确立而盲目地进入"伦理世界"，就会犯避重就轻、避实就虚的谬误，在理论上陷入模棱两可甚至在政治话语上滑向资产阶级也就在所难免了。为此，马克思和恩格斯在撰写《共产党宣言》时对于"共产主义""社会主义"的推敲使用可见一斑；同理，他们极少甚至排斥使用一些容易引起误解——特别是未经系统批判而直接使用的现成术语——从而希图既维持其思想理论的本真性，又表达出其思考焦点的核心性。因此，无产阶级历史定位的具体语境绝不是可有可无的，绝不是"阶级斗争"的陈词滥调，而是决定马克思主义公正话语被称为"马克思主义"的典型性标示。如果说为社会确立一种（套）公正原则是所有公正话语的使

---

① 《马克思恩格斯文集》（第1卷），人民出版社2009年版，第16—17页。

命，那么，"公正原则"的内容或表述可能并无差异，相较于西方公正话语无力或无意揭示其公正原则的"自己本身的存在的秘密"，马克思主义公正话语对此秘密的剖析的科学性才具有决定意义，"无产阶级要求**否定私有财产**，只不过是把社会已经提升为**无产阶级**的原则的东西，把未经无产阶级的协助就已作为社会的否定结果而体现在**它身上**的东西提升为**社会的原则**"①。列宁在批判一切以"全民的"为修饰的理论观点时，将其称为小资产阶级社会主义，他深刻地指出——

> 许多世纪以来，甚至几千年来，人类就有过"立即"消灭所有一切剥削的愿望。但是，在全世界千百万被剥削者联合起来进行彻底的、坚决的、全面的斗争，以争取按照资本主义社会自身的发展方向来改变这个社会以前，这样的愿望只是愿望而已。只是当马克思的科学社会主义把改变现状的渴望同一定阶级的斗争联系起来的时候，社会主义的愿望才变成了千百万人争取社会主义的斗争。离开阶级斗争，社会主义就是空话或者幼稚的幻想。②

由此可见，对无产阶级使命的历史定位是分析马克思主义公正话语的重要的历史语境之一，是马克思主义者在分析公正问题时不同于所谓"正义论者"的思想立场和理论本色的重要依据。特别是对于当代中国公正话语体系构建而言，已经普遍存在谈"阶级"则色变，言"阶级分析"则被斥为非学术化的风气，希图追求一种"公正社会"的原则体系，尽管这一体系仍然以"中国实际"为名，但实际上已被西方理论中国化的研究成果大量充斥了。面对这一事实，强调无产阶级使命的历史定位，将其作为马克思主义公正话语的历史语境，是基本立场和态度的转变，更是不断扩充当代中国公正话语体系的内在需要。

三 始终如一的"情感性"阶级语境

之所以给"情感性"标注了引号，是因为要说明马克思主义经典作

---

① 《马克思恩格斯文集》（第1卷），人民出版社2009年版，第17页。
② 《列宁选集》（第1卷），人民出版社2012年版，第658页。

家特别是马克思本人对阶级的理解和解释并不是感性的而是科学的,但这种科学的解释是建立在对被统治阶级、被剥削阶级深重苦难的同情基础上的,并将这种道德同情转化为理论武器的结果。

马克思主义经典作家始终反对从抽象的价值观念或理想的道德命题出发衡量社会发展与政治现实,尤其反对以"科学性""中立性""客观性"为标签的理论研究和思想宣传。之所以如此,是因为马克思主义是一种饱含"人的情感"的理论体系,是一个以"人的情感"为出发点的话语体系。正因为如此,马克思主义经典作家不是温情脉脉的学问家,而是富有斗志的理论战士。多年来,有些人认为,要彰显马克思主义的真理性,就要突出它的科学性,而科学性的突出就必然要选择宽容的"学术论证"或包容的"思想争鸣"。作为一种研究态度,这是正确的。但是,作为理解马克思主义的真理性的标准,这就明显不足,甚至是错误的。特别是西方马克思主义在中国的影响不断扩大之后,割裂马克思主义经典作家之间的一致性特别是割裂马克思、恩格斯与列宁之间一致性的尝试一直存在。对此,尽管存在着大量严肃而认真的反驳,但"剥离感"依旧存在。

这个问题并不是一个新问题。恰恰就是在列宁那里,这个问题已经出现了,并集中表现在两个方面。一方面是围绕理论争论的必要性。列宁就理论争论的问题与考茨基等人进行过激烈的辩论,特别是在十月革命胜利之后,有人试图通过对思想进行科学的、哲学的、文学的、社会的系统化的梳理力求概括出一个完整的世界社会科学思想发展史,此时,他就关切地指出:"没有'人的情感',就从来没有也不可能有人对于真理的**追求**。……思想史就是思想的更替史,**因此**,也就是思想的**斗争**史。"① 另一方面是针对党对理论工作的领导权问题。特别是针对国内"取消主义"向工人阶级和党内传播与蔓延的严重问题,列宁犀利地指出,取消派身披"民主派""自由派""路标派"等外衣,表面上主张普遍可接受、工人的无差别性以及平等的知识对待等,而其实质则是"党内有一部分知识分子试图取消(即解散、毁坏、废除、停止)现有的党组织,代之以一种绝对要在合法范围内活动的<即'公开'

---

① 《列宁全集》(第25卷),人民出版社2017年版,第117页。

存在的＞不定形的联盟，甚至不惜以**公然放弃**党的**纲领**、**策略**和传统＜即过去的经验＞为代价"①的理论话语体系。以上两点表明，马克思主义经典作家对政治概念及其社会实践的分析不是单纯的"本质性分析""内容性辨析"，同样具备情感性的形式解释，其核心就在于以何种人的情感对哪些人的现实问题，即以为被剥削者申辩的"人的情感"对无产阶级的现实问题进行理论言说与论争。对于公正话语而言，这也正是分析包括"公正"在内的一切以马克思或马克思主义为名的政治概念的基本语境之一。

作为马克思主义公正话语的基本语境，阶级语境具有两重意义。

其一，将阶级语境作为理解公正和观察社会不公正实质的前提。这是一般意义上的阶级语境，即阶级语境的存在不仅为发现马克思主义公正话语提供了基本语境，而且是马克思主义超越西方政治话语的超越性语境。了解这一层意义，就能够紧密地与历史语境相结合，奠定马克思主义公正话语的历史唯物主义之基与鲜明特点。正如马克思本人所言："无论是发现现代社会中有阶级存在或发现各阶级间的斗争，都不是我的功劳。……我所加上的新内容就是证明了下列几点：（1）**阶级的存在仅仅同生产发展的一定历史阶段**相联系；（2）阶级斗争必然导致**无产阶级专政**；（3）这个专政不过是达到**消灭一切阶级**和进入**无阶级社会**的过渡……"② 由此可见，如果真的存在"公正社会"，那么也就是"无阶级社会"，而无阶级社会的实现则需要建立在前面二者的正确对待、自我克服与历史超越中。舍此，单纯的"公正"及其围绕它的原则、制度、规范等话语设计都是不可靠的，反之，阶级语境也就是理解公正置于马克思主义之中的根本前提。

在此基础上，阶级语境对于马克思主义公正话语而言，就是一种结构性前提设计，根本不同于基于"占有式个人主义"的个体权利的结构性前提。也正因为对资本主义社会的结构性前提——资产阶级生存和统治的根本条件——有了清醒的认识，马克思才不屑于在这个结构中谈论"公正问题"。马克思在《共产党宣言》中早就指出："资产阶级生

---

① 《列宁全集》（第23卷），人民出版社1990年版，第67页。
② 《马克思恩格斯文集》（第10卷），人民出版社2009年版，第106页。

存和统治的根本条件,是财富在私人手里的积累,是资本的形成和增殖;资本的条件是雇佣劳动。雇佣劳动完全是建立在工人的自相竞争之上的。资产阶级无意中造成而又无力抵抗的工业进步,使工人通过结社而达到的革命联合代替了他们由于竞争而造成的分散状态。于是,随着大工业的发展,资产阶级赖以生产和占有产品的基础本身也就从它的脚下被挖掉了。它首先生产的是它自身的掘墓人。资产阶级的灭亡和无产阶级的胜利是同样不可避免的。"[1] 尤为值得注意的是,在对理想生活状态的公正社会的目标设计中,一直以来,学界普遍认为,西方公正话语往往强调结构性、原则性与建构性,而马克思和其他一部分西方公正论者则属于经验派,主张以批判和纠正不公正逐步实现公正,因此缺乏结构性设计。之所以出现大量此种观点,就是因为西方公正话语的基本结构是阶级社会,在这一基本结构下只能存在两种对理想生活状态的追求途径:一是捍卫这个基本结构的建构主义;二是维系或颠覆这个基本结构的行动主义。只要将颠覆这一基本结构解释为"乌托邦""幻想性"的理论假想,就能存在符合以自由主义为典型代表的西方公正话语谱系,马克思主义公正话语也就会被置于后者之中且被看作"激进主义"的空想论。然而,马克思主义公正话语从根本上否定"资本主义的话语框架",而在分析所有具体问题时告诉人们,阶级与阶级社会是我们必然要面对且实际存在着的基本的社会历史结构。因此,马克思主义经典作家在分析任何政治问题时,都是结合具体的阶级关系及其结构(如国别性、阶段性等条件)而展开的。因此列宁在分析马克思主义在资本主义欧洲各国的境遇时,就从"阶级的"语境切入,深刻地揭示了无产阶级在这些国家难以成为群众性社会思潮的根本原因:

  世界各地的无产阶级在任何一个资本主义社会中都必然与小资产阶级有千丝万缕的联系,无产阶级在工人政党形成时期总要经历一个时间或长或短、程度或深或浅的在思想和政治上受资产阶级支配的时期。这种一切资本主义国家共同的现象,在不同的国家内由于历史和经济特点的不同而具有各种不同的形式。在英国,自由派

---

[1] 《马克思恩格斯文集》(第2卷),人民出版社2009年版,第43页。

资产阶级在政治上充分自由、英国长期处于垄断地位这种情况下，能够在思想上腐蚀和奴役大多数觉悟工人达数十年之久。在法国，共和派小资产阶级激进主义的传统，过去和现在都把很多工人变成"激进的"资产阶级政党的拥护者，或者变成同样是资产阶级的无政府主义的拥护者。在德国，半世纪以前工人还跟着自由派舒尔采—德里奇走，并且还受拉萨尔和施韦泽的"民族自由主义的"（同时是"普鲁士王国的"）机会主义的动摇的影响，而现在数十万工人还在跟着玩弄"民主制"把戏的天主教"中央党"走。①

正因为以上原因，如果离开了阶级语境，就无法真正理解包括"公正"在内的政治话语，反而只能造成"话语形式"掩盖"话语本质"的后果，这是真正的马克思主义所不能接受的。我们认为，阶级语境在马克思主义公正话语那里就必然表现出"批判性"的特点，即西方学者所言的政治理论上的"消极性"和政治策略上的"否定性"的特征。只不过这种批判性及其所带来的"人的情感"特别是"对无产阶级的情感"不再是一种朴素的感情，而是从人类社会发展的历史规律与阶级社会存续的真正本质的思考中自然而然产生的阶级情感。正是在这里，我们才可以从马克思主义公正话语的角度审视很多具体的公正命题，其中关于马克思是否存在分配公正理念的争论也就迎刃而解了。以任何统一的"贡献原则""平等原则""劳动计量"等标准观察"分配问题"，都必然会陷入对如何与西方公正话语中分配公正原则形成"交叠共识"的苦苦寻觅中，从而失去了为那些"受苦者疾呼"的马克思主义公正话语本意。

只有将阶级语境作为马克思主义公正话语的前提，才能客观地理解马克思主义公正话语的科学性与批判性。对此，《哥达纲领批判》对"按劳分配"原则的本质揭示具有十分重要且典型的意义，研究"马克思主义与公正"问题的学者对此经常产生意见分歧。马克思指出：

> 生产者的权利是同他们提供的劳动成比例的；平等就在于以同

---

① 《列宁全集》（第25卷），人民出版社1988年版，第126页。

一尺度——劳动——来计量。但是，一个人在体力或智力上胜过另一个人，因此在同一时间内提供较多的劳动，或者能够劳动较长的时间；而劳动，要当做尺度来用，就必须按照它的时间或强度来确定，不然它就不成其为尺度了。这种**平等**的权利，对不同等的劳动来说是不平等的权利。它不承认任何阶级差别，因为每个人都像其他人一样只是劳动者；但是它默认，劳动者的不同等的个人天赋，从而不同等的工作能力，是天然特权。**所以就它的内容来讲，它像**一切权利一样是一种不平等的权利。权利，就它的本性来讲，只在于使用同一尺度；但是不同等的个人（而如果他们不是不同等的，他们就不成其为不同的个人）要用同一尺度去计量，就只有从同一个角度去看待他们，从一个**特定**的方面去对待他们，例如在现在所讲的这个场合，把他们**只当做劳动者**，再不把他们看做别的什么，把其他一切都撇开了。其次，一个劳动者已经结婚，另一个则没有；一个劳动者的子女较多，另一个的子女较少，如此等等。因此，在提供的劳动相同，从而由社会消费基金中分得的份额相同的条件下，某一个人事实上所得到的比另一个人多些，也就比另一个人富些，如此等等。要避免所有这些弊病，权利就不应当是平等的，而应当是不平等的。①

正是因为在《哥达纲领批判》中在批判按劳分配时的确存在着以"按需分配"重建分配公正的高阶概念分析论，因此很多学者认为马克思的正义观是在不同层面和不同位阶上实现了"分配公正"的高阶论证，集中体现出他对"分配公正"问题所提供的是一种不同于资本主义的方案，如罗尔斯就指出："马克思认为，基于正义，所有的社会成员都平等的拥有权利去完全地获得和使用社会的生产资料和自然资源。基本的问题在于，这些生产资料将如何被有效地使用，工作将如何被分摊，商品将如何被生产，等等。"② 但真正的问题在于，分配公正本身

---

① 《马克思恩格斯文集》（第3卷），人民出版社2009年版，第435页。
② ［美］约翰·罗尔斯：《政治哲学史讲义》，杨通进等译，中国社会科学出版社2011年版，第365页。

就是带有"资本主义属性"且从资产阶级的制度性语境中产生的"话语框架",这种框架掩盖了阶级作为语境的前提性,因此从原点就已经与马克思主义公正话语的真正诉求分道扬镳了。至于马克思所阐述的按需分配中的"分配"概念,其本已超越了阶级社会的语境,正如马克思本人所言:"要揭示资产阶级经济的规律,无须描述**生产关系的真实历史**。但是,把这些生产关系作为历史上已经形成的关系来正确地加以考察和推断,总是会得出这样一些原始的方程式,——就像例如自然科学中的经验数据一样,——这些方程式将说明在这个制度以前存在的过去。这样,这些启示连同对现代的正确理解,也给我们提供了一把理解过去的钥匙——这也是我们希望做的一项独立的工作。"① 正是在这个意义上,马克思主义经典作家特别是马克思本人所论述的此"分配"已经是彼"分配"了,二者不可因符号一致而同日而语,因此已经是一项"独立的"工作了。

其二,将阶级语境作为批判资本主义不公正问题的条件。必须指出的是,这种条件是一种独立的条件,是有具体"条件限定"的条件。众所周知,在对或明或暗、断断续续的马克思主义公正话语的历史探索中,前有伯恩施坦、福伦德、考茨基关于"马克思与伦理问题"的争论,后有柯亨、伍德、胡萨米等人关于"马克思与正义问题"的争论,虽然有时间相隔,但却都曾讨论一个相同的问题,即马克思是否利用诸如公正这样的道德概念为其整体学说进行辩护。在这里,就出现了"科学派""实践派"的分歧,前者认为,马克思对科学化的追求必然决定他对道德问题无感,后者则提出马克思积极运用善与公正等诸多德性概念。在这些争论中,特别是当遇到马克思对资本主义进行批判的时候,阶级问题往往是决定上述两种观点的分水岭。简而言之,当认为马克思主义对资本主义的批判是一种科学的本质批判时,就往往认为"马克思在他的著作中并没有把'公正'的观点当作独立自存的课题研究"②;当认为马克思主义对资本主义的批判是一种实践的道德批判时,就基本主张"对马克思来说,正义原则的可行性必须通过证明来解决。与他的

---

① 《马克思恩格斯全集》(第30卷),人民出版社1995年版,第453页。
② W. 兰:《马克思的公正观》,初晓译,《哲学译丛》1991年第5期。

道德社会学相一致，马克思可以有效地运用无产阶级标准或者资本主义的标准，包括正义的标准，去评价资本主义"①。

在某种意义上，这可能的确是马克思主义经典作家留下的"难题"，他们的确没有直接阐释这些问题。恩格斯晚年曾明确指出，对于那些由思想家通过意识活动完成的"思想"，只被马克思看作"意识形态"而被放置于次要的地位——而非无关紧要的地位，因为在马克思看来，这些问题都没有从思维本质的发现进而体现在诸如资本主义批判这样的具体论题上更为重要。换言之，马克思当然没有认为"公正"是无关紧要的，只是认为在资产阶级"意识形态"控制下的"公正话语"已经设置了重重迷障，要想破解它就需要先将其置于资产阶级"意识形态"的整体批判中。具体到公正话语问题，马克思在阶级语境的条件下必然认为"资本主义是不公正的"。而至于无产阶级公正话语的内容是什么？由于它已经和这种虚假意识形态控制下的资产阶级公正话语不可同日而语了，也就不应将二者并列讨论。而唯一的遗憾，也是造成后世分歧的要点就在于，马克思对无产阶级公正话语语焉不详。但是，无论怎样，也不可能认为马克思不关心公正，即既不关心资本主义的不公正，也不关心共产主义的公正；更不能认为马克思以资产阶级公正话语的核心概念和假设去衡量资本主义公正与否。一言以蔽之，在阶级语境的条件下，马克思对于资本主义不公正的批判是确定的，唯一缺乏的只是它对社会主义公正的阐释——而这正是其他马克思主义经典作家和社会主义国家在革命建设中所不断完善的。

正如恩格斯在1893年写给弗兰茨·梅林的信中所言：

> 只有一点还没有谈到，这一点在马克思和我的著作中通常也强调得不够，在这方面我们大家都有同样的过错。这就是说，我们大家首先是把重点放在从基本经济事实中引出政治的、法的和其他意识形态的观念以及以这些观念为中介的行动，而且必须这样做。但是我们这样做的时候为了内容方面而忽略了形式方面，即这些观念等等是由什么样的方式和方法产生的。这就给了敌人以称心的理由

---

① 《马克思主义研究资料》（第25卷），中央编译出版社2015年版，第155页。

来进行曲解或歪曲……

……因此，他想象出虚假的或表面的动力。因为这是思维过程，所以它的内容和形式都是他从纯粹的思维中——或者从他自己的思维中，或者从他的先辈的思维中引出的。他只和思想材料打交道，他毫不迟疑地认为这种材料是由思维产生的，而不去进一步研究这些材料的较远的、不从属于思维的根源。而且他认为这是不言而喻的，因为在他看来，一切行动既然都以思维为**中介**，最终似乎都以思维为**基础**。

……这是一个老问题：起初总是为了内容而忽略形式。……

与此有关的还有意识形态家们的一个愚蠢观念。这就是：因为我们否认在历史中起作用的各种意识形态领域有独立的历史发展，所以我们也否认它们对**历史**有任何**影响**。这是由于通常把原因和结果非辩证地看做僵硬对立的两极，完全忘记了相互作用。……一种历史因素一旦被其他的、归根到底是经济的原因造成了，它也就起作用，就能够对它的环境，甚至对产生它的原因发生反作用。①

然而，后世之所以会出现如此大的分歧，而且分歧各方都能从马克思那里找到"依据"，主要是因为对其所做的"碎片化理解"。这种碎片化理解体现在很多方面。有的学者正确地指出，在整体理解的过程中，马克思主义的很多具体观点被任意裁量而使之符合论说人的"解释框架"。对此，"如果我们并不迷失在'寻章摘句'和'断章取义'的方法论雾障之中，那么，在整体上把马克思的全部思想理解为关于始终追求实现正义社会的正义理论，就应该是顺理成章之事"②。但是，关键的问题在于，很少有人注意到，在具体问题与具体概念的阐释中，这种碎片化现象更为复杂，即将解释者的"概念框架"与马克思的"解释框架"重构后形成一个碎片化的"解释框架"，并在这个解释框架中寻求对马克思的解释框架中早已明确的立场与观点加以重新阐释，继而造成"思想创新"的模糊理论。在马克思主义公正话语的阐释中，特

---

① 《马克思恩格斯文集》（第10卷），人民出版社2009年版，第657—658、659页。
② 谌林：《马克思思想资源中的社会正义》，《中国社会科学》2014年第3期。

别是在对资本主义的不公正进行批判的具体问题上，这一现象表现得极为明显。

那么，如何破解这一"迷雾"呢？方法只有一个，就是回到阶级语境本身，回到阶级语境与资本主义不公正问题批判的关系本身，回到马克思对上述两个问题的判断本身。

首先，造成这一"迷雾"的原因是资产阶级和无产阶级两种社会存在方式长期并存的现实。由于迄今为止的人类历史就是阶级社会的历史，任何一个时代都不曾出现单个阶级的社会存在阶段。换言之，在阶级社会中，只有不同的阶级所处地位之间的差异性关系的阶段性变化，而没有支配阶级的绝对支配阶段。但是，在资本主义社会来临之前，支配阶级的支配性往往远远超过了被支配阶级（被统治阶级）的对抗性，这主要是因为内在的经济支配通过外在的政治支配进而产生了绝对的价值支配，简单地说，就是被支配阶级缺乏自主意识，甚至将被支配看作其存在的必然性而产生了文化性认同。在资本社会到来后，这一情况发生了剧烈变化，即在经济支配与价值支配之间的政治支配的合法性在形式上被打破了，这就彻底颠覆了被支配阶级对其被支配地位的文化性认同，也为反对经济支配留下了可能性和必然性的"缺口"。取而代之的是，作为资本主义社会的两大主要阶级——资产阶级和无产阶级——在支配的辩证关系中，既存在着支配与被支配的绝对事实，又存在着支配阶级（资产阶级）需要不断面对被支配阶级（无产阶级）对其支配地位的全方位挑战。为此，资产阶级曾使用多种手段来阻遏这种反抗。但是，随着时间的推移，资产阶级思想家发现，被支配阶级的反抗并不需要被彻底摧毁，而是可以通过控制的手段使之存在于一种可接受的"争议范围"内。为此，作为支配阶级的资产阶级就主动通过对政治支配合法性的自我否定，扭转价值支配为价值认同或文化认同，从通过"公正"等政治话语体系的认同性建构，巧妙地将经济支配的批判从日常资本主义批判的主要矛盾中剔除。由此，产生了一个基本判断——支配阶级和被支配阶级的生存方式的和谐共处。在这个虚假共识基础上，才产生了对公正制度、公正原则的充要性论证的话语需要。当然，这种生存方式的并存是一种事实，然而，这种事实是需要超越的。正因为如此，面对这两种阶级并存条件下的历史性紧张关系，并将其推向质变的"转折点"就是破解上述迷雾的第一要务。在马克思去世近 150 年来,资本主义社会内部发生了翻天覆地的变化,很多人越发怀疑马克思对资本主义"国家与社会"二重断裂结构之批判的科学性。不过,无论情况如何变化,也不论被支配阶级所承受的压迫力量的形式如何变化,压迫的强度以及造成人的异化的客观事实不但存在而且越发严重。换言之,只要从阶级语境出发,就必然会认清这种共存的事实并不能消除资本主义社会的不公正,而只是将其掩盖得更加巧妙和隐蔽罢了。究其原因,超越阶级语境的西方公正话语"只是表明在资产阶级生产关系下如何获得财富,只是将这些关系表述为范畴、规律并证明这些规律、范畴比封建社会的规律和范畴更有利于财富的生产。在他们看来,贫困只不过是每一次分娩时的阵痛,无论是自然界还是工业都要经历这种情况"①。那么,以两种阶级社会存在的共时性来论证"公正"标准或内容的可共识性,就不是什么"共识"的结果,而是支配阶级希望被支配阶级接受的"共识的"公正话语了。因此,马克思才犀利地指出,只要资本主义社会存在,政治概念就会披上"浪漫的外衣",而尽量避免其邪恶的身躯曝于人前。那么,"公正"与"非公正"之间解释的乱象就不再是简单的学术争论,而是透过论题性的学术争论而一直存在的阶级性的学术话语争霸与阶级性的支配性存在方式的垄断。只要清楚这种共存的实质,就会明白阶级语境的重要性,自然也会清楚地认识到"'正义'、'人道'、'自由'、'平等'、'博爱'、'独立'……在历史和政治问题上却**什么也证明不了**"②。

其次,认清这一"迷雾"的抓手需在理解马克思主义经典作家的政治立场和哲学斗争中做出选择。马克思在《路易·波拿巴的雾月十八日》中有过一段十分精彩的论述,他指出:

……宪法经常提到未来的**基本**法律;这些基本法律应当详细地解释这些附带条件并且调整这些无限制的自由权利的享用,使它们既不致互相抵触,也不致同公共安全相抵触。……结果,资产阶级

---

① 《马克思恩格斯选集》(第 1 卷),人民出版社 2012 年版,第 234 页。
② 《马克思恩格斯全集》(第 6 卷),人民出版社 1961 年版,第 325 页。

可以不受其他阶级的同等权利的任何妨碍而享受这些自由。至于资产阶级完全禁止"他人"享受这些自由，或是允许"他人"在某些条件（这些条件都是警察的陷阱）下享受这些自由，那么这都是仅仅为了保证**"公共安全"**，也就是为了保证资产阶级的安全，宪法就是这样写的。……宪法的每一条本身都包含有自己的对立面，包含有自己的上院和下院：在一般词语中标榜自由，在附带条件中废除自由。所以，当自由这个**名字**还备受尊重，而只是——当然是通过合法途径——对它的真正实现设下了种种障碍时，不管这种自由在**日常**现实中的存在怎样被彻底消灭，它在宪法上的存在仍然是完整无损、不可侵犯的。①

这里对于资产阶级国家宪法的阶级性所进行的深刻揭示不但阐释了资产阶级法权的本性，而且指明了资产阶级语境中政治原则和实践上的悖论关系，阐明了资产阶级政治话语的虚伪性。这些分析和观点，对于理解资本主义公正话语进而认识马克思主义公正话语提供了清晰的示范性论证。在马克思主义经典作家那里，凡是符合无产阶级利益和需求的才可能是"公正的"。具体而言，在现实中，符合无产阶级斗争需要和维护其根本利益的制度安排、行为规范、关系准则和道德主张，相对于资产阶级的相应主张而言，可以被看作"公正的"；从根本上讲，在超越有限的政治实践（即阶级社会的政治斗争和国家建设及其意识形态体系），以建立一个真正的"此岸的真理世界"的条件下，公正就是这种无阶级、无差别的历史状态的可能标签之一——因为原本一切美好的道德评价和价值标签都可以代替公正，反之，公正也可以代替它们。因此，马克思主义公正话语不能脱离"阶级语境"的条件性，而要克服这一条件性就不能停留在上述第一个层面，更不能将第一个层面和第二个层面的问题混淆起来。在这个基础上，问题的关键是如何实现第二个层面的"公正性"，这就要避免以彼岸真理或彼岸价值的抽象设定来描述或者掩盖"阶级语境"的绝对不公正性。在这里，马克思充分说明了核心问题不是现实中的公正话语究竟如何评价和权衡的问题——在阶

---

① 《马克思恩格斯文集》（第2卷），人民出版社2009年版，第484页。

级语境中，这都是虚伪的——而是如何改造这个语境的问题，即改造整个世界，他指出："**真理的彼岸世界**消逝以后，**历史的任务**就是确立**此岸世界的真理**。人的自我异化的**神圣形象**被揭穿以后，揭露具有**非神圣形象**的自我异化，就成了为历史服务的**哲学**的迫切**任务**。"① 因此建构一个公正话语体系不过是在资本主义社会的阶级语境中建构一个被合理解释的世界，而马克思主义经典作家的任务却与之截然相反——要改造世界。

最后，化解这一"迷雾"的突破点应在于认清"阶级语境"的马克思主义解释与资本主义解释之间的根本不同。寻求新概念或者概念的新解释，从本质上看就是为了成就一种颠覆性事业，只不过这样的颠覆性事业有的存在于学术演绎中（思维活动），有的存在于理论创造中（实践活动）。正如马尔库塞所言："寻求正义的定义，寻求美德、正义、忠孝和知识的'概念'，于是就变成一项颠覆性的事业，因为所寻求的新概念意指一种新的城邦。"② 阶级及其阶级语境在资产阶级公正话语体系内部是长期存在的，但是对于阶级与阶级语境的认识和定位却决定了它的"片面性"。列宁在《国家与革命》中早已指出："西欧和俄国的庸人总是喜欢借用斯宾塞或米海洛夫斯基的几句话来答复，说这是因为社会生活复杂化、职能分化等等。这种说法似乎是'科学的'，而且很能迷惑一般人；它掩盖了社会分裂为不可调和的敌对的阶级这个主要的基本的事实。"③ 由此可见，在资产阶级政治解放的历史使命中，公正话语只能为资产阶级的政治解放服务，同时还是支配和压迫无产阶级的政治话语。纵然，在现实中，资本主义国家可以通过各种制度建构和体制机制改革以及道德、宗教、文化等意识形态建设实现社会公正在感知体验上的改良。但究其实质，只要这种改良是为了维系其国家机器的持续运转，就只能是资产阶级在利用公正话语的工具作用而控制和调和阶级矛盾，避免阶级矛盾威胁到其统治。归根结底，还是上述阶级矛盾无法真正解决的后果而已。与此相反，马克

---

① 《马克思恩格斯全集》（第3卷），人民出版社2002年版，第200页。
② ［美］马尔库塞：《单向度的人》，刘继译，上海译文出版社2006年版，第122—123页。
③ 《列宁选集》（第3卷），人民出版社2012年版，第116页。

思主义经典作家清楚地认识到:"无产阶级要想摆脱政治上的压迫,必须超越政治正义的限度,通过社会革命,建立起新型的国家制度,这是通往人类解放的必由之路。"① 那么,为什么在资产阶级政治解放完成后,特别是当代资本主义新变化带来的"实现正义"的选择与呼声越发高涨的情况下,人的解放的形势依然严峻呢?这是因为资本主义作为"一种绝对的不义"②,不仅在唯物史观的科学性上是必然的,而且在阶级矛盾的现实性中更是无法克服的。阶级取消了社会发展的人的逻辑,取而代之以人的资格或者条件的逻辑。这里的资格和条件有血缘、性别的自然差异,还有血统、身份、种族的社会差异,更有财产、权利等法权差异。因此,资本主义公正话语所能实现的最多只是在这些资格或条件方面的平等化与均衡化,是以这些由阶级存在本已决定的衍生品的公正化取代了人的公正与人类社会的公正化。在这个意义上,围绕人的全面而自由发展的人的逻辑,就必然要否定阶级语境,进入否定栖身于此的任何政治话语,而不论它披上怎样合理化、道德化的语词外衣。马克思主义公正话语承认阶级语境是为了彻底地批判和颠覆它,其初衷就是还原基于阶级属性的资格或条件,使得公正话语回归到"人的逻辑"上来。

在上述两点的基础上,阶级语境就不再是马克思主义公正话语体系中的具体观点或"公正原则、公正批判、公正准则"的具体内容,而是决定马克思主义公正话语批判资本主义不公正的前提条件。承认阶级语境的前提性和条件性,体现了两种公正话语在逻辑进路上的根本分歧,正如有学者所言:"马克思、恩格斯运用历史尺度和价值尺度(人的尺度)的统一,来研究资本主义社会历史发展和人的发展:马克思、恩格斯运用历史尺度看到了资本的历史进步方面,指出资产阶级在它的不到一百年的阶级统治中所创造的生产力,比过去一切时代创造的全部生产力还要多,还要大。同时,马克思、恩格斯又运用价值(人的)尺度看待资本主义社会,指出了资本的历史局限,即它使人丧失了自主

---

① 彭富明:《马克思恩格斯正义批判理论研究》,中央编译出版社2013年版,第129页。
② [德]洛维特:《世界历史与救赎历史:历史哲学的神学前提》,李秋零、田薇译,生活·读书·新知三联书店2002年版,第51页。

个性。由此，马克思、恩格斯要超越资本的逻辑和资本主义社会进而走向人的逻辑。"① 这样一种人的联合体的实现就必须彻底批判资本逻辑基础上的阶级语境而不是将其纳入公正话语的内在结构中，并且与之彻底决裂。进而言之，必须在资本主义社会内部的"阶级斗争"与共产主义社会的革命和建设过程中，发现马克思主义经典作家所表露的公正话语的意思。而要实现这一目标，只有两种途径：一是在前者的阶级语境中区分资产阶级和无产阶级对抗中的公正诉求，"一方面，就法律平等必须用社会平等做补充这一点而言，平等的要求是扩大了；另一方面，从亚当·斯密的论点——劳动是一切财富的源泉，但劳动产品必须从劳动者手中分给地主和资本家共享——中得出了一个结论：这种分配是不正义的，必须彻底废除，或者至少把它改变得有利于劳动者"②。二是在后者的阶级语境中重拾无产阶级超越资产阶级的公正批判，特别是要警惕"权利之名"，恩格斯清楚地指出："由于文明时代的基础是一个阶级对另一个阶级的剥削，所以它的全部发展都是在经常的矛盾中进行的。生产的每一进步，同时也就是被压迫阶级即大多数人的生活状况的一个退步。对一些人是好事，对另一些人必须是坏事，一个阶级的任何新的解放，必然是对另一个阶级的新的压迫。……如果说在野蛮人中间，像我们已经看到的那样，不大能够区别权利和义务，那么文明时代却使这两者之间的区别和对立连最愚蠢的人都能看得出来，因为它几乎把一切权利赋予一个阶级，另方面却几乎把一切义务推给另一个阶级。"③ 这样，"工人阶级的解放应该由工人阶级自己去争取；工人阶级的解放斗争不是要争取阶级特权和垄断权，而是要争取平等权利和义务，并消灭一切阶级统治"④。这两个方面是辩证统一的整体，有的西方学者正确地指出，在马克思主义经典作家那里（例如恩格斯），"无产阶级要从资产阶级的平等要求中提取那些多少是正确的和更有深远意义的要求。（这种解释模式可以）扩展到正义领域。在资本主义框架内，不同正义概念之间的冲突可以被很好地用于阐释框架自身的局限

---

① 韩庆祥：《从资本逻辑走向人的逻辑》，《光明日报》2017年9月18日。
② 《马克思恩格斯全集》（第21卷），人民出版社1965年版，第547页。
③ 《马克思恩格斯选集》（第4卷），人民出版社2012年版，第194页。
④ 《马克思恩格斯文集》（第3卷），人民出版社2009年版，第226页。

性。表述这种方法之结果的一种可能途径将是，根据资本主义的正义概念来说明，即使是在运行良好的资本主义制度中，非正义也必然会发生，或者说这种制度原则上绝对满足不了正义的自我生产的'要求'"①。总之，马克思对资本主义所谓的"公正"与"不公正"的解释矛盾，只要被置于历史规律的解释中，就能够得到清楚的辨析；而马克思关于资本主义不公正的基本态度，则只要厘清其阶级语境的前提与作用条件，就可为"马克思与公正"的论题夯实合理解释的基石。

第二节 超越"有"或"无"：关于马克思主义公正话语的基本论争

在人们疯狂地追问"马克思有没有公正理论"时，政治话语分析思维所要提示人们的是：超出理论"有无"的二分化思维，从马克思主义公正话语之内重新思考"有""无"的问题。

众所周知，马克思（主义）公正观研究已成为当代马克思主义理论研究的重大论题，成果蔚为大观。而要研究马克思（主义）公正观，必须对"马克思有无公正理论"加以辨析。众所周知，马克思（主义）公正观与马克思的公正理论是一组相互区别的理论范畴。但问题在于，马克思的公正观与马克思（主义）公正观之间的关系问题。很多学者断言，马克思的公正观与马克思主义的公正观是不同的。当然，从经典作家的不同论述、思想发展的差别内容以及理论所解决的不同时代和社会的公正问题的角度看，马克思的公正观当然不能等同于马克思主义的公正观。然而，按此逻辑，马克思与马克思主义也被相互剥离了。在目前的研究中，的确存在将马克思与马克思主义剥离开来的观点。但是，从整体理解马克思和马克思主义的角度看，这种所谓"纯学术"的态度实质上是分析马克思主义者在刻意肢解马克思主义时所惯于使用的方式。马克思主义是一种学说，但更是一种批判的政治理论。强调马克思与马克思主义的一致性和整体性，不仅是在与自由主义、资本主义的理论斗争中表明立场，也是为了在与形形色色的"马克思主义""社会主

---

① 《马克思主义研究资料》（第25卷），中央编译出版社2015年版，第209页。

义"的辩论中坚持立场。将马克思的独特性抽离于马克思主义，在思想上就为民主社会主义等流派留下了政治合法性。这也正是分析马克思主义学者在讨论"马克思有无公正理论"问题时所希望得到的结果。因此，从"观"的高度出发，关注的是一个理论的本质特征、思维方式与政治底色，马克思（主义）公正观必须以马克思的公正观为基础与标准，所发生的"变化"也不应超出上述三点的根本一致性。因此，我们认为马克思的公正理论作为一个具体理论，是一个特殊的研究对象，它是发现马克思主义公正观的重要前提和基本条件。

对马克思有无公正理论，存在着大量的解释和论断，主要的解释模式有三。解释模式一："伍德—塔克命题"说；解释模式二：关键或核心概念说；解释模式三：马克思政治哲学语境说。在这些解释模式的选择中，政治哲学的话语转向提供了新视角和新理路，即公正话语的视角。公正话语是一个整体范畴而非关于公正概念或理论的话语现象。而且，由于"公正的话语性"，既有的公正概念解释与公正理论阐释的碎片化问题已经显露无遗。所谓碎片化问题，较早出自分析马克思主义理论家G. A. 柯亨、C. B. 麦克弗森、理查德·米勒等人，其主要观点是认为近代自由主义公正理论破坏了公正问题的整体性，将公正问题等同于所谓生产公正、分配公正、交换公正与矫正公正等，而忽视了公正对于一个社会结构、政治制度、文化形态与行为习惯的总体性标准（或状态）的地位。他们大多认为，自由主义公正理论之所以碎片化是因为其理论前提就是原子化的——占有式个人主义（麦克弗森语），而历史上的公正从来是"共同体性"的。自由主义公正理论的成功之处也是其公正话语最为迷惑人的地方，就是以碎片化取代总体性的理论范式。在此基础上，如果按此追问马克思（主义）公正观特别是辨析马克思有无公正理论的问题，则难得真解。但是，令人遗憾的是，很多研究依然坚守碎片化思维，试图把马克思装扮成分配公正论者、交换公正论者，或试图将马克思的批判性公正观简化为一种能够直接解决现实不公正问题的理论方案。我们认为，相对于解决"使得马克思（主义）公正观在社会中得以广泛传播与普遍认同"的目标而言，存在一个不可缺少的环节，即辨明"有""无"的问题。

如何辨明"有""无"的问题，需要建立在语境判定的基础上，但仅仅从语境出发是不够的。还必须从马克思主义总问题的视角，即马克思主义哲学的总体性角度加以观察。阿尔都塞正确地指出："运用马克思主义哲学来研究马克思，不但对于理解马克思，同时对于建立和发展马克思主义哲学，都是绝对的前提条件。……这是从一个理论总问题出发，向一个对象提出关于其本质的问题，而总问题在考验其对象的同时，自己也受到对象的考验。"① 厘清马克思有无公正理论的任务更应集中于马克思（主义）公正观究竟是一种怎样的公正话语之上。由此可见，自由主义解释框架的局限性问题已经显露无遗，批判和解决这些问题离不开马克思主义的立场、观点和方法，但只有科学地认知公正话语的重要性、有效地运用这一范畴及其分析模式，才能为辨析"马克思有无公正理论"夯实基础，进而不断发掘和完善马克思（主义）公正观。

一 "马克思有无公正理论"的三种话语解释模式

在当代，马克思（主义）公正观研究中最根本的问题也是一开始就陷入分歧之处的论题是马克思本人有无公正理论。有西方学者在总结"马克思主义与公正"的西方学术研究时，机敏地指出："或许，最困难的事情是试图构想一个再也听不到有关正义讨论的世界，即使对政治理论家来说也是如此——可能只有这一学科的历史学家是个例外。没有强迫，将被认为是我们可能现在贴上了'公正'标签，对具体的而且对社会有益的行动和规则套上了一个语言的光环。"② 在一定程度上，马克思（主义）公正观研究的其他诸问题皆由此而产生。回顾这一问题的诸多观点和争论过程，不难发现有三种解释模式（而不是观点）已成主流。

第一种话语解释模式，"伍德—塔克命题"及其争论性话语的解释模式。这一话语解释模式的代表人物首推伍德、塔克、胡萨米等，实质上是分析马克思主义对"马克思有无公正理论"中的一个具体问题——"马克思是否批判资本主义为不正义"所进行的论辩，正式开启了"马

---

① ［法］阿尔都塞：《保卫马克思》，顾良译，商务印书馆2016年版，第19页。
② 《马克思主义研究资料》（第25卷），中央编译出版社2015年版，第214页。

克思主义与公正"的新论题。

在此基础上,伍德和塔克等人指出,马克思未从正义的角度批判资本主义,进而提出两个衍生性命题:(1)在资本主义内,马克思并不将资本主义剥削看作非正义的。对此,艾伦·伍德就曾提出:"马克思对资本主义谴责根本没有依靠某种正义概念(不管是明确的还是含蓄的);那些试图从马克思对资本主义的诸多谴责中重构'马克思正义理念'的人,顶多只是把马克思对资本主义(或资本主义某些方面)的批判,转换成马克思本人一贯视为虚假的、意识形态的或'神秘的'形式。"① (2)在资本主义后,共产主义社会将是超越"公正"的。这也正是罗伯特·塔克在强调马克思对公平观持反对态度时所提出的重要理由,即"公平观内含着公正地平衡冲突中的两党或多党,或者说公正地平衡冲突中的两项原则或多项原则。这典型地包含了调整相互权利的界定,或者说解决相互权利的界定问题。现在社会主义者根据资本主义社会的经济关系提出公平要求,就是暗示可以公正地平衡劳资之间的斗争,可以调整劳资之间的斗争。这提出了议和劳资之间的斗争或至少停战的可能性。这是马克思所强烈谴责的。……马克思的哲学表达了对团结的追求——对超越一切对象性因而超越了公平作为对抗性这样一个世界的追求"②。

他们的观点招致胡萨米等人的激烈批判,他认为:"伍德和塔克在处理资本主义的正义主题方面,把重心集中在马克思理论的解释性方面,并误解了马克思的评价性方面。当马克思解释为什么依据资本主义法权关系,剩余价值是合理的时,他们把这种合理误以为是马克思自己的评价。"③ 将胡萨米式的批判归纳起来,可以发现他们的批判话语具有以下显著特征,即他们将"伍德—塔克命题"中"衍生论题(1)"指向的判定上升为前提性判定,指出马克思认为资本主义是不正义的,由此推理得出:第一,在马克思政治哲学中,存在公正话语的一般标准,"对马克思来说,正义原则的可行性必须通过证明来解决。与他的

---

① 《马克思主义研究资料》(第25卷),中央编译出版社2015年版,第148页。
② [美]罗伯特·塔克:《马克思主义革命观》,高岸起译,人民出版社2012年版,第74、76页。
③ 《马克思主义研究资料》(第25卷),中央编译出版社2015年版,第165页。

道德社会学相一致，马克思可以有效地运用无产阶级标准或者资本主义之后的标准，包括正义的标准，去评价资本主义"①。第二，在资本主义后，仍然存在共产主义的道德观念与社会规范，无产阶级的正义观将支撑共产主义的正义原则；在此基础上，胡萨米将前提性判定与他的第二个衍生性命题进行一致性处理，即"资本主义的剥削和与之伴随的收入分配，侵犯的不仅是社会主义的正义原则，而且因其不给予工人足够的收入以满足他们的需要而违背了共产主义的正义原则。……剥削和正义是不相符的、不一致的。共产主义的正义有助于人的自我实现，而资本主义的不正义却使这成为不可能"②，即马克思之所以认为资本主义是不正义的就是因为他是以共产主义的正义原则在批判资本主义。由此可见，"伍德—塔克命题"经过胡萨米等人的批判后已然成为如何判定马克思是否拥有自己的公正观的问题，而他们争论的要点也在潜移默化中被泛化了。事实上，"伍德和胡萨米的争论是他们试图以正义的视角考察马克思对资本批判这一事实的结果"③，而不是以马克思主义的立场、观点和方法认识和解释公正。当前，我国相关研究大多以此为起点，虽然持不同意见者不在少数，但也将这一命题过分提升为不可绕过之问题，这种处理值得商榷。如果回归马克思且以此为辨析马克思有无公正理论的初衷，那么"伍德—塔克命题"的初衷是否符合该标准呢？进而言之，伍德、塔克、胡萨米以及一大批参与这一争论的英美马克思主义学者并非站在马克思主义的立场上对这一问题进行思辨与争论的。在这里，在苏东剧变时期的"转型公正视野"中，一些东德的马克思主义理论家提出了较为客观的分析，他们认为，不同的话语框架就决定了对"马克思主义公正观"的不同出发点，在自由主义和马克思主义的比较视野中，可以发现："从自由主义角度来看，社会正义同样是联邦德国政治体制中的普遍原则，然而它不是通过寻找资本主义的替代品来解决资本主义社会的非正义问题，而是在肯定现实的情况下，只讨论在什么程度上以及用什么手段对资本主义进行限制，使其成为一个更加

---

① 《马克思主义研究资料》（第25卷），中央编译出版社2015年版，第155页。
② 同上书，第163页。
③ 蒋志红、黄其洪：《马克思批判正义观研究》，人民出版社2016年版，第4页。

具有稳定性和灵活性的社会，从而在资本主义的范围内实现社会正义。然而从马克思主义关于世界历史的发展观点来看，人们还坚信另一种可能性的存在，即从漫长的历史进程出发，通过社会正义体系的变更，用社会主义的社会正义取代资本主义的社会正义。因此在马克思主义那里，正义是一个历史范畴。"① 总而言之，脱离"出发点"的判定，也就难以准确地找到真正的目的地了。

第二种话语解释模式，即关键或核心概念说。这一解释模式的核心判断是公正作为一个重要和本质性的概念，马克思必然会对其进行论述的解释观。众所周知，公正自柏拉图开始就是所有思想家共同关注的核心问题。特别是围绕"好的社会"是什么的问题，在古典政治哲学二分法的方法论基础上，"公正""不公正"就是一组最重要的道德二分法的范畴，而公正作为解决不公正的理想主题，早已经成为一切政治哲学及其建构其上的政治话语体系的核心概念。在这里，理查德·罗蒂曾指出："希望我们已经达到这样一个时刻，即我们能够最终摆脱柏拉图和马克思所共有的信念，即在探索如何结束不公正状态问题上，必定存在着一种与琐碎的实验方法相对立的宏大的理论方法的理念。这种理念认为存在着一些深层的东西——比如人的灵魂、人的本性、上帝的意志、历史的形态等——它们为某种主题提供重大的、政治上有用的理论，我希望我们在没有这种理念的条件下能够学会更好地生活。"② 在这个解释进路下，主要有两种形式。其一，认为公正概念虽然是一个本质存疑的政治概念，但是无论对何种公正概念的分析或界定，必定具有一些共同的概念要素，而马克思通过其特有的思想框架，对这些概念要素进行了批判、阐释或重构，即便未曾明确界定公正，也设定了可以指导后人理解公正概念的基于唯物史观的概念要素的规定性判定。例如，有学者认为："我们遇到的仅仅是：谁之正义？何之正义？何为正义？什么样的生活才是合乎正义的生活？这样对于人类思想史上的正义思想和正义理论著作，就可以简单地从以下几个方面进行树立：少数几种人性模型、

---

① 魏小萍：《马克思主义与自由、平等和正义的话题》，《哲学研究》2003 年第 9 期。
② Richard Rorty,"The Intellectuals at the End of Socialism,"*Yale Review*, 1992, 80 (1/2): 1 – 16.

自然状态的设计、正义原则、善的生活。只有这样，我们才能彰显马克思在正义问题上的革命性探索"①。其二，认为社会公平正义即公正已经写入了中共中央相关决议的文件之中，成为全面深化改革的两大基本方向之一，并作为基本价值观被纳入社会主义核心价值体系中，那么"公正"已然成为中国特色社会主义理论体系的重要与本质性概念，它的理论渊源必然是马克思主义。这种观点概括起来就是马克思必然存在公正理论，指出它在马克思主义理论体系中的合法地位、概念解释和实现路径的理论思考需要不断深化和拓展。那么，持有这种观点的学者必然认为："如果从社会主义正义观的理论渊源——马克思主义正义观的诞生算起，至今已有160多年了，从俄国十月革命使社会主义正义观实现从理论到现实的飞跃至今也有90余年了，而中国共产党在中国为实现社会正义所进行的奋斗则经历了差不多相同的漫长的历史时期"②。

第三种解释模式，即马克思政治哲学语境说。模式三的直接依据是马克思在其文本中所陈述的公正认识（批判）及其相关理念的观点建立在马克思的总体语境与不同时期政治理论的规定性标准的基础上。持这种观点的人大多认为，公正这个概念的马克思主义解释并不重要，而真正重要的是马克思主义在解释（或批判）"公正"时指向什么，而要了解这种指向就必须弄清他在使用这个或与此相关的术语时的语境。在哈贝马斯看来，关于这种语境的理论假设和话语策略可以被称为"理想的话语状态"，并由话语层面的公正性体现出了社会诸领域的公正性，其主要内容指向是以"选择和从事话语活动机会的均等分配为特征的。具体地讲，（1）所有潜在的商谈参加者必须具有同等的加入商谈的机会，并且通过提问或回答问题、提出或回应异议、作出论证或给出正当理由等使这种同等的机会持久化。而且（2）交往中的所有参加者都有同等地表达他们的感情、意图、态度等的机会。这一要求意味着确保参加者的真实性，即他们的内在本质与他们自己及相互间的透明度。最后，（3）交往中的所有参加者有同样的机会发出命令、允许、禁止、作出或接受承诺等；简言之，在排出所有单方面约束规范意义上的特权

---

① 邓晓臻：《马克思的正义思想探究》，中国社会科学出版社2015年版，第4页。
② 朱大鹏：《社会主义正义观研究》，中国社会科学出版社2014年版，第168页。

的行为期望中必须是互惠的"①。正是在这种理想的话语状态的假设基础上,有学者进一步指出:"马克思本人并不是任何意义上的正义的推动者。在驳斥了正义的传统概念的权利核心之后,马克思没有试图提出正义概念更适合共产主义的新意义。实际上,他很少使用笼统意义上的道德术语。马克思认为,道德语言是非人性化的。"②而任何以"公正"的理由谴责或批判公正语言,都将流于表面。如果以经济正义即分配正义和交换正义为例,研究它的衰落与复兴的历史周期,就会发现经济正义(公正)并不是一个历史范畴,而是一个历史语境范畴。而这正是马克思正义观所意在凸显的"语境"的重要性。正如有的学者所言:"历史唯物主义关于人的需要转换概念,正如能够应用于任何人一样能够应用于共产主义社会,而且它意味着即使是这样的社会也会需要正义原则。……正义理论可能既与解释它的理论取向相符合,也与马克思主义的评价性话语的总体结构相适应。"③ 在此基础上,无论文献学是否能够考证出马克思曾经希望对公正概念的部分内容进行保留与否,马克思的公正观以及公正批判都不会建立在"经济正义"的理论框架内,因此理解马克思(主义)的公正观必须时刻注意相关的"话语界限"。虽然在这一理论框架外并不一定会得到马克思(主义)公正观的真谛,但置身其内则全无可能。那么,解释模式是从什么视角考察马克思(主义)正义观的呢?麦克弗森就此指出:"在可预期的前景中,经济正义的概念要么就此走向消亡,要么将在一个新世界中发生转型,变成一个超越单纯的经济正义概念范畴的人类自我实现的概念,而这就使我们不得不回到马克思主义对主要体现为分配正义原则的经济正义概念的批判性解读上来,从一个超越性的维度重新审视经济正义的历史、现实与未来了"④。

---

① [美] R. G. 佩弗:《马克思主义、道德与社会正义》,吕梁山、李旸等译,高等教育出版社2010年版,第318页。
② [美] 塞缪尔·弗莱施哈克尔:《分配正义简史》,吴万伟译,译林出版社2010年版,第140页。
③ 《马克思主义研究资料》(第25卷),中央编译出版社2015年版,第186页。
④ [加] C. B. 麦克弗森:《经济正义的兴起与衰落》,亓光译,《高校马克思主义理论研究》2016年第3期。

显然，解释模式一和解释模式二存在以静取动、以果证因甚至循环论证的问题，而解释模式三则倾向于贴近文本的解释与评价，较为及时地发现语境观作为研究马克思思想的重要性，并提供了作为"反思依据"的理论支撑。当然，解释模式三的主要问题在于缺乏整体性、系统性和针对性。对此，借助公正话语的理论范式，主要可以从三个方面补益"解释模式三"，进而对推动马克思（主义）公正观的研究具有积极意义。

二 面向公正的高阶解释

我们认为，公正话语是对于公正概念的总体理解的深化，即面向公正的高阶解释。我们认为，这是真正超越性地认识马克思有无公正理论的内在缺陷的前提。

通过话语的逻辑和思维去解释马克思主义公正观，必须建立在正确的语境论基础上。这一点我们已经通过本章第一节进行了论述。那么，如何确定语境，特别是在理论的素材和形式都相似甚至相同的情况下，如何将一种公正话语与另外一种区别开来。具体而言，是如何将马克思主义公正话语确立起来，这是语境论解释之后的关键问题。对于本节上文所指出的三种"话语"解释模式而言，它们的共同问题也正在于没有清楚地区分马克思主义公正话语的关键特性。对此，阿尔都塞的"总问题"论具有一定的借鉴意义。所谓"总问题"论，在阿尔都塞看来就是辨别马克思主义哲学与黑格尔、费尔巴哈哲学之间存在"认识论断裂"的标志，是马克思对"哲学"产生真正理解或界定的分界线的判定依据。关系到总问题成立与否的不是个别的理念、概念甚至理论与思想，而是思想整体的根本转变，在他看来，"确定思想的特征和本质的不是思想素材，而是思想的方式，是思想同它的对象所保持的真实关系，也就是作为这一真实关系出发点的总问题"[①]。近代以降，很多马克思主义研究者都会在马克思与黑格尔、费尔巴哈的关系以及青年马克思和成熟时期马克思的关系问题上陷入"联系的困境"，产生了分裂与一体的无尽争论。在很大程度上，这种争论及其解决困境的出路正是对

---

① ［法］阿尔都塞：《保卫马克思》，顾良译，商务印书馆2016年版，第48页。

于"思想"的差别认识。思想究竟应该是内在一致的，还是会出现幼稚与成熟的必然阶段？这是一个历史的难题。正是在这里，马克思主义公正观的问题才成为当代马克思主义政治哲学的难题。我们认为，假如以话语思维代替以思想为核心的"旧"思维，也许可以较好地解决这一难题，即将马克思主义公正观的思想困境转化为对马克思主义公正话语的"总问题"的判定与解释。那么，如何确定这一"总问题"呢？我们不妨继续借助阿尔都塞关于马克思关于思想发展（话语发展）的原则归纳加以说明。阿尔都塞认为——

    1. 每种思想都是一个真实的整体并由其自己的总问题从内部统一起来，因而只要从中抽出一个成分，整体就不能不改变其意义。

    2. 每个独特的思想整体的意义并不取决于该思想同某个外界真理的关系，而取决于它同现有意识形态环境，以及同作为意识形态环境的基地并在这一环境中得到反映的社会问题和社会结构的关系；每个独特思想整体的发展，其意义不取决于这一发展同被当作真理的起点或终点的关系，而取决于在这一发展过程中该思想的变化同整个意识形态环境的变化以及构成意识形态环境基地的社会问题和社会关系的变化的关系。

    3. 推动独特思想发展的主要动力不在该思想的内部，而在它的外部，在这种思想的此岸，即作为具体个人出现的思想家，以及在这一个人发展中根据个人同历史的复杂联系而得到反映的真实历史。[①]

要想进一步准确把握马克思主义公正话语的"总问题"，必须从文本入手。马克思（主义）公正观存在文本内与文本外两种不同层面，两者虽相互独立但却常在日常话语中互相混淆。齐泽克曾经指出："马克思的论点主要不在于把这第二个层面还原为第一个层面，亦即他并不是要展示商品的神学式疯狂舞蹈如何来自'现实生活'的对抗性。相

[①] [法]阿尔都塞：《保卫马克思》，顾良译，商务印书馆2016年版，第43页。

反，他的论点是，如果没有第二个层面，我们便无法准确地理解第一个层面（物质生产和社会交往的社会现实）；正是资本的自我驱动的形而上的舞蹈在操纵着整个表演，它是导致真实生活发展和灾难发生的关键所在"①。在一定程度上，这两种层面就承认了马克思主义公正话语在文本的内外两大结构中并非不一致，而是统一的。对此，有学者认为："从历史发展的深层本质来看，对社会生活中的公正或不公正现象的洞察，是要以生产方式发展的一定水平为基础的。同时，解决这种不公正现象的路径，从根本上说也要依赖于基于内在矛盾运动的社会发展过程。当然，马克思这是从历史本质的层面上来讲的。如果换了一个理论层面，譬如站到一般伦理学或道德观的层面上，马克思是不会一味地反对对不公正现象的伦理谴责的。"② 我们认为，文本内层面将解决的是如何解释马克思（主义）公正观主要观点的问题，这是一个解释过程；而文本外层面处理的则是如何看待马克思（主义）公正观的问题，这是一个评价过程。事实上，文本外层面建立在文本内层面之上，但却通过评价性分析反作用于文本内层面。在现实中，马克思有无公正理论实际上是一个文本外层面的研究论题，但却超越了文本内层面而"似乎"成为主要论题。造成这一现象的原因，在很大程度上是因为公正概念是一个本质存疑概念，而这种概念的历史解释往往为后人的公正观建构提供了奠基作用，这种作用特别体现为它将提供一种历史解释的概念框架，在这个框架中有符号、语源、术语习惯以及概念要素，它们共同构成关于公正的理解先见。在政治哲学中，理解的先见是中性的，但是在现实的意识形态性谱系中，先见就变成了一种规定性理解甚至真理性前提。特别是在自由主义成为西方主流意识形态后，它逐步将公正狭隘化，以致彻底与分配公正相混同，而将总体公正看作特殊公正的综合，经济公正、政治公正、社会公正由此成为并列平等的关系。类似这些理解先见就是在研究马克思（主义）公正观时必须警惕的。这样的"先见"虽然不是解决问题的实质任务，但却是切入实质任务的首要之务。

---

① ［斯］斯·齐泽克：《暴力》，唐健等译，中国法制出版社2012年版，第12页。
② 唐正东：《马克思公正观的历史唯物主义方法论基础》，《武汉大学学报》（人文社会科学版）2013年第6期。

在这里,以密尔公正观的核心论证为例实则存在巨大的理解偏差。在《功利主义》一书第五章中,密尔试图从语源学里发掘"公正六要素"以支撑其功利主义的公正观。他强调,正是语源学发现了公正的本义与要素,而它们构成了公正的共性,即功利主义公正观的合法性来源。对此,密尔是这样论述的——

> 根据公正(Just)一词的语源学,我们在大多数语言中,尽管不是在所有的语言中,都可以[明确地]看到,公正与[法律之条令]<要么与制定法,要么在大多数情况下与法律的原初形态——权威性习俗>存在本初性关联。拉丁语的"Justum"是"Jussum"的一种形式,意指"已被命令的"。<"Jus"一词,语出同源>。"Δίêáéïõ"[直接]来源于"δίκη",<这个词最主要的意思,至少在古希腊时代是>依据法律的诉讼(a suit at law)。<事实上,其原本仅仅是指做事情的模式或方式,但是其早早地就意指规定的方式;即被认可权威显示出的强制性,这种权威包括家长式的、法律的或政治的>。"Recht"来源于"right"与"righteous",其与法律同义。<事实上,"Recht"最初的含义并不指向法律,而是指向符合自然法则的正直(physical straightness);正如错误(wrong)及其拉丁文同义词意思本是扭曲的(twist or tortuous);由此可见,right最初并不意味着法律,不过反过来,法律意味着right。然而,这或许表明这样一个事实,尽管大量的不是法律所要求的"recht"与"droit"对于道德上的正直与诚实(rectitude)而言是同样必要的,但,将"recht"与"droit"的意义严格限定于制定法中的做法就如同从完全相反的路径引申出的词义一样将"recht"与"droit"作为道德观念的最初特征的显著性(忽略了)>。公正之庭、公正之治(administration of justice)就是法庭与法律之治。法语中的La justice是为了司法而创设出来的术语。[人们曾经不无道理地将一个错误,即认为语词的最初含义必定也是其现在的含义,归咎于图克先生(Horne Tooke),但我并不想犯同一个错误。要证明一个语词现在表示的是什么观念,语源学所能提供的证据十分无力,但语源学却很有力地证明了这一观念是如何出现的]。我认为,毫无疑问的是,

构成公正观念的原初要素与法律是相一致的。直到基督教诞生之前，这一原初要素构成了希伯来人的全部观念。

然而，上述词源考察却经不起严肃的考证，甚至充满着重大的谬误。密尔的解释不但存在断章取义（对古希腊罗马公正观的解释）、信口开河（对于德文公正语词的解释）、无中生有（对希伯来文公正概念的解释）的问题，而且他所得出的结论甚至都是"想当然"（对功利主义公正观与公正概念的历史解释具有一致性的论述）的结果。从学术研究层面上讲，"密尔混乱的思想线路很快就让其因千差万别的推理而陷入万劫不复之境"[1]。但是，密尔公正观在后世却备受推崇，甚至成为肯定性正义行为（positively just acts）的前提理论之一。之所以如此，并非密尔公正观具备了合法性，而是它所依存的功利主义、自由主义的话语框架为其攫取了话语权的优先地位，由此，功利主义公正观成为对公正概念的经典诠释，滥觞于多种话语之中。以此为鉴，在公正话语研究视角特别是公正概念的话语分析中，公正话语提供的是一种基于"历史文本"的综合诠释，其目的不是总结或者必须概括出若干公正概念的核心范畴、基本原则与概念要素，而是解释多元化公正理解的历史真义，即一种公正观是在何种语境下产生、形成并传播的，特别是流行与主要的公正观是如何在"日常话语—政治话语—学术话语"的复杂结构中建立话语优势的。这就是公正话语发现公正概念与公正理论的实践性之处，是发现马克思（主义）公正观超越性维度的必然可能性。

与此同时，"马克思有无公正理论"的辨析要警惕密尔式的"公正概念的要素是非时间性"的谬解，但是公正话语不是相对主义的。换言之，对于公正概念的历史性追问特别是对马克思（主义）公正观的思辨并不能独立于一切关于公正的哲学公设的。马克思从未脱离一切哲学公设而研究一个概念或社会现象。但是，如果按照西方政治哲学的语境来确定马克思主义政治哲学的处境，就不可能回归"真实"的马克思主义公正话语。那些被西方公正话语当作正当性根基的基本假设就必然设定了相应的"话语陷阱"。正因为如此，在阐释定向的基础上，就必

---

[1] D. D. Raphael, *Concepts of Justice*, Oxford: Oxford University Press, 2001, p. 130.

然要面对不断正名的难题。在某种程度上，马克思主义公正话语所需要的高阶解释就是在突破西方政治哲学所提出的"语言符号学"的基本语境中不断进行自我矫正，即寻找公正话语在整个马克思主义政治哲学乃至政治哲学史中的科学定位问题。有学者正确地指出："马克思主义确实是一种政治哲学，只不过，相比较于其他哲学家，如卢梭或洛克，马克思从没有把它写出来——是对的，并且如果我们能够找到这种政治哲学的话，马克思主义政治哲学应当从其历史哲学的前景和共产主义实践的现实两个角度彰显出来。"[①] 易言之，这个科学定位必须尊重马克思主义政治哲学的历史逻辑，并在历史规律的政治实现和政治实践的社会主义规律两大逻辑的综合进路上确定马克思主义公正话语的具体解释坐标。由此，从马克思主义政治哲学的高度看，公正的概念史必定蕴含了同样一些根本而持久的问题。问题在于，对于这些问题的挖掘是"前提性先见式"还是"批判性先见式"。具体而言，公正话语的历史变迁清晰地证明，那些一开始就接受了"前提性先见式"方案的人，往往在实现公正概念的特定解释或理论绝对化的同时将整个公正思想体系推向了岌岌可危的境地。施特劳斯曾经认为，在任何时代的理论陈述中，颠覆性的思想往往更为隐秘。马克思有无公正理论正是这样一种更为隐秘的公正话语，它的颠覆性无法被圈禁在以自由主义的"前提性先见式"概念解释框架中。

三 对一般性辩护的扬弃

通过公正话语的研究，能够揭示公正作为本质存疑概念的解释困境以及作为解释性概念的理论多样化，避免马克思（主义）公正观研究沦为一种关于公正概念的一般性辩护或以公正论证公正观甚至以自由主义的公正论证马克思（主义）公正观的无力的循环论证。马克思（主义）公正观并非只是关于"公正"的概念解释或理论体系。因此，研究马克思（主义）公正观既不能只注重文本内容中的公正描述，也不应因其本质存疑性而被"剪切—拼接"成一种公正观，否则就会因一

[①] 张文喜、臧峰宇：《马克思主义政治哲学史》，中国人民大学出版社2017年版，第12—13页。

般性辩护而陷入循环论证的悖论中。将公正话语的理论思维引入马克思（主义）公正观研究中，意在将相对模糊的研究对象限定在具体的语境中，使得马克思的公正理解能够由术语一致性进而可能发现马克思（主义）公正观的根本逻辑。在现实中，对于特定主体，公正概念始终是特殊的与多元的。那么，通过公正话语问题的思考，使得人们在认识公正概念及其理论方面可能会出现一个较大的转变。

一方面，以公正话语的相对总体性扬弃公正概念的绝对特殊性。虽然公正话语看似前提条件和理论预设较多，但事实上它具有相对稳定的概念分析框架；而对公正概念的不同解释则分别具有绝对性，且这种绝对性会影响和推动某种静态因素（应得、利益、资源、能力等），从而加速了公正概念解释分歧的产生与发展。作为最早系统研究近代政治生活的自由主义政治思想家，霍布斯指出，概念是特殊性思考的抽象结果，认为话语对理解人与社会的政治性才更为重要。他在分析公正概念与话语时，"并没有否认主权者对于臣民的行为方式可能违反自然法。但这种对于自然法的违反，并不包含对于任何契约条款的违反，也并不包含在任何独立意义上的不正义的行为；正如我们将看到的，主权是定义何为正义何为不正义的那个人，也正是主权者制定了法律，确认什么样的行为违反或不违反已订立的契约。通过使用'不公正'（iniquity）以此表示对于自然法的违反……'具有主权的人的行为可能带来不公正，但确切地说，这不是不正义，也不算是一种伤害'。'在人类制定的法律中，可能发现不公正的行为，却不存在不正义的行为'"[①]。人们通常认为，霍布斯提出的是为君主制辩护的"公正观"，但却彻底忽略了这一公正观的基础是霍布斯发现了"公正（不公正）"是一种人言人殊的概念解释，而之所以要区分"injustice"与"iniquity"，则是因为语词的发明使得人们在自己的概念解释中产生了相互争斗并且无法达成任何有效的、规范化的自我治理模式；而语词的发明在概念的分歧解释之上提供了一种话语的权威性，这种权威性的由来是"契约"。如果不能理解霍布斯关于"秩序话语结构中的国家"——公正的权威话语——就

---

① ［美］菲利普·佩迪特：《语词的创造》，于明译，北京大学出版社2010年版，第163—164页。

无法全面把握他的契约论、政治秩序与现代国家思想。总之，人们不能在这种概念解释中存续，因为这些解释分歧是无法弥合的，因此需要一种超越这些解释分歧的权威性解释，这就是"正义（不正义）话语"，而这种话语的基础不是关于何为公正（或正义）的概念解释，而是这种权威如何确认并获得合法性的判定。可见，公正话语（即霍布斯的正义话语）是一种超越公正概念的内在解释，是在话语情境选择基础上的总体性判定。

另一方面，以政治话语分析为主要工具，用公正的话语分析方法取代公正话语的类型化思维，能够较好地分析马克思（主义）公正观的理论命题与实践经验之间的关系，从而有助于破解自由主义公正理论的诸多"幻相"。对此，德沃金曾指出，核心概念之所以往往也是本质存疑概念，就是因为人们理解它的时候产生了差别话语性，即"关于实践的核心特征或范式特征，哪些价值是最好的诠释，我们有不同的理论主张。这一结构使得我们关于自由、平等和其他价值的概念分歧是真正的分歧。它也使得这种概念分歧成为一种价值分歧而不是事实分歧或者关于辞典含义或标准含义的分歧。这就意味着要为某些特定的政治价值观辩护比如平等或自由辩护，必须援引其本身之外的价值：用自由论证自由观，只能是一种无力的循环论证。（……为了摆脱此种循环论证）我们需要一种更一般的解释理论，用以阐明何时以及为何目的追溯主要责任，关于法律、诗歌或一个时代的最好的解释就是在那种场合最好地实现了这些责任的解释"[①]。追寻这一循环论证的起点，就必须指出霍布斯——自由主义政治哲学的鼻祖——对于总体性政治哲学的特殊化改造并在此基础上重构的一般性政治哲学辩护方式。在马克思提出他的"总问题"的过程中，就直接回应了这一问题。在《论犹太人问题》《关于费尔巴哈的提纲》《德意志意识形态》《神圣家族》等著名篇章——实质上是论战性文章——中，马克思曾经对霍布斯及其影响下生成的自由主义政治社会观进行了较为全面的批判。在这些批判中，作为重要成果之一，揭露自由主义政治哲

---

① ［美］罗纳德·德沃金：《刺猬的正义》，周望、徐宗立译，中国政法大学出版社2016年版，第6—7页。

学的一般性辩护的"政治科学"本质是不可忽视的。马克思清楚地指出，自由主义政治哲学（即政治话语的学理基础）的正当性起点建立在一切问题被限定于"政治社会"领域中而且人被设定为谙熟政治理性的政治动物，也正是在这样的假设之上，才存在公正等自由主义政治话语。然而，在马克思看来，这样的限定"**只不过是特殊的颠倒、私人的奇想**和任意行为的抽象教义"①，而真正的任务在于着眼于资本主义生产方式的历史规律的夹缝中将会出现的新的生产方式，并从无产阶级的需要和利益出发推动这一新的生产方式的真正实现。进而，对于公正问题而言，马克思绝不是要在他的时代去发现、揭示或者证明存在一种真正的公正或公正的真理，一如黑格尔所言："善本来被当作自在或潜在的东西，与存在着的东西相对立，但自在或潜在，从它的实在性和真理性上看，毋宁就是存在本身。"② 而真正的公正或公正的真理只能存在于自身时代不断形成、重构、瓦解的关于公正的政治话语之中。此外，更为危险的是，认为马克思主义公正话语本身就是一般性辩护的具体类型，甚至证明马克思主义与公正的哲学之思的一般性，并辅之以"马克思的公正观""马克思主义公正理论"等名称。对于这样的看法，有学者正确地指出，它存在两大根本性错误："一方面，人们按照世界历史的观点理解马克思，即把某种伦理命令'加上括号'。……关于正义理想，除了马克思让我们知道人们应该期待它被实现之外，就没有别的结果。……另一方面，当立足于伦理学化的马克思正义概念这一视点时，人们好像是'被抛入'世界的。根本不存在也不可能存在支撑着道德的根据，每一个所希望的价值、正义与赢得都可归结为赞成或反对价值。""我们本来就不能给唯物史观加上让我们从存在'信仰一跃'地推导出它属于马克思正义这一篇章，因为这是一种明显错误的观点。"③ 总之，一般性辩护是马克思主义公正话语必然要否定的话语逻辑，而试图实现对马克思主义公正话语的一般性辩护则不仅违背了马克思政治哲学的本意，而且始终是不得要领的。

---

① 《马克思恩格斯文集》（第1卷），人民出版社2009年版，第32页。
② ［德］黑格尔：《精神现象学》，贺麟译，商务印书馆1979年版，第257—258页。
③ 张文喜、臧峰宇：《马克思主义政治哲学史》，中国人民大学出版社2017年版，第119页。

因此，在辨析"马克思有无公正理论"时，政治话语分析视域中的公正不是被创制的政治价值，它不存在大一统的终极形态。在这里，公正是不断被解释而通过人的多种判断发现的政治价值。"我们实际上意识到了一个事实，即马克思正义观自身的特殊性。马克思指出了正义（真理），但他既不是'预言了'它，也不是'证明了'它。确切地说，从我们的角度看，马克思没有将正义（真理）'证明给了'这个时代。相反，在时代处境中，大多数人宁可接受被意见认可为正义的东西，而不要（马克思心目中的）'真正的'正义。"① 那么，既不能将公正观寄托于过往的解释也不能用现今的判断来矫正过往的公正观，而是需要在特定情境里以政治话语分析方式进行"匹配"。任何公正概念的一般性辩护都是脱离特定情境的，而要避免一般性辩护，就必然会从现实的制度和社会实践中寻找具体的社会生活场景。在马克思那里，公正不是被刻意制造出来的一种价值标准，更不需要创造一种公正理论，而是就"公正话语"的本质及其具体情境下的话语表达所形成的"范式"加以审视。通过公正话语的分析，就会发现公正概念的一般性辩护之所以会陷入循环论证里，是因为其来源于基本的公正原则而又旨在创造或巩固新的（既有的）基本的公正原则。这种概念解释的逻辑预设决定了无论解释内容如何丰富与完备都难以跳出"自我循环"的怪圈。而在马克思那里，任何关于公正以及其他价值的综合性观点都不是"基本的""普遍的""适用于全体社会或大部分主体"的预设的，而是具体描述和解释社会关系、表现与批判社会现实的想象或规范反思现象。

四 转向政治话语性的诠释思维

通过公正话语研究，能更客观地发现马克思（主义）公正观研究中的研究思维、研究路径与方法上的局限性，为破解其"普洛透斯之面"提供祛魅式的理论阐释。众所周知，马克思主义话语框架下的"公正观"时常会出现非马克思（主义）公正观的研究思维和判断。例如

---

① 张文喜、臧峰宇：《马克思主义政治哲学史》，中国人民大学出版社2017年版，第120页。

"按照马克思的基本思路提出一种马克思主义的分配正义理论"式的马克思（主义）公正观解析比比皆是。① 但是，这大抵与马克思对于公正的最初看法相距甚远。

众所周知，研究思维、路径与方法决定了研究成果的内容与特点，它们是每一种理论的逻辑中心，却未必会在所有研究中被轻而易举地发现。假如我们对于当前公正概念解释和公正理论分析的若干判断具有合理性，那么就可以认为这些缺陷也存在于马克思（主义）公正观的研究中。不难发现，在自由主义的话语框架中，公正是一种"作为……"的语词拼接结构，如作为公平的正义、作为应得的正义、作为公道的正义，等等。它们虽然"中心词"不同，但解释思维都是以自我本位与个体自由优先为中心的，因为"每一个词都告诉我们一些关于公正的信息，虽然不同的语词传达的含义不同，而且可能表达着特定作者所力图表现的差异性精神气质"②，它们传达的不是"公正的本质"，而是个体精神气质主导下的"公正的真正诉求"。在此基础上，对于旧的公正话语的抛弃必然通过对公正话语的新轮廓的完全重思体现出来，正如有学者所言："问题并不在于什么现代道德概念伪善。虚伪不是问题的要害！问题的关键是：要反对'虚伪'，要'祛除粉饰'，也同样需要以为其所调整的生活领域为依据得到理解和决定。因为，这种'祛除'可不是在消除一个'缺点'。只有从人类解放的共产主义洞察来理解无产阶级和资产阶级生存方式，我们才能看清这些品质得以提升为价值的存在条件和意义。"③ 显然，类似的缺陷一旦形成以对象为命名的"理论惯性"或"话语霸权"，就往往会自觉地排斥其他思维、路径和方法的介入，甚至改造"改造者"，由于这种惯性是一种知识体系，其本身也具有话语能够创造认同的作用，那么，"理论的惯性"易于成为一种话语情境。因此，我们的任务并不是彻底否定既有的"思维、路径与方法"，而是要解构它们，继而再引入新方案。

---

① 李惠斌、李义天：《马克思与正义理论》，中国人民大学出版社2010年版，第14页。
② D. P. Levine, *Self-Seeking and the Pursuit of Justice*, London：Ashgate Publishing Limited, 1997, p. 1.
③ 张文喜、臧峰宇：《马克思主义政治哲学史》，中国人民大学出版社2017年版，第128页。

在这个意义上，通过公正话语的研究，纵然无法解决公正的"普洛透斯之谜"（实际上也无法彻底解决），但可以让每一张面孔都变得更加清晰可辨，这是夯实马克思（主义）公正观的基础，对凸显马克思主义成为公正话语的内在议题设置也极具价值。正如有学者所言："理论所提供的环境是促进改变的工具。提供新环境的理论应当按其所促成改变的效率来估价，而不是（像逻各斯中心论者相信的那样）按它们对一个对象的适当性来估价。任何工具都是可替换的，只要发明出了另一种更方便的、较少笨拙的、更易携带的工具的话。"①

我们认为，公正对于马克思（主义）应该且必然具有一种特殊的意义。当人们认为，在人类社会中，公正（正义）是表达着未来某种理想状态的东西时，马克思却天才地指出，这种浪漫的名称应该被解构，但这种解构并不是一发而不可收的，不去建立公正典范，并不等于否定人们不能渴望公正典范。在哲学结构主义者那里，这二者的关系特别是第二种观点的提出代表了理解公正必须注意"某个马克思"抑或"马克思的若干精神之一"的合理性。正如德里达所发现的那样，"公正（正义）是现存形而上学一直在企图但一直未成功地将其等同于一套制度或原则的东西。将二者合一的企图不能成功，因为每一制度原则均将产生它本身新的，预料不到的非正义。每一种可以想象的乌托邦都必须有一种社会抗议运动。正义是一个永不可能被驱除的鬼怪"②。由此，公正话语研究将为人们展现马克思（主义）公正话语中对于"公正典范建构"的不妥协与不断发现公正作为人类不可祛除之精神与价值之"幽灵"的理论设问。

以往对"马克思有无公正理论"的辨析，都会归于"肯定或否定"两种截然不同的态度。也正是在这里，更为特殊的问题或现象出现了，在两种不同态度的自我证明中，往往会出现理论判定与结果的背反，如在马克思主义是内在地批判公正观的理论判定下却经常出现以不同理论命题（比如共同富裕）替代公正概念而并无实质性差异的现象；也常常会出现在不同态度的各自论证中采纳相同的经典文本，运用相似甚至

---

① 孙伟平：《罗蒂文选》，社会科学文献出版社2007年版，第369页。
② 同上书，第361页。

一致的理论路径的现象,从而马克思有无公正理论变成了"马克思公正理论的解释者决定马克思有无公正理论"的困境;与此相伴,还会出现"批判与建构"的矛盾问题,即在分析马克思(主义)公正观时得出了批判性结论(这里除了批评阶段、阐释阶段外,规范性论证阶段得出的也是批判性公正观的结论),但在面向现实的不公正现象以及批判性公正观无法"当下、彻底"地解决造成不公正现象的问题时(本质性分析并不能取代价值性评价和原则性设计),却又收缩甚至背叛了原初的批判性观点而沦为"意识形态"的公正,进而以建构"公正价值、公正制度、公正行为标准"等为最终结果。

我们认为,探讨马克思有无公正理论的目的在于确认马克思(主义)公正观,这是在政治社会中传播与认同此种公正话语的基础。辨析马克思有无公正理论,话语思维提供的视角是将马克思的公正观作为一种总体公正观,而不是对某一总体公正观(自由主义的、资本主义的等)予以反讽、批判与认同的结果。因此,我们认为,马克思(主义)公正观是批判性的,但却不能由此得出马克思对于公正的态度是批判的甚至否定的。进而言之,公正话语的诠释还有助于完善马克思(主义)公正观的解释模式。自从"伍德—塔克"命题及其相关争论提出了马克思主义有无公正理论的问题以来,特别是在社会公平正义成为新时期中国改革和发展的重要指标与社会主义核心价值观后,关于马克思(主义)公正观的争论越发激烈。上文指出,除了"伍德—塔克—胡萨米"等人在争论中形成的"公正—资本主义批判—超越正义批判"的解释模式外,还存在公正作为社会主义基本价值论说,以及马克思政治哲学语境说。随着分析和比较的深入,最后一种模式才渐显其合理性。与完善马克思政治哲学语境说相适配的,是一种针对"马克思—自由主义"在公正话语框架上的差异性的祛魅式的理论阐释。而公正话语的诠释思维的关键,就在于跳出"公正话语的自我诠释"而真切地落实在其具体语境的诠释中,这一方法早已体现在马克思对普遍公正的批判上,他说,"这个领域不要求享有任何特殊的权利,因为威胁着这个领域的不是特殊的不公正,而是普遍的不公正",而其"只不过是揭示**自己本身的存在的秘密**,因为它就**是**这个世界制度的**实际**解放。无产阶级要求**否定私有财产**,只不过是把社会已经提升为**无产阶级**的原则的东西,把未经无产阶级的协助就已作为社会的否定结果而体现在**它身上**的东西提升为**社会的原则**"①。由此可见，借助公正话语的诠释，马克思（主义）公正观的话语特征及其在具体的话语分析中的优势就会凸显出来，可以从更高阶的概念解释层面阐明公正话语与话语情境的关系，更加直接地揭示自由主义将公正或分配公正植入社会结构的虚妄，防止马克思（主义）公正观沦为马克思主义的分配公正论；同时，公正话语提供了一种内在批判与外在批判相结合的方式，在区分具体的批判与批判性思维的前提下，揭示自由主义的公正话语实质上是一种外在的批判性思维对社会不公正表象所进行的内在的具体批判，这是它的根本局限性。与此相应，认清马克思主义是一种彻底的批判性思维，就既避免了将其对资本主义社会的具体批判等同于一般性道德批判（公正批判），又不会落入非正义批判的"理想—现实"循环论证的非情境立场中；最后，公正话语还能提供一种反思性诠释的话语思维，这就指明了在自由主义公正话语框架下，不同的公正概念解释"都告诉我们一些关于公正的信息，虽然不同的语词传达的含义不同，而且可能表达着特定作者所力图表现的差异性精神气质"②，但这只是马克思（主义）公正观的批判起点，远非终点。进而言之，公正话语的诠释确认马克思有无公正理论的最终目的是否定自由主义的公正话语，而不是停留在与它的争论之中。

第三节 马克思主义公正话语的伟大飞跃

对历史语境的科学判断决定了马克思主义公正话语的历史起点是真实可靠的，在马克思主义公正观的激辩中荡涤而成的基本判断则是马克思主义公正话语得以确立的思想基础。马克思主义公正话语的核心是马克思的公正话语，马克思的公正话语直接决定了马克思主义公正话语的内在逻辑、结构内容与理论品格。对于当代中国公正话语体系的构建而言，更准确地理解和把握马克思主义公正话语尤其是马克思的公正话语是十分关键的。我们认为，在语境的辨明和基础的省思中，马克思主义

---

① 《马克思恩格斯文集》（第 1 卷），人民出版社 2009 年版，第 17 页。
② 孙伟平：《罗蒂文选》，社会科学文献出版社 2007 年版，第 361 页。

公正话语的基本取向即公正话语真正的历史回归与公正话语的阶级局限的质性超越逐渐得以明确，进而实现彻底的整体公正话语，即马克思主义的总体公正话语。

一 真正的反思：对马克思主义公正话语的基本厘析

在某种意义上，公正话语是通过话语的形式将人们的公正感、公正观和公正准则综合表达的产物，它具有明显的复杂性。西方公正论者试图证明这三者是一体的，即从公正感到公正准则都存在着一个以公正观为中介的话语体系。虽然实现这一话语体系的前提认识、主要观点和基本结论各有不同，但是这一诉求却是共通的。也正是在这里，马克思主义公正话语彻底反思了上述公正话语的内在逻辑，表达出了独一无二的批判性特征。

在很长一段时间里，马克思主义公正思想（或公正学说）是研究其马克思主义公正话语的主要对象，围绕这一思想或学说形成了"剩余价值—剥削理论分析路径""异化劳动批判路径""人的本质及其全面发展的内在要求的认识路径""分配公正的解释路径"等多种诠释性路径。但是，这些思想或学说的诠释往往带有明显的"赋予性"，即不是从马克思主义公正话语中发现相关的公正思想或学说，而是借助或通过某种特定的话语框架塑造马克思主义的公正思想或学说。为了克服这一弊端，通过解决"马克思有无公正理论"这一新解读模式，试图对马克思与公正思想之间的内在关联性加以确认，从而解决马克思主义公正思想（学说）只能由外部获得其存在性理由的问题。20世纪70年代以来，英美国家左翼学者对马克思的公正话语，往往只能停留在对绝对化的公正与否的判断上，特别是停留在对"资本主义的公正性"问题的判断上。将马克思主义公正话语的"反思"基础等同于其对资本主义的深刻反思，这二者是既不能等同，更不能相互取代的。还有一些马克思公正论者认为，超越资本主义批判的反思话语层面，就是要在"经济基础—上层建筑"关系之上准确把握公正作为一个概念的虚幻性和多变性。在这里，英美左翼学者提供了很多可资借鉴的理论阐释，提出了一系列重要观点，围绕"马克思有无公正理论"的争论将马克思主义公正话语问题上升到了一个重要的学术研究议题上。在这里，马克思的

"批判性"，特别是作为这种批判对象的资本主义与作为最一般性的社会评价标准的公正之间的相关性问题成为"批判性"的核心问题。似乎只要"资本主义—不公正"的批判性存在就意味着马克思具有公正理论，而"资本主义—不公正"的批判性不确定则表明马克思没有特定的公正理论。在这个意义上，人们达成一种形式上的共识，即马克思主义公正话语是一种批判性的政治话语。然而，这种批判性为什么要与公正相关以及何种程度的相关才能指向马克思有无公正理论的问题却没有引起重视。这样一来，与公正思想、公正理论或公正学说相对而言，马克思主义公正话语依然被看作一种"同类范畴"或"下位范畴"。作为相应的后果，批判性的建构体系就必然要被公正的建构逻辑所"绑架"，也就失去了批判性的本真。

在西方学术话语中，理论与实践是二分的矛盾体。突破"实践限制的理论化"即理论超越实践的自由是西方的"理论"标准。因此，一旦按照西方学术话语体系的"理论"标准来将马克思主义公正话语"理论化""学说化"，就自然会出现"理论体系""学说体系"的逻辑考验与结构挑战，即必须在批判"旧理论""旧学说"中阐释新的理论体系或学说体系。以此为核心，"批判"就要在颠覆旧体系的基础上"为"马克思主义经典作家建构一个"公正理论"，而这里的批判也只不过是一种理论取代或包容另外一种理论的前提而已。这种"批判"既跳出了被批判者的概念框架，又很难触及马克思主义公正话语的基础性设想。这种"批判"性的认识将马克思主义的理论和实践的诉求与公正的理论和实践的取向分别作为两个相互独立的"整体"，辨析这两个整体之间是否契合。在这里，如果达成了契合，则是真实的批判性同构；如果无法达成契合，则是批判性疏离。总之，这里的批判是理性建构主义的具体范畴，它是一种"非话语意义"的批判。正因为如此，在马克思与正义理论的传统分析路径中，对于马克思的"批判的公正理论"的所指是具象化的，这曾经深刻地影响了人们对马克思主义公正话语特别是对这一话语的批判性认识。具体而言，这种以马克思为名的批判公正理论主要是指："马克思和恩格斯的理论是一种批判的和革命的理论，它的理论和实践的取向是资本主义的灭亡和无产阶级的胜利，最终建立一个无阶级的社会，而不是所谓的平等、公平和正义。为此，马克思和恩格斯对蒲鲁东、拉萨尔和杜林的以公平、正义的平等为取向的改良方案进行了坚决的批判。……革命、斗争和专政是存在于新旧体制冲突语境中的概念,而民主、自由、公平和正义是在同一体制内解决争议的话语。前者的前提是斗争,后者的前提是合作。"①

马克思曾对恩格斯说:"我必须在章程导言中采纳'义务'和'权利'这两个词,以及'真理、道德和正义'等词,但是,对这些字眼已经妥为安排,使它们不可能造成危害。"② 对于我们所要分析的马克思主义公正话语而言,这句看似简单的表白至少表现出三种不同层面的意义。首先,公正是一种"不得不用"的词语或者概念。换言之,公正已经是一个广泛存在于人们日常生活中、表达人们某些具体认识和评价的术语了,甚至是一种极为常态化的术语,无论是否承认这个术语本身所存在的问题,人们都会使用它。其次,对于公正的既存解释,特别是关于这个术语的基本观点存在极大的危害性,而且由于"不得不用"这一难题,这种危害性已经以某种社会准则的形态获取了"合法性"并长期存在了。最后,对于马克思而言,他既不能彻底摆脱早已具有"危害性"的公正术语,又必须彻底抛弃既存公正术语的危害性,这就需要真正填平人们的朴素公正情感和国家(社会)的精致公正准则之间的"鸿沟"。对此,马克思认为自己已经找到了突破口并已经解决了这一难题。我们认为,这就清楚地表明,马克思主义公正话语是一个复杂的"话语现象",而不是简单地构建或解构某个以马克思主义为名的"公正理论",更不能够将马克思主义与公正理论仅仅在"总体性范畴"的层面上加以"融会贯通"。马克思主义公正话语应该按照马克思上述语句中的三个层次来认识。其一,马克思主义公正话语在"公正"的术语使用上尊重了现实社会中广泛存在的"公正感",即人们在社会生活中产生的"公正感"。其二,为了既尊重人们的"公正感"又避免这种"公正感"成为庸俗的价值观念,马克思主义公正话语所要批判——通过革命的手段实现解构——的是现实社会(对马

---

① 李惠斌、李义天:《马克思与正义理论》,中国人民大学出版社2010年版,前言第3页。

② 《马克思恩格斯文集》(第10卷),人民出版社2009年版,第215页。

克思而言，就是资本主义社会）中的公正观，这种公正观最典型的形态就是抽象的公正概念和范畴即理论形态的公正话语。其三，马克思业已发现，只有将公正的"字眼"与其道德、政治、社会的本质规定性结合起来，才能发现资本主义的公正准则是支撑社会中的朴素真诚的公正感和复杂精致的公正观的内在原因，也是公正感与公正观必须维系的核心问题。简言之，马克思主义公正话语并不是简单的彻底的批判，而是分层次的"综合反思"。

正因为如此，马克思主义公正话语的"反思"是非常客观而深刻的批判性话语，绝不是像西方英美分析马克思主义者那样纠缠于"是否从公正的角度批判资本主义"。在一定意义上，马克思主义公正话语是一种不断揭示的彻底的、完美的、绝对的公正术语的"历史性话语"。我们认为，马克思主义经典作家并不意图通过"批判"既存公正理论（话语）而抬升自己的话语地位，相反，是在从简单到复杂，即从本义（词义）、构义（观念）到转义（规则）的递进且包裹式的演进基础上有所分别地加以具体论述的，并最终表现为公正话语是一种历史认识的思想现象。在这里，恩格斯在《路德维希·费尔巴哈和德国古典哲学的终结》中指出"历史同认识一样，永远不会在人类的一种完美的理想状态中最终结束"[①]。易言之，历史认识就是科学认识。公正话语必须是一种历史性话语，而理解历史性话语就不能超然于历史的现实之外，抽象地提出或阐释某种理想范型。由此推之，回归马克思主义经典作家的本意，为了尊重公正作为历史性话语的本质，我们有必要进一步从公正感、公正观、公正准则三个基本维度或层次来理解马克思主义公正话语所表现出的"反思性"，即"根据一定社会现实进行具体研究的方法论话语"[②]。

在这里，反思并不是简单的拒斥。英美国家左翼学者在提出和展开马克思有无公正理论的争论时，往往就是一种脱离"社会现实"的拒斥或接受。事实上，即便是最开明的马克思公正论者也难以超越"马克思反思正义（公正）"的现实局限，此种认识最多只能认识到："根据他

---

① 《马克思恩格斯文集》（第 4 卷），人民出版社 2009 年版，第 270 页。
② 张一兵：《回到马克思》，江苏人民出版社 1999 年版，第 505 页。

（马克思）对规范性问题的态度，该问题是矛盾的或似是而非的。他否认自己是充满了强烈的道德热衷意味的文章作者。当他没有嘲笑任何对于理性或价值的沉迷时，在进行关键性的标准判断时，他仍然是十分自由的。'反正义'解释试图通过展示其适合不同事物的两个方面来消解矛盾：马克思否认和嘲笑的是正义、权利；而援引和肯定的是对自由、自我实现和社会的理想。这是一种虚假的解决方式。障碍不可能如此轻易地被消除。"① 我们认为，超越这种狭隘的"反思"，就应该从"公正感、公正观、公正准则"的现实区分出发，从方法论意义上看待马克思主义公正话语的"反思性"（批判性），由前提条件、语境基础出发分析和判断马克思主义经典作家对公正的"话语态度"。因此，马克思并不是简单地"批评"或"支持"以公正来看待资本主义社会，也不是在考量社会是否公正时表现出"时而支持、时而反对"的内在矛盾，更不能认为马克思并不重视公正问题（即采取相对主义的态度）。

我们认为，马克思主义公正话语是一种真正反思的公正话语。在公正感层面上，马克思并不否认人们在思想意识和内在情感上具有朴素的、广泛的和相似性的"公正感"。在公正观层面上，作为公正感的一种学理性延伸，公正观反映的是特定主体和群体的共同性抽象化的公正感，在这里，阶级划分直接影响着公正观的分化。在这里，马克思就已经明显表现出了彻底排斥以"资产阶级"为代表的剥削阶级公正观，同时又积极支持广大工人阶级开展以"公正"为名的斗争实践。在公正准则层面上，统治阶级为了巩固其统治地位、保障其权益被"公正地"对待和保护，马克思在这里基本采取了表面"不予置评"实则反思的结论，实际上从本质上认为公正是当时的统治阶级所严格要求的标准。在马克思眼中，公正的理论不应是一种"好恶"的理性分析，公正并不是一种客观的价值评价标准，而是人们在面对社会发展不同阶段的现实时所表达的关于这种现实的特定的评价结果。恩格斯在《社会主义从空想到科学的发展》一文中指出："不成熟的理论，是同不成熟的资本主义生产状况、不成熟的阶级状况相适应的。解决社会问题的办法还隐藏在不发达的经济关系中，所以只有从头脑中产生出来。社会所表

---

① 《马克思主义研究资料》（第25卷），中央编译出版社2015年版，第237—238页。

现出来的只是弊病，消除这些弊病是思维着的理性的任务。于是，就需要发明一套新的更完善的社会制度，并且通过宣传，可能时通过典型示范，从外面强加于社会。这种新的社会制度是一开始就注定要成为空想的，它越是制定得详尽周密，就越是要陷入纯粹的幻想。"① 由此可见，成熟与不成熟是马克思主义经典作家判断诸多"理想类型""理论设计""政治概念"等的基本态度，这与他们对资本主义社会是否深恶痛绝、对无产阶级是否充满同情与历史期许之间既有联系又有区别，联系之处在于马克思主义经典作家的基本立场来自于上述"感性"认识，区别之处在于他们对资本主义的批判和社会主义的构想是超越了这种"感性"认识而在人类社会历史的本质和规律高度上加以科学思考和阐释的结果。而"公正"正是在这一联系与区别的关系中成为马克思主义经典作家的"反思"对象的。

具体而言，公正感植根于人们对于"是非对错"的朴素情感之中，一切人都必然会产生基于"是非对错"的公正感；在这里，马克思主义公正话语的"反思"并不在于这种情感是不是真实存在的，而是对那种认为人们具有普遍一致性的公正感的质疑。公正观是不同主体在具体的社会历史条件下将各自的公正感整合为特定观念的结果，在历史上，血缘即公正、公共性即公正、秩序即公正、自由即公正、平等即公正等公正观正是上述规律的显现；在这里，马克思主义公正话语的"反思"则是对一般性的规律性概括的质疑。从话语形式上看，马克思主义公正话语就是在不同维度、层次和内容上对抽象的公正感、公正观和公正准则的彻底扬弃。而公正准则最具抽象性，因此"先天地"受到马克思主义公正话语的警惕，即通常的任何以抽象概念为规定性的制度与制度框架在马克思主义那里都是不断发展、不断变形的，在这里，马克思对于资本主义公正准则虽然语焉不详，但却早已表露过心声，即彻底地批判和扬弃资本主义。正如马克思在"反思"分配正义这个具体的公正范畴时所言："适应自己的物质生产水平而生产出社会关系的人，也生产出**各种观念、范畴**，即恰恰是这些社会关系的抽象的、观念的表现。所以，范畴也和它们所表现的关系一样不是永恒的。它们是历史的

---

① 《马克思恩格斯文集》（第3卷），人民出版社2009年版，第528—529页。

和暂时的产物。而在蒲鲁东先生看来却完全相反,抽象、范畴是始因。根据他的意见,创造历史的,正是抽象、范畴,而不是人。**抽象、范畴就其本身来说**,即把它同人们及其物质活动分离开来,自然是不朽的、不变的、不动的。"①

总之,马克思主义公正话语始终否定的"永恒性"是建立在具体的反思基础上的,并不是理论分析的前提性反思,正如马克思在论述"平等观念"时所言:"平等的观念,无论以资产阶级的形式出现,还是以无产阶级的形式出现,本身都是一种历史的产物,这一观念的形成,需要一定的历史条件,而这种历史条件本身又以长期的以往的历史为前提。所以,这样的平等观念说它是什么都行,就不能说它是永恒的真理。"② 反思,特别是马克思关于资本主义社会"公正"与否的批评,并非马克思主义公正话语或马克思公正学说的逻辑起点和目的。正是在这个意义上,"反思"是进行下一步科学性澄清的基本前提。

二 科学的澄清:马克思主义公正话语的历史省思

在一定意义上,马克思主义的科学之处就在于它是科学的世界观与方法论的有机统一。在马克思本人思想的跃升中,时间发展所带来的空间扩展是人类社会必然迈向自由的基本判断,也正是在这样的认识框架内,社会关系的形成、变化与调整才有了科学的意义。正如有的学者所言:"社会的发展并非受制于'法',亦非受到刻板的结构原理的影响,而是取决于特定的关系和发展进程的特定逻辑。"③ 因此,与自由主义公正话语将"公正"作为一种结构性原则不同,马克思主义公正话语坚持一切从实际出发,即在时间不断延伸所产生的实践的丰富中扩大对现实社会中不公正问题的发现、揭示与解决。由此可见,问题的关键不是在非马克思主义的语境中探寻马克思如何反思"公正"以及马克思主义是否有"公正理论",而是在于将历史唯物主义作为一种语境究竟提供了何种解说。

---

① 《马克思恩格斯文集》(第 10 卷),人民出版社 2009 年版,第 49—50 页。
② 《马克思恩格斯文集》(第 9 卷),人民出版社 2009 年版,第 113 页。
③ Edward P. Thompson, *The Poverty of Theory: Or on Ornery of Errors*, London: Merlin Pr., 1995, p. 50.

作为马克思主义公正话语的奠基人，马克思虽然没有直接论述"公正"，但就相似范畴却多有剖析。概括而言就是，什么人的公正与何种内容的公正是他在面对"公正"时始终坚持的基本态度和方法论。要特别值得注意的是，这两个问题与"什么样的生活才是合乎公正的""公正社会的基本结构是什么""公正的社会环境"等经典论题之间似乎具有直接相关性，但实际上却无法相互导出。然而，很多学者认为，马克思秉持了西方公正理论的逻辑起点，即"抗议旧制度的不公正性，同时捍卫新制度的公正性"。这种观点立足于一个完全脱离了马克思的"马克思主义"，即认为"道德证明方法是马克思与罗尔斯正义论体系的基础部分。唯物史观是马克思用以证明其正义观念的道德方法，理性选择的契约论则是罗尔斯正义论的证明方法"[1]。在这里，就不难进一步得出马克思与"罗尔斯"（代指西方公正话语）之间存在"根本性""中间性"差异的基本结论。由此，马克思的观点成为"无用的正确"，因为人们还没有生活在"根本性"的公正世界里，而只能长期存在于"中间性"的"公正与不公正角力"的公正追求中。这样一来，马克思虽然具有"正确性"，却也从根本上失去了与社会主体及其不断发展的实践活动的认识关系，仅仅成为"西方公正话语"的持不同意见者。事实上，当人们一旦将马克思主义视域中的"公正是什么"的问题等同于"什么社会、制度或社会"符合"马克思主义的公正界定"时，就已经偏离了马克思主义公正话语的基本逻辑。更准确地说，对于马克思主义公正话语的核心问题的阐释，与"如何理解和设计公正的标准、原则或结构"等问题的阐释之间非但没有必然的关联性，甚至根本不同。正如恩格斯在《资本论》第二卷出版时对"分配公平"一词的辛辣指责所指出的——

> 其中有些人，即资产阶级古典经济学家，至多只研究了劳动产品在工人和生产资料所有者之间分配的数量比例。另一些人，即社会主义者，则发现这种分配不公平，并寻求乌托邦的手段来消除这

---

[1] 慈继伟：《两种正义观——马克思、罗尔斯正义思想比较》，中国社会科学出版社2004年版，第217页。

种不公平现象。这两种人都为既有的经济范畴所束缚。

于是，马克思发表意见了，他的意见是和所有他的前人直接对立的。在前人认为已有**答案**的地方，他却认为只是**问题**所在。他认为，这里摆在他面前的不是无燃素气体，也不是火气，而是氧气；这里的问题不是在于要简单地确认一种经济事实，也不是在于这种事实与永恒公平和真正道德相冲突，而是在于这样一种事实，这种事实必定要使全部经济学发生革命，并且把理解全部资本主义生产的钥匙交给那个知道怎样使用它的人。①

从这一段话中可以发现，恩格斯认为，在类似"分配公平"的诸多问题方面，马克思绝不是简单地否认或接受，而是从"问题的实质"探寻组织和表达自己的意见。这就告诉我们，在理解马克思主义公正话语时，一方面要彻底否定马克思主义公正话语与西方公正话语特别是近代自由主义公正话语之间具有同构性的可能，厘清作为马克思主义公正话语继承与发展的当代中国公正话语的根本观照；另一方面要为理解马克思主义公正话语的基本层次、层次内容及其相互关系提供一种历史前见，特别是要将马克思、恩格斯的相关分析结合起来，才可能较为科学地勾勒出马克思主义公正话语的基本轮廓。

第一，理解马克思主义公正话语的关键在于准确把握"一切从实际出发"。马克思、恩格斯从来没有抽象地谈论"公正"，这是一个基本共识。但是，"实际"是什么？从"实际"的分析是否会得出一般的结论？一般的结论是不是关于公正的基本原理或原则的阐释呢？在这些问题上，不仅马克思主义与非马克思主义之间存在明显的分歧，即便是马克思主义内部和非马克思主义内部也从来没有得出统一的意见。这里的"实际"是历史的实际与实际的历史的有机统一。所谓历史的实际，就是在历史发展的时间必然性中呈现"公正"的实际意义，正如恩格斯所指出的："对现存社会制度的不合理性和不公平、对'理性化为无稽，幸福变成苦痛'的日益觉醒的认识，只是一种征兆，表示在生产方法和交换形式中已经不知不觉地发生了变化，适合于早先的经济条件的

---

① 《马克思恩格斯文集》（第 6 卷），人民出版社 2009 年版，第 21 页。

社会制度已经不再同这些变化相适应了。同时这还说明，用来消除已经发现的弊病的手段，也必然以或多或少发展了的形式存在于已经发生变化的生产关系本身中。这些手段不应当从头脑中发明出来，而应当通过头脑从产生的现成物质事实中发现出来"①。所谓实际的历史，就是在实际活动的空间广度内验证不同类型"公正"的历史进步性，以此作为批判"不公正"的实践的逻辑起点，即"无论以资产阶级的形式出现，还是以无产阶级的形式出现，本身都是一种历史的产物，这一观念的形成，需要一定的历史条件，而这种历史条件本身又以长期的以往的历史为前提。所以，这样的平等观念说它是什么都行，就不能说它是永恒的真理"②。综上所述，在马克思主义经典作家看来，将公正仅仅置于现实的"实际"即"政治实际"中，就很难发现它在本质上是"历史的实际"的公正内容与"实际的历史"的公正的变化规律二者的有机统一，也就只能在限制性的政治生活中描绘一幅公正的理想图景。因此，把握马克思主义公正话语的要中之要，就在于必须扬弃（打消）公正作为一种政治结构的标准的企图。换言之，"如果一定要以'公正'（正义）范畴来描述一个社会的制度的话，那么，按照马克思的意思，生产力和生产关系就是我们衡量一个社会的制度安排是否公正（正义）的标准"③。正因为如此，马克思主义公正话语才具有了鲜明的特殊性和说服力。与此同时，也有论者认为，"一切从实际出发"的"历史感"纵然有唯物史观的科学支撑，也难免造成"公正"的空心化，即公正失去了被人们使用的现实意义，变成了一种必须经过复杂解释的哲学范畴，进而得出马克思主义公正话语终究是要失位的。为了捍卫马克思主义公正话语的真实性，就有必要厘清马克思、恩格斯所揭示的"实际"的公正话语的基本结构。

第二，理解马克思主义公正话语的基本结构的根本在于正确认识"公正主体"。任何公正话语体系都特别重视"主体问题"，这关系到"谁之公正"这一基本问题。因此，马克思主义批评者们批判马克思主

---

① 《马克思恩格斯文集》（第3卷），人民出版社2009年版，第112—113页。
② 《马克思恩格斯文集》（第9卷），人民出版社2009年版，第113页。
③ 陆寒：《历史唯物主义视域中的政治正义》，人民出版社2017年版，第98页。

义是"没有人"的规律学说,人的地位被压低了,成为历史规律的附庸或者"跳蚤";马克思主义内部也基本上将"主体"看作公正分配过程中的主体,使之集中于"人与人之间的社会关系以及整个社会生活及其历史作现实的历史的具体的分析的科学方法论话语"①。

我们认为,不能将公正主体局限于具体关系的分配是否合理的判断上,过度关注所谓具体问题难免会陷入以"人性论"为显著特点的西方话语陷阱中。马克思主义经典作家在谈论公正(正义)时,特别强调"主体前提"或者说作为主体规定性的阶级,马克思很早就指出"真正的自由和真正的平等只有在共产主义制度下才可能实现;而这样的制度是**正义**所要求的"②。数十年后,马克思又借为国际工人协会起草"共同纲领"的机会再次"使用"了正义这样一个在他那里的"冷僻词",指出:"加入协会的一切团体和个体,承认真理、正义和道德是他们彼此间和对一切人的关系的基础。"由此可见,马克思主义公正话语中的"公正"离不开"公正主体"的规定性,而公正主体的规定性又植根于"阶级分析"之中。正是在这里,马克思充分展示了始终追求问题、表象背后的实践活动的科学分析,而"将劳动、对象化、外化以及异化等引入实践活动的分析,表明马克思将从属于德性伦理学传统的'实践'概念提升为本体性的政治概念"③。自由主义的公正话语就是要遮掩资本主体和劳动主体根本不同的事实,抽象出一个共同的公正主体,在这里"人,正像他是市民社会的成员一样,被认为是**本来意义上的人**,与 citoyen [公民] 不同的 homme [人],因为他是具有感性的、单个的、**直接**存在的人,而**政治**人只是抽象的、人为的人,**寓意的人,法人**。现实的人只有以**利己**的个体形式出现才可予以承认,**真正的人**只有以**抽象的** citoyen [公民] 形式出现才可予以承认"④。而马克思主义的公正话语则从根本上否定抽象公正主体的存在,唯一"普遍的人"只能是"具体的人已然实现真正的人的标准",具体之人即抽象之人,在这里"代替那存在着阶级和阶级对立的资产阶级旧社会,这个新

---

① 袁久红:《正义与历史实践》,东南大学出版社 2002 年版,第 1 页。
② 《马克思恩格斯全集》(第 1 卷),人民出版社 1956 年版,第 582 页。
③ 邹诗鹏:《还原青年马克思的政治批判主题》,《哲学分析》2010 年第 2 期。
④ 《马克思恩格斯全集》(第 3 卷),人民出版社 2002 年版,第 188 页。

社会将是这样一个联合体，在那里，每个人的自由发展是一切人的自由发展的条件"①。由此可见，任何一个具体的人都会产生基于人的自然天性的"道德感"，即对不公之事加以"不公正"的评价，而对合理正当之事冠以"公正"之名。但是，具体之人内在的"公正感"一旦遇到"集体化""标准化""一般化"的共同体意义上的"公正感"，具体之人的"公正感"是无法通约而有机统一的，必须通过结构、要素、内容的抽象化成为一种聚合状态的"公正感"，然而，这只是单向度的发展，聚合形态的公正感的诸多抽象要素是很难回归到原来的具体的公正主体的"公正感"的，"一般概念"几乎无法回到"特殊概念"。因此，就需要提出和形成一种可以解释不公正、不平等的观念（理论、概念）框架，这就是"公正观"。而在"公正观"这个一般概念的基础上，统治阶级的"公正观"就会由复杂到简单，再进一步抽象为"公正准则"，直至成为一种"先验预设"。

我们认为，马克思绝对没有否定人的朴素的公正情感，他警惕和反对的是对于这种情感的"再加工"，尤为厌恶和批判的是将这种再加工的产物幻想为一种普遍的道德规范与制度规则。在这种意识形态幻象的控制下，朴素的公正情感就只能失去它的自然属性而成为一种"遮蔽"或"掩盖"的事物。显然，马克思与此截然不同。马克思指出："物质生活的生产方式制约着整个社会生活、政治生活和精神生活的过程。不是人们的意识决定人们的存在，相反，是人们的社会存在决定人们的意识。……任务本身，只有在解决它的物质条件已经存在或者至少是在生成过程中的时候，才会产生。"② 综上可见，这一切都植根于"公正主体"这个形式清楚却内容多面的范畴里。也正是在这个意义上，马克思主义公正话语必须内置于特定阶级语境里，而不能超然于公正的人之上。以"公正的人"为名，实则是不自由的人，只有自由的人——"人不是由于具有避免某种事物发生的消极力量，而是由于具有表现本身的真正个性的积极力量才是自由的"③ ——才能真正实现阶级社会中

---

① 《马克思恩格斯选集》（第1卷），人民出版社2012年版，第294页。
② 《马克思恩格斯选集》（第2卷），人民出版社2012年版，第32—33页。
③ 《马克思恩格斯文集》（第1卷），人民出版社2009年版，第335页。

关于公正社会、公正世界的积极设想。

第三，把握马克思主义公正话语的主要观点需要立足于三维结构。众所周知，马克思主义关于正义的态度只有在马克思核心概念的逻辑语境中才能得到更好的考察。①波普尔在分析马克思排斥甚至拒绝"资本主义社会中的具体概念"的原因时曾经指出，马克思"想要改进社会，而改进对他意味着更加自由，更加平等，更加公正，更加安全，更高的生活标准，尤其是缩短劳动日。正是他憎恶伪善，不愿谈这些'崇高的理想'，加之他的惊人的乐观主义和他对这一切在不远的将来都会实现的信念，导致他把自己的道德信仰隐藏在历史主义的阐释的背后"②。这或许可以帮助人们理解马克思主义公正话语的可能起点。为此，就不能不考量马克思主义公正理论的基本诉求。我们认为，在马克思主义公正理论或学说的建构视域下，作为理论体系或学说体系，在"历史前见—形成线索—方法路径"的判定前提下，要么是以政治公正、经济公正、社会公正作为其内容结构，要么是凸显马克思主义"公正观"的批判性内容，要么是将"分配公正"作为一种典型内容加以阐释，又或者建构一个兼顾"制度品质—历史形态—相关范畴"的范畴划分基础上的具体公正内涵的解析框架。这些研究成果确实深刻地揭示了马克思主义经典作家在"公正"问题上的基本观点，然而，此种体系化能否符合"本意"，这仍然是一个困扰人的问题。正因为马克思非但没有专门论述过"公正问题"，甚至对公正问题的批判也远不如他对"平等、公平、自由"等政治价值那般清晰直接，而是需要"移花接木"式的推证。这就为"体系化"的马克思主义公正理论或学说留下了可资探求的广阔空间，也带来大量理论难题。人们可以就马克思所"构想"、所"批判"、所"揭示"、所"评价"的各种与"公正问题"相关的语境、条件、框架、立场或视角建构出"一种马克思主义的公正理论或学说"。换言之，"这里所意欲建构的能切中现实政治生活的马克思正义理论，就不是指对于已经现成地存在于马克思著作中的正义理论的阐

---

① 《马克思主义研究资料》（第25卷），中央编译出版社2015年版，第174页。
② ［英］卡尔·波普尔：《开放社会及其敌人》（下册），陆衡等译，中国社会科学出版社1999年版，第319页。

释，而只能是基于马克思思想中已经存在的一些能够规定正义理论的元素，在一种可能的意义上的建构"①。此类考量方式虽然具有一定的合理性和优势，然而却很难将马克思主义公正话语的真正本意即马克思主义对待"公正问题"的复杂态度加以充分表现，这也正是我们需要从"话语体系"高度对马克思关于公正问题进行阐释的初衷。

我们认为，马克思主义公正话语应基于马克思、恩格斯关于公正问题的多维解释视角。马克思的公正话语是建立在其"基本情感"之上的科学理论，脱离了"基本情感"即对于无产者与被压迫阶级的阶级情感，就等于否定马克思具有公正感。这既不符合事实，也将马克思主义的"魄"与"魂"相剥离，这绝非马克思对待公正问题的本意。马克思在《1844年经济学哲学手稿》中指出：

> 如果人的**感觉**、激情等等不仅是［本来］意义上的人本学规定，而且是对本质（自然）的真正**本体论**的肯定；如果感觉、激情等等仅仅因为它们的**对象**对它们是**感性地**存在的而真正地得到肯定，那么不言而喻：（1）对它们的肯定方式决不是同样的，相反，不同的肯定方式构成它们的存在的、它们的生命的特殊性；对象对它们的存在方式，就是它们的**享受**的特有方式；（2）如果感性的肯定是对采取独立形式的对象的直接扬弃（吃、喝、对象的加工，等等），那么这就是对对象的肯定；（3）只要人是**合乎人性的**，因而他的感觉等等也是**合乎人性的**，那么对象为别人所肯定，这同样也就是他自己的享受。②

由此可以发现，公正感应是每一个人对公正问题具有一般意识的特有方式，否定公正感就等于否定人的存在。然而，"（4）只有通过发达的工业，也就是以私有财产为中介，人的激情的本体论本质才既在其总体上、又在其人性中存在；因此，关于人的科学本身是人在实践上的自我实现的产物；（5）私有财产的意义——撇开私有财产的异化——就

---

① 王南湜：《马克思的正义理论：一种可能的建构》，《哲学研究》2018年第5期。
② 《马克思恩格斯文集》（第1卷），人民出版社2009年版，第242页。

在于**本质的对象**——既作为享受的对象，又作为活动的对象——对人的**存在**"①，因此，朴素的公正感必然会在特定社会结构的中介中被转化为特定的公正观，而公正观就是公正感在特定社会历史条件下在特定社会主体内的普遍化结果。正因为公正感与公正观存在复杂的交互关系，公正感往往成为理解公正观的解释性要素，进而为统治阶级将特殊的公正观进行普遍化提供了一种"借口"。对此，马克思指出："从今以后，迷信、非正义、特权和压迫，必将为永恒的真理、永恒的正义、基于自然的平等和不可剥夺的人权所取代。现在我们知道，这个理性的王国不过是资产阶级的理想化的王国；永恒的正义在资产阶级的司法中得到实现；平等归结为法律面前的资产阶级的平等；被宣布为最主要的人权之一的是资产阶级的所有权；而理性的国家、卢梭的社会契约在实践中表现为，而且也只能表现为资产阶级的民主共和国。"② 正是在这个意义上，马克思从未轻易地谈论人的公正感，而是敏锐地发现这样的共同特性如果不放置于历史和社会的规定性中来理解，就不可能得出实际的意义。

朴素的公正情感，既是每个人都具有的自在意识，又是每个人只有在具体社会关系中才能产生的自觉意识。正因为如此，公正感往往能被统治阶级所利用，而且必然会被其所利用。因此，对于任何特定的公正观，马克思都表现出了清晰的批判意识。首先，马克思、恩格斯对资产阶级公正观的哲学思维基础和认识方法进行了彻底的解构。一方面，公正观作为一种以公正为名的"理解的思想"，它在本质上无法脱离特定主体的利益规定，"'**思想**'一旦离开'**利益**'，就一定会使自己出丑。……任何在历史上能够实现的群众性的'**利益**'，在最初出现于世界舞台时，在'**思想**'或'**观念**'中都会远远超出自己的现实界限，而同一般的人的利益混淆起来"③。另一方面，公正观只有在阶级关系的必然表现形式中才能被彻底揭示出来，"资产阶级系统地、强制性地从工人阶级创造的剩余价值中提取利润，成为阶级关系的必然

---

① 《马克思恩格斯文集》（第1卷），人民出版社2009年版，第242页。
② 《马克思恩格斯文集》（第9卷），人民出版社2009年版，第20页。
③ 《马克思恩格斯文集》（第1卷），人民出版社2009年版，第286页。

表现形式。这种视角的改变并不包含着正义标准的改变，而仅仅是在评价既定标准的使用时，我们的考虑范围有所扩大"①。其次，马克思、恩格斯对资产阶级公正观的政治话语进行了猛烈的抨击。在这里，马克思主义经典作家对以"公正国家"为中心的形形色色的"政治公正观"进行了系统批判。《共产党宣言》在分析回顾现代资产阶级的长期发展过程后明确指出资产阶级形成所需要的生产资料和交换手段是在封建社会中孕育和集聚的，但当封建的所有制关系不再适应生产力发展时，就必须被推翻，"取而代之的是自由竞争以及与自由竞争相适应的社会制度和政治制度、资产阶级的经济统治和政治统治"，即资产阶级国家。而"公正国家"的提出起初是推翻封建统治的政治口号，后来则成为资产阶级巩固自身统治的意识形态，"不论是黑格尔的伦理国家神话还是契约国家工具神话，其目的都是反对神学国家观，为已经崛起的资产阶级的政治和经济利益服务"②。对此，马克思在《路易·波拿巴的雾月十八日》中曾有鲜活的论述。马克思指出，资产阶级原本是以公正此等高尚的词汇彰显其革命和统治的合法性的，"资产者，尤其是高升为政治家的资产者，总是用理论上的浮夸来弥补自己实践上的卑下。资产者身为政治家时，也和同他相对立的国家权力一样，俨然成为至高无上之物，因而与他作斗争时，也只能采取高尚的庄严的方式"③；及至其统治稳固，又常面对其反对者的挑战时，公正竟被抽象为政治公正，而资产阶级则须臾无法离开此种政治领域的"纯粹的形式"了，"这样，我们就看到，**一切'拿破仑观念'都是不发达的、朝气蓬勃的小块土地所产生的观念**；对于已经衰老的小块土地说来，这些观念是荒谬的，只是它垂死挣扎时的幻觉，只是变成了空话的词句，只是变成了幽灵的魂魄"④。最后，马克思、恩格斯对资产阶级公正观的经济话语进行了深刻的反思。无论从何种角度看，政治公正都不是政治生活中的公正，经济公正也绝非经济领域中的公正，而是一种总体性范畴，即植根于经济关系、具有决定性地位基础上的总体性公正。麦克弗森指出，马克思

---

① 《马克思主义研究资料》（第25卷），中央编译出版社2015年版，第178页。
② 彭富明：《马克思恩格斯正义批判理论研究》，中央编译出版社2013年版，第101页。
③ 《马克思恩格斯文集》（第2卷），人民出版社2009年版，第531页。
④ 同上书，第572—573页。

的"关系型经济公正观"对"市场型经济公正观"①的表现除了超越性外,"在逻辑上,经济正义的完整概念得以存在不仅要求经济关系不能被社会政治关系囊括,而且要求前者自身具有逻辑独立性。然而,正是在资本主义兴起的年代里,市场关系最终凌驾于其他所有关系之上,在此,消亡的或许还不仅仅是经济正义,更广泛意义上的一般正义原则开始被化约为遵循最大功利原则的市场积累或遵守契约的要求。事实上,只要资本主义市场经济本身在实践意义上仍被广泛接受,那么经济正义概念几乎不可能赢得用武之地,自然在主流理论中也就难有栖身之所"②。我们认为,马克思、恩格斯的公正观的确可以被称为"经济公正观",但这绝不是指他们仅仅关注经济生活领域的公正,进而言之,理解马克思对分配公正的分析并不能仅仅从"生产—分配"二分的传统逻辑中加以解释。事实上,在马克思看来,分配关系是同生产过程的历史地规定的特殊社会形式,以及人们在他们的人类生活的再生产过程中相互所处的关系相适应的③,由此可见,西方公正论者所认为的以分配公正为中心的经济公正观就无法解释马克思的看法。马克思强调指出:"只把分配关系看做历史的东西而不把生产关系看做历史的东西的见解,一方面,只是资产阶级经济学刚开始进行还带有局限性的批判时的见解,另一方面,这种见解建立在一种混同上面,这就是,把社会的生产过程,同反常的孤立的人在没有任何社会帮助的情况下也必须完成的简单劳动过程相混同。"④由此可见,马克思主义经典作家正是在对资产阶级分配公正观的经济性质和价值形式进行科学辨析的基础上就其局限性提出批判性见解的。

　　历史证明,公正观是无法摆脱"阶级局限性"的,资产阶级公正话语在这一层面上无论怎样修饰,其弊端仍然是显而易见的。为了遮蔽这

---

　　① 此种公正观的基础就是强调分配关系是由市场决定的,它着眼于"对产品中归个人消费的部分的各种索取权"。在马克思看来,"这种分配关系赋予生产条件本身及其代表以特殊的社会的质。它们决定着生产的全部性质和全部运动"(参见《马克思恩格斯文集》(第7卷),人民出版社2009年版,第995页)。
　　② [加] C. B. 麦克弗森:《经济正义的兴起与衰落》,《高校马克思主义理论研究》2016年第2期。
　　③ 《马克思恩格斯文集》(第7卷),人民出版社2009年版,第999—1000页。
　　④ 同上书,第1000页。

种明显的局限性，资产阶级公正话语进一步将公正提升到一种理想类型的层次，进而将其作为一种准则特别是制度准则。在这里，原本关系甚远的"制度"与"公正"在制度伦理的构建中组成了一种核心概念。需要指出的是，19世纪中后叶的欧洲，新兴的资本主义国家正在不断巩固其统治的合法性。资产阶级公正论者们更多的是从"公正观"维度方面为其统治辩护的，基于制度伦理的辩护仍方兴未艾，坚持"进步"抑或保有"传统"才是关于社会制度和政治制度的生成性原则的焦点争论。公正准则只能是具体的而不可以是绝对的，即作为制度首善的公正（正义）是不可能存在的。正如德国法学家考夫曼所言："在正义的概念这个问题上，它涉及的并不仅仅是一种讨论的路径，也不是讨论规则，正如反复所讲的，是一种客观的秩序，我们的任务是将其实现，凡与法律相关者，无论是立法者还是法官，都要服从于它。这并非指法官和其他法律行业的从事者要遵循某种特定的规则或方式，而是要求他们应当实现一种内容上正义的客观秩序。"[①] 正是在这里，马克思与罗尔斯之间既不存在时空的可比较性，在"公正准则"的基本判断上也毫无可比之处。与其局部性地分析马克思与罗尔斯的"当代争论"，不如回归马克思的批判逻辑中发现其对"公正准则"的基本态度和可能反思。正如有的学者所言："马克思没有将提出一个正义原则作为自己的中心任务，马克思将正义原则问题归结为寻找决定正义原则的根本因素问题：生产资料的所有权决定着正义原则，而财富分配方式是正义原则的表现方式。"[②] 我们认为，既然资产阶级公正论者关于公正准则的阐释与其"公正观"的解释是一脉相承的，那么就可以从其本质属性、中心议题和实践路径的共性上给予一致性的批判，即从唯物史观的基本原理出发对阶级社会的任何公正准则的设想加以根本性否定。在这里，马克思在《反杜林论》中的深刻洞见尤为重要，他指出："生产以及随生产而来的产品交换是一切社会制度的基础：在每个历史地出现的社会中，产品分配以及和它相伴随的社会之划分为阶级或等级，是

[①] [德]艾里希·考夫曼：《魏玛宪法第109条意义上的法律面前人人平等》，黄卉：《德国魏玛时期国家法政文献选编》，清华大学出版社2016年版，第391页。

[②] 胡真圣：《两种正义观——马克思、罗尔斯正义思想比较》，中国社会科学出版社2004年版，第118页。

由生产什么、怎样生产以及怎样交换产品来决定的。所以，一切社会变迁和政治变革的终极原因，不应当到人们的头脑中，到人们对永恒的真理和正义的日益增进的认识中去寻找，而应当到生产方式和交换方式的变更中去寻找；不应当到有关时代的**哲学**中去寻找，而应当到有关时代的**经济**中去寻找。"①

三 历史的超越：马克思主义公正话语的"科学—革命"要义

马克思主义公正话语始终强调"历史语境"和"阶级语境"，对朴素的公正感虽然保有同情，但却敏锐地发现"公正感"是极易被"扭曲"或"幻化"的，这是因为如果脱离了语境的规定性，公正感中的"公正"就会被特定语境的规定性所裹挟，而仅仅剩下语词的躯壳，内容则充满了具体历史条件下特定阶级的利益诉求。正是在这个意义上，马克思、恩格斯就是要彻底剥离公正的形式意义和实质意义，在批判公正的"普适性"形式意义和揭示阶级性实质意义中科学地超越"西方公正话语"，在彻底舍弃资产阶级的公正形式意义和指明无产阶级的"公正"实质意义中革命地超越"资产阶级公正话语"。事实上，马克思主义经典作家既没有在字面上研究过"公正"，也没有在实践中接受过"公正"。毋宁说，马克思主义公正话语的历史超越性的鲜明特点就在于，它是彻底否弃"公正"的公正话语，即这是一个并不借助和使用公正概念的"公正话语"。

（一）马克思主义公正话语在公正形式意义上的历史超越

"实际上，马克思的正义观是在不同层面和不同位阶上得以呈现的，它经常以高标准正义原则来审视低标准正义原则，这是在处理正义问题上与众不同的重要手法。"② 对于公正话语的形式意义，马克思、恩格斯的"破解"是清楚明确的。对此，无论是从经典作家的"相关论述"中还是在后世主要论者的分析中，都不难发现。这种直接针对"术语"的科学性批判和革命性摒弃是有机统一的。

众所周知，人们在研究马克思主义公正话语时，《反杜林论》是一

---

① 《马克思恩格斯文集》（第 9 卷），人民出版社 2009 年版，第 283—284 页。
② 李佃来：《马克思正义思想的三种意蕴》，《中国社会科学》2014 年第 3 期。

部经典著作,其间对于"平等"的种种批判往往会被借用到对公正的分析中。如果对于公正的形式意义和实质意义不加区分,那么这种分析就会陷入"平等=公正(正义)"的谬误中。正如恩格斯在《〈反杜林论〉的准备材料》中所指出的:"为了得出'平等=正义'这个命题,几乎用了以往的全部历史,而这只有在有了资产阶级和无产阶级的时候才能做到。但是,平等的命题是说不应该存在任何特权,因而它在本质上是**消极的**,它宣布以往的全部历史都是糟糕的。由于它缺少积极的内容,也由于它一概否定过去的一切,所以它既适合于由1789—1796年的大革命来提倡,也适合于以后的那些制造体系的凡夫俗子。但是,如果想把平等=正义当成是最高的原则和最终的真理,那是荒唐的。"① 然而,如果仅仅是从资产阶级的平等与公正的形式意义角度看,关于"平等"的形式意义批判是具有广泛意义的!恩格斯在《反杜林论》中有一段名言:

> 抽象的平等理论,即使在今天以及在今后较长的时期里,也都是荒谬的。没有一个社会主义的无产者或理论家想到要承认自己同布须曼人或火地岛人之间、哪怕同**农民**或半封建农业短工之间的抽象平等;这一点只要是在欧洲的土地上一被消除,抽象平等的观点也会立时被消除。随着合理的平等的建立,抽象平等本身也就失去任何意义了。现在之所以要求平等,那是由于预见到**在当前的历史条件下**随着平等要求自然而然来到的智力上和道德上的**平等化**。但是,**永恒的**道德应当在任何时候和**任何地方**都是可行的。关于平等的这种主张,甚至杜林也没有想提出;相反,他还容许暂时性的压制,这样也就承认平等不是永恒真理,而是历史的产物和一定的历史状况的特征。
>
> 资产者的平等(消灭阶级**特权**)完全不同于无产者的平等(消灭阶级本身)。如果超出后者的范围,即抽象地理解平等,那么平等就会变成荒谬。②

---

① 《马克思恩格斯全集》(第20卷),人民出版社1971年版,第669—670页。
② 《马克思恩格斯文集》(第9卷),人民出版社2009年版,第354—355页。

借助马克思在这里的阐述，就不难发现马克思主义公正话语在公正形式意义上的科学性和革命性。第一，一切对于公正的抽象解释及其理论化结果都是旨在建构一种"抽象公正"，这就需要在文本中对这一概念进行抽象的理论加工。这就清楚地揭示了西方公正话语特别是资产阶级公正话语的鲜明特点，即利用抽象的文本对特定公正观加以抽象进而使之在文本语境中普遍化。第二，抽象的公正理论绝不是对公正唯一的理解方式。理解公正存在着多种方式，抽象公正是其中一种。正是因为这种占据了西方公正话语的主流生成路径，才造成了抽象公正的合理性"渗透"，似乎成为理解公正的唯一方式。马克思主义经典作家对这一方面批判的巨大贡献在于跳出抽象公正的"前见"所设计的理想类型，揭示了抽象公正的"抽象"非但不是唯一合理的理解方式，甚至是一种非科学的理解方式。第三，抽象的公正理论必然要求永恒的真理、道德与正义作为其理论支撑，但事实上，"永恒"是毫无意义的甚至从未存在过的。在这里，马克思、恩格斯曾经将永恒真理和永恒正义比作"千年王国"。他们认为，资产阶级向人们描摹了一个理想中的公正平等、富裕繁荣的太平盛世，但实际上只是为了粉饰资本主义制度的"魔鬼性"，进而将资本主义社会"幻化"为解救世界末日的"基督"。第四，不同阶级的公正话语可能具有共同的内容指向，但内容阐述的本质性决定了其性质的不同。客观而言，统治阶级、被统治阶级都具有对"公正"的基本认识。然而，统治阶级是系统地建构起了以其本阶级公正观为核心，以服务此种公正观所需要的多种公正准则为支撑，以普遍的公正感为修饰的系统的公正话语，特别是系统的公正理论。而被统治阶级虽然也有与其阶级的意志和利益相适应的公正观，但是在其将此种公正观上升为公正准则之前，不但其公正观处于被否定和被支配的地位，而且其公正感也往往被统治阶级的公正感所裹挟而被消弭，甚至会成为欺骗被统治阶级的"帮凶"。这就是为什么资产阶级公正观在很多情况下能够向社会主义国家和无产阶级公正观不断渗透的隐性原因之一。第五，无产阶级关于公正的科学认识决定其是否具有"抽象性"，只要坚持在无产阶级的公正及其外延边界内理解公正，抽象的公正就无法存在。以往，人们大多会发现，马克思主义经典作家坚决否定存在"客观的真理""普适的公正"。这种认识虽然有道理，但并不彻底。这里的批判只是否定了公正具有一般性的形式意义，但并没有指明特殊性的形式意义是否有效，于是就会出现公正的价值尺度是基于对生产方式的适应性的论证，进而才出现了"马克思与正义"争论中"资本主义制度应是正义"的谬论。申言之，在资本主义社会，假如资本主义制度符合其"生产方式"，那么它是否可被评价为公正呢？答案是否定的！在马克思主义经典作家看来，资产阶级的发展与无产阶级的壮大是一致的，但这并不意味着在无产阶级胜利的必然性实现之前资产阶级的发展就获得了正当性。历史是客观的，但是历史评价并不是客观的。正是在这个意义上，无产阶级关于公正的科学认识只有突破其局限性，才能最终形成，马克思、恩格斯明确指出："过去一切阶级在争得统治之后，总是使整个社会服从于它们发财致富的条件，企图以此来巩固它们已经获得的生活地位。无产者只有废除自己的现存的占有方式，从而废除全部现存的占有方式，才能取得社会生产力。无产者没有什么自己的东西必须加以保护，他们必须摧毁至今保护和保障私有财产的一切。过去的一切运动都是少数人的，或者为少数人谋利益的运动。无产阶级的运动是绝大多数人的，为绝大多数人谋利益的独立的运动。"[1] 由此推之，无产阶级公正观一旦形成就成为且应是唯一的科学的公正观，资产阶级公正观从其诞生之日起就已经含有了"最不公正"的基因，对其革命的超越和历史的超越不能是温情脉脉的，不能利用"局部承认""局部肯定"而达到所谓的客观评价。即便是资产阶级，也不会接受这种"客观评价"，"正如阶级的所有制的终止在资产者看来是生产本身的终止一样，阶级的教育的终止在他们看来就等于一切教育的终止"[2]。因此，马克思、恩格斯清楚地指出："你们的观念本身是资产阶级的生产关系和所有制关系的产物，正像你们的法不过是被奉为法律的你们这个阶级的意志一样，而这种意志的内容是由你们这个阶级的物质生活条件来决定的。"[3] 对资产阶级公正观的批判必须是彻底的，即站在无产阶级立场即科学立场上，在无产阶级革命观即唯一科学的公正观的基础上

---

[1] 《马克思恩格斯文集》（第2卷），人民出版社2009年版，第42页。
[2] 同上书，第48页。
[3] 同上。

对资产阶级公正观及其建构其上的西方公正话语加以全面扬弃。我们认为，在很大程度上，这也正是马克思主义公正话语真正实现"科学—革命"相统一的鲜明特征。

（二）马克思主义公正话语在公正的实质意义上的历史超越

事实上，当代公正理论已经不再关注"公正是什么"的形式内涵了，相反，它们更多的是在阐述何种要素、原则、规则能够为"公正是什么"提供实质内容或实质意义了。换言之，形式意义的讨论已经让位于实质意义的讨论了，而实质意义的讨论则是围绕"以公正为名"的任何可能的社会实践所进行的理论阐释。对此，马克思既清楚地洞悉，又无暇赘述。正因为"公正"的实质内涵并不需要公正之名，马克思主义经典作家对公正的实质意义批判在一定程度上启发了西方公正论者，继而将相关实质意义的批判代之以"现代形式意义"的重新填充，最终产生了对公正进行构义的新尝试，而这些新尝试的后果之一却是挑战马克思主义公正话语。"我们说马克思主义需要一种正义理论，只意味着从马克思对于未来社会的构想中能够无矛盾地建构一种正义理论，而这并不是说现成地存在着一种马克思的正义理论。而且，更为重要的是，如果真的能够构建这样一种正义理论，它能否切中现实，即对于现实政治生活有其意义，还是需要予以说明的。"[①] 为此，就需要我们进一步剖析马克思主义公正话语在公正的实质意义上的新变化。

既然"以公正为名"的把戏被揭穿了，那么问题自然就转向"公正之名"下的实质内容是什么。从本质上讲，马克思主义经典作家将左右"公正"的本质力量概括为一种新世界观，即"人们在自己生活的社会生产中发生一定的、必然的、不以他们的意志为转移的关系，即同他们的物质生产力的一定发展阶段相适应的生产关系。这些生产关系的总和构成社会的经济结构，即有法律的和政治的上层建筑竖立其上并有一定的社会意识形式与之相适应的现实基础。物质生活的生产方式制约着整个社会生活、政治生活和精神生活的过程。不是人们的意识决定人们的存在，相反，是人们的社会存在决定人们的意识。社会的物质生产力发展到一定阶段，便同它们一直在其中运动的现存

---

① 王南湜：《马克思的正义理论：一种可能的建构》，《哲学研究》2018年第5期。

生产关系或财产关系（这只是生产关系的法律用语）发生矛盾。于是这些关系便由生产力的发展形式变成生产力的桎梏。那时社会革命的时代就到来了。随着经济基础的变更，全部庞大的上层建筑也或慢或快地发生变革"①。不过，这一实质内容并不能阻止西方公正话语不断提出更为复杂而多元的实质内容，这些实质内容具有阶级性、历史性、具体性和相对性，但却因其形式的广泛性、现实性、普遍性与绝对性而不断带来挑战。公正，因其"构义化过程"的不断加快，而显得理论阐释越发完备、概念解析愈显精致。笔者曾经指出：

> 对于公正概念的不断理解展现出了它的概念意义，不同解释揭示了公正概念的总体性所具有的不同侧面，这种现象学意义上的关联性使得一切目的、意图、原则、建构方法等被明确地映入解释者所领会的历史理解之中，并且从"为了作……之用"或"成为……之态"的角度将公正的概念意义分解、组合和重塑，这就产生了新解释，一种不再是形式化的、部类性但的确是特定先见结构上的"总体性解释"，其本身具有"作为……的公正"的解释结构。②

我们认为，在当代西方公正话语兴盛的背景下，特别是在公正的构义理想类型层出不穷的现实条件下，将马克思的批判与其相比既不客观也不妥当。不过，即便如此，也能透过马克思、恩格斯的相关论述而对马克思主义公正话语在公正实质意义上的历史超越有所了解。

我们对马克思主义公正话语在形式意义上做出批判时曾指出：无产阶级关于公正的科学认识决定其是否具有"抽象性"，只要坚持在无产阶级的公正及其外延边界内理解公正，抽象的公正就无法存在。这一判断不仅是基于形式意义本身的反思，而且是建立在实质意义基础之上的。理解马克思主义公正话语绝不能将其抽象理论化，即通过建立一种衡量马克思主义公正观的标准，阐述马克思主义公正话语的总体意义。

---

① 《马克思恩格斯文集》（第2卷），人民出版社2009年版，第591—592页。
② 亓光：《政治诠释学视域中的公正问题研究》，人民出版社2016年版，第174页。

在一定意义上,"只要将无产阶级平等要求的实际内容限定在消灭阶级的范围,马克思恩格斯对其就不但不加以拒斥,反而予以高度的评价"①。只有在无产阶级的利益和意志得到彻底满足的前提下,才能理解其与西方公正话语的根本差别,才能发现"马克思是在总体性视域内,是在批判私有财产制度和资本主义生产关系的前提下,是在阐发市民社会与人类社会辩证关系的维度中,介入正义论题并厘定其正义思想的。这一独特的正义运思语境和理路,决定了马克思所讲的正义不是一个单向度的价值原则,而是一个包含了多层内涵的规范概念"②。我们认为,无论公正的内涵层次多么丰富,在马克思主义公正话语中,其实质意义的中轴逻辑是"无产阶级",即无产阶级的阶段目标和终极目标的实现是马克思主义公正话语有别于西方公正话语以及形形色色的资产阶级公正观及其公正理论的根本所在;真正的公正就是无产阶级终极目标的实现;无产阶级阶段目标的实现是一种不完善的公正,这有别于资产阶级公正的虚幻性和虚伪性;不完善的公正向真正的公正的转型,是一个历史过程,社会主义的"转型公正"必须建立在社会主义制度不断完善的前提下,以"转型要素"为突破点,逐步实现真正的公正,即无产阶级的公正。换言之,理解马克思主义公正话语不应到"未来社会"的理想状态、元素或内容中寻找,而应立足于无产阶级的特殊而又普遍的历史使命,着眼于无产阶级在不断实践中所欲实现的"规定要素"。在这里,为了更好地解释这一认识,我们拟从三个方面对上述命题加以解释。

其一,真正的公正是无产阶级终极目标的实现。这是理解马克思主义公正话语的核心。克罗齐曾指出:"任何严肃的历史学和哲学都应是'动因'的历史学和哲学,正如歌德提及纯粹诗歌时所说:它在情感上是有动因的,因而历史学和哲学在实践和道德上也是有动因的。"③任何公正话语都是历史的和哲学的,都具有一定"情感""道德"的动因。马克思主义公正话语也绝不是"绝对科学""绝对客观""绝对中立"的,而是

---

① 段忠桥:《马克思恩格斯视野中的正义问题》,《哲学动态》2010年第11期。
② 李佃来:《马克思正义思想的三重意蕴》,《中国社会科学》2014年第2期。
③ [意]贝内德托·克罗齐:《作为思想和行动的历史》,田时纲译,商务印书馆2016年版,第22页。

从丰满的阶级情感和立场出发的。西方资本主义公正话语也具备资产阶级的情感和道德的动因，但它们却恰恰要标榜"科学""客观""中立"。这是因为马克思主义公正话语的情感基础是无产阶级的立场，道德起点是无产阶级的利益诉求，而无产阶级终极目标与其现实存在的条件都旨在彻底消灭剥削、私有制，消除阶级社会；而资产阶级的情感只能是对少部分资产者（剥削者）的关爱而对大多数劳苦大众的残忍，资产阶级的道德只能维护少部分资产者（剥削者）的利益关切而否认劳苦大众的正当要求。因此，资产阶级公正观越"科学""中立""客观"，西方资本主义公正话语越能"说服人"，就越说明阶级社会的剥削本质被隐藏得更深了。正如阿马蒂亚·森曾经指出的，资本主义社会一切平等理论都在遮蔽不平等的现实，平等理论建构的越精致，不平等的幻化现象就越严重。在他看来，资本主义制度用抽象的建构主义的公正理论去"遗忘"资本主义社会矛盾与对抗的"不公正性"将长期存在。正因为如此，我们认为，理解马克思主义公正话语不应且不能从"体系化""标准化"出发建构一个科学的公正话语体系（或理论体系），而应从其一切理论的内在使命出发发现作为无产阶级彻底解放的公正话语，在这里"分配公正""按劳分配"当然是马克思主义公正话语的核心议题与立意，但是并不能认为由这两个方面就能得出"马克思主义的正义观念"①。假如我们从"公正"与"社会"的关系角度来理解罗尔斯的"正义是社会制度的首善"，那么可以认为，任何社会的公正话语都必须建立在这个社会的基本规定性，即这个社会的性质上。我们可以由这个关系视角出发，观察和理解马克思主义公正话语的本真意义。在唯物史观的奠基之作《德意志意识形态》中，经典作家就指出："推翻统治阶级的那个阶级，只有在革命中才能抛掉自己身上的一切陈旧的肮脏东西，才能胜任重建社会的工作。"②资产阶级公正观正是那种"陈旧的肮脏的东西"，必须彻底抛弃后，无产阶级才能担负起重建社会的任务，才能洗去涂抹在"公正"表

---

① 段忠桥教授认为，马克思实际上持有两种不同的分配正义观念：一种是针对资本主义剥削的正义观念，另一种是针对社会主义按劳分配的正义观念（参见段忠桥《历史唯物主义与马克思的正义观念》，《哲学研究》2015 年第 7 期）。在逻辑上，可以承认马克思具有这两种分配正义观念，但这并不能得出"马克思的正义观念"就是这两种"分配正义观念"。
② 《马克思恩格斯文集》（第 1 卷），人民出版社 2009 年版，第 543 页。

面上的阶级局限性。随后，经典作家又在科学社会主义的开山之作《共产党宣言》中进一步指出："共产主义革命就是同传统的所有制关系实行最彻底的决裂；毫不奇怪，它在自己的发展进程中要同传统的观念实行最彻底的决裂"①，正是在这里，作为传统观念的"公正"只有在无产阶级领导的共产主义革命中才能被真正厘清。当然，资产阶级并不会主动放弃他们的"公正观"，而资本主义公正话语也在"科学""中立"等观念类型的修饰下越发具有"伪装性"，为此经典作家在《论住宅问题》中就批判了蒲鲁东的"永恒公平"（即永恒正义②），强调指出："关于永恒公平的观念不仅因时因地而变，甚至也因人而异，这种东西正如米尔柏格正确说过的那样，'一个人有一个人的理解'。在日常生活中，需要加以判断的各种情况很简单，公正、不公正、公平、法理感这一类说法甚至应用于社会事物也不致引起什么误会……造成一种不可救药的混乱"③，而"这些消除一切社会祸害的实际建议，这些社会的万应灵丹，到处都总是由那些宗派鼻祖们炮制出来，而这些人总是出现在无产阶级运动还处于幼年期的时代。……无产阶级的发展很快就把这些襁褓扔在一边，并在工人阶级本身中产生一种认识：再没有什么东西比这些预先虚构出来的面面俱到的'实际解决办法'更不切合实际的了，相反，实际的社会主义则是对资本主义生产方式各个方面的一种正确的认识"④。这就是说，破解资产阶级制造的公正话语"乱象"的，唯一可以依靠的是工人阶级的正确认识。《资本论》对这些观念进行了深刻而严肃的论证和阐述。就"分配公正"问题而言，马克思指出，以"社会性质"和"社会关系"为前提的，"一定的分配关系只是历史地规定的生产关系的表现""是同生产过程的历史地规定的特殊社会形式，以及人们在他们的人类生活的再生产过程中相互所处的关系相适应的，并且是由这些形式和关系产生的。这些分配关系的历史性质就是生产关系的历史性质，分配关系不过表现生产关系的一个方面"⑤。在这里，公正特别主要是"分配公正"

---

① 《马克思恩格斯文集》（第2卷），人民出版社2009年版，第52页。
② 永恒公平，译自"justice éternelle"。
③ 《马克思恩格斯文集》（第3卷），人民出版社2009年版，第323页。
④ 同上书，第333页。
⑤ 《马克思恩格斯文集》（第7卷），人民出版社2009年版，第998、999—1000页。

是历史的，而历史的就是生产关系的表现，即对人们之间的关系、阶级关系的刻画。这是马克思主义公正话语对资产阶级公正话语实现超越的科学之维与历史之基，是弄懂与确认公正话语的马克思主义之维的关键。

其二，一切现有的公正，包括无产阶级的公正，都是不完善的。这种不完善正是公正话语所凸显的公正概念的本质特征之一。但凡熟悉西方公正理论的人们都不会否认，完善的公正始终是西方公正话语的逻辑起点和论证目标。在西方公正话语中，作为政治哲学的核心概念，对公正话语的理解和解释离不开"第一哲学"的性质的定位。历史证明，无论观点如何不同、解释如何差异，西方政治哲学所赖以存在的"第一哲学"是一种本体论意义上的"理想类型"，这就必然导致西方公正话语只能围绕公正的"元状态""元原则""元逻辑"不断推演展开。为此，西方公正话语必然是一种"目标导向"的政治推理过程，而为了遮掩这种"目标"设定的意识形态性，则必然需要"完善的公正"，为了使得这种"完善的公正"具有可解释力，"作为……的公正"的概念框架就成为必然选择。威尔·金里卡就曾指出："政治推理就是从道德平等的公认前提出发，进而正确地推演出特殊的原则。因此，政治论证的主要工作就是解释那些错误的推演。然而政治学却不是逻辑学：只有在逻辑推演中，结论才是完全地被包含在前提之中的。"[①] 与产生西方公正话语的推演逻辑截然不同，马克思主义公正话语没有基于道德判断逻辑的"公认前提"，尤其不会从道德内部的预设中进行话语阐释，因而不会、不能也不应存在一种所谓马克思主义的"完善的公正"，这是一个必须要躲避的话语陷阱。

在马克思主义公正话语中，一切现有的公正都不可能达到"完善的"程度。这是因为公正是一个典型的"党派性"概念。众所周知，阶级社会中所有社会主体都是属于某个阶级的，只有不同阶级的主体的普遍性，而没有超越阶级的主体的普遍性。这就决定了无论哪个主体所表达（评价）的公正意思，最多都只能在本阶级（甚至更小范围内）形成相对的"普遍性"即"完善的公正"，而无法在特定阶级之外特别

---

① [加] 威尔·金里卡：《当代政治哲学》（上），刘莘译，上海三联书店2004年版，第84页。

是阶级之间形成绝对的"完善的公正"。在这里,尽管无产阶级代表了"公正的历史方向",但仍然不是"自然的公正",必定还是"不完善的公正"。正是在这里,马克思在批判吉尔巴特的自然正义观时所提出的"争议性观点"① 才能够被准确理解,即消灭一切阶级统治之前,并不存在什么"公正"(自然正义)或"完善的公正";而一旦阶级统治被消灭后,公正在整个社会领域就成为一种现实,因为表现为法律形式的"当事人之间进行的交易的"真正内容从本质上就不存在与生产方式不适应的问题,因而也就不再需要判断是"自然正义"还是"契约正义"了,也就是没有必要对公正加以"完善的"(自然的、契约的)这一修饰了,所存在的就是一种基于"人内在的"而非"社会的、国家的以及任何公共性前提"的生存理念与行动标准。在马克思主义经典作家看来,公正是一个政治的实质性问题,而不是哲学的政治理念、政治价值的形式性问题。无论是在古典政治哲学还是在现代政治哲学里,公正都是在追寻"完善"中不断构建自己的历史的。将公正看作一种哲学,已然是一种不用表明的观点了。因此,才有了公正理论的历史传承,尽管这种传承中的前者早已被后者改造得面目全非或被任意阉割。正是在历史感的"公正哲学"中,公正的原则、理念、要素才有了存在的意义。这种思维的基础是哲学与政治的优先性或者谁为本质的问题。不难发现,绝大部分的西方公正论者都极力否认公正是一个具有明显"党派性"的政治概念,而着力打造公正的"中立性"哲学概念,诸如斯密、密尔、罗尔斯、诺齐克、桑德尔、哈耶克等人关于公正的态度和阐释可能各不相同,但他们都毫不迟疑地接受并主张公正这个概念之所以不是"党派性的",就是因为它不必是党派性的。这堪称循环论证的典范!对于此种理论范式,马克思主义公正话语中既不存在,对此也绝不苟

---

① 马克思在《资本论》第三卷中指出:"在这里,同吉尔巴特一起说什么天然正义,这是毫无意义的。生产当事人之间进行的交易的正义性在于:这种交易是从生产关系中作为自然结果产生出来的。这种经济交易作为当事人的意志行为,作为他们的共同意志的表示,作为可以由国家强加给立约双方的契约,表现在法律形式上,这些法律形式作为单纯的形式,是不能决定这个内容本身的。这些形式只是表示这个内容。这个内容,只要与生产方式相适应,相一致,就是正义的;只要与生产方式相矛盾,就是非正义的。"(参见《马克思恩格斯文集》(第7卷),人民出版社2009年版,第379页。)

同,这也就是为什么要么马克思主义被当头扣上"没有公正理论"的大棒,要么就在既存的"公正哲学"中找到与马克思主义公正话语"只言片语"的契合性。这样的论证为的是什么呢?简言之,无非要支撑具体论者的"公正观"而已。彻底批判公正作为政治理念、政治价值的形式性,要凸出的是一个基于马克思主义哲学观的实质性问题!具体而言,就是马克思主义公正话语中的公正是一个"无历史"的实践命题!列宁指出,唯心主义与唯物主义的古老斗争就是哲学的全部历史,而斗争的历史唯一留下的就是辩证法。阿尔都塞十分重视这一"往往被误解"的论点,认为其十分深邃,是理解人们在描述和分析人类社会时所使用的所有概念的第一个真正前提。他雄辩地指出:"哲学是政治在一定领域、面对一定现实、以一定方式的继续。哲学在理论领域,或者更确切地说,同科学一起展现政治;反过来,哲学在政治中,同从事阶级斗争的阶级一起展现科学性。"[1] 正是在这里,公正是一个始终带有"党派性"的概念,它一定存在党派性话语的缺陷,在此种党派性话语下提出的"完善的公正"就只能意味着一种第一性,即一种可以被历史地具象化的概念,这是条走不通的错误道路(Holzwege)。显然,这种观点绝不可能存在于马克思主义公正话语之中,在马克思主义公正话语中的"公正"所指向的是一种"开通的道路",即不断趋向"真正公正"的"不完善公正"的比较性界定。正因为公正是一个党派性概念,所以人们使用公正概念而形成的公正话语所能提供的主要是一种相关性标准,而与之相关的要素要么本身就是被决定的,要么是决定性的,无法支撑"完善的公正"。要么,相关性要素本身仍被他者决定而具有明显的模糊性和不彻底性;要么,相关性要素因具有决定性而必然成为"公正话语"的基础并使之无法实现"完善的"标准。需要指出的是,正是在这里,既往的马克思主义公正论者陷入了自我设定的思维泥潭中,试图从理论上寻找马克思主义公正话语对"完善的公正"的规定性阐释,进而使得马克思主义公正理论陷入了"马克思有无公正观"的虚假争论中。

---

[1] [法]阿图塞(阿尔都塞):《列宁和哲学》,杜章智译,远流出版事业股份有限公司1990年版,第69页。

总之，从否认公正概念的"党派性"进而主张"完善的公正"，这是西方公正话语的一般路径；而承认继而植根于"党派性"，则弥合了公正概念在哲学世界和政治生活之间的裂痕，更好地立足于无产阶级的利益诉求和社会实践，发现和丰富"真正公正"的内容和路径。正因为如此，在马克思主义公正话语中，对"公正"等价值符号充满了戏谑之言，这并不是马克思主义经典作家蔑视公正等政治价值的明证，而是在他们科学地解释了表达公正等政治价值的概念具有鲜明的党派性后，对其永恒的"不完善性"进行的彻底批判。

其三，只有无产阶级的公正才能实现从"不完善的公正"向"真正公正"的转型。阿尔都塞认为，马克思主义所倡导的"实践"是一种革命性实践，这种革命性体现在其已经不满足于仅仅对旧的实践加以全面批判上，而是转向如何实现新的实际行动了。他指出："这种实践是一种新的哲学实践：新在它不再是那种只不过是全面否定实践的沉思，（在那里，哲学虽然不断［在政治上］介入那种关系到科学真正命运的、在科学所建立的科学的东西和威胁着科学的意识形态之间的争论，并且不断［在科学上］介入关系到各阶级命运的、在有助于各阶级的科学的东西和威胁着它们的意识形态的东西之间的斗争，然而它顽强地在哲学［理论］中否认它在以这些方式进行介入），新在它是一种已放弃了全面否定，知道自己在做什么，并且按照实际情况行动的实践。"① 我们认为，如果理解马克思主义公正话语还纠缠于如何与西方公正话语甚至具体个别的公正理论加以辨别或者建立关联，那么这种所谓的"马克思主义公正论"甚至还没有达到"全面批判"的第一阶段，也就更难回答"按照实际情况行动的实践"的追问了。有的学者指出，在概念形式上，马克思对公正的相关解释与自由主义政治哲学等西方公正话语的相关解释之间，存在着位阶的差异，并将前者称为"高阶正义概念"，而支撑这种高阶性解释的重要依据是关于"人"即公正主体的界域的广泛程度。换言之，低阶的公正概念所指涉的公正主体的界域相对狭隘，而高阶的公正概念所指涉的公正主体的界域则比较宽广。关于

---

① ［法］阿图塞（阿尔都塞）：《列宁和哲学》，杜章智译，远流出版事业股份有限公司1990年版，第70页。

高阶与低阶的区分所形成的这一判断的主要依据是马克思在《关于出版自由和公布等级会议记录的辩论》一文中所指出的：

> 如果说较高级的权利形式的存在须由较低级的权利形式的存在来证实这一结论是正确的，那末把较低级的范围**用作**测定较高级范围的**尺度**就完全不正确了；这样一来，在一定领域内是合理的规律就被歪曲而变成一幅讽刺画，因为这些规律被任意加上了不是该领域的规律的、而是另一种更高级领域的规律所固有的含义。这正像我想强使一个巨人住在侏儒的屋子里一样。①

在一定程度上，这一看法有助于理解马克思对待公正概念的基本态度，但并没有阐明马克思在对待公正等本属于资产阶级法权概念上的革命性态度，还未能从"实践"的超越性角度打开马克思主义公正话语的新意义。当然，公正作为一个普洛透斯式的核心概念，可能的"解决这一难题的一个回应是使需要的概念相对化，即我们评价一个既定社会形式要根据它满足自身产生的需要的程度"②。

我们认为，无产阶级的公正至少包括三个层次。

第一个层次，无产阶级应采取何种新的方法论来理解自己的公正。时至今日，很多人仍在困惑或试图彻底发现为何马克思没有直接介入"公正问题"的哲学解释，因而为后来的公正论者留下了大量争论的玄想。我们认为，一种可能的解释是，马克思在发现"完善的公正"理念的背后涌动着阶级利益的诉求，被意识形态的阶级性所裹挟着，一旦使用这样一个"术语"，就必然要经过一番与"语词暴政"的抗争，而这种抗争距离问题的核心相去甚远。在阶级社会，公正，只有哪个阶级的公正，而绝没有超越阶级的人人公正。因此，无产阶级的公正的首要问题不是"公正是什么"，而是无产阶级对"公正"的诉求应该是什么。

在这里，主要的任务有两个方面：一是不断打碎种种"完善的公

---

① 《马克思恩格斯全集》（第1卷），人民出版社1956年版，第85页。
② ［美］艾伦·布坎南：《马克思与正义》，林进平译，人民出版社2013年版，第38页。

正"的神话，主要是打碎"普遍等级"及其观念变形的种种说辞，马克思早已指出："在真正的国家中，问题不在于每个市民是否有献身于作为特殊等级的普遍等级的可能性，而在于这一等级是否有能力成为真正普遍的等级，即成为一切市民的等级。但是，黑格尔所根据的前提是虚假的普遍等级、空幻的普遍等级，是特殊的等级的普遍性。"① 因而马克思主义公正话语必定是一种批判性话语，是在与形形色色的西方公正话语不断斗争中持续存在和发展的。二是不断揭示无产阶级的"时代诉求"，正如马克思所言："起来代替乌托邦的，是对运动的历史条件的真正洞见以及工人阶级的战斗组织的日益集聚力量。但是，乌托邦主义者宣布的运动的两个最后目的，也是巴黎革命和国际所宣布的最后目的。只是手段不同了，运动的现实条件也不再淹没在乌托邦寓言的云雾之中了。"② 因而马克思主义公正话语必定是一种实践话语，是在无产阶级的主体范围、根本利益、时代使命、发展阶段、活动领域、价值需要等要素的变动中不断被"具体地"体现出来的。正是在这个意义上，理解无产阶级的公正要从西方公正话语思维中跳出来的关键在于，从"人本主义思维方式"的限制中突破出来，构建起考察社会历史发展基本规律下的无产阶级历史发展的新方法论。正如有学者所指出的："这一新路径使他能够在历史尺度与价值尺度相统一的基础上，将共产主义的道义目标的正当性论证建立在关于历史发展规律性的科学认知基础之上；使他摆脱了在事实与价值裂解的思维模式下分割价值尺度与认知尺度的非此即彼的方法论纠缠，即摆脱了要么从关于应当的伦理论辩出发，要么从关于事实的科学认知出发的方法论纠缠。这是一种新的方法论，也就构成了马克思为他的正义原则辩护的特殊方式。"③ 在很大意义上，这种新方法论是理解无产阶级的公正的第一步。

第二个层次，无产阶级将如何实现自己的公正诉求。在马克思主义公正话语中，虽然理论体系不是它的批判目的与重构诉求，但是它也有阐释的基本尺度和主要观照，这植根于马克思主义经典作家对

---

① 《马克思恩格斯全集》（第3卷），人民出版社2002年版，第65页。
② 《马克思恩格斯全集》（第17卷），人民出版社1963年版，第604页。
③ 王新生：《马克思政治哲学研究》，科学出版社2018年版，第273页。

"无产阶级公正"的社会功能的深刻批判,集中体现在"私有制的掘墓人""劳动的革命性"和"贫困的根本解决"三大论述之中。霍克海默曾经指出:"哲学的真正社会功能在于它对流行的东西进行批判……这种批判的主要目的在于防止人类在现存社会组织慢慢灌输给它的成员的观点和行为中迷失方向。"① 其实质就在于阐明无产阶级如何实现自己的公正诉求。时至今日,马克思主义公正话语的此种功能显得尤为重要。

首先,"私有制的掘墓人"是无产阶级的历史责任,也是无产阶级实现自己公正诉求的首要前提。马克思指出:"无产阶级宣告**迄今为止的世界制度的解体**,只不过是揭示**自己本身存在的秘密**。"② 马克思主义公正话语不同于西方公正话语的第一个前提就是它对于个体正义的彻底抛弃,马克思在批判个体正义的实质与消极后果的基础上充分揭示了人的本质问题,否定了基于原子个体主义的虚假共同体、个体自由、个体之间的平等以及非历史性的个体等论断。在这里,个体正义的宿主"私有制"必须被否弃。然而,理论上的彻底否弃并不会直接带来现实中的实际否弃,而必须借由特定主体即无产阶级加以实现。无产阶级的公正所展示的"道德谴责力量"需要立足于马克思主义政治经济学的逻辑基础,正如马克思在《资本论》序言中所言:"我决不用玫瑰色描绘资本家和地主的面貌。不过这里涉及的人,只是经济范畴的人格化,是一定的阶级关系和利益的承担者。我的观点是把经济的社会形态的发展理解为一种自然史的过程。不管个人在主观上怎样超脱各种关系,他在社会意义上总是这些关系的产物。同其他任何观点比起来,我的观点是更不能要个人对这些关系负责的。"③ 进而言之,无产阶级的公正必然不会拘泥于"公正"符号的解释上,而要立足于无产阶级消灭私有制的各种观点、材料、实例上。在很大程度上,"马克思对正义的分析实际地包含了无产阶级解放的过程,而这一过程也是通过对资本主义私有制批判的形式体现出来的。不同于资产阶级从持有的私有制为理论前

---

① [德]霍克海默:《批判理论》,李小兵等译,重庆出版社1989年版,第250页。
② 《马克思恩格斯文集》(第1卷),人民出版社2009年版,第17页。
③ 《马克思恩格斯文集》(第5卷),人民出版社2009年版,第10页。

提的应得正义观,马克思提出了奠基于公有制基础上的人类解放和自我实现正义观"①,这一切绝不可以在"私有制"的前提下实现。正因为如此,《共产党宣言》才开宗明义地指出:"共产党人可以把自己的理论概括为一句话:消灭私有制。"②

其次,劳动的阶级性是无产阶级的独特优势,也是无产阶级实现自己公正诉求的基本条件。马克思说:"无产阶级并不是白白地经受那种严酷的但能使人百炼成钢的**劳动**训练的。问题不在于某个无产者或者整个无产阶级暂时**提出**什么样的目标,问题在于**无产阶级究竟是什么**,无产阶级由于其**身为无产阶级**而不得不在历史上有什么作为。它的目标和它的历史使命已经在它自己的生活状况和现代资产阶级社会的整个组织中明显地、无可更改地预示出来了。"③ 换言之,无产阶级实现"掘墓"私有制的历史责任,关键在于彻底去除异化劳动的"非公正"性。马克思在批判拉萨尔时曾指出,劳动不是一切财富的源泉,关键就在于否定抽象的劳动即脱离了劳动者的劳动。既然资本主义私有制就是资产阶级的所有制,那么只有作为所有者的阶级才能对待一切劳动材料和劳动对象,才能使劳动成为创造财富和分配财富的来源,因而劳动的阶级性是创造一切使用价值的源泉,也是社会财富的真正来源。那么,无产阶级的公正要得以实现,就需要充分发挥劳动的阶级性即无产阶级劳动的本质属性,不断扩大这一劳动。西方公正话语以及拉萨尔等人只承认"劳动的普遍性",甚至还提出了"劳动创造一切财富"这个看似合理的话语,这仅仅是在"空谈劳动"。对空谈劳动而言,"避而不谈劳动创造财富的条件的机会主义论调要进行坚决批判,工人、农民和一切社会劳动群众是创造物质财富和精神财富的主人,但在生产资料私有制条件下,他们处于被剥削、被压迫、被榨取劳动力的不平等地位,统治阶级把他们的贫穷污蔑为懒惰、奢侈,把自己的富足则美化为勤劳、节俭,社会成员的贫穷和富裕与生产资料的占有状况无关,只与劳动有关,这样,通过给劳动加上一种超自然的创造来麻痹工人群众的斗争觉

---

① 谌林:《马克思思想资源中的社会正义》,《中国社会科学》2014年第3期。
② 《马克思恩格斯文集》(第2卷),人民出版社2009年版,第45页。
③ 《马克思恩格斯文集》(第1卷),人民出版社2009年版,第262页。

悟，心安理得地接受剥削阶级的统治"①。与此不同，马克思主义公正话语对"劳动"的阐释直接与资本主义生产方式的批判相关，这与他们批判"资本主义公正观"的思路保持了高度一致，也就是在发现"非正义"的资本主义的客观结构中指明无产阶级实现"公正"的实践途径，即无产阶级要成为劳动的真正主人，在劳动中展示无产阶级的本质力量，在劳动中拥有自己的劳动产品，在劳动中实现自我确认与自我肯定，在劳动中不断消弭它的阶级性继而实现普遍的、自由的劳动，最终"赢得人的身份和价值"，这正是无产阶级实现公正诉求的题中之义！

最后，贫困的彻底铲除是无产阶级的实践使命，也是无产阶级实现自己公正诉求的真正意义。贫困是财富占有不均的结果，财富占有是以劳动者分配的"公正"为标准的。正是无产阶级与资产阶级同整个社会的生产资料的关系处于本质上的不同等地位，而资产阶级可利用他们私有的生产资料以及他们私人所有的土地、工厂等差异性条件，使得无产阶级只能在资产阶级公正的"分配不公"中不断贫困化（或相对的持续贫困化）。在西方公正话语中，甚至在很多马克思主义公正论者的视野中，这一论题都被冠以马克思主义的分配公正问题，从而将其与私有制的本质性与劳动的阶级性同列甚至前置于此二者，从而突出了"分配公正"在马克思主义公正话语中的议程安排地位，弱化它是被决定的真实状况以及"铲除贫困"的重要意义。列宁曾说："半个世纪以来，没有一个马克思主义者是理解马克思的！！"② 事实上，马克思、恩格斯大量论述过分配的从属性，他们几乎从来没有单独谈论过"分配问题"，而总是与生产、交换、消费在一起讨论，或者从价值创造和价值分配的相互关系中加以具体分析。对于分配公正而言，它的批判性意义来自于对私有制的科学阐释和无情鞭挞，而它的建构性意义则取材于劳动价值论的系统解释和因果论证。如果能够解决这一分析的位阶性问题，就不会孤立地谈马克思的分配公正观，更不会认为马克思在政治经济学、法学（政治学）、伦理学的不同维度上对"分配公正"的认识有

---

① 李明桂：《〈哥达纲领批判〉中的公平分配理论研究》，中国社会科学出版社2017年版，第67页。

② 《列宁全集》（第55卷），人民出版社1990年版，第151页。

内在张力。我们认为,马克思在《哥达纲领批判》中早已清楚地阐明了"分配公正"的前提是生产力的充分发展、集体财富(物质财务)的极大涌流、旧分工(奴隶式分工)的消失、作为人的本质的劳动得以确认以及人的全面自由的发展,即"在共产主义社会高级阶段,在迫使个人奴隶般地服从分工的情形已经消失,从而脑力劳动和体力劳动的对立也随之消失之后;在劳动已经不仅仅是谋生的手段,而且本身成了生活的第一需要之后;在随着个人的全面发展,他们的生产力也增长起来,而集体财富的一切源泉都充分涌流之后,——只有在那个时候,才能完全超出资产阶级权利的狭隘眼界,社会才能在自己的旗帜上写上:各尽所能,按需分配!"① 那么,为什么马克思分配公正观却引起反复争论呢?事实上,这就是因为分配公正的"制度中立性"易于遮蔽贫困问题的"阶级现实性",建议一种"分配公正"的制度安排总是可以较好地回避贫困这一建立在"无产阶级与资产阶级"根本对立上的"不公问题"。正是在这个意义上,《哥达纲领批判》对于形形色色的分配公正学说的辛辣斥责和资本主义社会分配公正结构的深刻揭露才有了积极意义。在马克思主义公正话语中,这绝不是在探讨一种以马克思为名的"分配公正",而是在为无产阶级如何彻底消除"贫困"而达到"真正公正"提供一种科学的解析。为此,我们应该重审马克思在《哥达纲领批判》中做出上述论断前的系列论述——

(1)"从'不折不扣的劳动所得'中扣除这些部分,在经济上是必要的,至于扣除多少,应当根据现有的物质和力量来确定,部分地应当根据概率计算来确定,但是这些扣除无论如何根据公平原则是无法计算的。"② 显然,在"公平原则"下,贫困问题是一种可以计算的社会现实。在资本主义社会等阶级社会中,劳动者(无产阶级)所能得到的只能是无限的"有折有扣"的"分配"了,处于私人地位的所有者和生产者只能处于"直接或间接地用来为处于社会成员地位的这个生产者谋利益",而劳动者所谋利益只能越发狭小,贫困问题则只能越发显露了。

(2)"在把这部分进行个人分配之前,还得从里面扣除:**第一**,同

---

① 《马克思恩格斯文集》(第3卷),人民出版社2009年版,第435—436页。
② 同上书,第433页。

生产没有直接关系的一般管理费用。同现代社会比起来，这一部分一开始就会极为显著地缩减，并随着新社会的发展而日益减少。**第二，用来满足共同需要的部分**，如学校、保障设施等。同现代社会比起来，这一部分一开始就会显著地增加，并随着新社会的发展而日益增长。**第三，为丧失劳动能力的人等等设立的基金**，总之，就是现在属于所谓官办济贫事业的部分。"① 由此可见，一切社会的管理费用、公共设施建设费用和"慈善"基金等公共性支出都要从劳动者的"不折不扣的劳动所得"中扣除，那么，这些扣除的理由、比例和数量究竟是多少呢？还是要依据"制度"，而这种制度的最终根据仍然是劳动的阶级性。由此可见，贫困问题在阶级社会里是不可能彻底解决的。资本主义社会的公共性资金越充裕，劳动者的贫困问题非但不会袪除甚至无法有所缓解，反而会长期存在，并在一定条件下不断恶化。

（3）"虽然有这种进步②，但这个**平等的权利**总还是被限制在一个资产阶级的框框里。生产者的权利是同他们提供的劳动**成比例的**；平等就在于以**同一尺度**——劳动——来计量。但是，一个人在体力或智力上胜过另一个人，因此在同一时间内提供较多的劳动，或者能够劳动较长的时间；而劳动，要当做尺度来用，就必须按照它的时间或强度来确定，不然它就不成其为尺度了。这种**平等**的权利，对不同等的劳动来说是不平等的权利。它不承认任何阶级差别，因为每个人都像其他人一样只是劳动者；但是它默认，劳动者的不同等的个人天赋，从而不同等的工作能力，是天然特权。**所以就它的内容来讲，它像一切权利一样是一种不平等的权利**。"③ 在这里，马克思似乎是在讨论"平等权利"的问题，但实际上，他仍是在强调劳动者必然贫困的根本原因。具体而言，劳动者要根据自己的智力、体力等天然禀赋决定其劳动量，劳动量的多寡就决定了"获得的不平等"和"权利的不平等"。然而，天然特权也导致劳动者无法彻底摆脱这种"不平等"，而此种不平等的积累仍旧会面临着"贫困化"的消极后果。在阶级社会（包括社会主义社会）里，

---

① 《马克思恩格斯文集》（第3卷），人民出版社2009年版，第433页。
② 在马克思看来，在社会主义阶段，虽然平等权利仍未跳出资产阶级权利范围，但是它已有所进步，即原则和实践在这里不再互相矛盾。这是一种进步。
③ 《马克思恩格斯文集》（第3卷），人民出版社2009年版，第435页。

这种消极后果是难以克服的。

综上可见，在马克思主义公正话语中，分配公正的问题所内含的仍然是"贫困问题"在阶级社会的本质性，而"在所谓**分配**问题上大做文章并把重点放在它上面，那也是根本错误的"①。在这里，需要解放的是什么呢？不是权利、财富或者分配方案，也不是劳动，而只能是劳动者本身。为了实现无产阶级的公正，就需要"解放"无产阶级，这就是《共产党宣言》所指出的："在当前同资产阶级对立的一切阶级中，只有无产阶级是真正革命的阶级。其余的阶级都随着大工业的发展而日趋没落和灭亡，无产阶级却是大工业本身的产物。"②

第三个层次，无产阶级在"真正公正"的历史到来之前将采取何种可能方案加速这一历史前景的到来。相对于前两个层次，这一层次更趋向于"如何做"的问题。这对于马克思主义公正话语而言是一个重要却常常被忽视的问题。习近平总书记指出："坚持马克思主义为指导，最终要落实到怎么用上来。"③ 在马克思主义公正话语中，真正公正是一种"理想性""彼岸性"的未来维度，而在充斥着"完善的公正"探寻的西方公正话语的主导下，无产阶级的公正的实现肩负着两大现实任务，即超越政治批判与实现经济解放。事实上，马克思主义公正话语并不探讨如何"实现"真正公正，而是在思考如何"创造"实现真正公正的准备。这二者看似相近，却有本质的不同。前者是实现真正公正的方法，暗含着当前社会阶段存在"真正公正"的可能，是一种未来维度的方略设计；而后者则是积累实现政治公正条件的方法，明确了当前社会阶段是不可能产生"真正公正"的，是一种现实维度的实践策略。上文业已指出，无产阶级的公正是围绕着"铲除贫困"这一核心任务布局的，而为了实现基于"铲除贫困"前提下的所谓分配公正，需要五种条件要素。实现这些条件要素，存在两条基本路径：以政治革命为中心的社会解放路径与以消灭分工为核心的人的自由解放路径，这也是无产阶级在"真正公正"的历史到来之前所应采取的一切可能方案的

---

① 《马克思恩格斯文集》（第3卷），人民出版社2009年版，第436页。
② 《马克思恩格斯文集》（第2卷），人民出版社2009年版，第41页。
③ 习近平：《在哲学社会科学座谈会上的讲话》，《人民日报》2016年5月19日。

总途径。需要强调的是，二者缺一不可。如果只谈前者，那么就会陷入公正的伦理中心主义，最终与西方公正话语的先验建构主义混为一谈；假如只谈后者，则难免会导致公正的经济相对主义，最终与西方公正话语的比较现实主义界限模糊。具体而言，为了实现"无产阶级的公正"，以期最大限度地为"真正公正"的实现准备必要的各项前提条件，马克思主义公正话语中所能发现的基本方案至少有两个主要方面。

一方面，实现无产阶级的公正需要"批判"，这包括了道德批判、政治批判和经济批判，但必须谨防资产阶级公正的道德说教、政治伦理与经济分配方案。以"公正"为名的建构与解构是不断存在、发展和变化的，科学地揭示了公正的真正意义，并不意味着在实现无产阶级的公正时可以对西方公正话语的存在视而不见。事实上，恰恰相反，如果没有持续彻底的批判，就很难厘清"革命"和"解放"的具体内容，往往容易陷入"公正"名词空场的精神恐慌里，以致陷入西方公正话语精心布置的话语框架里。作为道德说教、政治伦理与经济分配方案的西方公正话语，可以针对个体境遇、社会环境、制度结构等各个层面的"不公正"加以批判，但唯独不会对"阶级"意义上的不公正加以斥责，因为这种斥责将瓦解上述批判赖以存在的社会制度本身。而马克思主义公正话语则恰恰相反，它不满足于对个体境遇、社会环境、制度结构等各个层面的"不公正"加以批判，而是直面"阶级间"的不公正及其本质。在马克思主义经典作家看来，这本身就是一种"科学的态度"，正如恩格斯所言"我们把资产阶级只当作一个**阶级**来看待，几乎从来没有去和资产者个人交锋"[①]正是在这个意义上，我们可以说，马克思主义公正话语是一种科学的批判，而绝不是"科学学说与道德谴责剥离"（波普尔语）的"残论"。在这里，对资产阶级的公正不断批判的使命一则体现在彻底揭示剩余价值的剥削本质上，以鲜活的时代材料不断证明资本主义社会的不公正本质；二则要从资产阶级对道德、政治、社会准则的追求中戳穿其所谓"完善的公正"的虚伪性。对于前者，马克思主义经典作家所提供的公正话语已然相当充分了；对于后者，则需要后世的马克思主义者不断揭开现代社会遮蔽在"资产阶级的

---

① 《马克思恩格斯文集》（第 10 卷），人民出版社 2009 年版，第 486 页。

公正"上的迷障,而"共产党一分钟也不忽略教育工人尽可能明确地意识到资产阶级和无产阶级的敌对的对立"①,这正是实现无产阶级的公正所需的"批判"。

另一方面,实现无产阶级的公正需要"革命",这包括在建立"革命专政"前提下的社会主义国家的政治职能、经济职能等方面的公正性考量,即人民立场的考量。马克思、恩格斯在《德意志意识形态》中指出:"革命之所以必需,不仅是因为没有任何其他的办法能够推翻**统治**阶级,而且还因为**推翻**统治阶级的那个阶级,只有在革命中才能抛掉自己身上的一切陈旧的肮脏东西,才能胜任重建社会的工作。"② 寄希望于在资本主义社会中开出"无产阶级的公正"之花,这是西方论者所理解的"自己的阶级骄傲"③,还没有认识到革命中实现的无产阶级的公正是要实现使所有人获得具有世界历史作用的一切属于人的东西。

为了实现这种"革命",不断实现"无产阶级的公正",马克思主义经典作家至少设想了三大步骤:

首先是完成"兼具政治革命与经济革命"的趋向新社会发展要求的革命,使无产阶级成为整个社会中主导公正话语的真正主体。在这里,无产阶级的公正还是一种被孕育的新社会因素,正如马克思所言:"工人阶级不是要实现什么理想,而只是要解放那些由旧的正在崩溃的资产阶级社会本身孕育着的新社会因素。"④

其次是通过无产阶级的国家政权建设,将无产阶级公正的内在诉求外化为制度体系。在《哥达纲领批判》中,马克思指出:"在资本主义社会和共产主义社会之间,有一个从前者变为后者的革命转变时期。同这个时期相适应的也有一个政治上的过渡时期,这个时期的国家只能是无产阶级的革命专政。"⑤ 在这里,马克思辛辣地讽刺了"自由国家""未来国家""伦理国家""现代国家"的空想。任何熟悉这些概念的人都知

---

① 《马克思恩格斯文集》(第2卷),人民出版社2009年版,第66页。
② 《马克思恩格斯文集》(第1卷),人民出版社2009年版,第543页。
③ [英]卡尔·波普尔:《开放社会及其敌人》(第2卷),郑一明等译,中国社会科学出版社1999年版,第187页。
④ 《马克思恩格斯文集》(第3卷),人民出版社2009年版,第159页。
⑤ 同上书,第678—679页。

道,"公正"恰恰正是"自由国家""未来国家""伦理国家""现代国家"的核心要义。因此,抛弃"空想式国家"的公正设想,就必须认识到国家不是一个由社会分工而产生的独特机体,而是决定于其统治者的阶级性的社会管理和服务的组织,它没有独立于阶级性的任何独立的价值属性。这就告诫共产党人不要空谈社会主义国家的精神的、伦理的基础,而应从社会主义国家的阶级本色中完成对"独立存在物式"的公正话语的革命性超越,不断追问无产阶级(人民群众)的根本利益是否得以保障,共同财富是否确被共享,自由发展的条件是否得以积极培育。

最后是以变革"旧的分工",扩大"自由时间"以及逐步实现人的自由个性的普遍性和全面性为主要内容的长期实践。这一步是实现"无产阶级的公正"的革命性变革的"最后一公里",是迎来历史转折的"关键一步"。这时,"公正"之名已经逐渐淡去,而真正公正的曙光已然明亮。为此,马克思指出了三个必须:必须彻底消灭分工,必须真正实现人的全面自由发展,必须完成向自由王国的飞跃。这三个"必须"看似比较抽象,但在马克思主义经典作家那里却具有十分具体的含义。所谓必须彻底消灭分工,就是指将束缚精神活动和物质活动、享受和劳动、生产和消费的"个人负担"的根源——分工——彻底消灭,产生一种全新的交往方式和生活方式,即"任何人都没有特殊的活动范围,而是都可以在任何部门内发展,社会调节着整个生产,因而使我有可能随自己的兴趣今天干这事,明天干那事,上午打猎,下午捕鱼,傍晚从事畜牧,晚饭后从事批判,这样就不会使我老是一个猎人、渔夫、牧人或批判者"[①]。所谓必须真正实现人的全面自由发展,是指根据人类社会发展的三阶段论,在第二阶段以解决"商业、奢侈、货币、交换价值"为代表的虚假个人自由以及"资产阶级与无产阶级的共同异化"问题为条件的"革命性解放",正如马克思在《1857—1858年经济学手稿》中明确指出的:"全面发展的个人——他们的社会关系作为他们自己的共同的关系,也是服从于他们自己的共同的控制的——不是自然的产物,而是历史的产物。要使**这种**个性成为可能,能力的发展就要达到一定的程度和全面性,这正是以建立在交换价值基础上的生产为前提的,

---

[①] 《马克思恩格斯文集》(第1卷),人民出版社2009年版,第537页。

这种生产才在产生出个人同自己和同别人相异化的普遍性的同时，也产生出个人关系和个人能力的普遍性和全面性。"① 而所谓必须完成向自由王国的飞跃，也离不开前共产主义社会的革命实践创造，既需要准备一切技艺和科学之手段，又需要为社会生产力的充分发展提供广阔余地，还需要培育具有丰富的、全面而深刻的感觉的人，进而逐步实现"物质生产——作为目的的人的全面发展——基于物质力量的意识内部的理想"有机统一的新社会形态。我们认为，在这里，无产阶级的公正终将褪去"公正"之名，而彻底成为"真正的公正"！这种真正的公正，正是马克思在《资本论》中所阐述的由必然王国向自由王国的历史飞跃的具体表达——

> 社会的现实财富和社会再生产过程不断扩大的可能性，并不是取决于剩余劳动时间的长短，而是取决于剩余劳动的生产率和进行这种剩余劳动的生产条件的优劣程度。事实上，自由王国只是在必要性和外在目的规定要做的劳动终止的地方才开始；因而按照事物的本性来说，它存在于真正物质生产领域的彼岸。像野蛮人为了满足自己的需要，为了维持和再生产自己的生命，必须与自然搏斗一样，文明人也必须这样做；而且在一切社会形式中，在一切可能的生产方式中，他都必须这样做。这个自然必然性的王国会随着人的发展而扩大，因为需要会扩大；但是，满足这种需要的生产力同时也会扩大。这个领域内的自由只能是：社会化的人，联合起来的生产者，将合理地调节他们和自然之间的物质变换，把它置于他们的共同控制之下，而不让它作为一种盲目的力量来统治自己；靠消耗最小的力量，在最无愧于和最适合于他们的人类本性的条件下来进行这种物质变换。但是，这个领域始终是一个必然王国。在这个必然王国的彼岸，作为目的本身的人类能力的发挥，真正的自由王国，就开始了。但是，这个自由王国只有建立在必然王国的基础上，才能繁荣起来。工作日的缩短是根本条件。②

---

① 《马克思恩格斯文集》（第8卷），人民出版社2009年版，第56页。
② 《马克思恩格斯文集》（第7卷），人民出版社2009年版，第928—929页。

第六章　当代中国的公正话语：话语体系构建的基础与探索

> 全面深化改革必须以促进社会公平正义、增进人民福祉为出发点和落脚点。这是坚持我们党全心全意为人民服务根本宗旨的必然要求。全面深化改革必须着眼创造更加公平正义的社会环境，不断克服各种有违公平正义的现象，使改革发展成果更多更公平惠及全体人民。如果不能给老百姓带来实实在在的利益，如果不能创造更加公平的社会环境，甚至导致更多不公平，改革就失去意义，也不可能持续。
>
> ——习近平：《切实把思想统一到党的十八届三中全会精神上来》①

　　从话语的政治性诠释、公正话语的理论范式到对西方公正理论的批判、公正话语的西方谱系的省思再到马克思（主义）公正观及其话语属性的剖析、社会主义国家在公正话语体系构建方面的经验总结，这一切都是为了提供一个公正话语的理论范式和实践视角，并以此为基础切入当代中国的公正话语体系的观察与思考中。在严格意义上，当代中国公正话语的体系建构问题，不是一个自发的过程，它是在古今、中外、理论与实践的多重矛盾中逐渐凸显其必要性，从而成为一个显著问题。公正话语是一个历史性的理论建构，正如马克思所发现的，人类存在及其社会关系的根本特征不在于什么是唯一的、直觉的、永恒不变的抽象

---

① 习近平：《习近平谈治国理政》，外文出版社 2014 年版，第 96 页。

本质，而在于其必须是历史性的存在。对于公正问题而言，不论是概念性解释问题还是实践性观念问题，要想真正理解它的"历史性存在"的具体内容，就逃离不了自由主义哲学思维的禁锢，即必然要在分立的逻辑中将公正的原则与实践对立起来，在本质的名义下将公正是什么与公正的应用原则对立起来，在有限的条件下将公正置于经济不自由与个体政治权利相对立的地位。张一兵认为，马克思主义哲学革命的最后视域甚至马克思主义创造性的最后视域必然存在于"分立与缝合：哲学话语内居于经济学语境"的重思中，这是一种根本性的话语思维的融合。在这个意义上，理解马克思（主义）公正话语的优越性与独特性就是统一的，即并不存在任何独立的公正本质领域，也不存在所谓的特殊的公正类型，公正始终是一个生产性的概念，即公正话语的"一体"；为了支撑这个"体"或者说使得这个体具有"现实感"，则需要多种维度，而这些维度是在现实中被反复遴选出来的，即公正话语的"多翼"。在不同社会发展阶段与国家内，"体"的不同决定了公正话语的本质性差别，"翼"的选择则在多元、融入与组合中可能会呈现出一些相似的类型化。对此，马克思曾指出：**"生产关系总合起来就构成为**所谓**社会关系**，构成为所谓社会，并且是构成为一个处于**一定历史发展阶段上**的社会，具有独特的特征的社会。古代社会、封建社会和资产阶级社会都是这样的生产关系的总和，而其中每一个生产关系的总和同时又标志着人类历史发展中的一个特殊阶段。"① 对于当代中国公正话语这一具体问题而言，它的建构思维和体系化理路重在"体"的选择，而丰富于"翼"的组合，最终体现出的二者相互配合的体系化，是动态的公正话语体系。在本章里，我们将从批判性地回归公正话语的西方谱系入手，在马克思主义公正话语的解释框架下，历史性地为当代中国公正话语体系的建构寻找一条可能的解释通路。

第一节 探寻公正话语的中国之维

习近平总书记指出："要按照立足中国、借鉴国外，挖掘历史、把

---

① 《马克思恩格斯全集》（第6卷），人民出版社1961年版，第487页。

握当代，关怀人类、面向未来的思路，着力构建中国特色哲学社会科学，在指导思想、学科体系、学术体系、话语体系等方面充分体现中国特色、中国风格、中国气派。"① 对于公正话语的理论范式而言，最难接受的恐怕就是它与公正理论的分道扬镳了。人们很有可能会嘲笑这是在玩弄"辞藻"，还会有来自"使命感"的责备："即便有了公正话语，就能解决公正理论解决不了的问题吗？"自然也会受到那些精工细作于公正诸理论、原则、制度框架、机制设计与行为解释（政治心理意义上）甚至致力于比较数量结构的理论工作者的蔑视。因此，需要再次强调的是，公正话语的理论范式虽然是一种批判性思维的结果，但并不是颠覆性的，即并不认为诸如上述一类的"公正问题"之思是无意义的。恰恰相反，这样的观点广泛地存在于上述认识框架或理论、模型之中。公正话语的理论范式所强调的"被发现的公正话语"本质上是一种历史态度，是政治诠释学意义上的"发现"②。那么，在进入公正话语的西方谱系及其体系化的具体阐述之前，有必要将公正话语的理论范式在西方语境中进行一次蒸腾，以得到更加具体的论纲。

一　任务：面向回归的意义

我们最终的目的是要考察当代中国的公正话语谱系，并对一个可能的体系进行建构。那么，为什么要先进入公正话语的西方谱系呢？原因主要有三：

第一，当代中国的公正话语的发现在主要思想与理论基础上需要省思西方的公正理论。公正作为一个理论和实践问题，始终是世界性的。但是，将这个问题凸显出来进而上升为政治哲学乃至所有社会科学的中心议题之一，是西方理论家完成的。尽管我们的确可以从中国传统思想文化和学术思想中发掘"公正之说"，但从论题论述的系统性、完整性特别是学术影响力方面而言，西方的公正理论在客观上起着主导作用。也正因为如此，只有揭示了公正话语的西方谱系及其体系化才能更好地

---

① 《习近平谈治国理政》（第2卷），外文出版社2017年版，第338页。
② 这就是笔者在博士论文阶段的主要任务。参见亓光《政治诠释学视域中的公正问题研究》，人民出版社2016年版。

理解公正话语在当代中国的论域与内容。同理,如果我们能够更好地解释西方的公正理论的"话语性",并将这种话语性历史地阐释出来,找到一种西方谱系及其体系化的基本特征与具体规律,那么对于公正话语的中国化思考也是不无裨益的。再者,正因为西方的公正理论历史悠久、种类庞大、内容丰富,所以公正话语的理论范式的切入角度与呈现方式就产生了一定的"重构意义",这种重构意义的实践指向是"中国的",即为了发现当代中国的公正话语体系而对公正话语的西方谱系进行分析是本然的动机,也是一种初步验证的积极尝试。

第二,当代中国的公正话语的发现需要突破以"创制"为特点的西方公正理论体系的限制。黑格尔曾不无傲慢地将东方哲学整体从哲学的历史大厦中清扫出去,而这种西方思维在东方和中国并不缺乏拥趸。在主观上,这就造成理论研究中"西化"的必然性,公正问题的思考只不过是这一主流中的细小分支。因此,无论是"随大流"还是"破壁重生"都必须面对这个"壁"。具体到公正问题领域,权且不论古典时代,近代以来的西方公正思想在"创制"的道路上从未停止过,也由此创造了大量的公正理论。如果抛开话语思维,这些理论就只可能是线性存在的;而在话语思维中,它们虽然具有缺陷,却产生了不同的历史意义。巴尔特认为:"对于一种完全没有意义的历史来说,它的话语必定只是孤立观察的无组织的罗列……自组织完好的'流动性的'话语中,事实或者作为标志,或者作为标志序列的节点,不可抵抗地起着作用。甚至对事实的一种无秩序的描述至少也传达了'混乱'的意义,并暗示了一种否定的特殊的历史哲学。"[1] 申言之,探寻公正话语的西方谱系及其体系化的意义绝不是西方的也不仅仅是批判的,而是具有广泛意义(包含中国在内的)且能够在传承和发展的时候从"被发现的公正话语"的高度对未来的具体的公正理论进行引导。

第三,当代中国的公正话语的发现与公正话语的西方谱系在现代性的时代主题中是一个问题的不同侧面,两者需要相互理解、相互支撑。这是一个严肃却常被忽视的理论问题。人们断言,公正是一个古老的问

---

[1] [英]汤因比等:《历史的话语:现代西方历史哲学译文集》,张文杰编,中国人民大学出版社2012年版,第118页。

题。但是，人们往往是依据现代性的方案，在将古典与现代不加区分的基础上，提出并证明这一论点的。这样一来，现代性主题就成为关键。其中，"现代政治哲学思考政治社会的性质，就势必要从政治社会建立的开端，即建立国家的契约重新开始，政治社会被看作人与人之间的契约的人为产物"①。那么，对此类前提的批判，可以为当代中国的公正话语构建提供一个更为客观的西方图景。以"分配正义问题"为例，有学者就指出："尽管人们确实很早就看到有冲突的财产分配主张是正义的问题，但同样真实的是，哲学家们长期以来所关心的是资源分配的社会原则。我们并不能因此就得出结论说，这两类问题长期以来是结合在一起的。实际上它们并非如此。直到不久前，人们还没有将整个社会的资源分配的基本结构视为正义问题，更不要说把正义作为在分配资源时要考虑到每个人需要的要求。"② 在此基础上，在现代性方案之内，我们也可以更加清楚地辨明自由主义公正理论及其产生的公正话语体系所表明的"行动的现代理念"，进而发现它的本意是"自我本位的理性自律"与"理性选择的必然性"。由此，我们才能对公正话语的西方现代谱系有更深入的反思，进行本意的反思而非素材的取舍，如"可不可以说作为西方的一种思维模式，哲学已经失败了？相反，可不可以在哲学思维方式的丧失中找到对于危机的解释？"③ 这一基础也许可以为当代中国的公正话语思考绘制一张"新蓝图"。

　　如果上文"先进入公正话语的西方谱系"的原因并不难理解，那么"进入公正话语的西方谱系"的方法论却不是一件容易抉择的事。其实，任何具有政治思想史特点的考察，不外乎有两种主要途径，即置身于对象本身或置身于对象之外。前辈学者在这个问题上，虽然所用术语并不相同，但观点与论证并不少见。很多人主张，客观了解某一思想或某一个概念在特定历史阶段的思想面貌，应该置身于对象本身，特别是

---

① 李猛：《自然社会——自然法与现代道德世界的形成》，生活·读书·新知三联书店2015年版，第387页。
② ［美］塞缪尔·弗莱施哈克尔：《分配正义简史》，吴万伟译，译林出版社2010年版，第2页。
③ ［法］卡罗勒·维德马耶尔：《政治哲学终结了吗？》，杨嘉彦译，华东师范大学出版社2016年版，第28页。

在历史的文本中去挖掘。至于这样的文本包含哪些内容，则或宽泛或狭义，或聚焦于思想家的论述阐释或广揽时代的描述表达。在这里，施特劳斯的历史经验①论、斯金纳的历史重建论、罗蒂的理性重建论等都是其主要的理论范式。但是，对于这种路径的反思与细化始终存在。除了置身于对象之外的路径外，在这个路径内部也包含着两种以批判形式出现的分析路径，即"建构主义"与"解构主义"的二分。它们的一致性在于都承认置身于对象本身的首要性，而分歧则在于如何"置身"的方法上。历史经验论、历史重建论、理性重建论都可归于建构主义，而德里达等人所主张的解构主义则与之相对，旗鼓相当。不过，对于公正话语的方法论选择而言，解构主义提供了一种很重要的视角，即反逻各斯中心主义。"每个词都具有由整个语言的所有其他词所衬托的一种对比的含义。其单个的含义被'拖延了'，直到掌握了全套对比的含义时才能得到确定。如果我们再加上这样的判断，即语言总是变化的，相关的特定词的含义本身就是其他词的对比含义的一部分，那么固定一个词的明确含义的做法就是注定会失败的事情。"② 这就意味着，一切以理论、思想、问题等语言现象为名的方法论，都具有一种不确定性，而一般问题或基本问题的永恒性与普遍性也就需要不同时代的版本和具体应用的考证了。对于公正话语的理论范式而言，它不仅可以直接面对公正问题中心论的挑战，而且为公正话语自身保持不断发展的确证提供了依据。可见，这一视角不但进一步证明公正话语作为一个理论范式的合法性，而且将其可验证、可运用的程度进一步增强了。故而，如何选择，甚至是决断的问题，就不是一个简单的研究方法问题，而是要寻求与公正话语相契合的方法论的问题。

---

① 施特劳斯旗帜鲜明地反对历史主义和实证主义，他认为，任何重建都会带来理解的危机，都必然会进入虚无主义的意见丛林，而丢失政治知识的本然面貌。他突出了经验的政治哲学的地位，并将此上升为一种知识论范式。正如有的学者所言："他突出了经验的显明性，并且援引亚里士多德的'根本性经验'，但是他清楚地指出了有一种思想的局限性，即这种思想在一种特殊的历史环境中掌握了它的来源，而后又宣称这种历史经验的特殊性。"（参见［法］卡罗勒·维德马耶尔《政治哲学终结了吗？》，杨嘉彦译，华东师范大学出版社 2016 年版，第 68 页）

② ［英］杰弗里·托马斯：《政治哲学导论》，顾肃、刘雪梅译，中国人民大学出版社 2006 年版，第 67 页。

罗尔斯在研究西方政治哲学史的时候，曾对自由主义公正理论的经典文本问题进行过初步的考量。当然，他提出了政治哲学——主要是自由主义政治哲学——的四大问题与四大功能，也就自然会皈依到自由主义公正理论的前理解中。这对于"被发现的公正话语"及其方法论的选择而言，是大相径庭的，这在上一章已经做了基本交代。不过，罗尔斯的确提供了一种思考的角度，对于公正话语的西方谱系的考察特别是上述方法论的决断问题进行了充满隐喻的铺陈。他指出：

> 政治哲学的某些文本享有较高的威望，以致成了公共政治文化（与公民社会的一般文化相对）的一部分。……
> 更重要的是，这些文本以及其他法规（如果存在的话）表达了我们所谓的政治价值。当然，它们不是对政治价值的定义，而只是某种暗示。……
> 我们完全可以把这些理念称为政治价值。我将思考关于正义的这样一种政治观念：它试图对这些价值做出合理的、系统的和连贯的说明，试图弄清楚，这些价值应如何被组织起来以便应用于基本的政治和社会制度。政治哲学的大部分著作（即使它们历史悠久）都属于一般性的背景文化的一部分。但是，在最高法院的争论和关于基本政治问题的公共讨论中经常被引用的那些著作，则应被视为公共政治文化的一部分或与后者有关。①

罗尔斯的这段论述从三个方面由简入繁地说明了那些"鸿篇巨制"的公正思想经典中的隐喻。从政治理念、政治价值再到公共政治文化，罗尔斯巧妙地将自由主义的哲学本体论与历史本体论作为一种先见——一般文化——悬置起来。在经过他的限定后，公正作为一种"政治观念"就可以对符合自由主义公共政治文化前提的不同政治价值与政治理念进行说明了。显然，这种公正之所以能够发挥合理、系统、连贯的解释作用，就因为它是"个体主义""私有制""资产阶级"的一般文化

---

① [美]约翰·罗尔斯：《政治哲学史讲义》，杨通进等译，中国社会科学出版社2011年版，第5—6页。

在政治领域的代表。在这个意义上，公正自然就是个体主义的"公正"了。在个体主义也就是这种公正理论内，自然就不会出现任何其他的话语，因为不存在一种从基础语境和共识前提层面的不同表述。对于这种公正而言，"我指出"的古典语义变得异常绝对化，也正因如此，公正话语就不可能成为与之地位相当的另一种理论范式，而只可能是具体的学术观点、政策文本或日常言谈。这里的话语分析，特别是政治话语分析的介入，就一定是在这个基本框架内的分析产物，即对如何巩固个体主义的"一般文化"前提合法性的持续确认。事实上，分析马克思主义学者柯亨也指出："关于分配正义的罗尔斯立场不可能立基于对非个人正义进入个体决策的普遍性门槛：这减弱了特别是就分配正义而言的分工这一命题的可信性，因为它不能反映一些更有普遍性的东西。"① 也正因为如此，如果我们丝毫不加辨析地使用罗尔斯式的"公正理论"的各种阐释，不论是支持还是反对，却从未跳出这个公正理论的既定前提，那么我们也就跳不出这个理论本身的价值冲突。假如我们还想以一种罗尔斯式的公正理论的工具方式处理资本主义的内在矛盾甚至解决中国特色社会主义的社会公平正义问题，那么就像是在失去前提判断的条件下进行日常判断一样徒劳无功了。事实上，问题并不是出在罗尔斯那里，而是出在批判他的"马克思主义"者那里。正如有学者所言："伍德和布坎南强调的是马克思本人讲了些什么，马克思在正义问题上的基本观点是什么；而佩弗和柯亨除了关注马克思本人怎么讲之外，还关注马克思没有展开的但不违背马克思基本精神的那些内容。伍德和布坎南要解决的问题是马克思为何反对正义，而佩弗和柯亨则努力证明马克思也主张正义。"② 因此，发现一种批判与超越资本主义的马克思（主义）公正观，就不能停留在"政治文化背景"的简单批判及其以此为标准的马克思有无公正理论的批判上，而应在"一般文化背景"层面重新检讨自由主义公正理论，进而揭示它不过是公正话语的西方谱系中的当代主流。

---

① ［英］G. A. 科恩：《拯救正义与平等》，陈伟译，复旦大学出版社2014年版，第8页。
② 林育川：《正义的谱系——对分析马克思主义学派正义观的一种解读》，《哲学研究》2013年第1期。

故而我们认为，只有在罗尔斯真正停步的地方，才能发现回归对象自身而非置身于对象本身是一种符合公正话语的方法论选择。在近代哲学传统中，这来源于现象学与诠释学的主流。正如张一兵在其《回到马克思》一书中的概括——

> 在当代哲学史中，胡塞尔曾以"回到事情本身"作为现象学的重要理论入口。而后来这一阐释学意义上的"回到"，又成为海德格尔通过回到苏格拉底以前所谓思之本真性重写当代思想史的开端。其实，在解释学的常识中，任何"回到"都只能是一种历史视域的整合。①

由此可见，我们的回归对象自身所回归的是由话语与社会二者共同构建的政治性阐释的总体结构。在这里，它可以发现虚幻与本质。而在这二者之间，也就产生了进一步的分离。在很大程度上，马克思的唯物史观就是这一总体结构的科学阐释。但是，因为他在虚幻面前"停"了下来，所以导致很多后人认为他只关心"本质"，而现实是人们更直观、直接地生活于"虚幻"之中。西方马克思主义学者大多就是从这里批判马克思的策略，而抛弃了他的真理性认识，依据他对具体问题的某些观点和论断"毅然"挺进"虚幻"。但是，我们认为，马克思并不是对"虚幻"的世界嗤之以鼻，而是认为在"虚幻"世界中努力建构"本质的理论大厦"是徒劳无益的。因此，为了发现一个历史的真理，他将主要精力放在了向"本质"的掘进中。不过，马克思从未放弃"虚幻"的世界，而是以其"基本立场、观点和方法"不断观照着它。由此可见，回归对象自身的公正话语的方法论必须坚持马克思主义的基本立场、观点和方法，这也就指向了它所控制的分析方式与结构论域。我们将其称为"回归的策略"。

我们认为，公正话语的理论范式在公正话语的西方谱系及其体系化中所采取的"回归的策略"不同于"鸿篇巨制"式的文本回归或思想回归，绝不等同于"返乡"的"顽强的崇古意识"的"回归思维"。我

---

① 张一兵：《回到马克思》，江苏人民出版社2014年版，第676页。

们并不是要退回到一个个具体的与公正相关的话语现象即学术文本、政治讲话、词典报纸等中，而忽视对这些具体话语现象起合法性规制作用的政治本意，也不是要抛开这些素材而妄谈"公正的本质"，而是要在"素材与本意"之间不断发现那些有意识的遮蔽，并对它们在素材和本意的不同层面加以话语分析，这或许就会带来不同于"公正学术写法"的公正话语的分析陈述。历史证明，彻底的决裂是容易的，甚至本质的揭示也是可以由天才的大脑所发现的，真正困难的是在一种已然存在且不断发展而持续存在的"被阐释的历史效果"中如何发现公正话语在西方的出发点和转折点及其当代变迁的新内容。正如马克思在描写无产阶级社会主义革命时所阐发的"预见"一样："像十九世纪的革命这样的无产阶级革命，则经常自己批判自己，往往在前进中停下脚步，返回到仿佛已经完成的事情上去，以便重新开始把这些事情再作一遍；它们十分无情地嘲笑自己的初次企图的不彻底性、弱点和不适当的地方；它们把敌人打倒在地上，好像只是为了要让敌人从土地里吸取新的力量并且更加强壮地在它们前面挺立起来一样；它们在自己无限宏伟的目标面前，再三往后退却，一直到形成无路可退的情况为止……"① 这样的"素材与本意"之间的复杂关系所导致的理论性认识的曲折将存在于对于公正话语的西方谱系的认识之中。

二 素材：坚守公正的名义

简单地说，我们在这里就要讨论一下：坚守什么公正的名义以及如何坚守的问题。只不过，我们所提出的观点并不是行动性的，而是陈述和归纳性的。

以公正的名义蕴含了不同的内容。任何在道德责任能力上符合社会一般要求的成年人，都会在自身的生活与行为中以某种公正的名义进行判断。即便是人格性反社会的人群，在故意违背某些共同的社会准则的时候，虽然名义上以反对现存公正标准为名，但实际上已经预设了某种公正之名是普遍意义上的共同标准。但是，这样的"公正之名"不是本书所关注的对象。我们并不打算将社会中一切"公正"之语言现象

---

① 《马克思恩格斯全集》（第8卷），人民出版社1961年版，第125页。

都纳入公正话语的范畴中，也就不会将西方社会中任意的公正论说特别是日常话语层面的论说作为研究对象。在本书中，政治话语以及学术话语谱系内的公正之名是相对准确而稳定的，它可以统合日常话语中公正表述的不确定性，又能够较为清楚地对日常话语中人们使用公正时的道德感或政治意识进行有效的导向型调节。至少是满足这样的最低要求的公正表述，才能成为考察公正话语西方谱系的基本素材，即所谓的坚守"公正的名义"的真正含义。

在上述前提下，对于坚守"公正的名义"存在三种主要倾向。对于第一种倾向，我们在上文多有呈现，此处主要阐释后两种倾向。

第一种倾向，抽象主义的倾向。这主要是指设想我们将人们思想与行为中的公正意识静止在某一刻，那么这一刻就呈现了相同、相似或者截然不同的公正秉性。对于这里所表现出的公正秉性，不同的哲学家和理论工作者会将其分解、返本、重现、建构，进而就会得到某个超然于人这个主体之外的公正感、公正原则或规范。这种倾向又可以分成形式的抽象主义与实质的抽象主义。形式的抽象主义就是以发现公正的形式要素为目标，公正之名即为公正的形式特征；实质的抽象主义则可能仍是以发现特定公正的原则和规范为目标，只是它的公正之名并不考虑其他限定因素而只考虑所面向的政治社会现象的具体内容。前者的弊端往往较易显露出来，而后者则栖身于西方政治哲学的中立性评价渊源之中，不易察觉或批判。这一传统本身就被认为是"一种可被理解的和可被信奉的客观性"，阿马蒂亚·森即指出："关于公正和不公正的语言就反映了对于这类陈述和论断内容的大量共识和交流，尽管在理解之后，将会出现对这种论断的实质内容的争论。这里确实存在两种不同的非主观性问题：一个是在客观基础上理解与交流的问题（这样每个人的信念和言论并不局限于个人的、不能为他人所理解的主观性），另一个是客观的可接受性（人们可以就不同人所作出的不同论断的正确性进行争论）。"①

第二种倾向，完整主义的倾向。当人们把公正的名义作为一种道德感、道德法则、社会法则及至法律的理由或代名词的时候，公正作为一

---

① [印]阿马蒂亚·森：《正义的理念》，王磊、李航译，中国人民大学出版社2012年版，第109页。

个多种意义上的完整名称的身份就出现了。正如有的学者借用休谟的观点所指出的那样，公正"乃是社会用来创造某种行为习惯的'一种语汇'"①。完整主义的倾向在对坚守公正的名义的强度上，要弱于抽象主义的倾向，但也正因为如此，它才深刻地揭示了公正之名的更加丰富的样态。虽然备受争议，公正是一个完整的话语对象的认识却始终存在。在不同时代，公正总会因历史的选择而崛起，《理想国》《利维坦》《功利主义》《正义论》等都很好地说明了这一点。因此，后来的人们，特别是学术界，才更加确信公正就像一个被不断蒙上了纱帐的"实体"，只要揭去这些纱帐，那个本来的"公正"就出现了。持这样观点的人也反对创制公正理论（哈耶克），而主张发现公正原则，只不过这里的发现是向一个特定的完备性理念的发现，而不是公正话语所需要面向的现实与政治本质的发现。这种建立在一种完备性理念之上的"完整的公正"理论不断表达着这样的信条：如果能够找到这种完整的公正，那么在关于公正与不公正的历史观念中，以及表现这些观念的制度体系和社会习惯中，就会出现更加多的一致性。这种一致性将会使得"公正世界"成为可能。这样的观点远在亚里士多德的《政治学》《尼各马可伦理学》《修辞学》中屡见不鲜，近在如今汗牛充栋的全球正义的论说中层出不穷。

特别值得关注的是，我们不应把这种完整主义倾向归咎于自由主义，虽然它的确在自由主义对普遍人性论的历史贡献中得到极大的渲染。因为在整个西方世界，这种整体性思维及与其伴生的二分法思维早已是主流。纵观西方哲学，只有整体主义的哲学体系才真正留下过印记，成为贯穿西方思想历史的主线，正如黑格尔在《哲学史讲演录》中所言："哲学的发展并不是向外追逐，失掉其自身与外界，而它之向外发展同样也是向内深入。这就是说，普遍的理念始终是内在的根本，是无所不包的和永恒不变的。"② 在这种思维的影响下，政治社会生活领域的反思就必然按图索骥，而其结果也早有先兆。而种种先兆透过哲

---

① 慈继伟：《正义的两面》，生活·读书·新知三联书店2014年版，第235页。
② ［德］黑格尔：《哲学史讲演录》（第1卷），贺麟、王太庆译，商务印书馆1959年版，第32页。

学家的视角，缔造了一个伟大的理论，即自然法理论。

在这里，整体主义倾向的基础成为对"人"的判断。古典自然法理论创生了一个著名的范畴——"类"。而恰恰是类，奠定了对于人类社会任何现象的思考以及任何价值判断的做出都要基于某个类或为某个类而申辩——类也就随之变化多端了，可能是实在的，但也有彼岸世界的设想。对此，西蒙进行了较为全面的论述——

> 如果我们用"人"指称一个普遍的整体，一个由总数的一种矛盾的情况构成的整体，因此它可以经由自身的每个部分逐一地确定，那么说苏格拉底是一个人，这就是正确的。作为一般概念，它是潜在的，不是一个实在的，而仅仅是一个否定的或者开放的统一体。它在指代时被视为——没有含义的丢失，相反在它的含义的实现中——以每个单位属下的现实的、实在的统一性结束。如果与之相反我们用"人"指称所有存在的人的集合，或者已经存在的人或正在存在的人的集合，或者已经存在、正在存在的人或正在存在的人的集合，或者已经存在、正在存在并将要存在的人的集合，那么显然就不能再用苏格拉底指称人。……当我们毫无限定地使用"类"一词时，它或者代表着"普遍的整体"，或者代表着"集合"，那么我们可能就会沿着两种路径之一进行推理，它们在本质上是不同的，但都可能是有效的。在这个问题未解决之前，很可能有些自然法的讨论就已经开始了。但是必须知道，只有当我们认识到这类问题值得研究与解决之际，哲学才开端。①

而这种人的判断的结果最集中地体现为"自然公正""自然正义"的论断中。准确地说，自然公正是一个古典概念，但是它却广泛地出现在了亚里士多德、斯多葛主义者、神的仆人阿奎那、格劳秀斯、亚当·斯密、约翰·密尔以及更为晚近的许多思想家那里。在这里，问题的关键之处在于，这些西方学者颠覆了种种观念的否定性、破坏性的力量，而

---

① ［法］耶夫·西蒙：《自然法传统——一位哲学家的反思》，杨天江译，商务印书馆2016年版，第42—43页。

在自然公正的旗帜下追求既存制度的合法性或新制度新秩序的创造性,这样看似不可能的任务的理论原点何在?换言之,自然公正作为一个本质存疑的概念范畴,在何种层面怎样的程度上被"类"化了呢?我们认为,这离不开亚里士多德的历史贡献,即人们在自然公正中寻找的"类"的完整性是来源于《尼各马可伦理学》中的一段重要论述——

> 政治的公正有些是自然的,有些是约定的。自然的公正对任何人都有效力,不论人们承认或不承认。……在我们这个世界,所有的公正都是可变的,尽管其中有自然的公正。但即便如此,公正中还是有些东西是出于自然,有些东西不是出于自然。……公正的行为是多,规则则是一,因为它是普遍。不公正的事与不公正行为之间,公正的事与公正行为之间,存在着区别。自然和法律把一件事规定为不公正的……①

虽然古典时代的自然公正或自然正义并不同于那些与个人主义的态度和经济方式有关的"自然正义",但是人和自然公正(自然正义)经过自然法的抽象塑造已然成为一个整体范畴。唯有如此,自由主义才有可能发现普遍人性论的现代基因,进而才有了政治社会中的普遍公正问题。当然,随着自然法理论的衰弱,人们越发发现自己生活在一个无法类化的人群之中,也很难通过建构一个完整的普遍公正而实现真正的公正社会和世界。在西季威克看来,古典与现代存在着本质的差别是根本性的。前者追问的是美德的善,而后者则追问职责的善。两者发生的层次和领域并不相同。尽管援用了相同的符号——"公正"或者"自然公正",但其对象并不一致。通俗地说,这就是古典的自然公正相对应的是人的整个世界,而现代的自然公正(即个体本位的自然公正)对应的却是个体实际选择的世界。在这里,为了更加直观地体悟这一差别,我们不妨回味一下贡斯当的名言:"个人自由是真正的现代自由。政治自由是个人自由的保障,因而也是不可或缺的。但是,要求我们的

---

① [古希腊] 亚里士多德:《尼各马可伦理学》,廖申白译注,商务印书馆2009年版,第163—164页。

时代的人民像古代人那样为了政治自由而牺牲所有个人自由，则必然会剥夺他们的个人自由，而一旦实现了这一结果，剥夺他们的政治自由也就是轻而易举的了。"①

然而，当代西方学界越发相信，分裂仅仅发生在古代与现代之间的历史冲突中，即发生在历史使命、历史坐标及其相关历史主题的质变当中，而从未真正否定过"整体主义"本身作为一种政治哲学的思想倾向的不确定性。笔者认为，罗尔斯在下面的论述中就清楚地阐明了自由主义特别是当代自由主义对完整主义的追求，而这也正是以他为代表的西方公正论者所做的公正解释的共同倾向——

> 假定在古代道德哲学和现代道德哲学之间存在着这个差异（西季威克差异论。——笔者注），不等于必然假定这个差异是深刻的差异。事实上，这个差异或许根本不是深刻的差异，而仅仅是用以阐述和规范道德领域的语汇的差异。决定这种语汇的是历史的偶然性，进一步的考查证明，由这些语汇表示的这两个家族的概念在如下意义上是不相上下的：无论我们在一个家族中表达的是一些什么样的道德观念，我们也可以用另一个家族中的语汇来表达，纵使这样子做不是那么自然。②

第三种倾向，怀疑主义的倾向。这里所指的"怀疑主义"，不是对公正的怀疑，而是对认识公正的怀疑即认识公正的难题。换言之，在公正话语的西方谱系中，坚守"公正的名义"是存在一个理论前提的，即认为包括公正在内，人类社会总是存在一些道德真理的。德沃金指出："价值真理的存在是一个显然的无法回避的事实。"③ 在这一点上，抽象主义、整体主义和怀疑主义并无区分，分歧在于面对揭示某个道德

---

① ［法］贡斯当：《古代人的自由与现代人的自由》，阎克文、刘满贵译，上海人民出版社 2003 年版，第 62 页。
② ［美］约翰·罗尔斯：《道德哲学史讲义》，张国清译，上海三联书店 2003 年版，第 5 页。
③ ［美］罗纳德·德沃金：《刺猬的正义》，周望、徐宗立译，中国政法大学出版社 2016 年版，第 24 页。

真理（例如公正）的诸多道德事实（由公正与不公正的行为、规则等构成的"公正现象"），人需要通过何种方式来认识进而坚守公正的名义。在这三者当中，怀疑主义往往被误认为是一种"破坏的力量""重构的力量"，而忽视了它在"坚守性"上的积极意义。回顾西方政治思想史，不难发现，在真理与认识的关系中，政治哲学的怀疑主义大多甚至全部出现在认识层面，正如塔克所言：

> 现代学派最惊人和最显著的特征，即趋向于彻底简化和"最低限度"的普世道德，正是源于16世纪晚期的人文主义怀疑论。蒙田或沙朗这样的怀疑论者并非简单地提出认识论观点。就像他们古代的前辈一样，其怀疑论是道德辩论的一部分。他们的信仰是，"智者"（这是他们的著作中常用的参考标准）将会对所有争论性的信仰培养一种怀疑论的超然态度，从而尽可能地使自己远离生活中的危险。做到这一点，他将会避免那些由于对爱国精神或宗派愚忠的承诺而带来的危险。他们因此将自保原则与怀疑论联系起来，可以明确的是，那些17世纪的理论家们也是这样做的。在格劳秀斯、霍布斯以及他们的继承者们看来，自保都是极为重要的原则，也是一切普世道德的基础——因为他们坚信，一个在道德上否定人们的自保权利的社会是不可想象也无法建立的。与这个原则一比，所有其他的道德原理显然都是局部性的和有争议的，也会成为怀疑论攻击的恰当目标。①

这种在怀疑中坚守的道德感——公正感——并不是现代的产物，而是古典时期的精神遗产。有的学者认为，《理想国》从质疑某种公正开始终归皈依到了"公正理念"的彼岸世界，成为抽象主义的原点。我们却认为，苏格拉底的怀疑论在理念论的确定性中仍旧发挥着巨大的作用，这深刻地感染了后世的西方公正论者。人们注意到了《理想国》开篇的诘问："不过讲到'正义'嘛，究竟正义是什么呢？难道仅仅有

---

① ［美］理查德·塔克：《战争与和平的权利：从格劳秀斯到康德的政治思想与国际秩序》，罗炯等译，译林出版社2009年版，第6—7页。

话实说,有债照还就算正义吗?这样做会不会有时是正义的,而有时却不是正义的呢?""那么,什么是正义所给的恰如其分的报答呢?给予什么人?"① 也会注意到苏格拉底曾经认为"照见了正义",发现了它在与节制、勇敢、智慧的关系中的定位,进而以此为标准,指出"一个愿意并且热切地追求正义的人,在人力所及的范围内实践神一般的美德,这样的人是神一定永远不会忽视的"②。然而,看似由于牵涉到了"神"而得以确定的公正,在《理想国》结束时,又被苏格拉底放入了不确定的隐喻之中,他确定灵魂不死,因此现实的不确定也就有了确定的依据,只是永远需要在怀疑中被确定,"让我们永远坚持走向上的路,追求正义和智慧"③ 就成为怀疑主义对公正之名的永恒确守的双关之论。由此往下,在公正话语的西方谱系中,一则怀疑主义在公正话语的西方谱系的历史中发挥了不可替代的作用,这种作用的建构性——坚守公正的名义——要远远大于它的破坏性;二则怀疑主义是一种在哲学思维上的准备,而它的实现形式是多样化的。

既然怀疑主义倾向的实现形式是多样化的,那么就有必要对其进行简单的清理。在这里,德沃金和大卫·米勒的贡献尤为值得关注。

晚年的德沃金所思考的核心问题是追求独立论证,独立是一种对待道德真理——价值统一性——的思考起点,论证——解释的政治哲学表现——是方法论考察,而独立论证追求的伦理价值与道德价值的统一性——具体在伦理、道德、政治之中——则是其所主张的面向元伦理学、形而上学和意义的"更加主流的哲学问题"。他将这一思路贯穿到了一个宏大的正义理论的构建中,而他所揭示的主流的哲学问题在今天尤其是在今日中国的政治哲学领域却没有成为一个主流问题。那么,怀疑主义倾向的实现形式在德沃金那里处于何种层次呢?答案是十分明确的,即存在于"独立"层次中。由此,他认为真正意义上的道德怀疑主义(者)就是对道德判断的完全怀疑,"它包括所有那些否定道德判断能够客观上为真/正确的人——客观上为真的真,指的不是由于任何

---

① [古希腊]柏拉图:《理想国》,郭斌和、张竹明译,商务印书馆1986年版,第6、8页。
② 同上书,第416页。
③ 同上书,第426页。

人的态度或信念而为真,而是不论任何人的此类态度或信念如何都依然为真"①。在西方的知识论谱系中,在德沃金看来,这样的怀疑主义又可以分为一阶实质道德判断的内部怀疑主义与依赖于关于道德的二阶外部陈述的外部怀疑主义。在他看来,"内部怀疑主义不可能对道德始终都持怀疑主义,因为他们必须假定某个一般性道德断言具有正确性,从而确定他们对其他道德断言的怀疑主义观点。他们依靠道德来贬低道德。外部怀疑主义者确实能将他们对道德的怀疑坚持到底。他们认为,他们不依赖道德就能贬低道德真理"②。在此基础上,德沃金认为,外部怀疑主义——即便是状态怀疑主义所表现出来的中立性——是无用的,而内部怀疑主义才是真正的怀疑主义,对此,他认为,内部怀疑主义的逻辑发展就是解释主义,追求的是"解释性叙事与论证性叙述是统一的"③。在这里,他先后抛出了三个重要的判断,一则是对于自由主义道德判断的批判大多混淆了"不能确定"和"不确定"的关系,特别是"当人们对什么最好的生活非常不能确定时,认为总是可以为不确定性找到肯定性论证的想法至多是不成熟的,因此,那些哲学家们宣称伦理不确定性广泛存在,但是为不能确定如何转变为不确定所提供的论证却如此之少,实在令人迷惑不解"④,而对"不确定"的追问以及内部怀疑主义对此的道德判断最终实际上是"能确定"的,这就为坚守自由主义的公正之名奠定了高阶性的理论基础。二则内部怀疑主义将面对复杂的道德认识论问题,但其内在是统一性的,这就意味着突破道德学家的"道德视角"而从不同视角解释道德判断并不是"非道德性的",与自由主义的一阶实质道德理论毫不冲突,并由此呼应了康德所认为的自由主义是一种"反专制的政治哲学"的本来面貌。三则人们终将在解释主义中发现自由主义道德哲学在伦理、道德和政治领域的确定性,而公正(正义)作为解释性概念的地位也必须由上述逻辑推演而出。因此,那些看似狭隘的循环论证,实质上并不存在,而是自由主

---

① [美]罗纳德·德沃金:《刺猬的正义》,周望、徐宗立译,中国政法大学出版社2016年版,第29页。
② 同上书,第31页。
③ 同上书,第77页。
④ 同上书,第110页。

义公正理论范式的合理性所在。在德沃金看来，这就是怀疑主义对公正之名——自由主义公正之名——的坚守，也是一个可以接受的答案：

> 我们将正义概念的实践和范式放到一个支撑我们观念的更加庞大的由其他价值组成的网络中，为某种正义观念做辩护。原则上我们将我们的论证继续延伸到对其他价值的探讨中，直到……某个主张能实现自我论证。①

如果说德沃金的怀疑主义思考志在解决一切价值统一性问题，而公正是这一思考的主要内容或重要对象的话，那么大卫·米勒的问题视域就明显地集中于"阐明公正理论有什么意义"这个具体的一阶实质道德判断本身的怀疑主义倾向中。米勒将公正理论的确证和怀疑建立在对"普遍意义的公正"的认同的分歧上，他将德沃金所提出的外部怀疑主义归结为对普遍公正的怀疑，从而在一定程度上也就否认了内部怀疑主义的实在性。在他看来，"无论哪一种形式的怀疑论都告诫我们放弃寻求普遍的正义理论。关于正义的分歧是普遍的、无法解决的，我们所能做的就是观察在不同舞台中演出的一场游戏"②。这就是说，只要进入了公正的内在逻辑，公正的实质性和普遍性就"呼之欲出"，人们只要认识到了这一点，就不会因实质公正的"大量经常性的变动"而感到困惑，而是会建立基本公正与程序公正的因果关系，以此解除上述变动中悖论感以及由此产生的"不确定性"认识。但是，米勒也承认关于公正的实质问题的各种怀疑观点不是毫无意义的。他认为，正是因为实质公正观的多元与矛盾，所以才将公正的程序性凸显了出来，但是程序公正也难以支撑真正的公正，这就为将分配公正这一能够"揭示出正义原则的多元性，其中每一个都有确定的应用范围，也许存在也许不存在可使多元性得到解释的唯一的优越立场"③的特性凸显了出来，并使之成为公正的唯一有效的范畴。与此同时，只有在批判外部怀疑主义或

---

① [美]罗纳德·德沃金：《刺猬的正义》，周望、徐宗立译，中国政法大学出版社2016年版，第179页。
② [英]大卫·米勒：《社会正义原则》，应奇译，江苏人民出版社2001年版，第24页。
③ 同上书，第26页。

普遍公正的怀疑论的情况下，构建公正理论的正确途径才得以体现。与德沃金相似，发现一种公正的解释主义途径，同样是米勒对怀疑主义分析的最终目的。所不同的是，米勒认为，实现程序公正的对象不宜宽泛，对分配公正基础的社会公正原则的设计就足以承担这种解释主义的责任了，其理论后果就是米勒所称的"公正多元论"。在他的方案中，问题——

> 不是从社会物品及其意义开始，而是从我所谓"人类关系的模式"开始。人类之间存在各种不同的关系，首先通过观察我们的关系的特殊性，我们能最好地理解别人向我们提出的正义要求。当然，现实世界里的这种关系常常是复杂的和多种多样的，但用少数基本模式去分析它们仍然是可能的。如果我们的目标是发现社会正义对现代自由社会中的居民意味着什么，我们就需要分析三种基本的关系模式，我把它们分别称为团结的社群、工具性联合体以及公民身份。①

应该指出的是，米勒对于人类关系的强调并不同于马克思对生产关系的重视，这是两种不同的社会关系认知。在米勒那里，建立在他的人类关系模式——自由国家，即自由主义思想指导下的资本主义国家——基础上的公正多元论的最终实现离不开两个条件，即既定的原则和既存的国家。换言之，"一方面，我们得寻求促进旧原则的新方式，而在有些场合我们必须重新审视原则本身，以便弄清它们是否能在当代世界得到现实的遵循。……另一方面，既然认识到民族国家迄今为止是社会正义的主要工具，我们就必须在全球化经济的挑战中寻求强化它们的权威性和效率的方式"②。显然，这样的原则和国家是自由主义的个体优先原则与资产阶级法权的民族国家，而其"普遍的"公正本质和"客观的"程序真理离开了上述条件几无"政治之根基"。在某种意义上，这就是米勒必须确认"外部怀疑主义"无效的原因，

---

① ［英］大卫·米勒：《社会正义原则》，应奇译，江苏人民出版社2001年版，第27页。
② 同上书，第295页。

也是他必然要将对上述条件的怀疑归结为"外部怀疑主义"的原因，而对这两者的消极论证在超越自由主义政治哲学的视角中，是一种典型的循环论证。

总之，这样三种倾向——抽象主义、整体主义、怀疑主义——非但彼此之间存在着很多矛盾甚至冲突之处，而且各自的内在关系并不完全协调一致。但是，在它们的遮蔽下，特别是在它们内部与相互之间的争论中，一种关于公正理论不断创制并趋向完备（尽管并不一定会彻底实现）的认识便确立而丰富起来。在这个意义上，公正理论又不是一个个独立的体系，不是原子式的自由论说，在彼此矛盾和冲突倾向下关于诸多公正阐释而产生的理论观点及其树立其上的理论体系也就在一种更加本质性追问的外部观察下，形成了一个整体。这样一个整体对外——公正话语的理论范式——是一致的，对内——公正的最终原则和规范的确定性——是矛盾的，在一致性和矛盾性的共同作用下，"本意"作为一种公正话语的核心意图被掩藏了，即公正话语的历史与实践相统一的本质被掩藏了。我们认为，这个被掩藏的本质，也即公正话语的本意正是对于政治的回归，而这就离不开一种"识别"。因此，公正话语的本意既具有本质性，又具有方法性，是在识别中不断发现其本质的动态过程。也正是在这个意义上，发现这些素材的思考对于观察和归纳当代中国公正话语的基本内容具有方法论上的指导意义。

三 面向：止于政治的终归

康德曾经指出，独断论在理论确认中的最可怕之处在于：它带来了具体的——如政治等一切领域的——专制。因此，他主张要在批判中发现事物的"自由本质"，以及由此奠基而成的政治生活——自由、平等、博爱——的自由主义政治秩序。他有一段名言——

> 我们的时代是真正的批判时代，一切都必须经受批判。通常，宗教凭借其神圣性，而立法凭借其权威，想要逃脱批判。但这样一来，它们就激起了对自身的正当的怀疑，并无法要求别人不加伪饰的敬重，理性只会把这种敬重给予那经受得住它的自由而公开的检

验的事物。①

正是在这里，只有从"私人"到"公共"的理性批判才能结出政治自由的硕果，而唯有对此种政治问题的解决，公正才有可能从自然之物中产生约定之律。不难发现，康德的论述从一种抽象的理性批判中映射到了具体的政治问题，进而产生他的价值判断，这是具有内在一致性的。长久以来，这被看作公正话语的西方谱系中典型的成功范例。但是，公正话语的理论范式，却愿意从自由主义的"解释主义"内部出发，真正考察一下"政治"究竟是具体问题的应用还是问题本身的来源，这就要求我们跳出近代以来自由主义的思维框架，在"坚守公正之名"与"向政治的回归"之间找到一条"通道"。

需要重申的是，公正话语的理论范式旨在打破那些由创制而成的公正理论所形成的理解迷障，而在公正话语的观察与建构之间，观察的任务不仅仅是客观呈现，还需要揭示公正的理论和实践之间的一点联系。这点联系的原点并不是理论的论说，而是公正话语的素材与本意之间模糊不清的关系。斯金纳指出："倘若政治思想史今后主要作为意识形态史来写，其后果之一可能是增进对于政治理论与政治实践之间的联系的理解。"② 而公正话语的本意——止于政治的回归——如何发现这个"本意"，就存在不同的层次了。

（一）语言解释与发现公正的本意

如果不以公正为名，那么很多道德评价或价值判断也许就失去了刺激意义。这种刺激意义，一方面成就了人们对自己所生活的政治空间的现实批判，另一方面维系了人们对理想社会的永恒追求。如果失去了这种刺激，或许就不再存在政治哲学了。但是，也是因为这种刺激与公正之名之间的联系并非自然联系的（如生、老、病、死），而是一种语言联系（即用语言来表述某种意义），所以观察公正的语言现象既是解释公正的起点，又是它的归宿。当然，我们并不是要像语言学家那样，从

---

① [德] 康德：《纯粹理性批判》，邓晓芒译，人民出版社2004年版，第3页。
② [英] 昆廷·斯金纳：《现代政治思想的基础》（上卷），译林出版社2011年版，第5页。

语法事实、语义事实等找到"公正的解码",而是要将语言解释中所获得的某个公正思想或理论对受众(读者、践行者等)进行内在呈现。在这个意义上,又可以分为两个不同却彼此相关的部分。

其一,语言表现的解释决定了公正思想或理论的信息揭示。在这个部分,"文学的力量"使得不同的公正思想或理论中的语言表现呈现出不同。有的语言表现得直接、明了甚至单一,这往往就能够充分显示出作者对公正的认识信息;有的语言则表现得精妙、深邃和多元,这就可能带来许多扩展的信息甚至与作者写作时的直接表达发生多种"反应";还有的语言表现得内敛、波折与辨识不清,这就对信息揭示带来了很多不确定的困难,等等。不同的语言表现并没有优劣之分,而只存在所表达的信息是否充分、有效、真实等判断上的差别。这一现象在西方公正理论中屡见不鲜。对语言表现的解释而言,虽然所有公正论者未必都会进行直接阐述,但无论形式和复杂程度如何,在观察历史成果时几乎所有公正理论都必然要完成这个步骤。罗尔斯在评论卢梭的政治哲学时,对他的语言和哲学风格进行了检视,进而指出:"也许最好的哲学风格就是清楚和明晰,其目标是呈现思想本身,而不带有任何附加效应,同时字里行间又不失一种文字的优雅和形式的美丽。"① 当然,这存在着一定的语言上的偏见。但不可否认,不同语言下的公正思想或理论的确会因为语言表现的问题而受到理解上的限制,从而造成公正思想或理论的信息揭示的局限甚至错误。基于这种错误或局限所造成的误解、误用甚至误信也屡见不鲜。由此可见,本意的回归并不是直接判定"唯政治本质"的结果,而是要从语言表现的解释中先进入某个具体的公正思想或理论。

其二,语言刺激的辨识影响了公正思想或理论的主体态度。人们大多承认,一种公正思想或理论存在一个言说的主体,但是很少有人意识到这种主体的存在会在多大程度上影响公正思想或理论间的相互作用,或者说,已然在何种程度上对公正话语的西方总体谱系,准确地说是近代谱系造成了理论影响。在西方社会中,言语行为理论的出现既是近代

---

① [美]约翰·罗尔斯:《政治哲学史讲义》,杨通进等译,中国社会科学出版社2011年版,第194页。

西方个体主义发展的结果，又反过来强化了个体主义在一切社会生活领域尤其是思想领域的统治地位。在很大程度上，言语行为理论所强调的"个体与他者"以及"主体间的同等刺激"学说，不仅从语言现象的角度确认了个体的优先性，而且使约定公正及其诸问题成为公正思想或理论的核心议题。这两点又恰恰是近代自由主义形成以来西方公正话语的核心要义。众所周知，诺齐克阐述了占有资格的公正观，人们普遍认为，这个公正理论是自由放任主义公正观的代表，但却不一定是其对实践诉求的陈述，而更贴近于一种逻辑演绎。在诺齐克所做的逻辑演绎中，语言刺激的辨识意义处处可见，如"既有生气又公正""边界限制""一个不易把握的概念，即生命的意义""最小国家"，等等。他深信不疑地指出："对每一个体的行为的解释是个体解释，其他人与他们的行动构成了某个个体的外部条件。……如果我们认为语言学家能帮助我们解释个体行为，把其他个体只是作为信息的提供者，那么，就可以避免神经末梢的同一性问题，也可以不用担心：'无法成功应对行为主义心理学的入门知识'。"① 在诺齐克看来，公正的语言是个体利用作为社会艺术的语言而对自我的一种功利性阐释。那么，也正是这种"社会艺术"的语言刺激下的公正思想或公正彻底划清了它与古典时代的关系。因为古典时代的哲学、政治与修辞（语言）是一体的，作为中介的修辞并非一种工具性的"社会艺术"，而起着基本的桥梁作用。对此，西塞罗的观点颇具代表性，他认为："修辞学式的通过语言的说服正是政治指导最正确、最崇高的方式：'我（西塞罗。——笔者注）确实认为没有什么比能用语言来掌握智慧，博得人们的好感，把他们思想印象引向你所希望的方向，或者把他们从你所希望的方向引开更美好了'。"② 在一定程度上，通过语言刺激的辨识，我们能够更加清楚地认识到西方公正思想或理论在话语层面上的变迁甚至"断裂"，在进一步增强对公正话语的西方谱系的发展性解释的同时逐渐导向对"政治的回归"的揭示。也正是在这里，定义问题作为一个具体而重要的话语现象

---

① ［美］罗伯特·诺齐克：《苏格拉底的困惑》，郭建玲、程郁华译，商务印书馆2015年版，第211—212页。

② 余友辉：《修辞学、哲学与古典政治——古典政治话语的修辞学研究》，中国社会科学出版社2010年版，第221页。

自然就成为"素材—本意"关系中必须解析的部分。

（二）定义问题与发现公正的本意

不难发现，关于公正的讨论，无论如何复杂，总是要归结到某个定义上。换言之，公正的定义是从某种元理论（元伦理，或以此推之，所谓"元政治哲学"或"元政治理论"）层面所产生的特定结论，即核心语义。所谓核心语义，并不是语言学意义上抽象的语义表述，而是在语境不同的具体设定中共同具备的意义总结。由此可见，公正的定义至少要具备两个层面的选择：一则是语境的确定；二则是语义共同点的判断。语境的确定是基础的预设，并非实际的交谈语境或特定的文本；共同语义的判断则是关键的论证，它无法自然生成，只能通过系统论证的方式生成。有学者曾指出，有关公正问题的全部讨论，"可以说全都基于这样一个简单的预设之上：'正义'指的是人类社会制度的某种状态、属性或特征"[1]（语境的确定。——笔者注），"在指称社会制度时，'正义'的核心语义是'可接受性'乃至'不可抗拒性'"[2]（共同语义的判断。——笔者注）。由此可见，语境的地位重在"预设"的成熟度，而共同语义的生成则明显依靠"论证"的完备性。在理想状态中，预设的语境是真实可靠的，而论证的共同语义则是合理有据的。那么，公正的定义也就能够直接作为公正的本意而成为发现的结论。但是，如果在上述两个方面出现了不成熟或非完备性的问题，公正的定义问题也就出现了。我们认为，定义问题需要有所区别，主要存在两个不同的部分。

一则是从道德概念本身出发，探究公正的道德内涵。它所要完成的任务——揭示公正的本意——就是要彻底证明公正作为一种道德范畴的必然性（公正即道德公正）、合理性（道德公正是公正的根本向度）与实在性（公正的判断就是道德的判断）。正如有学者所言："在两千多年以来的西方政治哲学史上，道德正义实际上构成了不同时代哲学家的一个'重叠共识'，这在将柏拉图、休谟、罗尔斯等各个时代的轴心人

---

[1] 刘清平：《关于正义的元伦理学解读》，邓正来、郝雨凡：《转型中国的社会正义问题》，广西师范大学出版社2013年版，第18页。

[2] 同上书，第19页。

物串联在一起的同时,甚至也泛化出这样一个符合人们直觉的认识,即凡是正义的都是道德的,而凡是在道德上得到辩护的也都是正义的,道德与正义之间存在依赖关系,或者这两者本来就是一回事。"①

二则是从公正概念内在的逻辑结构出发,探究公正的意义建构,它所要完成的任务与上一部分有所不同。如果说前者是要从外部理清进而确认公正的道德概念属性并为此采用一种道德属性的定义方式的话,那么后者则是要将这一前提搁置或者说预先确定了道德属性为公理,而将定义作为一种建构的方式(逻辑建构、规范建构、语义建构等)。在一定程度上,后者是前者的深化,前者的判断可存在于多种公正话语的历史形态中,而后者则一般存在于特定的公正话语的历史形态中。对公正话语的西方谱系而言,后者的重要性是在现代政治自由主义对公正的探索中逐渐凸显出来的。因而,公正定义特别是其建构主义特征的批判,往往就成为定义问题的本意发现,柯亨在批判罗尔斯时所采用的逻辑进路就是通过对罗尔斯的公正定义的建构主义批判,从而提出:

> 作为一个定义问题,正义的基本原则可能派生自那不是正义原则的原则,无论是单独的还是与其他的非正义前提一起,诸如经验事实等;或者单独地派生自经验事实;或者它们可能是非派生的,或者派生自其他的本身是非派生的正义原则,等等。换句话来描述这个定义的境况,正义的基本原则什么也不反映,而只反映对正义的考虑,或者只反映那些不是对正义考虑的考虑,但是它们可以不反映正义考虑与其他考虑的混合物,因为反映这样一种混合物的原则都是正义的应用原则:也就是正义的应用原则应当是什么。更粗略地来谈这个问题,但也许是更说得通的,正义的应用原则源自正义与其他的事物,而正义的基本原则,只要关心它们是什么这个纯粹的定义,则仅仅源自正义或者仅仅源自正义之外的某种事物。如果它们源自正义之外的某种事物,那么它们在某种程度上就不是基本的,因为它们是派生的。但是,因为它们派生出来的不是正义,

---

① 李佃来:《历史唯物主义与马克思正义观的三个转向》,《南京大学学报》(哲学·人文科学·社会科学)2015 年第 5 期。

所以它们作为正义的原则仍然是基本的。①

（三）话语识别与发现公正的本意

虽然有了基于定义问题批判的本意发现，但是这种本意的揭示仍然缺乏历史维度。因为，不论是语言解释还是定义问题，更不论是坚持这两种策略还是批判这两种策略，它所能揭示的公正的本意，仍然是抽象的、人物化的甚至是自我预设的。柯亨天才地指出，人们普遍认为罗尔斯公正原则的建构主义实质是将公正的应用原则通过定义建构的方法使其成为公正的基本原则的一种理论策略。这就表明，自由主义的公正定义是栖身于各种话语背景中的，那么就需要进一步理清这些背景和公正的应用原则之间的真实关系。这种被柯亨认作"建构主义"的定义问题普遍存在于自由主义的公正理论之中，而对它们的共同批判则被归结为"（建构主义）的正确回答不可能告诉我们正确的正义原则是什么，并且因为一个引人注意的简单原因，即正义不是那应该影响对所述问题的回答的唯一考虑"②。在他看来，克服建构主义定义问题的弊端，应该赞同苏格拉底—柏拉图的思维，即"必须退到纯粹形式的正义来弄明白如何在其中建立更可能多的正义""需要弄清楚正义本身是什么，以便明白当 F（事实是在 F 这样一个世界里）为真时正义指向 P（P 构成了正义）。这就是，正义如何超越了世界的事实"③。也正是在这里，柯亨认为，马克思与自由主义的根本不同在于，他认为"一个在日常生活中没有由广泛意义上的平等原则形成其风尚的社会"是不足以论及"公正是什么"的，而公正是什么才是定义问题的中心。问题在于，科恩并没有在马克思的观点上更进一步，而是将"经济基础与上层建筑"的关系阐释认作公正的应用原则向基本原则的方法论选择，进而将其也作为建构主义方法论的表现而束之高阁了。他认为，"我们要寻找'正义（只不过）是什么的公式'，那么这些直觉就必须占据主导地位"④，

---

① 转引自［英］G. A. 科恩《拯救正义与平等》，陈伟译，复旦大学出版社 2014 年版，第 257 页。
② 同上书，第 266 页。
③ 同上书，第 267 页。
④ 同上书，第 20 页。

具体而言，这些直觉就是"不平等分配的不平等无法被（一些）相关影响者的选择、错误或舍弃来证明是正当的，这是不公平的；也因此，就此而言，它是不正义的，并且没有任何东西能够超出这种特别的不正义"①。事实上，在公正是什么的问题上，柯亨批判的远远超出证成的，而这与他所主张的"基本原则"的彻底解释形成了明显的矛盾。

正是在这里，为了在柯亨正确的地方继续向前，话语识别终于显性化了，它已在挖掘由言语及其行为构成的整体清醒后的"存在意义"，即公正话语的历史本意。拉克劳（E. Laclau）说过这么一段话："一块石头的实存不依赖于任何社会关系系统，但是，只有在一个具体的话语的构形范围内，该石头要么是一个投射物，要么是一个审美沉思的对象。在市场上或矿底下的一颗钻石也是同一个自然对象；但同样的是，只有在一个确定的社会关系系统内，它才可能成为某种商品。"② 以此类推，公正作为一个语言符号或概念定义，并不需要一定的政治结构或社会关系作为其界定的依据（如给人以应得），甚至存在符号相同的差别定义（如论语正义与社会正义）的情况。但是，如果试图发现公正的"意义"，则必须投射到一定的语境中，而且这个语境不是自然存在的，而是人为构建的。也正是在这里，才出现了超越定义差异的话语识别的需要。因为定义差异的分析终究是在定义问题内部实现的，不可能突破定义问题本身的"非语境化"或"去语境化"的必然性和目的性；而话语识别则强调"语境"的形构不但是有意义的，而且是任何一种公正定义的真正本意。在此基础上，从历史的高度将不同的公正定义的语境形构的意义发掘整合或排列清楚，也就是话语识别的总目标。

上文业已说明，"话语的总体性特征可以覆盖一切，它绝不仅仅限于语言或交谈，也不仅仅局限于社会生活的领域；相反，凡人类智力和思维所及之处，皆是话语的领地。甚至可以说，一切皆在话语的视域之内"③。

---

① 转引自［英］G. A. 科恩《拯救正义与平等》，陈伟译，复旦大学出版社2014年版，第6页。

② E. Laclau, *New Reflection on the Revolution of Our Time*, Verso, 1990, p. 100.

③ 孔明安等：《当代国外马克思主义新思潮研究——从西方马克思主义到后马克思主义》，中央编译出版社2012年版，第521页。

既然"只能在视域范围内提有关对象问题，而非视域本身"①，那么公正话语的界定就是次要甚至无意义的问题，而公正话语内的公正本意问题才能获得足够的意义。换言之，这样一种理论视域就需要自我实现的具体途径，这就离不开"话语分析"的应用。对于公正话语而言，正因为发现本意是指向语境意义的形构的，那么话语识别就存在不同于语言解释和定义问题的多种途径。公正作为一个研究对象，必然存在于多个不同的学科体系中（学术体系），那么为了澄清分裂而嬗变于不同学科中的公正话语，就有必要进一步区分学科话语内的公正话语的本意；离开学科话语的标准，就会存在以语境中所需要解决的核心问题为对象的多种话语，霍布豪斯将这样的对象称为"社会正义要素"，而围绕"要素"，不但学科话语可以被打破，甚至这一实存语境意义的差别对待也会大量合并，从而为"要素"的固化造成了一种话语感上的错觉，似乎以要素为中心，以对象所存在的语境形构为条件，这组关系的矫正也体现着对公正话语本意的去蔽化。如果说上述内容在发现公正的本意中主要体现在实存静止层面的话，那么历史动态层面与其同等重要。概念史研究已经证明，今天的公正话语与过去的公正话语在很大程度上已经不再相同，其比较的意义就不能停留在公正概念的语言解释和定义问题的矛盾分析中，而应进一步深入这种矛盾的内在逻辑尤其是它们各自的陈述语境的相似性比较或辩正中。与此同时，公正话语与其他政治话语、社会话语一样也是整体化的，是在新旧话语内容与形式的此消彼长中，在具体公正话语的概念解释的共谋与争斗中逐渐得以界定的。除此之外，公正话语的识别还具有若干作为语言学方法的话语识别的共同特征，即"话语绝对不需要雄伟或规模宏大。话语可以是其他话语的混合。话语适量无限，无法统计"②。由此可推知，在识别意义上，公正话语的西方谱系的历史推演是由典型话语形态所呈现的，是通过与其观念背景所产生的总体话语及其语境（如共同体主义、自由主义）相互融合后产生的，也是由正当化最为充分的语境意义形构为阐释对象的。

---

① E. Laclau, *New Reflection on the Revolution of Our Time*, Verso, 1990, p. 104.
② [美]詹姆斯·保罗·吉:《话语分析导论：理论与方法》，杨炳均译，重庆大学出版社2011年版，第32页。

这就意味着,公正话语的西方谱系及其体系化的探索不是公正概念的西方解释史,更不是公正的西方学说史,而应该是西方社会历史发展核心诉求在公正话语层面意义呈现的重新发现。正因为如此,我们的发现并不是唯一的,而必须立足于上述话语识别的基本特征中。

四 基础:政治关系的调整

当代中国公正话语需要解决回归的基本问题,在坚持中国特色社会主义的基础上提出"公正"问题,将一切"不公正"的话语批判和"公正"的话语建构汇聚在政治领域中。这就意味着政治领域并不仅仅是一个具体的社会领域,而是具有聚焦性、广泛性、相关性的特殊领域。在这里,政治领域的"政治"是广义的。为了避免这种广义的政治陷入"空洞"而失去公正话语应有的具体指向,它又必须是现实的。只有综合上述两个方面,才能真正实现马克思主义公正话语的"超越使命",指向时代问题交叠之处的"公正理念、公正制度、公正价值、公正行为"的系统构建。

改革开放40年来,特别是党的十八大以来,中国的改革开放和社会主义现代化建设取得了伟大的历史成就,党和国家事业发生了历史性变革。这些成就和变革集中体现在当代中国政治关系愈发稳定健康和谐上,但同时也带来了政治关系片面化、碎片化、过度化等问题。作为一种总体性关系,中国特色社会主义政治关系必须建立在当代中国的"总问题"及其必然产生的时代挑战之上。正是在这里,在不断解决时代挑战的阶段性问题的基础上,当代中国的政治关系实现了在良性演进中的自我优化,在不断总结经验和汲取教训的基础上,逐步形成了中国特色社会主义政治关系,成为坚持和完善改革开放的鲜明佐证。为了更好地理解改革开放的历史功绩,更好地坚持和完善改革开放,应该弄清楚改革开放以来中国政治关系的基础内容和基本发展,全面省思中国特色社会主义政治关系的基本特征,正确处理新时代中国特色社会主义的政治关系。

(一)重大挑战的交叠指向核心问题:政治关系是诸多时代挑战的集中体现

一般而言,政治关系是人类社会中不同政治主体在以利益为核心的各项活动中所形成的复杂性关系。马克思指出："人们在自己生活的社会生产中发生一定的、必然的、不以他们的意志为转移的关系，即同他们的物质生产力的一定发展阶段相适合的生产关系。"① 在所有社会关系中，虽然政治关系是上层建筑，但它却处于关节点上并发挥神经元的作用。政治关系具有经济相关性，破解政治关系的层层迷障，需要从一个国家和社会的经济关系入手；政治关系具有社会普遍性，任何具体社会关系一旦成为主要矛盾或表现为全局问题，就上升为政治关系；政治关系具有历史发展性，政治主体的历史性存在决定了政治关系的历史形态、表现、内容和特点，是一个动态性范畴；政治关系具有结构复杂性，它涉及多元社会政治现象，反映多种关系类型，承载大量不同层次和性质的政治行为。良好的政治关系意味着经济可持续发展、政治稳定、社会和谐，不过政治关系问题的重要性在此时并不凸显。相反，当不同社会领域共同面对或者相继遭受共同的矛盾问题而产生同质化、放量性的时代挑战时，政治关系就成为跃出既有领域而统摄全局的根本关系。正是在这个意义上，政治关系的混乱绝不是政治领域的关系失序，而是全局的系统性紊乱，必然将阻碍经济发展，激化社会矛盾，影响政治稳定。

一种流行观点认为，政治关系即政治生活中所产生的关系。在这里，政治生活是一个模糊概念，对政治生活的解释不同直接决定了政治关系的理解差异。持有这种观点的人总能在现实生活中找到他们需要的"证据"，这主要有几种表现。其一，以尊重政治的相对自主性为名，实则将政治生活看作一个孤立的领域，进而将抽象的"制度""权利""体制"看作政治关系的核心内容。在这里，政治关系的全部秘密就在于在抽象的宪政、民主选举、政治权利（人权）与自由、平等、正义等理想观念中通过语词的"平衡术"实现所谓超越生产方式、意识形态、"左与右"及历史传统性、文化地域性等限制的泛化的政治关系类型。在改革开放以来的不同时期里，"政治体制改革滞后论"改头换面屡次出现，其主要原因之一就是以西方国家的政治关系来衡量我国政治关系的"陈旧"与否，进而得出我国政治体制改革滞后的错误认识。

---

① 《马克思恩格斯文集》（第2卷），人民出版社2009年版，第591页。

其二，以强调政治的相关性为由，实则将政治生活看作一个"附属"社会领域，从而导致政治关系成为一种可有可无的形式状态。与过度强调政治的独立性相反，将政治生活、政治建设与政治领域视为其他社会领域特别是经济生活、社会生活、文化生活的下位概念也是一种十分常见的偏见。在一段历史时期里，强调经济关系的基础性往往就会刻意贬低政治关系的重要性，不但总体性的政治关系被彻底忽视了，而且具体的政治关系也游离于政治关系的解释范畴之外了。其三，以凸显具体的政治关系的稳定性为借口，实则将政治生活看作一个静止不动的结构领域，继而政治关系的产生、发展、变化就成为特定的具体结构领域内的内容或程度的增减。例如，阶级关系被细化为"阶层关系"且以作为新概念的阶层为由试图取消阶级关系的客观现实，中央与地方关系则在"政府博弈"中演算着政治利益的"输入—输出"，党政关系则被限定在"分开""合并"的二元选择之中，等等。这就造成了政治关系作为理解政治的一个客观现象、核心范畴甚至关键议题的价值面临着被彻底否定的危险，而沦为一种"无内涵"的"等义符号"。以上三种观点的偏颇之处各有不同，但共同错误或共同误解也十分容易察觉。简单而言，政治关系的经济相关性、社会性和动态性的各自方面被过分放大了，而缺乏对政治关系的有机统一的解释。

现实生活的复杂性、矛盾问题的多发性、社会发展的持续性、利益结构的变动性以政治现象的碎片化、网络化与重构化等形式不断加强着"单向度"的政治关系，遮蔽甚至消除政治关系的总体性存在。在很大程度上，如何科学有效地处理千头万绪的经济社会问题，如何客观对待越发现象化的社会政治生活，如何有效应对风云变幻的国际政治格局，如何真正解决好人与自然的历史性关系，这些问题都是"全面性如何与重点性相互统一"这一历史难题的具体表现，构成了时代挑战的诸多历史性版本。回顾改革开放以来的中国发展状况，尽管相关的矛盾和问题的内容与特征大多各不相同，然而，就其挑战性而言却是高度一致的，即在不同的历史发展阶段始终都要正确回答同一个重大的时代课题——坚持和发展什么样的中国特色社会主义，怎样坚持和发展中国特色社会主义。一切的发展与问题、所有的矛盾与变化、全部的历史和现实都离不开这一根本性的"时代挑战"，正如习近平同志所言："现在，我们这一代共产党人的任务,就是继续把这篇大文章写下去。坚持马克思主义,坚持社会主义,一定要有发展的观点。我们的事业越前进、越发展,新情况新问题就会越多,面临的风险和挑战就会越多,面对的不可预料的事情就会越多。"① 继续把"中国特色社会主义"这篇大文章写下去并不是政治口号,而是在新的历史条件下把党和国家各项事业继续推向前进的基调和底色,是我们实现中国特色社会主义政治关系的历史课题。

中国特色社会主义是其政治关系在结构层面的规定性,决定了它的性质、框架与基本样态,然而,这种结构规定性并不是它的全部,否则就会成为一种线性的社会本质决定论。在我国政治社会的发展脉络中,中国特色社会主义是一种制度结构、发展态势与行动选择。虽然制度结构是基础性、本质性的,但是发展态势的复杂性特别是经济、政治、文化、社会、生态等各种因素由于不停地相互作用而交汇成一种基本态势,它们在不断地自我变化和彼此干涉中决定了中国特色社会主义的阶段性、条件性的特征。与此同时,社会主体的行动选择作为一种兼具隐性结构特征与显性行动导向的"后台力量",表现出较强的多元化和偶变性。如果后二者与结构规定性不能相互符合,政治关系的不稳定性等消极性就会不断积累,当其达到颠覆制度结构的程度时,政治关系的性质将会发生本质性变革。虽然问题的显著程度有所不同,但是它们都是时代挑战,这种挑战是多种要素的交织,揭示出当代中国政治关系问题的复杂性。

(二)核心问题的具体化催生主要关系:当代中国政治关系的主要方面及其变化

政治关系是诸多时代挑战的集中表现,这表明在本质上政治关系是反身性的实践范畴,对于它的认识和把握必须从经济关系、物质利益关系层面加以把握,而绝不能停留在"政治"的修辞性层面。我们认为,一个国家的政治关系因政治主体的多样性、利益关系的多元化和社会矛盾的差异性而表现不同。不过,即便在不同的历史和社会条件下,某些政治主体、利益关系和社会矛盾表现出较强的稳定性,形成了一些以利

---

① 习近平:《习近平谈治国理政》,外文出版社2014年版,第23页。

益关系、政治权力关系和政治权利关系为核心要素和主要层次的相对稳定的主要政治关系。这些主要政治关系不仅影响其他政治关系的存在与变化,而且是解决社会问题的前提条件。因此,政治关系的发展变化,也必然要表现为人类社会政治的发展和变化。① 具体而言,当代中国的主要政治关系包括阶级关系、党政关系、中央与地方关系、国家与社会关系以及国家间关系等。要厘清中国特色社会主义的政治关系,必须立足于主要政治关系的历史演进与现实状况,从它们的历史轨迹的共性中总结规律性经验,揭示中国特色。

其一,阶级关系是一个国家的根本性政治关系。一个国家的阶级关系的性质决定了国家政权的性质,它的内容是判断社会主要矛盾的重要依据,它的变化程度和幅度决定了以政治关系为集中体现的社会关系的整体状态。党的十一届三中全会彻底否定了"以阶级斗争为纲"的口号,为认识和处理改革开放时期的阶级关系提供了政治保证。在科学判断我国所处阶段和社会主要矛盾的基础上,中国共产党对社会主义初级阶段的阶级状况、社会矛盾的形式和内容做出了客观、准确的判断,既反对阶级斗争消亡论又要警惕新形势下的阶级斗争扩大化论调,提出以非对抗性为特点的社会阶级结构新格局。从人民的根本利益出发,以生产力的进一步解放和发展为抓手,将理顺社会阶层关系、化解社会矛盾、构建和谐社会作为主要任务,不断优化阶级阶层关系。党的十八大以来,坚持人民主体地位,打破利益固化的藩篱、发挥协商民主作用、保障改善民生水平,推进以精准扶贫为典型的改革攻坚战,使中国特色的社会主义阶级关系日益和谐。

其二,党政关系是社会主义国家的基础性政治关系。由于社会制度性质的原因,社会主义国家的党政关系与西方国家的"国家与政党"的关系存在着根本的不同,前者在本质上是有机统一的,而后者则是相对对立的。因此,在社会主义国家里,调整党政关系的根本在于如何真正提升党的集中统一领导,关键是根据党情国情世情的变化对党政分工进行相应的调整。改革开放以来,党政关系调整与改善的核心是加强和改善党的统一领导。面对"文化大革命"所造成的党政关系混乱,以

---

① 王浦劬:《政治学基础》,北京大学出版社2014年版,第43页。

党政职能明晰、党政组织架构重建和党政职能合理区分为抓手，重塑了党的形象和权威，党政关系得以修复和重塑；针对党情、国情、世情的不断变化，特别是为了党的建设的伟大工程得以持续推进，在嵌入与融合的探索中，党政关系更加协调与平衡；进入中国特色社会主义新时代，党政关系产生了新气象，正确处理党政关系出现了新思路新设想新作为，明确"坚持党对一切工作的领导"①，坚定不移地全面从严治党，真正提升了党的执政能力和领导水平，通过增强"八项本领"确保党始终总揽全局、协调各方。

其三，中央与地方关系直接影响统治阶级的统治地位。毛泽东同志强调："中央和地方的关系也是一个矛盾。……有中央和地方两个积极性，比只有一个积极性好得多。"② 改革开放以来，调整改善中央与地方关系的关键在于如何做到既增强中央权威，又调动地方积极性。在这里，具体实践探索的内容主要表现在三个方面：不断维护和巩固单一制国家的本质和结构，在具体处理过程中既坚持原则又表现灵活，"集权与分权"及其实现则是中央与地方关系的平衡协调发展。党的十八大以来，"全面"成为改革发展的关键词，平衡性、协调性、可持续性成为新标准。在全面深化改革中，习近平总书记强调"注重系统性、整体性、协同性是全面深化改革的内在要求，也是推进改革的重要方法"③，这就为新时代中央与地方关系的内涵外延、总目标以及处理方法等创新发展指明了方向。

其四，国家与社会关系是现代国家政治发展或政治现代化的重要指针。恩格斯曾说："随着阶级的消失，国家也不可避免地要消失。在生产者自由平等的联合体的基础上按新方式来组织生产的社会，将把全部国家机器放到它应该去的地方，即放到古物陈列馆去，同纺车和青铜斧陈列在一起。"④ 国家终将回归社会，国家与社会是一个统一的整体。社会主义国家不同于资本主义国家之处正在于它致力于实现这种"回

---

① 习近平：《决胜全面建成小康社会，夺取新时代中国特色社会主义伟大胜利》，人民出版社2017年版，第20页。
② 《毛泽东文集》（第7卷），人民出版社1999年版，第31页。
③ 习近平：《习近平谈治国理政》（第2卷），外文出版社2017年版，第109页。
④ 《马克思恩格斯文集》（第4卷），人民出版社2009年版，第193页。

归"与"统一"。改革开放以来,破除了西方政治话语中"国家—社会"的对抗性逻辑,围绕"为什么人的问题"将二者有机统一起来,在国家与社会之间逐渐实现了"强—强"互补的结构性关系,国家治理结构的内在关系不断优化,国家的社会管理手段越发丰富、有效,社会治理格局不断趋向共建共治共享,在中国特色社会主义政治发展的过程中形成了"国家与社会关系"的新实践新思想。

其五,国家间关系是现代国际秩序与当代国际关系的基本内容。新中国成立后,和平共处五项原则和"三个世界划分"理论的提出得到了世界上大多数国家的认同和支持,成为战后重要的国际关系准则。40年前,中国共产党在重新强调与坚持和平共处五项原则的基础上,提出了建立国际经济政治新秩序,从理解、融入和改造现有国际秩序入手,不断丰富和发展新秩序观,在安全观、文明多样性、全球经济格局、世界人权问题、维护联合国机制和反对恐怖主义等主要领域不断提供"中国方案""中国智慧"。党的十八大以来,既有效维护国际安全,又密切关注身处大发展大变革大调整时期的世界,以推动人类命运共同体建设为使命,在处理具体的国家间关系上形成了"坚定奉行独立自主的和平外交政策""积极发展全球伙伴关系""积极促进'一带一路'国际合作""秉持共商共建共享的国际治理观"等策略体系。面向新时代,在新型国家间关系中,中国已经树立了"世界和平的建设者""全球发展的贡献者""国际秩序的维护者"[①]的国际形象。

当然,上述政治关系的具体类型不能涵盖政治关系的全部,但它们在所有政治关系类型中具有核心地位,发挥着关键作用,在很大程度上决定着其他政治关系乃至社会关系的形成与变化。在这个意义上,这些政治关系的演变证明,中国特色社会主义政治关系越发成熟了。这主要体现在改革开放以来我国政治关系的调整与发展始终坚持以人民为中心,将人民立场、人民利益、人民幸福作为评价政治关系是否稳定健康和谐的根本依据;始终坚持从全局出发,将总体性、整体性、系统性和协调性作为处理政治关系的基本原则;始终坚持中国特色,将符合中国实际、文化传统和具体实践作为处理和调整政治关系的前提条件;始终

[①] 习近平:《习近平谈治国理政》(第2卷),外文出版社2017年版,第525—526页。

坚持矛盾分析的方法，将矛盾产生发展的基本规律与具体社会实践相结合，在解决政治关系新矛盾中整体推进政治关系的积极变化；始终坚持发展的眼光，善于调动一切积极因素，并将其统筹利用到中国特色社会主义政治关系的历史性建构中。

（三）主要关系的维系彰显出比较优势：中国特色社会主义政治关系的基本特征

如果说确定和界定政治关系的关键在于全面理解"政治关系"，那么认识和把握政治关系的关键则在于具体厘清"政治关系"，这就是政治关系的全面性、系统性与具体性、重点性相互结合、有机统一的根本特点。那么，只有抓住政治关系的"牛鼻子"，才能统摄、统领、统筹政治关系的全部内容，进而发挥影响其他相关关系的积极作用。在这里，核心是把握矛盾和化解矛盾的基本路径，在凸显中国特色社会主义政治关系的本质性优势的同时还能体现其比较性优势，而这更具有说服力。毛泽东同志指出："社会总是充满着矛盾。即使社会主义和共产主义社会也是如此，不过矛盾的性质和阶级社会有所不同罢了。既有矛盾就要求揭露和解决。……我们国家内部的阶级矛盾已经基本上解决了（即是说还没完全解决，表现在意识形态方面的，还将在一个长时期内存在。另外，还有少数特务分子也将在一个长时间内存在），所有人民应当团结起来。但是人民内部的问题仍将层出不穷，解决的方法，就是从团结出发，经过批评与自我批评，达到团结这样一种方法。"① 在唯物史观的视域中，政治关系的核心是矛盾，科学地认识社会矛盾、全面地把握社会矛盾、以正确的策略和方法解决矛盾，这是维系政治关系稳定健康和谐的根本途径。改革开放40年来，当代中国的政治关系之所以能够在有序调整中积极发展，就是因为既以团结为前提又以团结方法为目的，在中国特色社会主义政治关系的内在逻辑和主流运动中形成了主体平等性、关系和谐性、发展协调性和调整自觉性的基本特征。这应该是我们理解中国特色社会主义政治关系的关键所在。

第一，政治主体的平等性。政治关系是政治主体间的相互关系，政

---

① 《毛泽东文集》（第7卷），人民出版社1999年版，第164页。

治主体的性质直接影响着政治关系的性质。众所周知，现实社会中的关系是人与人的关系。然而，随着社会交往的扩大，人与人之间的关系从范围、程度和内容上都出现了不断扩大的趋势。在这里，群体、阶层、性别、利益团体、阶级甚至民族等就成为现实的政治主体。在资本主义社会里，阶级关系将长期制约社会，政治主体被假想为抽象个体，平等是抽象的政治权利的平等，从而排斥真实的平等感，成为一种虚幻的理念。而真正的平等不是抽象、孤立的空洞梦想，它始终与生产力的发展紧密相关，是在特定的交往关系中所体现出来的原则和价值。正如有的学者所言："平等是不同社会主体在一定历史阶段的交往过程中处于同等的社会地位，在社会领域享有同等权益履行同等义务的理念、原则和制度。"① 只有在社会主义制度和人民民主专政国家中，才有真正平等的政治主体，才能形成政治关系的真正平等。在我国，政治主体是由劳动者组成的，劳动者在本质上是平等的，因此社会主义的政治关系是以平等性作为其显著特征的。在中国特色社会主义制度下，全体劳动者对生产资料的占有虽然存在不同形式，但是在不同的占有形式中劳动者与生产资料之间的关系仍是平等的，绝对的剥削和压迫已被消灭，因此在经济层面形成了本质性平等。与此同时，无产阶级专政的社会主义国家是由平等的劳动者通过社会主义民主制度的建构而确立的，作为政治主体的劳动者在政治参与、政治权利、政治生活中形成了广泛平等的政治关系。虽然具体的政治主体在国家政治生活的不同领域、制度和行动中的确居于不同地位、具备不同功能、发挥不同作用，但是他们之间并不存在贵贱高低之别，更没有结构性的"剥削与被剥削""压迫与被压迫"的阶层划分，仅仅是因领域、分工、任务等方面的不同而造成的差异性现象。因此，主体平等性是中国特色社会主义政治关系首要的基础性特征。

第二，基本关系的和谐性。一方面，政治关系的形成和发展源于经济关系，是特定经济关系的集中表现。恩格斯指出："我们视之为社会历史的决定性基础的经济关系，是指一定社会的人们生产生活资料和彼此交换产品（在有分工的条件下）的方式。……决定着统治关系和奴

---

① 郑慧：《何谓平等》，《社会科学战线》2004 年第 1 期。

役关系，决定着国家、政治、法等等。"① 政治权力是经济权力的产物，理解政治关系必须从经济关系特别是物质利益关系层面把握，避免将政治关系孤立化。与资本主义社会不同，社会主义社会政治关系的基础是社会主义公有制，因而在目的、结构与内容上保持着广泛的一致性。改革开放以来，中国特色社会主义政治关系始终保持着根本利益的高度一致而基本经济关系（物质利益关系）的普遍相通性，使得当代中国政治关系的"基本面"始终保持着稳定和谐。当然，由于具体利益的差异性、经济形式的多元化、生产资料占有关系的非一致性等问题的存在，作为共同利益或共同目标具体载体的政治关系也无法彻底摆脱特殊利益间的博弈。在特殊利益的影响下，不同的具体政治关系必然会出现一定程度的冲突性和矛盾性，但是此种冲突与矛盾在现代化经济体系中被不断吸收。围绕相关的矛盾和冲突，就需要通过利益协调或者矛盾引导机制来解决，这不但彻底否定了剥削社会的"冲突说""矛盾说"，而且提醒人们只有通过引导和协调，社会主义社会才能保持一种相对稳定的和谐状态。另一方面，政治关系还会与其他社会关系相互交织。在社会生活中，社会关系是复杂的，不但数量众多而且作用不一。社会主义现代化事业是一项整体性事业，任何一种社会关系都在不同程度上影响着其他社会关系。不同的社会关系在特定的条件下会自然地转化成政治关系，且因政治关系而成为主要社会关系或次要社会关系。在社会主义国家里，这种关系的互构方式需要在不同社会关系间围绕政治关系的根本需要做出相互调整，最终达到较为和谐的状态。

第三，处理方式的协调性。在社会主义制度确立后，中国社会最根本的变化是两种矛盾的地位发生了根本转变，以非对抗性为特征的人民内部矛盾成为主要方面。然而，阶级矛盾只是基本上消失了，还未达到彻底消失的阶段；而且，人民内部矛盾的内容、形式、程度在不同时间和条件下也会出现激化的现象。为此，就必须解决对抗性冲突，在具体矛盾可能激化的方面有所预见，做到预判、预案、预警，避免矛盾积累而造成严重后果。党的十一届三中全会以来，中国共产党人始终坚持在马克思主义指导下正确处理复杂交错的政治关系，充分运用了马克思主

---

① 《马克思恩格斯文集》（第10卷），人民出版社2009年版，第667页。

义的思想方法和工作方法。一则坚持统筹协调,从"两手抓""三位一体""四位一体"到"五位一体"总体布局和"四个全面"战略布局,坚持"点—面—点"相结合,围绕主要矛盾或矛盾的主要方面推进整体发展,关键是在不断增强党对一切工作的领导中真正实现了政治关系的统筹协调;二则厘清主次关系,从"大政治观"到"讲政治""政治和谐",再到"伟大斗争、伟大工程、伟大事业、伟大梦想"①,在其他社会关系的变化中对准影响政治关系变化的主要方面,通过政治关系的调整和变化直接推进其他社会关系的积极调整;三则进行科学规划,从"三步走战略"到"新三步走战略""全面建设小康社会"再到"全面建成小康社会、全面建设社会主义现代化国家新征程"②,精准认识政治关系变化中新现象新矛盾新事物的历史地位并在积极探索、寻求和总结中推动其向社会实践的彻底转变,使得政治关系能够为中国特色社会主义事业的发展保驾护航。

第四,调整手段的自觉性。中国特色社会主义政治关系是动态发展的,它能够在不断运动中持续稳定、不断完善并最终达到和谐状态的主要原因就在于它能够自觉地进行自我调整。一方面,作为社会主义国家,中国的政治关系是非对抗性的关系,其本质就是以剥削和被剥削为基础的阶级对立基本消失了,解决政治关系以及由其所表现出来的其他社会关系中的主要问题不但不会导致政治关系的结构性崩溃,反而有利于其不断增强内在的稳定性和外部的和谐性,这是资本主义国家政治关系的调整所不可能实现的。这是中国特色社会主义政治关系能够做到自觉调整的根本原因。另一方面,在社会主义初级阶段,权力关系的内在调整也存在"僵化"的可能,既得利益仍有可能"以利益集团"的形式不断固化,甚至会阻碍政治关系的自觉调整。毛泽东曾说:"我们不要迷信,认为在社会主义国家里一切都是好的。"③ 因此,中国共产党必须勇于自我革命。历史证明,中国共产党人善于将自我革命和社会革命结合起来,大力弘扬"将革命进行到底"的精神,在政治关系本身

---

① 习近平:《决胜全面建成小康社会,夺取新时代中国特色社会主义伟大胜利》,人民出版社2017年版,第17页。
② 同上书,第27页。
③ 《毛泽东文集》(第7卷),人民出版社1999年版,第69页。

出现较为严重的问题时，能够直面困境、彻底变革，有理有力地通过各种途径和方法扭转困境，推动中国特色社会主义政治关系向前发展。这是中国特色社会主义政治关系能够做到自觉调整的关键力量。

（四）基本优势的维系需要科学方法：正确处理新时代中国特色社会主义政治关系

习近平指出：" 我国社会主要矛盾的变化是关系全局的历史性变化，对党和国家工作提出了许多新要求。我们要在继续推动发展的基础上，着力解决好发展不平衡不充分的问题，大力提升发展质量和效益，更好满足人民在经济、政治、文化、社会、生态等方面日益增长的需要，更好推动人的全面发展、社会全面进步。"[①] 对于新时代中国特色社会主义来说，既要把握主要矛盾变化，继续解放生产力，发展生产力，同时必须完善中国特色社会主义制度，巩固人民民主专政的国家制度，实现国家治理体系与治理能力现代化。为此，就必须正确处理新时代中国特色社会主义的政治关系。

第一，正确处理新时代中国特色社会主义的政治关系，要坚持以马克思主义为指导。众所周知，马克思的整个世界观不是教义，而是方法。在社会主义中国，正确处理政治关系需要科学的指导思想。在一段时间中，将政治关系看作客观存在，试图寻求处理政治关系标准的普遍准则，甚至在西方政治理论和政治经验中寻找依据，使得政治关系本身在西化过程中失去了基本遵循。事实上，正确处理新时代中国特色社会主义政治关系必须坚持马克思主义的指导地位。这不仅是马克思主义理论工作者提出的口号，也是党领导人民开展一切工作的根本遵循。众所周知，时代发展了，矛盾变化了，问题不同了，政治关系的内涵与外延自然也就发展、变化与不同了。因此，要将马克思主义融贯到处理新时代中国特色社会主义政治关系的全过程中，就必然要求：按照辩证唯物主义和历史唯物主义的彻底唯物论的要求观察和分析全部社会关系的新动向，特别是社会矛盾发生发展的新动向；绝不能简单地照搬或延续历史经验，将原本正确的实践要义狭隘地抽象为教条的经验模式而简单地

---

① 习近平：《决胜全面建成小康社会，夺取新时代中国特色社会主义伟大胜利》，人民出版社 2017 年版，第 11—12 页。

套用；更不能妄自菲薄地憧憬照搬西方经验，甚至陷入西方新和平演变的政治话语陷阱中；必须将科学社会主义基本原则同我国具体实际、历史文化传统、时代要求紧密结合起来，在具体的政治关系处理中彰显马克思主义作为信念根基、根本依据、核心理念和基本方法的地位。

第二，正确处理新时代中国特色社会主义的政治关系，要遵循科学严谨的基本原则。作为一种总体性关系，政治关系要从社会中吸纳大量的具体关系或关系要素，因而它是十分复杂的。改革开放以来，随着我国社会主义现代化建设的实践不断发展，政治关系就始终处在变化之中，相关的具体问题和矛盾更是层出不穷。为了使主观设想与关系安排符合客观情况，这就需要坚持如下三条基本原则。第一，必须有利于增强党的集中领导，巩固党的长期执政地位，维护党的光辉形象。不能抽象地谈论我国社会政治关系的优劣，衡量新时代中国特色社会主义政治关系的状况，首要的是绝不能动摇党对一切工作的领导、绝不能动摇中国共产党的执政地位。第二，必须有利于巩固和提升人民当家做主的主体地位。人民当家做主是社会主义国家政权的本质特征，优化新时代中国特色社会主义政治关系的关键在"人"，即通过制度保障人民中心这一本质，避免社会政治关系失调和社会矛盾加剧，系统研究培育新时代国家主人翁的基本要件。第三，必须有利于全面深化改革以及新时代中国特色社会主义的总体布局和战略布局的持续推进。正确处理政治关系的关键不在于"划分界限""明晰关系"，而是通过妥善处理这种关系统筹经济社会进步，协调推进各个领域的发展。

第三，正确处理新时代中国特色社会主义的政治关系，要掌握正确有效的思想方法。习近平指出："当前，改革发展稳定任务之重、矛盾风险挑战之多、治国理政考验之大都是前所未有的。我们要赢得优势、赢得主动、赢得未来，必须不断提高运用马克思主义分析和解决实际问题的能力，不断提高运用科学理论指导我们应对重大挑战、抵御重大风险、克服重大阻力、化解重大矛盾、解决重大问题的能力。"[①] 在很大程度上，掌握这种能力的核心并不是具体方法上的科学选择和运用，而

---

① 习近平：《在纪念马克思诞辰 200 周年大会上的讲话》，《人民日报》2018 年 5 月 5 日。

是真正理解科学性、正确性和有效性的思想方法。换言之，只有掌握正确有效的思想方法，才能处理好新时代中国特色社会主义的政治关系。我们认为，这些思想方法包括以下三个方面。第一，始终坚持人民中心的立场。突破利益遮蔽下的政治关系迷障，高度警惕形式性的"最佳方案"或理想性的"关系模型"，必须以"有利于谁"作为正确处理政治关系的根本思想方法。政治关系是一种复杂性关系，被内容的复杂性、类型的复杂性和形式的复杂性所遮蔽的是核心利益，即"主体的核心利益"。相似的政治关系内容、相近的政治关系类型抑或相同的政治关系形式会使得判断相关政治关系的问题变得异常困难，必须辨明"为了谁"的问题。第二，始终遵循实事求是的准则。正确区别具体利益关系、具体社会关系以及主要政治关系，在具体问题具体分析的过程中，将控制问题、分析特点、调节矛盾有机地统一起来，有的放矢地提出处理各种具体的政治关系的特定意义和特殊性准则，发现符合处理好此种关系的基本思路。政治关系既不是独立存在的社会关系，也不是不同社会关系的"维恩图式重合"的结果。政治关系的总体特质是主要政治关系的共同特征的总和，而为了准确把握这种特征，则必须对具体政治关系进行实事求是的解析。第三，始终注意政治主体功能的发挥。在人民中心和实事求是的基础上，必须进一步将唯物主义论点投射到政治主体特别是政治主体功能的充分实现上，通过社会分工的科学化、社会分配的公平化与社会进步的持续化，理顺各个政治主体（特别是政治组织）之间的关系，在党的领导下充分发挥它们在政治关系调整中的应有作用。当前，实现伟大目标，处理好社会主要矛盾，关键在于准确把握人民对美好生活的需要，这是推进政治关系积极调整的出发点，也是决定政治主体功能发挥的"自变量"。同时，还要注意发展中的不平衡问题，抓住政治关系变化的牛鼻子。正是在这里，主体诉求的内在变化需要外部表达形式，因此必须建立通畅的利益表达机制，这就为政治主体能动性提出了基本关切的实质性要求。同时，实现美好生活的需要还要有"建设者、奋进者、搏击者"，这就明确了政治主体的调整边界，继而对政治主体的能动性提出了内在气质的标准。

总之，政治关系不是抽象政治结构中的具体关系，更不是具体社会关系的抽象结构，而是在人与人之间形成的互相创造、影响与支配的关系。理解中国特色社会主义政治关系，既要把握它的总体性方面，即对作为以辩证否定即"扬弃"的社会发展规律为核心且以社会主要矛盾为标准的具体关系"上升—下降"规律为遵循的政治关系的总体性认识；又要把握它的构成性方面，即对在具体社会领域中围绕该领域内主要问题的发展变化趋势特别是可能的总体化趋势的政治关系的构成性认识。面向新时代，通过不断揭示和理解我国社会主要矛盾的深层本质，能够进一步把握当代中国的政治关系，找到这些关系"形成—变化—消失"的根本原因，从而找到真正的解决方略，实现新时代中国特色社会主义政治关系的进一步发展。当然，当代中国特色社会主义政治关系是一个系统性、长期性和复杂性问题，应是一个需要不断深入考察的基本理论问题和重大时代论题。

第二节 当代中国公正话语的基础构建问题

构建当代中国公正话语体系是一项复杂的理论与实践工程，所涉及的内容十分庞杂。然而，在这一话语体系由理论转向实践，再由实践上升为新的话语表达的过程中，关键的问题是从话语战略高度理解它。必须认识到当代中国公正话语是新中国成立以来特别是在改革开放历史新时期中国共产党在推进马克思主义公正话语中国化方面所取得的创新性政治话语，必须认识到当代中国公正话语是在特定公正语境下对公正的核心性尺度、根本性诉求和基础性要素三大关键问题的科学认识，必须认识到当代中国公正话语是同西方公正话语、马克思主义公正话语既有所取舍和继承，又与时俱进地符合时代要求的公正话语，并以新的论点、观念和对实践经验的继承，丰富和发展了马克思主义公正话语。为了实现上述"必须认识到"，我们应该关注当代中国公正话语的基础构建问题。

站在历史的高度，当代中国公正话语体系是中国共产党人在掌握马克思主义公正话语的立场、观点和方法的基础上，继承其对西方特别是资产阶级公正话语的彻底反思，厘清公正话语的马克思主义之维进而超越完善公正而指向真正公正的理论资源，吸收中华民族富有特色的公正思想、公正智慧和公正思维，在立足本国实际的前提下，提出、形成和发展的具有原创性、时代性、系统性的公正话语体系。因此，理解当代中国公正话语体系，不能仅仅从"当代中国"出发，而应植根于历史，立足于顶层设计。因此，解决公正话语问题的一切思想资源和实践经验，都应纳入当代中国公正话语的理论视野中，这也正是本书多次强调的，要在全面理解和解释话语的政治维度、政治话语的独特性、公正话语的内在逻辑、公正话语的西方之维以及马克思主义之维后才能考察当代中国的公正话语问题。习近平总书记指出："从某种意义上说，理论创新的过程就是发现问题、筛选问题、研究问题、解决问题的过程。"① 公正话语是一个新问题，其"新"就在于它是从话语思维的角度理解公正的，是从资产阶级与无产阶级的政治话语的根本差异之处理解"两种公正观"的，是从马克思主义公正话语的"独特性""超越性"来认识马克思主义关于"公正"的历史态度的，是从马克思主义公正话语在中国如何继承和实现的高度理解"公正是中国特色社会主义的内在本质"的。这绝不是将某种公正理论或几种公正理论甚至是西方的资产阶级公正学说"嫁接"到中国而得出"公正的永恒光辉"这种似是而非的结论的，也不是以西方公正话语中的观念预设、制度安排与原则设计等"裁量"中国现实而得出的所谓"中国的公正话语体系"。认真对待"当代中国公正话语"，就需要弄清它的"根"之所在。

一 当代中国公正话语的核心尺度

简单地说，所谓当代中国公正话语的"核心问题"，就是它的判断尺度问题。从词源上看，"公正"一词本身就有尺度的意思，正如黑格尔所言："尺度的神圣性，特别是社会伦理方面的神圣性，便被想象为同一个司公正复仇之纳美西斯（Nemesis）女神相联系。在这个观念里包含着一个一般的信念，即举凡一切人世间的事物——财富、荣誉、权力，甚至快乐痛苦等——皆有一定的尺度，超越这尺度就会招致沉沦和毁灭。"② 在这个意义上，不同的公正话语中关于公正的认识与解释所

---

① 习近平：《习近平谈治国理政》（第2卷），外文出版社2017年版，第342页。
② ［德］黑格尔：《小逻辑》，贺麟译，商务印书馆1980年版，第235页。

存在的相同与不同之处，在很大程度上就是由对"尺度"的理解及主要内容的尺度构成的差异所决定的。尺度是一个逻辑术语，它是潜在的本质，是在发展过程中对不断展现出来的潜在东西的代名词。因此，公正的"尺度"绝不是具象化的结果（量的结果），而是在"质""量"矛盾进程中的公正本质的结果。简言之，当代中国公正话语的"一体"，应是其"尺度"即潜在本质的直接表达。在这里，将潜在的本质展现出来，就是要对当代中国公正话语的内在存在加以规定，就是要找到当代中国公正话语的根据。

黑格尔对"尺度、本质"的分析旨在提出"根据"，黑格尔指出："根据是同一与差别的统一，是同一与差别得出来的真理，——自身反映正同样反映对方，反过来说，反映对方也同样反映自身。根据就是被设定为全体的本质。"① 在逻辑分析中，尺度就是一种充足理由，提供的是一个基础性根据。在这里，"根据的规律是这样说的：某物的存在，必有其充分的根据，这就是说，某物的真正本质，不在于说某物是自身同一或异于对方，也不仅在于说某物是肯定的或否定的，而在于表明一物的存在即在他物之内，这个他物即是与它自身同一的，即是它的本质，这本质也同样不是抽象的自身反映，而是反映他物。根据就是内在存在着的本质，而本质实质上即是根据。根据之所以为根据，即由于它是某物或一个他物的根据。"②

由此可见，只有确定了"一体"，才能从实际出发揭示当代中国公正话语的"根据"。在西方公正话语中，人们在讨论公正时，是从公正的价值论角度体现它的核心性的，然后指出它在价值本质上的"一体性"。这种"一体性"仅仅停留在价值论本身，既不能真正体现公正的"一体"，又曲解了"一体"的考量标准。

与此相应，在我国社会主义核心价值观的 12 个词中，公正也是一个极为重要的价值。人们普遍认识到，与其他社会主义核心价值观相比，公正是一个既特别重要又极其特殊的价值观。那么，支撑这种"特殊重要性"的依据就十分值得思考和研究了。如果按照西方公正话语所

---

① ［德］黑格尔：《小逻辑》，贺麟译，商务印书馆1980年版，第254页。
② 同上。

确定的"一体"逻辑，公正就会成为一个抽象的决定性价值，就必然会得出公正的重要性是基于其永恒性的错误结论，因而背离历史唯物主义的基本原则。为此，人们开始在社会主义核心价值观的内在相关性中考察公正的"一体性"。正如有的学者所言："公正是社会主义的最低要求，也是最高价值，应该是价值体系的内核，即所有其他价值观都是围绕公正而展开、以公正为取向。原因在于：首先，在所列举的12个价值观中，在价值论即价值理论逻辑上，只有公正的价值观属性最突出，其他的价值观既是价值又是工具。其次，其他11个价值观最终都是指向公正或作为实现公正的基础性条件，也就是说公正具有最高性价值原则。最后，公正是社会主义本质属性。虽然公正思想源远流长，但把它作为一种政治运动和政治制度加以追求的，则非社会主义莫属。公正是社会主义的最核心、最本质的特征，既是社会主义的最低要求，也是社会主义的最高原则。"① 当然，相较于仅仅以"公正"的抽象尺度为依据设计公正话语的基本框架，此种相关性尺度的设想更加贴近于现实，但是这种现实仍不能充分揭示公正话语的"政治话语属性"，也无法彻底呈现"一体性"作为一种根本依据的尺度对于公正话语的特殊重要性，而解决这个问题，才是探讨当代中国公正话语"一体性"的关键。

事实上，公正在社会主义核心价值观中所表现出的"一体性"根源于决定公正价值属性的"一体性"，不应从"公正"与其他价值观、制度安排或社会实践的关系中确定它的一体性，而应从决定"公正"的内在尺度（即"同一与差别的统一，是同一与差别得出来的真理"）角度加以理解。在一定意义上，公正话语的存在界域和范畴基础也就体现在这种尺度的特定标准中，成为观察和理解公正话语特别是诸如当代中国公正话语这样的具体话语类型的辨别图式。简而言之，公正观、公正理念、公正理论的"尺度"可能是内在于公正概念之中的，而公正话语的"尺度"则必然是存在于决定这种话语关系和话语行动的规定性之中的。进而言之，探寻当代中国公正话语的"尺度"就不可能仅仅

---

① 杨光斌：《习近平的国家治理现代化思想》，中国社会科学出版社2015年版，第16—18页。

依赖于中国的"语境"而必须从其话语渊源、概念论证和实践现象的综合体中加以确定。

众所周知，现代公正话语的核心是"主体"，只有主体概念得以确立，公正话语才有了存在的前提。这也是古代的公正观与现代的公正观分道扬镳之所在。将公正作为一种情感、原则、程序和后果必须存在一个"我指出"式的主体。那么，关于主体的论证是几乎所有现代公正理论研究所无法回避的。在某种意义上，关于公正主体的资格、特征、诉求、关系等问题的不断拓展，就是现代公正理论研究的一贯核心与不断进步之所在。曾经流行的作为历史必然性的公正被作为历史道义感的公正所取代，继而二者又以后者为核心、前者为支撑形成了作为基于历史道义感的历史必然性的公正。在这个过程中，"主体"的侵入是其演进的关键理路。正因为如此，公正才具有一张普罗透斯似的面庞，公正话语才不断面临沦为或混同于纯粹的公正哲学的自我证成逻辑的危险。在这里，马克思真正发现了公正话语的重要性，即重点突出了公正作为一种政治话语的特点，而突出这一特点的唯一办法就是创设了一种不同于前人的科学的世界观和方法论，其目的就在于避免"抽象主体"的干扰性，防止基于那种抽象主体的纯粹性之上的"最纯粹的道德"，回归"真正的辩证法"。

我们认为，这种区别是决定两种"一体性"认识的最大分歧和重大超越。正如有学者所言："马克思哲学的超越性的意义恰恰在于这样一个事实，即在今天时代所提供的条件意义上，对于我们来说，他的思想无疑处于一种未思而非已思的状态中，而他的追随者们却错估了这一点，以为借此可以在所有他们感到证明和解释马克思的思想时产生困难的地方，只消寻得一个避难所。"[①] 换言之，在我们的研究中，只有在"公正主体"的认识超越中，我们才可能理解当代中国公正话语"一体"的根基在哪里，才能进一步总结这一根基的主要维度，进而凸显当代中国公正话语之"一体"的基本内容。

翻开现代西方政治哲学关于公正主体的历史解说的画卷，就不难发

---

① 张文喜、臧峰宇：《马克思主义政治哲学史》，中国人民大学出版社2018年版，第120页。

现它以构想公正主体来实现纯粹公正的构想是其基本特点。在很大程度上，正如亚当·斯密所认为的那样，寻找普遍人类是探求一切公正观的建设性标准，而资本主义社会对于公正及其历史中心论的所有构想的基础也正在于其对"全人类"的现代解释。因而公正是一种基于此种解释的被动性的社会构想，其最终目的在于证明"普遍人类"的抽象本质——超越个别利益而维护一般准则——的无可争辩性。施特劳斯在《政治哲学史》中对此曾做了清楚的阐述，他指出，"公正是一种有缺陷的美德。他（指亚当·斯密）"在这里，将复杂的人及其利益属性化约成一种"理想的社会性"，进而推理出公正的尺度，这是西方公正话语不变的论调。西方公正话语的确没有论证"乌托邦"的社会，那不是因为他们真的从现实出发，而是因为他们自己就活在普遍人类的"乌托邦"中，置身于资本主义社会的"个体"即为无差别的全人类之"原子"的深层梦境之中。

与上述观点相似的是，马克思主义经典作家也赞同"人类的社会性"的基本认识。然而，斯密等自由主义者的目的在于证明存在一个理想的公正旁观者，这个旁观者具有一切具体个体所不具备的人的社会性的特征与视角。这样就在理论上肯定人的社会性的同时，在现实和历史中将人的社会性否定了，事实上还是在为人的个体性的优先性提供"侧面论证"。与此不同的是，马克思主义虽然同样十分重视人，却并不构想理想的"公正主体"，而正是在反对构想公正主体中，马克思主义经典作家在表明自己的态度的同时阐明了自己在这一问题上的基本观点。这是一种植根于现实、直面于主体、直现于利益的公正主体考量，这也是马克思主义公正话语的重要特征之一。

在当代中国，我们着力培育和践行社会主义核心价值观，这需要科学的公正话语加以阐释、说明和传播。如果错误地选择了"构想公正主体"的路径而忽视了对"现实公正主体"的发现，那么就难免会在思想上产生误区，在言语上滑向"误区"，在传播中迷失自我。为此，有学者指出，应该立足于建构现实性的人类解放理论，在本质上真正理解"公正主体"作为当代中国公正话语之"一体性"的本初意义，即人的本质的现实生成的一种实践选择。

在社会主义初级阶段这一本真的社会现实中，发展社会主义市场经济，促进社会主义民主政治的发展，成为中国特色社会主义发展的必然道路，而市场经济的发展所必然引发的社会生活的消极现象，如人与劳动、人与人以及人的个性发生严重异化等现象都会阻碍人的解放。因此，人的解放与自由解放何以可能的问题将构成当代中国社会主义实践最真实的内容。"以人民为中心"的发展理念，是属于人民的发展、为人民的发展、依靠人民的发展，它秉承马克思"人的本质的现实生成"精神，既坚持人民群众在建设中国特色社会主义事业中的主体地位，又坚持发展为了人民群众、发展依靠人民群众、发展成果由人民群众共享，不断实现好、维护好、发展好最广大人民群众的根本利益。[①] 由此，就不难理解当代中国公正话语为何要以"人民为中心"了，这是其"尺度"的唯一可靠依据。换言之，人民大众是公正主体的唯一真正表达，而人民大众的诉求则是当代中国公正话语的基本尺度。

具体而言，这主要体现在以下三个方面。第一，公正话语是人民大众诉求的集中反映，这是马克思主义世界观的根本表达。正如有学者所言："马克思和恩格斯创建的历史唯物主义，从感性的人的活动或历史中行动的人出发去解决思维和存在的关系问题，形成了以历史为解释原则、以生活决定意识为核心理念、以历史的内涵逻辑为基本内容、以人类解放为价值诉求、以改变世界为理论指向的历史唯物主义的世界观。这个哲学的世界观具有极其深刻和丰厚的理论内涵。"[②] 由此可见，马克思主义世界观强调历史是人们追求自己目的的活动，而每个历史阶段人民大众对于自身目的的实践活动，构成了历史发展的基本脉络；只有现实的人的生活过程和意识中的"公正感""公正意识""公正诉求"才能成为制度公正的基本尺度，脱离了人民大众对公正的"尺度意识"和"生活判断"，"公正话语"就失去了真实性基础；以理论的方式将人民大众的"公正意识"表达出来，是无产阶级公正话语不同于其他任何阶级公正话语的先进性，这也是历史唯物主义世界观对公正话语历

---

① 刘同舫：《青年马克思政治哲学思想研究》，中国社会科学出版社2018年版，第200页。

② 孙正聿：《历史唯物主义与哲学基本问题》，《哲学研究》2010年第5期。

史的内涵和逻辑的总括；人民大众的根本诉求最终将体现在打破"被侮辱""被奴役""被遗弃""被蔑视"的"一切关系"上，这是真正的公正，也是唯一符合历史唯物主义世界观的公正话语。第二，公正话语是人民大众诉求的全面反映，这是公正话语历史进步的发展必然。上文业已指出，公正话语是不断发展变化的。在不同的历史阶段，公正话语的时代本质、核心诉求和基本内容都在不断变化之中，从来没有两种相同的"公正话语"。归根结底，公正话语是人们对于"公正"认识的整体表达。从认识论的角度看，"社会认识论是关于人们怎样认识社会的哲学学说，它以人们认识社会的认识活动为对象，考察人们认识社会的特殊活动结构、进化过程和特殊规律。从另一个角度看，人们认识社会，实质上又是人类社会总体进行自我认识的实现形式，因此，社会认识论又是对于人类社会自我认识之谜的哲学探索"[①]。那么，是什么推动了公正话语的发展？又是什么代表了这种发展的必然趋势呢？回顾历史，只有一种答案，即公正话语的广泛性不断发展的基本表征就是公正主体的不断扩展，公正主体之所以能够不断扩展，就是因为作为公正主体的"人民大众"的真实性与普遍性始终在自我扩展中进行自我实现。在这个意义上，公正话语的历史发展与人民大众基本诉求的满足程度之间成正比，而且公正话语的不断演进和自我超越必然是以对人民大众诉求的更广泛的承认和实现为标准的。第三，公正话语是人民大众诉求的真实反映，这是观察、认识和处理当代中国发展问题的立足点。"公平正义是中国特色社会主义的内在要求"，这一正确的判断是建立在人民共同奋斗目标和经济社会发展现实的"交集"中的。前者决定了公正的目标定位，后者指出了公正的实际因素和功能作用。在这里，能够持续实现前者所设定目标的具体实践就是立足于后者的实际情况，发挥公正话语中的"改革"作用，在不断解决我国经济社会发展中所存在的突出问题尤其是关乎社会公正的突出问题中逐步实现中国特色社会主义"公正话语"的基本要求。党的十八大明确指出，这些问题存在于我国发展的各个领域之中。正如习近平总书记所说："党的十八大提出的基本要求，是对当前我国经济社会发展中存在的突出问题、改革攻坚和加

---

① 欧阳康：《社会认识论》，云南人民出版社2002年版，第19页。

快转变经济发展方式面临的难点问题、干部群众普遍关注的热点问题的积极回应,是对我国进入全面建成小康社会决定性阶段改革发展稳定、内政外交国防、治党治国治军的正确指引。这些基本要求,既涉及生产力和生产关系,又涉及经济基础和上层建筑,既涉及中国特色社会主义伟大事业,又涉及党的建设新的伟大工程,同时还涉及统筹国内国际两个大局。"① 在很大程度上,对这些问题的改变和解决的系统阐释与话语框架就是从公正的制度安排、价值理念和行为准则等不同方面塑造了符合中国实际的"新公正话语"。

事实上,如何理解人民大众的诉求从内容到形式上都有多种表现这一问题,也存在整体与局部、共同与差异、主流与分支等差别性。因此,在形形色色的"诉求"中,真正发挥当代中国公正话语之"尺度"作用的是人民大众的根本诉求。

二 当代中国公正话语的根本性诉求

众所周知,当代中国公正话语具有明显的历史烙印、时代烙印和实践烙印。公正话语的鲜明特点就在于它是历史的产物、实践的产物,而不是抽象的理论设计,更不是单纯的理念表达。当代中国公正话语是一种特殊的政治话语,是历史话语与社会话语的有机统一。历史话语是不容改变的,社会话语是无法任意选择的,因此当代中国公正话语是具有充分的自觉性与自主性的,在一定程度上,"社会正义问题关注社会合作体系的秩序正义与否、合乎人性与否,旨趣在于变革、建构社会合作体系,为人的幸福生活提供条件和保证。从思想史上看,社会正义问题的提出与解答标志着个人的独立和主体意识的觉醒,这就要求社会为个人提供一个自由发展的空间,那么这样的社会本身就应当具有自主性。可以说,社会正义对社会发挥自主性的要求是人类历史发展的必然结果"②。

毛泽东同志始终主张"人民"是思考公正问题的根本,他主张:

---

① 习近平:《紧紧围绕坚持和发展中国特色社会主义 学习宣传贯彻党的十八大精神》,《人民日报》2012年11月19日第2版。
② 倪勇:《社会变革中的正义观念》,山东大学出版社2006年版,第184页。

"人民应当具有基本的权利;主张一个国家应当具有独立、自主、平等的权利;力主性别平等,妇女解放;主张代际的公正;注重大众教育;反对两极分化和平均主义。"①邓小平同志强调社会主义国家所追求的公正根本上应该建立在生产力高度发达基础上的人人共享社会财富的事实中,这就清楚地解释了社会主义所追求的公平正义就是要让广大人民大众共同富裕,其根本是让"人民大众"在制度中获得政治平等,在生活中获得"一切人权"即"全国人民的人权"②,而在这里,"中国现在之所以存在着大量的社会问题,是同社会成员平等的基本权利没有能够得到有效的维护有直接关系的。在当今中国社会,维护社会成员平等的基本权利,应当成为制度设计和政策安排的基本依据之一"③。江泽民同志指出,公正不是一种抽象的制度目标和理想目标,而是人民大众在社会主义制度下的必然选择,"归根结底都是为了最广大人民的利益""都是为了不断实现好、维护好、发展好最广大人民的利益"④,可见,"以最广大人民的根本利益为出发点,把人民利益放在至高无上的位置,就要通过合理的利益分配,维护社会公正,将社会矛盾和冲突控制在一定的限度之内,使各个阶层实现共赢共荣,公平合理地分享社会发展和进步的成果。一句话,就是要让人民群众最大限度地享受社会公正"⑤。胡锦涛同志进一步强调,群众(即人民大众)是社会主义公正话语的基本主体,其诉求是重中之重,更加倾向于关注社会现实。每个社会成员的权益都应在公正话语中得到集中体现,他专门强调:"坚持把群众关心的热点难点问题作为我们工作的重点,认认真真访民情,诚诚恳恳听民意,实实在在帮民富,兢兢业业保民安,努力增强为人民服务的本领。要深入实际、深入基层、深入群众,倾听群众呼声,了解群众意愿,集中群众智慧,使我们作出的决策、采取的举措、推行的工作更加符合客观实际和规律,

---

① 吴忠民:《毛泽东公正思想初探》,《当代世界社会主义问题》2001年第2期。
② 《邓小平文选》(第3卷),人民出版社1993年版,第125页。
③ 吴忠民:《关于社会公正的几个问题》,《湖南社会科学》2004年第2期。
④ 《江泽民文选》(第3卷),人民出版社2006年版,第279页。
⑤ 任映红、戴海东:《中国共产党的社会公正观研究》,人民出版社2009年版,第138页。

更加符合广大人民的愿望和利益。"① 包括这些论述在内,党和国家在不同历史阶段都是从"人民大众的根本诉求"角度设计和安排一切工作的,也是以此作为衡量社会公正是否有效实现的话语之基。

归结起来,当代中国公正话语作为无产阶级公正话语和社会主义公正话语,不是以实现公正的抽象的理想尺度为目的的,而是以人民大众的根本诉求为目的的。列宁指出:"几何公理要是触犯了人们的利益,那也一定会遭到反驳的。"② 这也就解释了,作为中国特色社会主义内在本质的公正必须体现在具体的对人民大众的诉求进行不断保障和实现的过程中的特点,也就解释了中国共产党人为何始终强调将人民的根本利益作为公正观照的话语表达的深刻原因。进而言之,人民大众的根本诉求就是人民大众的根本利益能够得到保障,这就牵涉了两个方面的问题,即保障什么样的人民大众的根本利益,以及在不同的历史条件下如何保障和实现人民大众根本利益的问题。

具体而言,保证什么样的人民大众根本利益,就是要回答无产阶级公正话语的底色是"人民利益至上",而不是公正理想的"社会主义描述"。很多学者认为,公正是一种价值追求,具有一定的形而上学的预设性,因而不可能完全实现,也不可能得到充分的践行,因而公正一定存在一种理想目标性,而公正的社会主义之维则是"人的全面自由的发展"。从字面上看,这一分析并无问题,但这种"公正的社会主义解释"很难具有比较优势意义,相对于西方公正话语而言,没有具体实践的标识性,也就失去了现实的优越性。将公正与利益相结合就使得公正的理想性与现实性紧密地结合在了一起,其必然要与特定主体的诉求相关联,而真正代表社会发展方向、最进步的阶级和最广泛的社会大众诉求的利益本质、诉求和实现方式才是社会主义公正话语的真正优势。"利益是社会发展的基础、前提和动力因素。"③ 公正,和其他一切价值评价范畴一样,一旦脱离了利益及其衡量利益的优先性,就失去了其真正意义,就往往会栖身于超越利益诉求特别是具体利益即阶级利益表达

---

① 胡锦涛:《在庆祝中国共产党成立85周年暨总结保持共产党员先进性教育活动会上的讲话》,《人民日报》2006年7月1日。
② 《列宁选集》(第2卷),人民出版社1995年版,第1页。
③ 王伟光:《利益论》,人民出版社2001年版,第33页。

的理想类型之中。毛泽东早已指出，"使群众认识自己的利益，并且团结起来，为自己的利益而奋斗"①，这才是无产阶级公正话语的真正魅力所在。正因为如此，人民利益至上并不是空洞的口号，而是公正话语的社会主义之维，是对无产阶级公正话语的实际描述。以人民利益至上的公正话语，必须注意以下几个方面：

一是从人民大众的切身利益出发，真正实现为人民服务，这是当代中国公正话语的根本优势。毛泽东强调："任何一种东西，必须能使人民群众得到真实的利益，才是好的东西。"② 因而假如"公正是一切社会制度的首善"，那么其作为"首善"的唯一理由就是人民群众得到了真实利益。在社会主义中国，中国共产党人所坚持的"公正"标准，就是一切工作都从人民的利益出发，而不是从个别人（个体）或小集体的利益出发；其所反对的"不公正"现实，也是考量其是否损害了人民的利益，准备或修正错误（不公正）的依据也是相关制度、体制、机制或行为不符合人民利益的需要，而绝不是某种公正社会的秩序构想。二是从强调人民根本利益，特别是从全局、长远、最大利益的制度保障入手，以改革推进利益格局的不断调整，从而将"制度公正"作为判断"公正"的基本出发点和最终归宿。这种"制度公正"是无法脱离"人民根本利益"的，绝不能以"理想的制度设计"为切入点，只有无产阶级公正话语内的制度公正才能宣称其所建构的制度公正的终极目的仍是社会整体的利益和幸福。正如有学者所言："整体利益是人类赖以存在发展的条件。这种条件既不是公共设施或者公共财产，又不是一定社会历史时期所生产出来的物质产品，而是发展生产力、完善社会关系和建设精神文明三者的结合体，只有这三者才能真正地满足人类整体存在的发展需要。"③ 三是将人民利益至上置于特定阶级阶层结构中的社会生活各领域，通过具体行动而推动利益结构的调整，在动态调整中实现"公正的具体实践"。江泽民曾经指出："我们所有的政策措施和工作，都应该正确反映并有利于妥善处理各种利

---

① 《毛泽东著作选读》（下卷），人民出版社1986年版，第644页。
② 同上书，第542页。
③ 彭定光：《论正义的整体利益原则》，《吉首大学学报》（社会科学版）2001年第6期。

益关系，都应认真考虑和兼顾不同阶层、不同方面群众的利益。但是，最重要的是必须首先考虑并满足最大多数人的利益要求。"① 满足这些利益要求进而做出适当的调整，必然是在具体矛盾的解决和具体利益分配的调整中逐渐实现的，即"以最广大人民的根本利益为出发点，通过合理的利益分配，维护社会公正，将社会矛盾和冲突控制在一定的限度内，使各个阶层实现共赢共荣，公平合理地分享社会发展和进步的成果"②，同时"要时刻关注民生、了解民意、集中民智、珍惜民力，切实把各族人民群众的利益落实到发展的各个方面"③。四是在不断调整利益表达的平衡机制的基础上，实现无产阶级公正话语在社会运行中的实际存在。众所周知，社会不公正作为社会主义初级阶段我国社会所面临的重大问题之一，其显著的表征就是人民大众利益的保障需要通过表达来实现，而利益表达往往因为生产力发展水平和生产关系的局限性而出现不平衡的问题。特别是弱势群体利益表达不畅、强势群体利益表达垄断成为社会不公正产生的主要原因。为此，保障人民大众的根本利益，必须高度重视利益表达的理念偏颇和体制失衡的难题，在这里，改变经济不平等的环境和内容则是解决利益表达问题的要害之所在。也正是在这里，通过解决利益表达不平衡的各个时代的具体问题，中国共产党人才逐渐为当代中国公正话语提供了保障核心诉求的"护甲"，正如有学者所言，当代中国公正话语"在不同的历史阶段，对于公正的理解是与时俱进的，不断地在新的社会经济基础上追求更高层次社会公正的价值追求。如对于收入分配公平，中国共产党人经历了从平均主义倾向到让一部分人、一部分地区先富起来，再到共同富裕和全面小康的阶段。……不同的时代，不同的经济社会发展阶段，对社会公正提出了不同的要求，中国共产党人能够顺应时代潮流，致力于解决改革发展过程中出现的各种问题和矛盾，把公平正义作为促进社会和谐的重中之重来抓，能够最大限度地调动人民群

---

① 《江泽民文选》（第3卷），人民出版社2006年版，第279页。
② 任映红、戴海东：《中国共产党的社会公正观研究》，人民出版社2009年版，第267页。
③ 胡锦涛：《以科学发展观统领经济社会发展全局，把各族人民群众利益落实到发展各个方面》，《人民日报》2005年3月6日。

众的积极性和创造性，促进经济社会又好又快发展。"①

三　当代中国公正话语的基础性要素

我们认为，当代中国公正话语体系是以马克思主义公正话语为基础，以中国共产党公正观为指导，围绕当代中国的公正实践和不公正问题，不断丰富和发展的科学的公正话语体系。构建当代中国公正话语体系的主要任务是继承、发展与创新，这就意味着它必须坚持无产阶级公正话语的内核，其出发点——满足人民大众根本利益就确定了当代中国公正话语的根本优势；要始终依靠社会主义初级阶段的历史条件——"第一，不能无视我国社会主义初级阶段是以半殖民地半封建社会为起点的历史特点和生产力不发达的现实特点，去要求超越社会发展阶段的绝对公平；第二，不能以我国的社会主义还处于初级阶段，无视建国以来特别是改革开放以来生产力已取得重大发展的事实，放任贫富差距的拉大和社会不公现象蔓延"②；要不断创造具有中国特色的社会主义公正话语，正如邓小平同志所言："既不能照搬西方资本主义国家的做法，也不能照搬其他社会主义国家的做法，更不能丢掉我们制度的优越性。"③ 在这里，作为继承、发展和创新的基本内容同时又具备以上三种基本条件的特有理念和基础原则，这就是当代中国公正话语的基础性要素。

其一，为了实现人民大众根本利益的根本性诉求，必须坚持一切为了人民，即面向"共同富裕"，这也是当代中国公正话语的最根本的基础性要素。毛泽东指出，共产党人做任何事情都要以人民大众的利益为考虑问题的出发点，在这个意义上，"自由、平等、博爱，是资产阶级的口号，而现在我们反而为它斗争了"④。他始终强调警惕个体利益，他虽然没有提出共同富裕这一说法，但却始终坚持经济平等是社会主义的基本标志，特别强调"消灭剥削制度，将国家财富尽可能均等地分配

---

① 任映红、戴海东：《中国共产党的社会公正观研究》，人民出版社2009年版，第285—286页。
② 李纪才：《马克思主义公平观与社会主义初级阶段公平问题》，《中共中央党校学报》2008年第5期。
③ 《邓小平文选》（第3卷），人民出版社1993年版，第256页。
④ 《毛泽东文集》（第7卷），人民出版社1996年版，第127页。

给全体人民,避免贫富两极分化"①。邓小平则第一次将"什么是社会主义"这一重大历史课题与"共同富裕"结合起来,指出"社会主义的本质,是解放生产力,发展生产力,消灭剥削,消除两极分化,最终达到共同富裕"②。如果说"解放生产力,发展生产力,消灭剥削,消除两极分化"都是生产力、生产方式上的社会主义之维,那么共同富裕则是生产关系层面的社会主义标尺,而生产关系的社会主义标尺就是社会主义公正的直接表现,"社会主义的特点不是穷,而是富,但这种富是人民共同富裕"③。江泽民指出,支持实现共同富裕的基础是"发展",而提高人民生活水平不但需要生产力的发展,而且需要生产关系的合理调整,这应是当代中国公正话语如何获得合理性和真实性的基本准则。"人民群众的整体利益总是由各方面的具体利益构成的。我们所有的政策措施和工作,都应该正确反映并有利于妥善处理各种利益关系,都应认真考虑和兼顾不同阶层,不同方面群众的利益。"④ 对此,党的十六大报告有过较为系统的论述,即"发展经济的根本目的是提高全国人民的生活水平和质量。我们进行的一切工作,既要着眼于人民现实的物质文化生活需要,同时又要着眼于促进人民素质的提高,也就是要努力促进人的全面发展"⑤。当然,更好的发展需要更加科学的评价标准,这就需要从全局和战略层面进一步将"共同富裕"的发展图景和路径更加具体地描绘出来,"人民生活显著改善。城乡居民收入较大增加,家庭财产普遍增多,城乡居民最低生活保障制度初步建立,贫困人口基本生活得到保障,居民消费结构优化,衣食住行用水平不断提高,享有的公共服务明显增强"⑥。这就意味着党和政府在不断巩固和维系国家治理时必须增加物质财富、改善人民生活,借此实现整个国家

---

① 任映红、戴海东:《中国共产党的社会公正观研究》,人民出版社 2009 年版,第 95 页。
② 《邓小平文选》(第 3 卷),人民出版社 1993 年版,第 373 页。
③ 同上书,第 265 页。
④ 《江泽民文选》(第 3 卷),人民出版社 2006 年版,第 279 页。
⑤ 任映红、戴海东:《中国共产党的社会公正观研究》,人民出版社 2009 年版,第 143 页。
⑥ 胡锦涛:《高举中国特色社会主义伟大旗帜,为夺取全面建成小康社会新胜利而奋斗》,人民出版社 2007 年版,第 3 页。

和社会层面的公正。我们认为，作为一种重要的政治话语，当代中国公正话语必然要在特定历史阶段具有特定的表现内容和形式，但这些具体表现之间所存在的历史继承性、逻辑一致性和实践接续性也需要由共性要素加以整合，这就是"发展—改革—公正"得以贯通的基本逻辑，只有以共同富裕为目标，发展才有了正确动力；只有以共同富裕为标准，发展及其相关性问题才有了改革的必要和具体实现；只有以共同富裕为依据，公正的实现才有了坚实的基础。有些学者十分重视"分配公正"问题，当然，这是当代中国公正话语的"核心论题"，然而脱离了"共同富裕"谈论分配公正，只能沦为"先验建构主义公正论"的附庸，以抽象的"分配原则"的西方公正话语取代具有可实现方案的"共同富裕"的当代中国公正话语。改革开放40年来，公正话语的这一特点越发明显，正如吴忠民所言："物质（社会财富）基础直接规定着分配模式。……只有随着生产力的发展，现代化程度的不断提高，社会物质财富积累才有可能得以大幅度的提高，同时社会的物品及服务的稀缺性才有可能相对降低。"[①]

其二，为了实现人民大众根本利益的根本性诉求，必须坚持一切相信人民，即关注人民大众的公正感，这也是当代中国公正话语的最直观的基础性要素。现代社会是高速发展与变化的社会，与传统社会不同，社会发展变化的速度、深度和广度都极大地影响着人们的思想观念。在超越"一致性"追求的冲突型社会下，功能主义的社会状态的设想已经越发难以解释现实社会中频繁出现的利益冲突及其在观念层面的分歧和矛盾。正是在这样的背景下，寻求相对共通的价值观念是一项艰巨而复杂的工作。20世纪中叶以来，西方学者在不断探索中逐渐发现，公正感是一项可以达成"最大公约数"的且具有显著政治功能的价值观念。在不同的社会中，公正感往往直接反映了一国人民对于本国政治合法性、社会稳定性和个体生活满意度的水平。不过，公正感的感性色彩较为浓重，变动性、模糊性、不确定性等问题较为突出。因此，为了更好地发挥公正感在维持社会秩序、塑造共同价值与维系政治稳定方面的积极功能，同时减少它的不确定性所带来的非持续性、不稳定性的问

---

① 吴忠民：《社会公正论》（上卷），山东人民出版社2012年版，第175页。

题，西方学者在"社会公正"等方面进行了大量的理论设计。罗尔斯在《正义论》中对正义原则的系统阐释建立在"公正感"的理性建构基础上，诺齐克的持有正义理论离不开个体直觉主义的支撑。阿马蒂亚·森和纳斯鲍姆的能力正义理论则特别强调了社会大众"不公正"观念的交叠指向，而德沃金的资源平等论、戴维·米勒的多元正义论、欧金的性别正义论等都离不开人们在产生和保持某种特定的公正感时所需要的特定公正原则、议程与结构的理论设计，它们都将公正感所蕴含的初步的实质公正意识上升成了系统建构的实质公正原则、制度体系与行为规范。但是，这些理论对于公正感的"问题意识"并不具有解决作用，原因有很多，其中往往被人忽视的一个重要原因是这些对公正感进行结构化和功能化的理论设计的初衷是服务于统治阶级（或特定阶层）的需要，其途径和方法则是"远离"真实的公正感的目标构想的。加尔布雷斯在肯尼迪政府任职期间就清楚地指出："经济生活中原先要关注平等、安稳和生产力，现在缩小到只关心生产率和生产。生产成了解决与不平等相连的紧张关系的灵丹妙药，成了消除与经济无保障相连的不安、焦虑和贫困的必不可少的良方。"①

在当代中国，为了避免以精巧的制度安排解决公正感这一问题的弊端，必须紧紧掌握当代中国公正感（或人民大众公正认知）的真实情况。习近平指出："我们中国共产党人干革命、搞建设、抓改革，从来都是为了解决中国的现实问题。可以说，改革是由问题倒逼而产生，又在不断解决问题中得以深化。"② 公正感是显示社会问题的重要指示器之一，当代中国公正话语必须重视它，而这需要在"不变"与"变"的公正感内在结构中加以把握。一方面，应立足于改革开放以来中国社会的总体公正认知。有学者通过研究指出："从不变的方面看，家庭领域的一些传统的观念并没有发生变化，例如，需要原则依然得到了大多数民众的支持。社会转型过程中不同领域功能的分化使得家庭的功能逐渐简单化，但这并不意味着家庭的作用已经不重要，因此，家庭领域的

---

① ［美］李普塞特：《一致与冲突》，张华青译，上海人民出版社1995年版，第111页。
② 习近平：《关于〈中共中央关于全面深化改革若干重大问题的决定〉的说明》，《人民日报》2013年11月16日。

一些观念没有发生变化。"① 在某种意义上，这就表明当代中国人民大众的公正感在不同程度、领域和范围里会保持一定的稳定性，即较为朴素的公正情感是相对持久的。另一方面，应高度重视新"公正感"的出现与接替中的民意期盼。随着国情、发展水平特别是社会中利益关系和结构的不断变化，加之一些具体的不公正问题的特殊性，人们的公正感有时会因滞后于社会发展状况而表现出保守消极性，有时会因社会地位、观察问题视角和所处关系位置等因时因地而变、因人而异。为此，就必须抓住人民大众公正感的"不变"方面，同时积极适应形势的变化。当然，新"公正感"的出现与接替并不是任意的，而是反映在总体性、战略性和全方位变迁的过程中经济、政治、社会、文化等各个领域较为集中与显著的变化方面，是关于人民大众朴素的"公正认知"的主体性、原则性与对象性相对同质化的主要内容，是在社会发展和具体变化中具有主要现实意义的变迁内容，以及在不同领域的相关维度上所出现的积极变化，是可以掌控和客观把握的人民大众的公正感，即具有可检验性和可操作化的公正感的动态变化。由此可见，对当代中国公正话语视域中的公正感及其变化的观察是基于不公正现象的实际变化上的"态势—语境—变动"的整体观照，与简单追求模型化的公正感理论相比较，不易陷入片面化的认识里，同时能够突出社会主义核心价值观意义上公正观的历时性和共时性的价值观念引导意义。

其三，为了实现人民大众根本利益的根本性诉求，必须坚持一切依靠人民，即植根于伟大实践的顶层设计与议程安排，这也是当代中国公正话语最稳定的基础性要素。以毛泽东为代表的党的第一代领导集体在回应人民大众根本利益这一我国公正话语的根本性诉求方面，做出了诸多开创性的贡献，尤其是顶层设计的贡献。有些学者认为，毛泽东思想中的公正观主要体现在一些具体的经济平等、政治平等、社会平等问题的历史性变革中，这就忽视了这些历史性变革甚至是"运动性治理"背后的顶层设计逻辑。事实上，彻底否定旧制度特别是腐朽落后的资产阶级公正话语框架下所谓的制度公正，必须建立顶层设计理念和进行思

---

① 麻宝斌、杜平：《正义图景的"变与不变"：转型中国民众正义观念的总体特征》，《理论探讨》2017 年第 3 期。

维的根本扭转。从历史的高度看,毛泽东在男女平等、干群平等、主权平等、国格平等、财富平等等思想安排方面均设计了与之相对应的具体制度,从国家宪法、法律法规再到具体的社会保障制度等都已经成为当代中国制度性公正的基础与前提。尤其是在社会主义公有制的确立、人民民主宪法的制定、国家经济社会发展计划的设计、社会主义国家中社会关系的安排诸多重大问题上,毛泽东均有极具历史前瞻性和高度战略性的制度安排。这是当代中国公正话语在不断探寻顶层设计和议程安全的公正化问题时的出发点和立足点。以邓小平为核心的第二代党的领导集体开创了中国特色社会主义的新局面,在顶层设计和议程安排问题上做出了历史性贡献,即较为科学地建立起当代中国公正话语的根本制度与具体制度的战略安排。具体而言,中国特色社会主义是当代中国公正话语中顶层设计的依据、原则与衡量标准,而经济、政治、社会、文化等具体领域的制度设计则是当代中国公正话语中议程设置的内容、领域与增量方向。一般而言,前者是巩固与发展,后者是调整与改革,既保证了当代中国公正话语的历史继承性,为其体系化提供了制度性准则,又确保了当代中国公正话语的时代发展性,为其体系化提供了制度性增量。对于前者,邓小平、江泽民、胡锦涛均强调我国社会公正的根本保障以及中国特色的公正理论(话语)的决定性因素是"中国""特色""社会主义"的制度前提。对于公正话语而言,这就是"语境"——中国,"内容"——特色,"基本诉求"——社会主义三个方面的有机统一,正如党的十七大报告所明确提出的:"中国特色社会主义道路,就是在中国共产党领导下,立足基本国情,以经济建设为中心,坚持四项基本原则,坚持改革开放,解放和发展社会生产力,巩固和完善社会主义制度,建设社会主义市场经济、社会主义民主政治、社会主义先进文化、社会主义和谐社会……在当代中国,坚持中国特色社会主义道路,就是真正坚持社会主义。"[①] 对于后者,改革开放以来党的领导集体均十分重视"制度完善"问题。由此可见,在公正话语的中国选择中,制度的公正要素是同等重要的,其"语境—结构—内容"的组成方式各不相

---

① 胡锦涛:《高举中国特色社会主义伟大旗帜,为夺取全面建成小康社会新胜利而奋斗》,人民出版社 2007 年版,第 11 页。

同，后者不但要建立在前者的语境基础上，而且要置身于作为语境的前者所提供的话语条件中，因而具体制度的调整及其非公正性的解决不但要以其自身所处的语境、对象和基本内容为着力点，而且必须兼顾此种"着力点"是否与前者所提供的语境相符合。这二者共同构成当代中国公正话语的顶层设计和议程安排这一重要维度。正如有学者所言：

> 邓小平将社会公正视为社会主义本质的题中之意，主要从公平公正的物质前提与终极目标、公平公正的实现方式和基本要求、公平公正的政治根基和制度选择等方面来阐述自己对社会公正的思考与追求；江泽民主要从社会公正的核心价值与衡量标准、社会公正的制度设计和规则体系、社会公正的理性诉求和路径选择、社会公正的保障机制和区域拓展等方面对社会公正问题作了深入的理性思考；胡锦涛始终把最广大人民群众的民生问题、利益问题、权利问题置于社会公平正义的重要位置，使公平正义的人文价值关怀得到了极大提升……这些理论揭示了不同历史阶段，我们党在实现和维护社会公正方面各有侧重的特征，体现了历代领导人在处理公平正义问题上的独特思路和个性风采。①

站在历史的高度，我们应该清楚地看到，正是在公正话语的中国化探索进入了顶层设计与议程安排的层面后，它得以体系化的可能性与可行性才基本具备了。经过长期的历史探索，特别是改革开放以来的不断开创与发展之后，当代中国公正话语的体系化探索才真正开启了新的局面。

第三节 当代中国公正话语的体系化探索

党的十八大以来，以习近平总书记为核心的党中央愈发重视社会公正问题，围绕公平、正义、公道等核心概念发表了内容极为丰富的系列

---

① 任映红、戴海东：《中国共产党的社会公正观研究》，人民出版社2009年版，序言第3页。

讲话，逐渐形成了习近平"一体两翼式"中国特色社会主义的公正话语。所谓"一体"，即从政治价值出发，彰显公正作为社会主义核心价值的中心，社会共同价值的核心是公平正义，公正是全面深化改革的价值方向。而此种公正话语的"两翼"则是强调一方面要从顶层设计出发，将公正作为中国特色社会主义的纲领，凸显治国理政的关键在于公平正直，明确公正作为国家治理现代化准绳的价值地位；另一方面则从社会主体的公正认同出发，着力体现公正的可体验性，体现出社会公正感是政治共识的基础，将公正具体到一切可体验的获得感上。三者之间主次明确、相互拱卫、缺一不可，是中国共产党人对社会主义公正观发展与创新的时代贡献，彰显了当代公正理论的中国智慧与话语自信。

一 公正为道：把促进社会公平正义作为核心价值

公正是一种广义的核心政治价值。在政治价值的层面上，中国特色社会主义的公正观并不表达特定的公正学说，相反，它应该是也只能是马克思主义公正观的具体表现。在马克思主义公正观中，共产主义社会中每个人的自由而全面的发展为社会公正的旨归①，这就超越了西方政治话语中庸俗的自由主义公正价值论。公正不但包括政治领域权利和义务的对等，而且包括了经济领域有关劳动产品的合理分配。在这个意义上，二者的有机统一才是社会主义公正观的价值诉求。马克思特别强调，公正问题不是分配、交换与矫正等具体公正问题，而是一种"总体公正"。他批判了资产阶级狭义的、资本逻辑的、财富价值导向的公正观，认为资本主义的公正价值限制了人们对自身本质、潜能甚至公正价值本质的广阔理解。在马克思那里，公正绝不仅仅是一种资本主义经济意义上的伦理价值范畴。正是在这里，马克思主义公正观不仅是可能的、可行的，而且是有迹可循的。这种总体公正出现在马克思主义公正思想的生产性语境中，体现在他的价值评价语境中，也表现在他的意识形态批判语境中。围绕劳动价值理论的真正实现充分体现了马克思主义公正概念的特征，"生产者的权利是同他们提供的劳动**成比例的**；平等

---

① 李伟斌：《社会主义核心价值观视阈中的公正释义》，《科学社会主义》2015 年第 3 期。

就在于以**统一尺度**——劳动——来计量。但是……这种**平等的**权利,对不同等的劳动来说是不平等的权利。……权利,就它的本性来讲,只在于使用同一尺度;但是不同等的个人(而如果他们不是不同等的,他们就不成其为不同的个人)要用同一尺度去计量,就只有从同一个角度去看待他们,从一个**特定的**方面去对待他们"①。尤为重要的是,无论是哪一种语境,马克思都绝非从制度首善的角度对公正给予确认与阐释,而是更加重视公正的价值要素批判与价值话语的重构,这是理解中国特色社会主义公正话语的重要依据。

"道不可须臾而离也。"公正不仅是社会主义核心价值观的具体内容,而且居于统领与引导的地位。历史经验表明,资本主义体系之所以能够屡次克服自身的重大危机,除了生产力的革新升级之外,自由主义价值体系也发挥了巨大的支撑作用。以此为鉴,"社会主义之道是党的立身之本,是党的治国之基,是党的道义制高点"②。公正既是中国特色社会主义的基本属性,也是中国共产党矢志不渝的核心价值诉求。公正不但是自由、平等、法治三种社会价值的前提,而且是国家层面和公民层面价值理念的逻辑主线,具有特殊的社会政治价值地位。从社会建构逻辑的比较角度看,资本主义体系和社会主义体系在价值选择上的根本差别在于,前者遵奉的是资本逻辑,而后者遵奉的是人本逻辑。在当前历史条件下,实现人的真正平等的人本逻辑的现实选择就是推进社会公平正义。因此,公正是社会主义之道,更是中国特色社会主义具有超越性的价值魅力所在。

首先,公正是理想社会的首要价值。马克思主义经典作家认为:"真正的自由和真正的平等只有在公社制度下才可能实现;要向他们表明这样的制度是**正义**所要求的。"③ 由此可见,跳出概念解释的泥沼,从理论与实践的统一性出发,无论公平正义如何表达,它都应是共产主义社会必不可少的重要特征。在以三个倡导为主体内容的社会主义核心价值观中,"公正观"作为居于主导地位的价值观念,主要体现在三个

---

① 《马克思恩格斯选集》(第3卷),人民出版社2012年版,第364页。
② 鄢一龙等:《大道之行:中国共产党与中国社会主义》,中国人民大学出版社2015年版,第11页。
③ 《马克思恩格斯全集》(第3卷),人民出版社2002年版,第482页。

方面：第一，公正是社会主义本质的体现。与"过去一切阶级在争得统治之后，总是使整个社会服从于它们发财致富的条件，企图以此来巩固它们已经获得的生活地位"①的封建社会、资本主义社会不同，社会主义社会以实现共同富裕为主要目标，在公平正义原则的指导下，推动发展成果更多更公平地惠及全体人民，让全体人民平等地享有社会发展的成果。第二，公正是社会制度安排是否正当合理的衡量标准。恩格斯认为，公正是"现存经济关系的或者反映其保守方面、或者反映其革命方面的观念化的神圣化的表现"②，涵盖了政治、经济、文化、法治等社会生活的各个领域，能否给予公民"所应得"的部分，能否改革现存分配形式，使其与公民个人利益关系相匹配，是公正的主要价值。第三，公正是社会主义核心价值观其他要素存在的前提条件。党的十八大报告提出，公平正义是中国特色社会主义的内在要求，必须坚持维护社会公平正义。公正不仅是国家建设的终极价值目标，也是社会发展的根本价值追求，还是公民幸福的基本价值尺度。公正在理论构建和实践操作层面，不断推动着中国特色社会主义物质文明、政治文明、精神文明和生态文明的建设，为中国特色社会主义事业的发展保驾护航。

其次，公正是中国特色社会主义的核心价值追求。马克思早已指出，社会主义的建设与发展并不是将一种"正义原则"强加给社会，而在于调整自身制度以符合在社会中形成的生产方式的决定形式和特征。在这个意义上，公正是一种围绕社会结构和政治经济结构的特殊价值，这是其核心性的一般规定之所在。在本质上，公正"关系到社会关系的性质、个性发展、自我意识的形成以及人类潜能在一个自由理性社会（社会主义社会）中实现的可能性"③。这也是社会公平正义成为社会主义价值目标的真正意义。进而言之，公正之所以能成为中国特色社会主义的核心价值追求，既是因为它植根于中国传统文化的历史脉络中，又是因为它是社会主义初级阶段的价值旨归。关于前者，追求公正是中华传统文化的思想精华与先进伦理。在以爱国主义为核心的民主精

---

① 《马克思恩格斯选集》（第1卷），人民出版社2012年版，第411页。
② 《马克思恩格斯选集》（第3卷），人民出版社2012年版，第261页。
③ ［美］麦卡锡：《马克思与古人》，王文扬译，华东师范大学出版社2011年版，第86页。

神框架内，公正既是具有革命性的民本思想的集中体现，又是具有大同性的"均天下"理想的伦理载体。正如习近平所言，讲仁爱、重民本、守诚信、崇正义、尚和合、求大同具有时代价值属性，是中华优秀传统文化成为涵养社会主义核心价值观的重要源泉。关于后者，公正是社会主义的本质。与资本主义的公正观不同，社会主义选择平等逻辑优先于资本逻辑，即社会主义的本质与发展的逻辑基础和目标是公平正义。马克思主义经典作家在《德意志意识形态》中表明："共产主义对我们来说不是应当确立的**状况**，不是现实应当与之相适应的**理想**。我们所称为共产主义的是那种消灭现存状况的**现实的**运动。这个运动的条件是由现有的前提产生的。"① 因此，社会主义的公平正义就是追求人与人的真正平等，就是要符合社会主义的生产活动的根本变化的自身要求。在现实中，社会主义的公正意味着不断实现共同富裕和共建共享，凸显公平正义的价值地位代表了中国特色社会主义的实践进程达到了一个新的历史水平，即"公平正义是中国特色社会主义的内在要求，所以必须在全体人民共同奋斗、经济社会发展的基础上，加紧建设对保障社会公平正义具有重大作用的制度，逐步建立社会公平保障体系。共同富裕是中国特色社会主义的根本原则，所以必须使发展成果更多更公平惠及全体人民，朝着共同富裕方向稳步前进"②。

再次，公正是全面深化改革的价值本位。一个国家坚守何种公正价值观既有一般性，也要结合这个国家的具体国情和性质，真正落实在制度、体制机制与实现方式的价值确认和体现中。恩格斯早就指出："关于永恒公平的观念不仅因时因地而变，甚至也因人而异"③。对于当代中国，要营造公平正义的社会环境，克服各种有违公平正义的现象，推进改革发展成果更多更公平地惠及全体人民，都要以全面深化改革的内在需要为标尺。这具体应体现在：第一，实现公平正义是中国共产党治国理政的价值信念。"公平正义是我们党追求的一个非常崇高的价值，全心全意为人民服务的宗旨决定了我们必须追求公平正义，保护人民权

---

① 《马克思恩格斯选集》（第 1 卷），人民出版社 2012 年版，第 166 页。
② 习近平：《紧紧围绕坚持和发展中国特色社会主义，学习宣传贯彻党的十八大精神》，《求是》2012 年第 12 期。
③ 《马克思恩格斯选集》（第 3 卷），人民出版社 2012 年版，第 261 页。

益、伸张正义。"① 由此，以人为本的施政理念才能通过了解民情、清楚民需、化解民忧、解决民困等方式实现对社会多元诉求的兼顾，在各方利益合理平等的同时，适时构建公平与公正的社会环境。第二，公平正义是新发展理念的价值依归。五大发展理念"是关系我国发展全局的一场深刻变革"②，其中社会公平正义在实践五大发展理念的过程中发挥着价值准则作用。这种价值准则作用既体现在它设定了发展的价值理念上，又规定了改革的价值实践，是从中国国情和时代要求出发，在中国特色社会主义总布局的各方面体现社会公平正义，奠定了人的全面发展、国家和平发展、小康社会、社会现代化与全体人民共同富裕的价值依归。第三，现代化的国家治理要以社会公平正义为价值方向。对于国际社会和国家治理过程中所面临的种种不公平现象，应从核心价值追求的角度加以解释，"要用好'看不见的手'和'看得见的手'，努力形成市场作用和政府作用有机统一、相互促进，打造兼顾效率和公平的规范格局"③，"要营造公道正义、共建共享的安全格局"④。第四，社会治理立足于公平正义的价值培育与传播。在这里，习近平曾多次强调公正必须作为包括社会治理在内的各项工作的价值导向。在社会治理中维护公平正义不仅是一种现实需要，而且是必然趋势，是社会治理的"基本任务""核心价值追求""生命线""最后一道防线"，正体现了新形势下社会治理的公平正义之维。

最后，公正是国家间平等关系的价值准则。习近平指出，公平正义是全人类的共同价值。所谓共同价值，是多元化价值的共同实现。这意味着不是一种公正观被"普适化"，而是多种公正诉求在相互尊重中得到互相认同。共同性标志着平等无霸权的价值共建。为此，必须建立推进这种共同价值实现的评价体系，即国家间的公正价值准则。对此，习

---

① 习近平：《在省部级主要领导干部学习贯彻十八届四中全会精神 全面推进依法治国专题研讨班开班时的讲话》，《党建》2015 年第 3 期。
② 习近平：《全面贯彻党的十八届五中全会精神，依靠改革为科学发展提供持续动力》，《人民日报》2015 年 11 月 10 日。
③ 习近平：《携手构建合作共赢新伙伴，同心打造人类命运共同体》，《人民日报》2015 年 9 月 25 日。
④ 同上。

近平从新型外交关系角度较为完整地阐述了公正作为具体价值准则的内容与意义。第一，从中国立场出发，独立自主的和平外交政策建立在正确的义利观基础上，即将正义、公道与讲信义、重情义、树道义一同作为新型国际关系中合作共赢的价值基础。第二，"正义战争"是维系这一价值基础的必要手段，在本质上应"是正义和邪恶、光明和黑暗、进步和反动的大决战"①；不过，即便是正义的战争也应尽可能地避免，可以通过始终不渝地走和平发展道路和奉行互利共赢的开放战略来实现，进而在维护国家主权、安全和发展利益的同时，"维护国际公平正义，促进世界和平与发展"②。第三，只有遵守国际法和国际关系基本原则，才能实现公道正义。通过公正、合理的全球治理体系逐步构建人类命运共同体，真正使世界民主实现形式多元化（国际关系民主化），从共同价值的高度实现合作共赢。

尊崇公正既要凸显它的价值地位，又要真正实现公正，维护社会公平正义。而衡量公正是否实现，既需要在顶层设计中彰显公正的首要价值地位，又要在社会生活中让人民群众切实感受到公平正义。

二 公正为纲：治国要道的根本在于公平正直

公正不仅是中国特色社会主义的价值目标，而且是党治国理政的顶层设计。而寻求公正的概念原本就属于一项颠覆性的事业，因为其所寻求的是一种新的制度。中国特色社会主义公正观之所以是发展的马克思主义公正观的典范，是因为"在马克思学说的各种初现和应用中，在其无前提的断定，或者在对那些并不像理论工作及马克思主义实践工作中那样表达的问题的回答中发现它的同时，真正地创造它"③。作为这种创造的典范，习近平明确指出"改革，要往维护社会公平正义方向前进"④，

---

① 习近平：《在纪念中国人民抗日战争暨世界反法西斯战争胜利70周年大会上的讲话》，《人民日报》2015年9月4日。

② 习近平：《在庆祝中华人民共和国成立65周年招待会上的讲话》，《人民日报》2014年10月1日。

③ ［法］路易·阿尔杜塞：《保卫马克思》，顾良译，商务印书馆2010年版，序言第8页。

④ 《改革既要往增添发展新动力方向前进，也要往维护社会公平正义方向前进》，《人民日报》2016年4月19日。

首次将社会公平正义提升到全面深化改革的方向的高度，即确认公平正义为中国特色社会主义建设的基本导向，使之在党治国理政中发挥管根本、管全局、管长远的统领作用。为此，鲜明的指导思想、科学的制度安排、明确的价值取向、有效的实现形式与可靠的推动力量五个维度就必然要有机地统一于以"社会公平正义"为核心的国家治理现代化的探索中，并不断制度化、规范化与程序化。

公正作为国家治理的顶层设计，中国古已有之。《荀子·正论》云："上端诚则下愿悫矣，上公正则下易直矣。"《管子·任法》则曰："上以公正论，以法制断，故任天下而不重也。"这些观点虽是为统治阶级服务的，但彰显了公平正义与正直无私在古代政治统治与社会治理中的重要作用。在中国传统文化思想中，公为前提，而正系根本。"公"即公天下，如《礼记·礼运》中的描述："大道之行也，天下为公"；而正存于"公"的语境中，即朱熹所说的"当于理（礼）"与"当于义"。抛开这些思想的历史局限性，客观地说，中国古代统治阶级的统治理念与价值遵循中包含了公正为纲的基本诉求。

在坚持马克思主义公正观的基础上，中国共产党人汲取中国传统公正思想的精华，逐步发展了中国特色社会主义的公正话语，这突出地表现在社会公平正义在国家发展中的战略地位不断提升上。与仅仅将公正作为一种社会伦理规范或者价值的西方公正观不同，马克思主义经典作家认为，在政治社会伦理的语境中理解公正就永远跳不出道德哲学的"罗陀斯岛"，而道德哲学始终追寻的价值永恒在相同的话语符号下却具有各不相同的面孔。当然，"我们必须承认正义具有双重或多重意义，至少是在目前社会阶段如此，只有这样，它才能够不按照资本主义的标准来狭义的理解"[①]。因此，只有在社会生产方式的进步发展和社会主义国家建构的具体语境中，社会公平正义的顶层设计才具有实际意义。特别是新中国成立以后，中国共产党根据社会主义现代化建设的目标与实际，认为"只有基于社会公正观，才能够有效地进行与社会主义市场经济相适应的社会基本制度的设计与安排，才能够有效地协调社会群体之间的利益关系，才能够有效地确保社会的安全运行，才能够有效地增强

---

① 《马克思主义研究资料》（第25卷），中央编译出版社2015年版，第208页。

中国共产党执政地位的合法性"①，从根本上确认了公正观的引领作用。

在上述思想基础上，习近平进一步强调在治国理政的顶层设计中应该明确公正的纲领性，并从三个方面进行了分析。

首先，公正是中国特色社会主义的战略主题。之所以马克思主义公正观全面超越了资产阶级的公正观，就是因为马克思主义超越了资产阶级的局限——"把个体差异性还原作一普遍标准，以劳动和生产贡献的措辞来狭隘地设定社会价值的尺度"②。中国特色社会主义公正观强调公正的总体架构，强调它是在社会实践的发展中实现自身统领性的创造性功能，恰恰体现了马克思主义公正观的理论彻底性和实践优越性。特别是党的十八大以来，"社会公平正义贯穿了中国特色社会主义建设的全方位、全领域、全层次，显示出公平正义内容体系日益完善的特点"③，这突出地体现在对内强调公正是改革发展的制度规定性，对外主张公正是国际关系的行动规定性方面。这是一个完整的平等体系，考虑到了个体、社会、国家的差异，又能够在各自领域与互相关联中促进符合人类需求和个性发展的合理差异性。具体而言：第一，社会公平正义是中国改革发展的基本方向。在"五大发展理念"中，社会公平正义成为共享发展的决定性因素，这表明要从中国特色社会主义顶层设计高度确保社会公平正义的实现，即"加紧建设对保障社会公平正义具有重大作用的制度，逐步建立以权利公平、机会公平、规则公平为主要内容的社会公平保障体系，努力营造公平的社会环境，保证人民平等参与、平等发展权利"④。第二，正义与公正是中国倡导建立的全球新秩序的基本标准。塑造一个公正、正义的国际环境，既是坚持和发展中国特色社会主义的内在需要也是必要条件。在这里，将公正作为共同诉求，其基础是实现公正、正义的全球新秩序的结构安排，要"推进全球

---

① 吴忠民：《关于中国共产党社会公正观的初步研究》，《马克思主义研究》2006年第11期。
② [美] 麦卡锡：《马克思与古人》，王文扬译，华东师范大学出版社2011年版，第125页。
③ 朱大鹏：《社会主义正义观研究》，中国社会科学出版社2014年版，第148页。
④ 习近平：《切实把思想统一到党的十八届三中全会精神上来》，《求是》2014年第1期。

治理规则民主化、法治化，努力使全球治理体制更加平衡地反映大多数国家意愿和利益"①；关键是要校准公正合理的全球治理体制的发展方向，祛除不公正不合理的安排，实现国际合作中的权利平等、机会平等、规则平等；其重要途径是在全球经济安排中体现公正，在融入和推动开放型世界经济的过程中确立公正、正义作为世界经济格局、国际经济金融体系与全球性事业（如减贫事业）的行动指南与评价旨归。

其次，公正是中国特色社会主义的建设纲领。在中国特色社会主义总体布局中，公正在各个建设领域中均是顶层设计的核心内容，堪称顶层设计的共同纲领。第一，公正是经济发展方式和结构的核心，是推进经济发展的基础。马克思指出："消费资料的任何一种分配，都不过是生产条件本身分配的结果；而生产条件的分配，则表现生产方式本身的性质。"② 党的十八大以来，中国共产党反复强调，在全面深化改革开放的过程中，要同创造活力（而不是创造资本的活力）的激发相统一，既更加有力地保障和改善民生，又促进经济社会平稳健康发展，这显然区别并超越了自由主义以资本逻辑为中心的公正原则。为此，既要注重市场的开放公平和规范有序，又要尊重企业自主决策和平等竞争；在此基础上，明确政府权责，在有效监管的体制创新中统筹兼顾市场主体（生产者、经营者、消费者）的各自利益，将公平正义与经济效率和环境友好的价值协调起来。此外，可以通过积极的市场规则设计，确保以公平正义为导向的竞争力塑造。第二，公正是法治政府、创新政府、廉洁政府和服务型政府的建设之本。公平正义是政府改革的基本要求。习近平指出，公正是政府的首要作为。为此，就"要努力打造勤政、廉洁、高效、公正的法治政府，（就要）做到依法决策、依法施政，使特别行政区发展始终沿着法治轨道展开"③。只有不断实现社会公平正义，才能将政府建设的现代化与经济社会发展活力、社会和谐稳定与党的领导水平和执政能力的改善有机统一起来。第三，公正既是制度导向又是

---

① 习近平：《推动全球治理体制更加公正更加合理，为我国发展和世界和平创造有利条件》，《人民日报》2015 年 10 月 14 日。
② 《马克思恩格斯全集》（第 25 卷），人民出版社 2001 年版，第 3 页。
③ 习近平：《在庆祝澳门回归祖国 15 周年大会暨澳门特别行政区第四届政府就职典礼上的讲话》，《人民日报》2014 年 12 月 21 日。

政策依归。这集中体现在具体制度的设计与政策过程中。例如，对于教育公平，坚持它的底线就"必须通过深化改革，促进教育公平、提高人才选拔水平，适应培养德智体美全面发展的社会主义建设者和接班人的要求"①；对于人民福祉，只有共享发展成果才能保障人民福祉的增进，而这依赖于建立更加公平可持续的社会保障制度；对于公共文化或者"国家软实力"而言，公平的现代公共文化服务体系是政府主导、社会参与、共建共享，统筹城乡和区域文化均等化发展的综合性产物。特别值得注意的是，习近平强调要"更加注重通过改善二次分配促进社会公平，明确精准扶贫、精准脱贫的政策举措，把更多公共资源用于完善社会保障体系"②。在精准扶贫这一具体问题上，公正整合多领域的改革内容，成为"一体三维"的导向性准则。

最后，公正是国家治理体系和治理能力现代化的核心要旨。关于国家治理的伦理知识与政治行动的价值准则如何成为认识论问题（即建构论）的思考源远流长。伍德正确地指出："在马克思的著作中，正义观念乃是从法权观点出发，对社会事实的合理性采取的最高表述。"③ 历史的经验表明，国家治理的公正性判断潜藏于一个社会生活自身的品质中，即它的政治制度、政治教育、美德价值的衡量标准以及美好生活的政治共同体塑造。近现代以来，公正成为衡量财富和利润无限追求的伦理尺度，摧毁了它作为政治生活根基的重要性。因此，社会主义的国家治理体系必须建立在恢复公正是国家的普遍规定性的基础上。正如有学者所言："实践判断和伦理行动都是预先建立一个正义的共同体，而自我意识对伦理学和社会正义之本质和原则的反思则要求反思此正义之共同体的经济、社会和政治本质。"④ 结合中国的实际，社会公平正义既是国家治理现代化所应致力于实现的价值，也是国家治理现代化之社会

---

① 习近平：《在〈中央全面深化改革领导小组第四次会议〉上的讲话》，《人民日报》2014年9月9日。
② 习近平：《关于〈中共中央关于制定国民经济和社会发展第十三个五年规划的建议〉的说明》，《人民日报》2015年11月4日。
③ 《马克思主义研究资料》（第25卷），中央编译出版社2015年版，第130页。
④ ［美］麦卡锡：《马克思与古人》，王文扬译，华东师范大学出版社2011年版，第107页。

主义实质的体现。① 第一，社会公平正义代表了国家治理现代化的实践导向。随着我国经济社会发展水平和人民生活水平的不断提高，人民群众的公平意识、民主意识、权利意识不断增强，对社会不公问题的反映越来越强烈。② 这就需要从社会公平的价值导向和以人为本的基本原则出发，让人民从国家政权的被动者变成所有者，以直接或间接的方式参与国家治理的全过程，并拥有监督和问责的制度保障，最终确保分配机制的正常运转，推进社会成果为全体人民所共享。第二，社会公平正义体现了国家治理现代化的实践特点。具体而言，国家治理现代化必须将社会公平正义作为国家治理的合法性来源并依此进行治理结构的设计与治理行为的实践。正如习近平所言："按照全面建成小康社会、全面深化改革、全面依法治国、全面从严治党的战略布局……更加有效地维护公平正义。"③ 第三，社会公平正义展现了国家治理现代化的实践作用。国家治理理念的转变、行政体制的完善和公共服务能力的提升，必然会提高公民在公共事务治理中的参与度，满足公民社会发展的宽松环境需要，保障社会组织职能回归民间和功能的极大实现，进而促进全面小康社会惠及更多人口，促进社会的和谐稳定与公平正义。

事实表明，在顶层设计中不断凸显公平正义，将不再是纯粹的理论形式，而是政治介入的重要方式。中国特色社会主义公正观在被期望决定性地置于全面建设小康社会的形势之中，介入了制度设计、安排与实现的特有时刻，介入了治理的历史经验与理论的现实考量之间的"必然矛盾"中，在公正的自由主义意涵被批判与马克思主义公正观被不断充分展示的时候，它清楚地表明顶层社会中的公正建构是解释问题的持续存在。而这种复杂性不仅需要科学性、历史性与想象社会功能的反复论证，而且需要让人们真正体验到公平正义。

三 公正为感：让人民群众体验到公平正义

"治政之要在于安民，安民之道在于察其疾苦。"公正的价值导向

---

① 巩丽娟：《追寻公正的国家治理现代化》，《理论探索》2016年第1期。
② 习近平：《切实把思想统一到党的十八届三中全会精神上来》，《求是》2014年第1期。
③ 习近平：《2015年春节团拜会上的讲话》，《人民日报》2015年2月18日。

和顶层设计均要落实到人民群众的切身感受上，由社会公正感的强弱加以验证。公正感存在狭义与广义之别。狭义的公正感就是人民群众对于某一社会问题、民生问题是否公正及公正程度的心理认知，取决于国家政策在制定过程中的出发点和落脚点是否顾及全体人民，在实施过程中的行动采取是否坚定有力，也取决于公民的人生经历和自身素质，即任何一个良序社会都是由它的公共的正义观来调节的社会。[①] 广义的公正感是人们在追求公正的社会实践中经过实践、经验和知觉的不断积累与历练，逐步获得公正智慧。获得此种公正感的关键在于构建一个以人民群众为核心，由真正的兴趣或友爱关怀凝聚形成的社会共同体。事实上，公正感并不是对预先设定的公正概念的认同，而是一种人与人的友爱关系，是人与人之间公平、平等、尊重对待的心灵体验。公正感的实现是基本与发展或萌芽与成熟的关系。中国特色社会主义的公正观所培育的公正感当然包括狭义层面的，但是它相较于资本主义社会公正感的先进性或彻底性则体现在广义公正感的实现中。

在很大程度上，广义的公正感不是直接感觉问题（感性材料的不确定性），而是一种公正体验的养成过程。因此，中国的社会公正感越强，就表明社会公正体系建设越完善，又说明人民群众对党和政府的信任度越高。在这个意义上，党的十八大以来，习近平从四个主要方面阐释如何让人民群众切实体验到社会的公平正义。

第一，切实维护人民群众利益是公正感养成的根本。习近平指出，切实维护人民群众利益不仅是政治口号，而且需要落实在党和政府的具体工作中，即围绕社会公平正义的总要求实现、维护与发展最广大人民群众的根本利益。制度是社会公平正义的重要保证，反之，制度安排的不健全就是最严重地违背公平正义的问题，也就必须抓紧解决。与此同时，体制、机制以及具体政策的规定和改革也必须以人们能否感受到公平正义和福祉增进为标准。对此，习近平在不同方面进行了多角度的阐述。他指出："国家建设是全体人民共同的事业，国家发展过程也是全体人民共享成果的过程。……促进社会公平正义，实现好、维护好、发

[①] ［美］约翰·罗尔斯：《正义论》，何怀宏等译，中国社会科学出版社2009年版，第359页。

展好最广大人民根本利益,特别是要实现好、维护好、发展好广大普通劳动者根本利益。"① 党、政府和群众组织都是维护群众利益的责任主体。特别是在解决制约我国贫富差距拉大,消除贫困工作面临瓶颈期的时候,党治国理政的工作千头万绪,但任何一项工作都旨在全面解决好人民群众所关心的现实问题(如教育、就业、收入、社保、医疗卫生、食品安全等问题),都必须以让人民群众更加充分、公平地享有和感受到改革红利为着力点。只有在民生的切实保障和实际改善中使改革发展的成果更多更公平地惠及全体人民,才能保证获得感成为社会公平正义是否实现的最终依据。

第二,真正实现改革红利共享是公正感养成的基础。习近平指出:"要坚持把实现好、维护好、发展好最广大人民根本利益作为推进改革的出发点和落脚点,唯有如此改革才能大有作为。"② 这表明,感受公平正义的首要标准是一切为了人民,一切工作的出发点和落脚点是将改革成果更多更公平地惠及全体人民。首先,党切实秉持"为人民服务"的根本宗旨是实现改革红利共享的关键。民心的顺背决定了政治的兴衰,这是一条历史铁律。改革红利是否为广大人民群众共享是一个以"为人民服务"为根本宗旨的政党的安身立命之本。改革红利是否共享是群众路线彻底贯彻与否的直接考量。其次,统筹兼顾最广大人民的根本利益与广泛的普通劳动者根本利益的关键在于解决好相关的利益问题。习近平多次强调,社会公正感的培育,主体基础是群众,关键在群众最关心最直接最现实的利益问题,突破是群众最困难最忧虑最急迫的实际问题。最后,加强社会建设是实现改革红利共享的主要途径。只有不断加强社会建设,协调推进各项社会事业的完善,从社会治理创新中寻找共享发展的有效机制,才能将"全体人民各尽其能、各得其所而又和谐相处"的美好愿景落到实处。总之,"检验我们一切工作的成效,最终都要看人民是否真正得到了实惠,人民生活是否真正得到了改善,人民权益是否真正得到了保障。面对人民过上更好生活的新期待,我们

---

① 习近平:《在庆祝"五一"国际劳动节暨表彰全国劳动模范和先进工作者大会上的讲话》,《人民日报》2015年4月28日。

② 习近平:《推动全党学习和掌握历史唯物主义,更好认识规律更加能动地推进工作》,《人民日报》2013年12月25日。

不能有丝毫自满和懈怠，必须再接再厉，使发展成果更多更公平惠及全体人民，朝着共同富裕方向稳步前进"①。

第三，不断消除社会不公正现象是公正感养成的抓手。社会不公正现象存在于国家建设的不同领域。众所周知，"如果不能创造更加公平的社会环境，甚至导致更多不公平，改革就失去意义，也不可能持续"②。在社会主义实践过程中，可体验的公正不仅在保障和改善民生的基础上努力实现"学有所教、劳有所得、病有所医、老有所养、住有所居"的目标，增加了人民的福祉，还有助于提升宪法和政府的形象，获得广大人民群众的认同和信任，助推政策决策的科学化、民主化，进而巩固"坚持和发展中国特色社会主义"的政治认同。加强社会公正感的建设，可以分为日常性建设与问题性突破两大途径。所谓日常性建设，就是以社会主义核心价值观教育为抓手，在政策制定、思想引领、社会建设等方面做出努力，具体来说，主要有以下三条实现路径：一是通过户籍制度改革和司法体制改革，保障公民拥有平等的自然权利和社会权利，缩小城乡二元体制下的固有差距，提高公民保护自身在文化教育、选举与被选举、社会经济等方面合法权益的可能性。二是以程序正义推动体制改革，使社会成员在政治、经济、文化、生态等领域的发展机会均等化，发展过程公平化、正义化、透明化，进而在每一成员基本权利不完全对等的基础上增加全体成员最大限度发展的概率。三是以"再分配""第三次分配"等方式调节社会发展的不平衡，在承认公民社会贡献度的基础上缩小贫富差距，使改革成果更公平地惠及全体社会成员，以实现共同富裕，让人民群众切实感受到公平正义。而所谓问题性突破的实旨在维护司法公正上。任何一个社会，无论多么"公正"，如果不考虑司法公正，最终必将导致社会集体的贫瘠。③ 党的十八大以来，司法公正问题引起了党中央的高度重视。习近平明确指出，司法公正是公民最可体验到的社会公平正义。一方面，作为国家经济发展和社会稳定的有力保障，司法公正是国家治理现代化建设不可或缺的重要内

---

① 习近平：《纪念毛泽东同志诞辰120周年座谈会上的讲话》，《人民日报》2013年12月27日。
② 习近平：《习近平谈治国理政》，外文出版社2014年版，第96页。
③ 王晨：《司法公正的内涵及其实现路径选择》，《中国法学》2013年第3期。

容。具体而言,要彰显司法公正对司法体制改革的指引作用;要树立司法工作的底线意识,不断强化"司法是维护社会公平正义的最后一道防线,公正是司法的灵魂和生命"①;要完善系统全面纠错方案,着力"解决影响司法公正、制约司法能力的深层次问题,着眼于破解影响法治社会建设的体制机制障碍……专门制定一个实施方案非常必要"②。另一方面,司法公正始终是一个重塑过程,是在具体实践中针对各类司法不公现象,在不断矫正冤假错案、司法腐败、金钱案、权力案、人情案等具体问题的过程中动态重塑的。在具体司法工作中,在不断改造中贴近司法公正的主体标准,将司法体制改革纳入社会公平正义的指标中加以考量,同时尽可能地适应社会环境的变化并兼顾多维度多层次的社会需要。

第四,强化社会主义政治教育是公正感养成的特有需要。习近平多次强调:"要把意识形态领导权和话语权牢牢掌握在手中,不断巩固马克思主义在意识形态领域的指导地位,不断巩固全党全国人民团结奋斗的共同思想基础。"③ 在公正感养成的问题上,政治教育作为一种特殊的意识形态方法,既是创造正义思维的知识,也是培育公正体验的技艺。公正感"首先并且最重要的就是产生作为整体之正义,并且它是通过教育的方式做到这一点的,即教育人们关心共同事务,公民的整体发展……正义最重要的要素应当是与教育相关的东西,即与那关心自身在共同体中生活的个体的形成相关的,与人类的社会化相关的东西。"④ 以往以某种正义观(或正当性理念)甚至特定的价值观与意识形态为规定性,将这种规定性通过灌输的方式使得受众接受、认同进而产生共识,是传统政治教育的惯常做法。这种做法的优点在于内容明确、方法直接,但弊端也十分明显。灌输的内容往往会流于僵化,久而久之还会

---

① 习近平:《以提高司法公信力为根本尺度,坚定不移深化司法体制改革》,《人民日报》2015年3月26日。
② 习近平:《明确任务落实责任加强督察,确保各项改革举措落地生根》,《人民日报》2015年1月31日。
③ 《习近平总书记系列重要讲话读本》,学习出版社、人民出版社2016年版,第193页。
④ Cornelius Castoriadis, *Value Equality, Justice, Politics: From Marx to Aristotle and from Aristotle to Ourselves*, in Crossroads in Labyrinth, trans. by Kate Soper and Martin Ryle, Cambridge: MIT Press, 1984, p. 287.

遮蔽方式的重要性。马克思的"人的全面发展"及其教育思想启示我们，政治教育不仅是意识形态的教化，而且是政治经济学、社会伦理学与政治哲学的综合任务。政治教育不应建立在某种僵化的抽象价值观念上——这是一切阶级社会与国家的政治教育虚伪性的共同特点，无论这些价值观念解释得如何完备甚至动人心扉，都是特定阶级意志的表现。社会主义国家的政治教育，虽然无法超越意识形态的局限性，但不应再束缚于抽象的"社会正义观念"之上，而是建立在批判产生这种观念的"文化真空"的基础之上，"在概念上远离混乱的人群及有关劳累、舒适、能力、反抗、恐惧、希望和斗争的伤痕累累的历史"①。而批判这种文化真空的方法，就离不开马克思在批判资本主义的实质与方法时候的科学运思，即将政治教育看作一种培育公正感的政治实践。在社会主义国家中，这种技艺指向人的完善与主权稳固，即"正义在本质上关系到社会关系的性质、个性发展、自我意识的形成以及人类贤能在一个自由理性社会中实现的可能性"②。由此可见，当代中国的政治教育绝不仅仅是政治的教育，而是一项能在公正感养成的过程中发挥解释性教育的"看家"本领。

---

① 《马克思主义研究资料》（第25卷），中央编译出版社2015年版，第239页。
② ［美］麦卡锡：《马克思与古人》，王文扬译，华东师范大学出版社2011年版，第87页。

参考文献

《马克思恩格斯文集》（第1—10卷），人民出版社2009年版。
《马克思恩格斯选集》（第1—4卷），人民出版社2012年版。
《列宁选集》（第1—4卷），人民出版社1995年版。
《毛泽东选集》（第1—4卷），人民出版社1991年版。
《邓小平文选》（第1、2卷），人民出版社1994年版。
《邓小平文选》（第3卷），人民出版社1993年版。
《江泽民文选》（第1—3卷），人民出版社2006年版。
《胡锦涛文选》（第1—3卷），人民出版社2016年版。
《习近平谈治国理政》，外文出版社2014年版。
《习近平谈治国理政》（第2卷），外文出版社2017年版。
《习近平新时代中国特色社会主义思想三十讲》，学习出版社2018年版。
《习近平总书记系列重要讲话读本》，学习出版社、人民出版社2014年版。
《习近平总书记系列重要讲话读本》，学习出版社、人民出版社2016年版。

安巧珍：《马克思公正思想研究》，光明日报出版社2016年版。
陈传胜：《马克思恩格斯的公平正义观研究》，合肥工业大学出版社2010年版。
陈宜中：《何为正义》，中央编译出版社2016年版。
陈振明：《马克思思想资源中的社会公正》，中国社会科学出版社2014年版。

邓正来、郝雨凡：《转型中国的社会正义问题》，广西师范大学出版社2013年版。

杜凡：《转型社会公正问题研究》，知识产权出版社2012年版。

傅强：《凯·尼尔森激进平等主义正义观研究》，中央编译出版社2015年版。

高兆明：《政治正义：中国问题意识》，人民出版社2014年版。

姜涌：《分配正义及其劳动基础》，山东大学出版社2016年版。

李惠斌、李义天：《马克思与正义理论》，中国人民大学出版社2010年版。

梁爱强：《公平正义在中国的实现》，法律出版社2017年版。

梁妙荣、梁爱强：《公平正义与社会主义和谐社会的构建》，中国社会科学出版社2014年版。

林进平：《马克思的"正义"解读》，社会科学文献出版社2009年版。

刘建军：《转型中国的正义研究》，格致出版社2016年版。

陆寒：《历史唯物主义视域中的政治正义》，人民出版社2017年版。

彭富明：《马克思恩格斯正义批判理论研究》，中央编译出版社2013年版。

亓光：《激辩中的政治价值：自由主义、社会主义与公正话题》，江西人民出版社2016年版。

钱宁：《社会正义、公民权利和集体主义》，社会科学文献出版社2007年版。

史瑞杰等：《当代中国政府正义问题研究》，天津人民出版社2013年版。

汪琼枝：《当代中国社会主义正义观研究》，中国文史出版社2010年版。

汪盛玉：《马克思社会公正思想论》，安徽师范大学出版社2014年版。

王凤才：《承认·正义·伦理》，上海人民出版社2017年版。

王广：《正义之后》，江苏人民出版社2010年版。

王霞林：《公平正义的永恒追求》，南京大学出版社2014年版。

吴忠民：《社会公正论》，山东人民出版社2012年版。

许超：《在理想与现实之间：正义实现研究》，天津人民出版社2016

年版。

杨成：《法治与正义》，中国政法大学出版社 2014 年版。

余斌：《〈资本论〉正义 怎样理解资本主义》，广西人民出版社 2014 年版。

张洪高：《从仁爱到正义 中国道德教育核心价值转变研究》，山东人民出版社 2011 年版。

周志刚：《中国社会正义论》，中国社会科学出版社 2012 年版。

朱大鹏：《社会主义正义观研究》，中国社会科学出版社 2014 年版。

［丹麦］威廉·汤姆逊：《十九世纪末以前的语言学史》，黄振华译，世界图书出版公司 2009 年版。

［德］奥特弗利德·赫费：《政治的正义性》，庞学铨、李张林译，上海译文出版社 2014 年版。

［法］利科：《论公正》，程春明译，法律出版社 2007 年版。

［法］米歇尔·福柯：《词与物——人文科学考古学》，莫伟民译，上海三联书店 2001 年版。

［法］莫里斯·梅洛—庞蒂：《符号》，姜志辉译，商务印书馆 2003 年版。

［法］让·吕克·南希：《不可能的正义 关于正义与非正义》，简燕宽译，新星出版社 2013 年版。

［美］J. 范伯格：《自由、权利和社会正义 现代社会哲学》，王守昌、戴栩译，贵州人民出版社 1998 年版。

［美］阿克曼：《自由国家的社会正义》，董玉荣译，译林出版社 2015 年版。

［美］艾丽斯·M. 杨：《正义与差异政治》，李诚予、刘靖子译，中国政法大学出版社 2017 年版。

［美］博格：《康德、罗尔斯与全球正义》，刘莘、徐向东等译，上海译文出版社 2010 年版。

［美］弗雷泽：《正义的中断》，于海青译，上海人民出版社 2009 年版。

［美］罗伊·马丁内兹：《激进诠释学精要》，汪海译，中国人民大学出版社 2011 年版。

［美］玛莎·C. 纳斯鲍姆：《寻求有尊严的生活：正义的能力理论》，

田雷译，中国人民大学出版社 2016 年版。
［美］玛莎·C. 纳斯鲍姆：《正义的前沿》，朱慧玲、谢惠媛、陈文娟译，中国人民大学出版社 2016 年版。
［美］迈克尔·桑德尔：《公正》，朱慧玲译，中信出版社 2011 年版。
［美］桑德尔：《自由主义与正义的局限》，万俊人译，译林出版社 2011 年版。
［美］唐纳德·布莱克：《正义的纯粹社会学》，徐昕、田璐译，浙江人民出版社 2009 年版。
［美］约翰·罗尔斯：《正义论》，何怀宏、何包钢、廖申白译，中国社会科学出版社 2011 年版。
［美］詹姆斯·保罗·吉：《话语分析导论：理论与方法》，杨炳钧译，重庆大学出版社 2011 年版。
［瑞典］博·罗思坦：《正义的制度：全民福利国家的道德和政治逻辑》，靳继东、丁浩译，中国人民大学出版社 2017 年版。
［匈］赫勒：《超越正义》，文长春译，黑龙江大学出版社 2011 年版。
［英］巴里：《正义诸理论》，孙晓春、曹海军译，吉林人民出版社 2011 年版。
［英］布莱恩·巴利：《社会正义论》，曹海军译，江苏人民出版社 2009 年版。
［英］丹尼·多林：《不公正的世界》，高连兴译，新华出版社 2014 年版。
［英］葛德文：《政治正义论》，郑博仁译，商务印书馆 1991 年版。
［英］赫伯特·斯宾塞：《论正义》，周国兴译，商务印书馆 2017 年版。
［英］科恩：《拯救正义与平等》，陈伟译，复旦大学出版社 2014 年版。
［英］伦纳德·霍布豪斯：《社会正义要素》，孙兆政译，吉林人民出版社 2011 年版。
［英］米勒：《民族责任与全球正义》，李广博译，重庆出版社 2014 年版。

曹玉涛：《"分析马克思主义"的正义论述评》，《哲学动态》2008 年第 4 期。

陈延斌：《公正观：社会主义核心价值观体系建设的着力点》，《马克思主义与现实》2013年第3期。

谌林：《马克思对正义观的制度前提批判》，《中国社会科学》2014年第3期。

段忠桥：《马克思正义观的三个根本性问题》，《马克思主义与现实》2013年第5期。

段忠桥：《平等是正义的表现——读恩格斯的〈反杜林论〉》，《哲学研究》2018年第4期。

范广军：《中国共产党社会公正的功能定位》，《当代世界与社会主义》2009年第2期。

范明英、郭根：《社会"公平正义"的内涵要义及其建设路径》，《深圳大学学报》（人文社会科学版）2011年第5期。

冯颜利：《基于生产方式批判的马克思正义思想》，《中国社会科学》2017年第9期。

冯颜利：《塞耶斯的公正思想及其启示》，《社会科学家》2014年第5期。

高清海、胡海波：《人类发展的正义追寻》，《社会科学战线》1998年第1期。

龚群：《世界主义与全球正义》，《中国人民大学学报》2013年第5期。

韩庆祥、吕艳红：《当代中国政治哲学视阈中的能力与公正》，《天津社会科学》2007年第4期。

韩震：《公平正义的和谐社会与核心价值观念》，《中国社会科学》2009年第1期。

何建华：《社会公正与构建社会主义和谐社会》，《学术月刊》2005年第7期。

洪镰德：《马克思正义观析评》，《北京大学学报》1991年第1期。

胡真圣：《马克思正义难题的现代回应》，《马克思主义与现实》2003年第3期。

黄玉顺：《中国正义论纲要》，《四川大学学报》2009年第5期。

江山：《再说正义》，《中国社会科学》2001年第4期。

雷红霞：《正义与秩序——论古希腊的正义思想及其意义》，《人文雅志》2012 年第 6 期。

李佃来：《"正义"的思想谱系及其当代构建——从马克思到分析的马克思主义》，《学术月刊》2012 年第 11 期。

李佃来：《关于历史唯物主义与正义兼容的三重辩护》，《华中师范大学学报》（人文社会科学版）2013 年第 6 期。

李佃来：《马克思与"正义"：一个再思考》，《学术研究》2011 年第 12 期。

李佃来：《马克思正义思想的三重意蕴》，《中国社会科学》2014 第 3 期。

李三虎：《公正论题：马克思中国化的当下政治话语》，《学术研究》2007 年第 5 期。

李淑英：《当代中国正义理论的建构》，《中国人民大学学报》2012 年第 1 期。

李淑英：《马克思主义与正义》，《中国人民大学学报》2013 年第 1 期。

李旸：《自由与平等："分析的马克思主义"对资本主义非正义的两种批判》，《科学社会主义》2013 年第 1 期。

李志松：《平等的正义：毛泽东社会伦理的价值追求》，《毛泽东思想研究》2013 年第 1 期。

理查德·米勒、陈文娟：《全球正义的困境与出路》，《马克思主义与现实》2013 年第 5 期。

廖申白：《〈正义论〉对古典自由主义的修正》，《中国社会科学》2003 年第 5 期。

廖申白：《西方正义概念嬗变中的综合》，《哲学研究》2002 年第 11 期。

林进平：《艾伦·布坎南对马克思批判正义的阐释》，《现代哲学》2013 年第 1 期。

林进平：《历史唯物主义视野中的中国正义问题》，《中国人民大学学报》2012 年第 4 期。

林进平：《试析十八届三中全会的公平正义理念》，《当代世界与社会主义》2014 年第 1 期。

林进平：《正义在马克思思想历程中的遭遇》，《哲学研究》2009 年第 6 期。

刘曙辉：《历史上的非正义及其矫正》，《马克思主义与现实》2016年第3期。

陆树程、刘萍：《关于公平、公正、正义三个概念的哲学反思》，《浙江学刊》2010年第2期。

吕小波：《当代中国社会正义问题初探》，《江西社会科学》2001年第4期。

罗国杰：《关于社会主义公正原则的几个问题》，《道德与文明》2012年第5期。

马俊峰：《马克思主义公正观的基本向度及方法论原则》，《中国社会科学》2010年第6期。

马俊峰、宁全荣：《公正概念的价值论分析》，《教学与研究》2008年第4期。

倪寿鹏：《正义的多面孔：马克思与罗尔斯》，《哲学研究》2017年第8期。

彭定光：《论制度正义的两个层次》，《道德与文明》2002年第1期。

彭定光、刘灵：《论考察正义的合理方法》，《湖南师范大学社会科学学报》2013年第2期。

沈晓阳：《马克思主义正义观探要》，《马克思主义研究》2006年第6期。

谭德礼：《马克思关于人的全面发展与社会公正理论》，《中国青年政治学院学报》2007年第3期。

唐正东：《马克思公正观的历史唯物主义方法论基础》，《武汉大学学报》（人文科学版）2013年第6期。

万俊人：《论正义之为社会制度的第一美德》，《哲学研究》2009年第2期。

汪荣有、谢中和：《马克思恩格斯的经济公正思想及其贡献》，《马克思主义与现实》2010年第4期。

汪盛玉：《马克思的社会公正观在当代中国的实践价值》，《当代世界与社会主义》2010年第1期。

汪盛玉：《马克思社会公正观的基本内涵》，《教学与研究》2010年第5期。

王广:《恩格斯对杜林平等、正义观的批判及其当代启示》,《毛泽东邓小平理论研究》2006年第11期。

王桂艳:《正义、公正、公平辨析》,《南开学报》(哲学社会科学版)2006年第2期。

王海明:《公正类型论》,《东南大学学报》(哲学社会科学版)2006年第6期。

王立:《正义的推理:向前看还是向后看》,《吉林大学社会科学学报》2014年第4期。

王露璐、张霄:《20世纪70年代以来英美马克思主义伦理学研究中的主要问题——从一场"马克思与正义"的争论谈起》,《马克思主义研究》2007年第12期。

王南湜:《马克思的正义理论:一种可能的建构》,《哲学研究》2018年第5期。

王新生:《当代中国马克思主义正义理论的建构》,《中国人民大学学报》2012年第1期。

王新生:《马克思是怎样讨论正义问题的?》,《中国人民大学学报》2010年第5期。

王新生:《马克思正义理论的四重辩护》,《中国社会科学》2014年第4期。

王学东:《对马克思主义社会公正观的运用和发展》,《科学社会主义》2007年第6期。

王玉鹏、冯颜利:《马克思与正义:国外学者观点评析》,《中国人民大学学报》2012年第4期。

魏长领:《社会公正与思想共识》,《郑州大学学报》(哲学社会科学版)2007年第3期。

魏小萍:《马克思主义与自由、平等和正义的话题——历史变迁后前东德学者的反思》,《哲学研究》2003年第9期。

魏小萍:《通向分配正义的劳动价值研究之路——以〈马克思恩格斯全集〉为基础的解读》,《哲学动态》2012年第9期。

吴建华、许祥云:《从思辨正义到实践正义:马克思主义正义观的飞跃》,《江海学刊》2010年第1期。

吴佩芬:《社会公正的基本原则探析》,《齐鲁学刊》2011 年第 5 期。
吴忠民:《关于中国共产党社会公正观的初步研究》,《马克思主义研究》2006 年第 11 期。
吴忠民:《中国现阶段的社会公正问题》,《河北学刊》2008 年第 2 期。
徐琛:《中国特色社会主义社会公正理论初探》,《毛泽东邓小平理论研究》2007 年第 4 期。
徐锋:《正义的在场与所指——以"马克思与正义"关系之争为线索》,《云南社会科学》2014 年第 1 期。
徐锦贤:《邓小平公正思想论析》,《学海》2006 年第 1 期。
薛洁、张馨月:《当代中国民众公正观的变迁》,《社会科学战线》2014 年第 1 期。
杨国荣:《"公"与"正"及公正观念——兼辨"公正"与"正义"》,《天津社会科学》2011 年第 5 期。
姚大志:《社会正义论纲》,《学术月刊》2013 年第 11 期。
叶志华:《试论马克思恩格斯的社会公正观》,《现代哲学》2000 年第 2 期。
袁贵仁:《论马克思主义的公正观》,《求索》1992 年第 4 期。
袁久红:《论西方马克思主义对罗尔斯正义论的批判》,《学海》2002 年第 2 期。
臧峰宇:《马克思政治哲学的正义视界》,《马克思主义与现实》2008 年第 5 期。
詹世友、施文辉:《马克思主义正义观的辩证结构》,《华中科技大学学报》2014 年第 1 期。
张传有:《正义的困境》,《山东大学学报》(哲学社会科学版) 2003 年第 4 期。
张二芳:《社会主义公正原则探析》,《马克思主义研究》2010 年第 2 期。
张二芳:《十八大以来我国公平正义的价值引领与实践进路》,《马克思主义研究》2016 年第 12 期。
张文喜:《马克思对"伦理的正义"概念的批判》,《中国社会科学》2014 年第 3 期。

张文喜：《唯物史观语境中的正义理论之基本特征》，《马克思主义与现实》2013年第5期。

张文喜：《重新发现唯物史观中的法与正义》，《中国社会科学》2017年第6期。

章国锋：《话语·权力·真理——社会正义与"话语的伦理"》，《社会科学》2006年第2期。

赵甲明、王代月：《马克思正义理论的两个维度及其政治哲学特征》，《马克思主义与现实》2008年第5期。

钟民援、林毅：《西方公正概念述评》，《武汉大学学报》（哲学社会科学版）2008年第4期。

仲崇盛：《论政治伦理的正义主题》，《道德与文明》2001年第4期。

Armstrong, Chris. "Arguing about Justice: Domestic and Global European." *Journal of Political Theory*, Vol. 9, No. 3, 2010: 376 – 375.

Arneson, Richard J. "Justice after Rawls." *The Oxford Handbook of Political Theory*, Oxford University Press. 2006: 45 – 50.

Barry, Brain. "A Commitment to Impartiality: Some Comments on the Comments." *Political Studies*. XLIV, 1996: 328 – 342.

Becker, Lawrence C. "Impartiality and Ethical Theory." *Ethics*, Vol. 101, July 1991: 698 – 700.

Berkwitz, Peter. "God and John Rawls." *Policy Review*, Vol. 155, June/July 2009: 83 – 90.

Bufacchi, Vittorio. "Why Political Philosophy Matters: Reading Brian Barry on Social Justice." *European Journal of Political Theory*, Vol. 7, No. 2, 2008: 255 – 264.

Butt, Daniel. "On Benefiting from Injustice." *Canadian Journal of Philosophy*, Vol. 37, No. 1, March 2007: 129 – 152.

Carey, Seamus. "A New Vision for Justice." *Social Theory and Practice*, Vol. 27, No. 3, July 2001: 501 – 518.

Ceva, Emanuela. "Plural Values and Heterogeneous Situations." *European Journal of Political Theory*, Vol. 6, No. 3, 2007: 359 – 375.

Claeys, Gregory. "The Concept of 'Political Justice' in Godwin's Political Justice: A Reconsideration." *Political Theory*, Vol. 11, No. 4, November 1983: 565 –584.

Cooper, John M. "Two Theories of Justice." *Proceedings and Addresses of the American Philosophy Association*, Vol. 74, No. 2, November 2000: 3 –37.

Cottingham, John. "Ethics and Impartiality." *Philosophy Studies: An International Journal for Philosophy in the Analytic Tradition*, Vol. 43, No. 1, January 1983: 83 –99.

Duncan, Sam. "The Borders of Justice: Kant and Waldron on Political Obligation and Range Limitation." *Social Theory and Practice*, Vol. 33, No. 1, Jan 2007: 27 –46.

Fikentscher, Wolfgang. "The Sense of Justice and the Concept of Cultural Justice." *American Behavioral Scientist*, Vol. 34, No. 3, 1991: 314 –334.

Foster, Roger. "Strategies of Justice." *Philosophy Social Criticism*, Vol. 25, No. 2, 1999: 87 –113.

Gibbard, Allan. "Constructing Justice." *Philosophy and Public Affairs*, Summer 1991: 264 –279.

Goff, Edwin L. "Justice as Fairness: The Practice of Social Science in a Rawlsian Model." *Social Research*, Vol. 50, No. 1 1983: 81 –97.

Goodin, Robert E. "Clubbish Justice." *Politics, Philosophy & Economics*, Vol. 7, No. 5, 2008: 233 –237.

Gougevitch, Victor. "Rawls on Justice." *Review of Metaphysics*, Vol. 28, No. 3, March 1975: 485 –519.

Hampshire, Stuart. "Justice is Strif Philosophy." *Social Criticism*, Vol. 28, No. 6, 2002: 635 –645.

Hardin, Russell. "From Order to Justice." *Politics, Philosophy & Economics*, Vol. 4, No. 6, 2005: 175 –194.

Harlap, Shmuel. "Thrasymachus's Justice." *Political Theory*, Vol. 7, No. 3, 1979: 347 –370.

Henberg, M. C. "Impartiality." *Canadian Journal of Philosophy*, Vol. VIII, No. 4, 1978: 715 –724.

Herzog, Annabel. "Justice or Freedom." *European Journal of Political Theory*, Vol. 4, No. 2, 2005: 188 – 199.

Hockett, Robert. "Justice in Time." *The George Washington Law Review*, Vol. 77, No. 5, 2009: 1135 – 1172.

Jecker, Nancy S. "The Role of Standpoint in Justice Theory." *The Journal of Value Inquiry*, Vol. 41, 2007: 165 – 182.

Kane, John. "Justice, Impartiality, and Equality: Why the Concept of Justice Does not Presume Equality." *Political Theory*, Vol. 24, No. 3, 1996: 375 – 393.

Kaufmann, Walter. "The Origin of Justice." *Review of Metaphysics*, Vol. 23, No. 2, Dec 1969: 209 – 239.

Kirchheimer, Otto. "Politics and Justice." *Social Research*, Vol. 22, No. 1, 1955: 377 – 398.

Krause, Sharon. "Partial Justice." *Political Theory*, Vol. 29, No. 3, June 2001: 315 – 336.

—— "Desiring Justice: Motivation and Justification in Rawls and Habermas." *Contemporary Political Theory*, No. 4, 2005: 363 – 385.

Mendus, Susan. "Some Mistakes about Impartiality." *Political Studies*, XLIV, 1996: 319 – 327.

—— "Impartiality." *The Oxford Handbook of Political Theory*. Oxford University Press, 2006: 423 – 435.

Miller, David. "Two Ways to Think about Justice." *Politics, Philosophy & Economics*, Vol. 1, No. 1, 2002: 5 – 28.

—— "Justice and Boundaries." *Politics, Philosophy & Economics*, Vol. 8, No. 8, 2009: 291 – 309.

Musschenga, Albert W. "The Debate on Impartiality: An Introduction." *Ethical, Theory and Moral Practice*, Vol. 8, No. 1, April 2005: 1 – 10.

Nathan, N. M. L. "Democracy and Impartiality." *Analysis*, Vol. 49, No. 2, March 1989: 65 – 70.

Neal, Patrick. "Justice as Fairness: Political or Metaphysical?" *Political Theory*, Vol. 18, No. 1, Feb. 1990: 24 – 50.

Nielsen, Kai. "Marxism and Arguing for Justice." *Social Research*, Vol. 56, No. 3, 1989: 713 –739.

Pettit, Philip. "A Theory of Justice." *Theory and Decision*. Vol. 6, No. 1, 1974: 311 –324.

Pogge, Thomas W. "Kant's Theory of Justice." *Kant-Studien*, Vol. 79, No. 4, 1988: 407 –433.

Reeve, Andrew. "Impartiality between What? Lifestyles, Conceptions of the Good, and Harm." *Political Studies*, XLIV, 1996: 314 –318.

Rosen, F. "The Political Context of Aristotle's Categories of Justice." *Phronesis*, Vol. 20, 1975: 228 –240.

Sellers, Mortimer. "Republican Impartiality." *Oxford Journal of Legal Studies*, Vol. 11, No. 2, summer 1991: 273 –282.

Sen, Amartya. "Open and Close Impartiality." *The Journal of Philosophy*, Vol. 99, No. 9, September 2002: 445 –469.

Spiekermann, Kai. "Clubbish Justice (Reply)." *Politics, Philosophy & Economics*, Vol. 7, No. 4, 2008: 447 –453.

Spragens, Tom. "Justice, Consensus, and Boundaries: Assessing Political Liberalism." *Political Theory*, Vol. 31, No. 4, August 2003: 589 –601.

Sugden, Rober. "Impartiality and Mutual Advantage." *Ethics*, Vol. 101, April 1991: 634 –643.

Tara, Smith. "Justice as a Person Virtue." *Social Theory and Practice*, Vol. 25, No. 3, Fall 1999: 361 –384.

Toens, Katrin. "The Dilemma of Regress: Social Justice and Democracy in Recent Critical Theory." *European Journal of Political Theory*. Vol. 6, No. 2, 2007: 160 –179.

Vanderschraaf, Peter. "The Circumstances of Justice." *Politics, Philosophy & Economics*, Vol. 5, No. 3, 2006: 321 –351.

Wagner, R. Harrison. "Impartiality and Equality." *Theory and Decision*, Vol. 12, No. 1, March 1980: 61 –74.

Watner, Carl. "The Proprietary Theory of Justice in the Libertarian Tradition." *The Journal of Libertarian Studies*, Vol. 6, No. 3 –4, 1982:

289-316.

Whelan, Frederick G. "Justice: Classical and Christian." *Political Theory*, Vol. 10, No. 3, August 1982: 435-460.

Woozley, A. D. "Hume on Justice." *Philosophical Studies*, Vol. 33, No. 1, Jan. 1978: 81-99.